徐 忱◎著

袁世凯

全传

中国文史出版社

序

——最难评说袁世凯

由于历史过程的复杂性，中国近代史上有许多人是难以评说的，而袁世凯则无疑是其中最有争议的一个。我们这一代人对袁世凯的了解，大都是从一本名为《窃国大盗袁世凯》的书开始的，虽然我大学期间就读的是历史专业，后来的教学与研究工作也大多与中国史有关，但对袁世凯也是所知不多。近日，徐忱的大作《袁世凯全传》杀青，责成我为之写一篇序，着实有力不从心之感。近十几年来，曾有多种袁世凯传记问世，不过，徐忱的这本《袁世凯全传》却是独具特色的一本，为了完成这本全传，作者搜集、整理了大量的历史文献，同时还到袁氏家族所在地河南项城实地考察，查阅了袁氏家族族谱，走访了许多袁氏家族的后人，再加上文字精练，表述清晰，本书的学术价值自不待言。作为近代史研究的门外汉，对于这本《袁世凯全传》几无可置喙，只是想借此机会，就袁世凯以及与袁世凯相关的近代中国史事说上几句题外话。

袁世凯的个人经历很有一些传奇色彩。生于1859年的他，这时候清王朝正忙于与英法联军之间的第二次鸦片战争，幼年时过继给叔父袁保庆，14岁上嗣父过世，1880年，21岁的袁世凯投奔嗣父故交吴长庆，弄到一个军务帮办的差事，1901年，晋升为直隶总督，这一年袁世凯42岁，从一个无足轻重的军务帮办晋升到直隶总督，仅用了21年。今天看来，这个时间并不算短，可要知道，这在清代却是极为不易的事情。即使是中兴名臣李鸿章，做到直隶总督也用了23年，而荣禄则用了46年。辛亥革命后，袁世凯又成了首任民国大总统，临死前还当了83天皇帝。虽然说历史上那些成名人物大都有一些

传奇经历，可能与袁世凯相比的却真的是寥寥无几。

历史上那些出乎其类、拔乎其萃的人，一定具有他人不可比拟的长处，那么，袁世凯的长处是什么呢？在传统的中国社会，决定仕途的因素尽管十分复杂，但总括起来，大抵是家族背景、学识、能力以及个人际遇这几个方面。若说袁世凯的家族背景，项城袁氏在清末似乎也算得望族，其叔祖袁甲三为道光年间进士，在咸丰年间的剿捻、镇压太平军的战事中立有军功，官至钦差大臣、漕运总督。其嗣父袁保庆也曾在山东、南京等地为官，与李鸿章也还熟识。不过，在袁世凯尚未成人的时候，其嗣父便已亡故，所投吴长庆虽然是嗣父故交，但这只能为他在军中谋得一个差事，日后的升迁却要靠他自己。在袁世凯入仕之初，虽然也曾得到叔父袁保龄等人的帮助，但这些并不足以把他推到藩抚的位置上。

使袁世凯在仕途上平步青云的也不是他的学识。清代咸丰、同治年间那一班名臣，如曾国藩、李鸿章、张之洞，都是进士出身，只有战功赫赫的左宗棠是个例外。而袁世凯年轻时两次乡试落第，连个举人都没考上。据沈祖宪、吴闿生编纂的《容庵弟子记》载，第二次乡试落第以后，袁世凯"倾箧举所作诗文付之一炬，曰：'大丈夫当效命疆场，安内攘外，乌能龌龊久困笔砚间，自误光阴耶！'"这件事儿既可说明一个科场失意者的心态，也表明了袁世凯对读书的态度，对读书的态度也就是对知识的态度。在表面上看，这对于一个政治家来说并不重要，但却最终决定了袁世凯一生的结局。

唐朝人章碣的一首诗里说，"刘项原来不读书"，这句诗道出了传统的中国社会一个十分重要的事实，那就是，自秦以来中国社会几千年的历史上，每朝每代那些帝王将相，没有几个是把书读得好的。救危难于倾危，拯万民于水火，打一爿江山，开百年基业的事情，没有一件是饱学之士做得成的。以治国平天下计，学问做得不错的人，真就未必能把国家治得好，北宋王安石就是一例。如此说来，读书不成，生逢一代王朝末世的袁世凯能够取得如此"成功"也是可以理解的。

不过，把历代史家津津乐道的治乱兴衰放在一边，历史或许还可以换一种方式来解读，因为人类社会生活的全部内容从来不是治乱兴衰这几个字能够说明的。

　　人类社会的历史是一个不断进化的过程，是从野蛮状态走向文明的过程，而推动人类从野蛮走向文明的真实动力则是知识的增长和观念的进步，这种进步应该在社会生活的方方面面体现出来，其中最为重要的就是社会政治生活日益来得正当，这就要求那些掌握权力的人们必须以合乎道德的方式行使自己手中的权力，以合乎道德的方式治理国家。对于每个历史时代的统治者来说，要做到这一点并不容易，因为这在客观上要求他们对社会生活有着比普通的社会大众更深刻的理解，在这一意义上，良好的学识对于每个历史时代的政治家（如果历史上的那些帝王将相可以被称为政治家的话）来说，不可谓不重要。当一个民族历史舞台的中心被这样一些人占据着，他们或者是社会底层出身的市井无赖，或者是读书不成的半吊子文人，或者是行伍出身的赳赳武夫，或者是声称要把天下汉人杀掉一半的嗜血狂徒，文明进步的脚步便难免迟滞。自秦统一中国以后两千多年的时间里，中国社会一直无法摆脱治与乱的循环，归根到底，这个社会不是由知识主导的社会。

　　我们再回到袁世凯，由于学识所限，袁世凯对社会生活的理解不可能达到曾国藩、李鸿章、张之洞那样的境界。他不可能像李鸿章那样清醒地认识到清朝末年的中国社会正面临着千古之变局，也不可能有张之洞"旧学为体，新学为用"那样的见识。如果袁世凯能够切实有效地引领中国社会走向近代，他也不失为中国历史上的伟大人物。可是，在东西方文化碰撞、中国社会行将发生根本变化的当口，这对于思想、学识都无足称道的袁世凯来说，确实有些勉为其难。

　　袁世凯在仕途上所以能够成功的重要原因在于他的能力，首先是对各种事务应付自如、对各种偶然事件妥善处理的能力。这种能力不是书本上可以学到的，但对于生长于仕宦之家的袁士凯来说却是自然养成的。

　　生当清朝末年的人们，面对的是世道变乱的历史环境。世道变乱，意味着社会生活充满着不确定性，而这正是最适于被称为"治世能臣"、"乱世枭雄"的袁世凯生存的环境。

　　关于袁世凯的能力，发生于庚子年间的义和团事件是很充分的证明。对于清朝末年山东河北一带的拳民变乱，近几十年来的许多历史教科书都把它当作近代中国农民反帝反封建斗争的典型事例。应该说明的是，常识性教科书的观点在很多时候是靠不住的。在我看来，清朝末年的义和团是帮会、民间宗教、底层大众的愚昧、盲目排外情绪以及清王朝内部许多官员的纵容等诸多因素相互作用的结果。无论是拳民变乱的内容还是事情的最终结果，都没有什么"先进性"可言，更不能与近代革命同日而语。事实证明，打着"扶清灭洋"旗号的义和团，既不能扶清，也不能灭洋，反倒是给清王朝的内政外交带来了许多麻烦，也为本已多灾多难的中华民族添加了更多的苦难。例如，1897年的"巨野教案"中有两名德国传教士被杀，结果，德国以此为口实，向清王朝提出赔款、开办铁路等六项条件，迫于德国的压力，清王朝于次年与德国签订了《胶澳租约》，清王朝被迫把胶东湾割给德国作为租借地。第一次世界大战爆发后，日本对德宣战，不是出兵德国，而是派海陆军队2万余人攻打胶州湾，以期取代德国在胶州的利益，再到后来，就有了灭亡中国的《二十一条》。这些事件之间的因果联系，至少我在大学读书的时候，教科书上从来没有向人们说得清楚。有意思的是，起初主剿的慈禧太后，在一些主抚派人士的影响下，突然改变了念头，竟然召天津、河北、山东一带的拳民入京，同时宣布向所有与清王朝建立邦交的西方国家开战。最终的结果便是八国联军进北京和随之而来的《辛丑条约》。

对于当时山东河北一带的义和团，清王朝内部一直存在剿、抚两种意见，袁世凯的前任山东巡抚毓贤便是主抚官员群体中较有力者，所谓抚，实际上就是支持，在毓贤的纵容下，山东的拳乱比其他各省更为严重，以至于发生了前面所说的"巨野教案"。在山东陷入无序状态的情况下，慈禧把袁世凯派到山东，接替毓贤的职务。袁世凯到山东以后，一方面与德国人按约章办事，另一方面以律例惩治拳民，使山东迅速恢复了秩序。虽然袁世凯在山东的行动也遭到了一些主抚派官员的参劾，但事实证明，袁世凯对山东的治理是有效的。由于对山东的有效治理，袁世凯获得了慈禧的更大信任，并且成为李鸿章之后西洋各国最乐于接受的人，因此在李鸿章死后，袁世凯顺理成章地接替了李鸿章的位置，升任直隶总督。

与他所生活的同时代人相比，袁世凯的重要特长就是工于心计、精于权衡利害。这一点在他的青年时代便显现出来了。当袁世凯决心放弃读书与科场功名，准备投笔从戎的时候，有两个人可以投奔，一个是李鸿章，一个是庆军首领吴长庆，袁世凯没有选择地位更高的李鸿章，而是选择了吴长庆，后来的事情证明，袁世凯这一选择是对的。如果投奔李鸿章，李鸿章门下人才济济，袁世凯何时能脱颖而出就很难说了。

袁世凯工于心计、精于权衡利害的这一品质，可以从他在百日维新时的所作所为看得十分清楚。清朝末年的慈禧、光绪之间的矛盾，在本质上是宫廷内部的权力之争，但是，在以康、梁为代表的维新派加入进来以后，帝、后之间的权力之争便有了新的内容。人们习惯上说，光绪皇帝是主张变法维新的，而慈禧则是变法维新的反对派。但实际上，慈禧也未必真的反对变法，要不然，就不会有后来的庚子新政。只不过是，光绪皇帝依恃康、梁进行变法，还有一层深意，那就是要改变长期以来太后垂帘听政的权力格局，对于慈禧来说，一旦康、梁变法成功，她的结局可能比失去权力还要惨，对于朝中那些听命于慈禧的权贵来说也不是什么好事。变法可以，但动了老佛爷以及一班大臣的奶酪绝不可以。以往，常有人把日本的明治维新与清末的百日维新相对比，明治维新在日本取得了成功，日本因之走上了近代化道路，而中国的戊戌变法却失败了。其实，我们无须推论戊戌变法成功会给中国带来什么，如果把这一事件放在清末复杂的政治背景下加以解读，就不难发现百日维新的结局是预先决定了的。

在我所见到的许多有关百日维新的历史叙述中，袁世凯似乎是一个很关键的角色。如果袁世凯听从谭嗣同的意见，杀了荣禄，劫持了慈禧，变法可能就会成功。变法所以失败，是因为袁世凯出卖了维新派。就对晚清政治史的解读而言，这种说法无疑过于简单了。

一直以来，袁世凯是周旋于慈禧与光绪之间的。以袁世凯工于心计的性格，他应该清楚，他的官位以及由此带来的一切利益，现下都是慈禧给的，可一旦太后百年或者光绪亲政，决定他命运的就是光绪。只要是稍知一点历史，像先帝重臣变成刀下之鬼这样的事情，他不会不知道。所以，在看不清帝、后之争结果的时候，他是不会选边站的。谭嗣同星夜见袁世凯，劝说袁世凯杀荣禄、劫持慈禧，终于到了袁世凯必须做出抉择的时候。姑且不论谭嗣同的这个主意是否出自光绪皇帝，但这个主意真的有些冒险。虽然袁世凯手中有7000新军，但北洋军队还有董福祥、聂士成等部10余万人，此外，还有淮军70余营，京城还有旗兵数万人。即使袁世凯的新军训练有素，也还是了无胜算。如果袁世凯听信谭嗣同的话举兵起事，那么，他只能是一个烈士，绝不会成为后来的直隶总督、民国大总统。这不符合袁世凯的性格。

至于袁世凯为什么不肯听信谭嗣同的建议，还有一个说法，荣禄是袁世凯的恩公。此前，有人参劾袁世凯，也是荣禄出面在慈禧面前把他保了下来。袁世凯与荣禄之间的交情，康有为、谭嗣同不能不知道，他们给予袁世凯的建议，不外是一场赌博。他们所以把全部的赌注都押在袁世凯身上，或许是他们没有吃透袁世凯与荣禄的关系，同时也是因为在袁世凯之外他们着实找不到可以借助的力量。其实，要说交情，袁世凯与康有为也很熟识，两人之间每每以兄弟相称，袁世凯还是第一个向康有为的强学会捐资的人，而且是很大一笔银子。不过，在传统中国的权力场上，个人之间的交情有些时候是靠不住的。可是，如果把成败的可能与利害权衡计算在内，交情往往会变得更加可靠，袁世凯与荣禄之间的交情就属这种情况。

事实上，袁世凯也不是一个极其看重交情、知恩必报的人。庚子年间，京城陷落，清廷西狩，清廷的财政用度一时间成了问题，时任山东巡抚的袁世凯，极尽所能，向清廷输送大量的银两和物资。但是，因为战乱，当时直隶也同样面临财政紧张的状况，清廷曾希望山东能够向直隶提供些银两，可是，袁世凯却百般推诿。须知，这时的直隶总督是袁世凯的恩公李鸿章。如此说来，袁世凯在百日维新时期的所作所为，其原因肯定不是他自己所说的对慈禧以及清王朝的忠诚，如果他对清王朝足够忠诚，就不会有后来的清帝退位，他也不会出任民国大总统。当然，也不完全是由于他与荣禄的交情。抓住工于心计、精于利害权衡这一本质，或许有助于我们认识一个真实的袁世凯。

在中国近代史上，袁世凯是足够幸运的一个。清朝末年的每一次大事件，朝鲜事变、中日战争、百日维新、义和团，袁世凯都曾经历过，而在每一次事件中，袁世凯都成为最终的受益者。而最大的幸运则是在辛亥革命时期砸到袁世凯的头上。在这之前，李鸿章、张之洞等中兴名臣已经陆续作古，作为袁世凯的恩公，原本可以钳制袁世凯的荣禄也已离世。更重要的是，最令人忌惮的慈禧也于1908年和光绪皇帝一起死去了。可以据信，即使慈禧是一具卧在床上的僵尸，袁世凯对清王朝也不敢有不臣之心。这时的袁世凯，已经成为清廷最可倚重而又不敢倚重的人。

袁世凯所以能够摘得革命党人的桃子，有其历史的合理性。这里，很值得玩味的是清朝末年的新政。发生于1900年的庚子事变，对于清王朝来说，是一次比中日战争更为沉重的打击。此后，清王朝上下越发意识到了改良政治的必要。说来也怪，近代历史上的中国，改良政治的必要性大多是经历惨败以后才被认识到的。在改良政治的呼声遍及朝野的形势下，清末新政开始了。而身为直隶总督的袁世凯，则是这场政治改革的倡导者，同时，直隶也是推行新政最有力的地区。在袁世凯到直隶总督任上不久，便在直隶首府兴办新式学堂，此后，又与张之洞、端方等藩抚大员联名上奏，改革科举制度，及至1906年，清王朝终于废止了已实行千年之久的科举制度。随即，袁世凯又与张之洞一起上书，奏请清王朝立宪，从1908年清王朝颁布的《钦定宪法大纲》这一事实来看，袁世凯的这一建议也被采纳了。至此，濒于将倾的清王朝终于有了一些新气象。如果改良政治的进程得以延续下去，后来的许多事情也许不会发生。

1908年11月慈禧去世，在慈禧去世前一天光绪皇帝也合乎逻辑地死了，清废帝宣统继位，宣统皇帝的父亲载沣为摄政王。如同以往历代的王朝末世，清王朝面临着主幼国疑的局面。而以摄政王载沣为首的满清贵族，恰恰又是气量狭小的一族。他们既不愿意看到袁世凯等藩抚大员手中的权力日重，更不愿意通过君主立宪的方式与社会分享权力，于是，收夺藩抚大员的权力便成为他们的第一选择。第一个清算对象就是在朝野声望最高同时也是他们最不放心的袁世凯。1909年1月初，在没有任何先兆的情况下，载沣以"足疾养疴"为名把袁世凯开缺回籍。

袁世凯被逐出京城所引起的震动是可想而知的。这一方面是因为袁世凯在山东、直隶等地政声颇佳，另一方面，袁世凯也是清末新政的倡导者和有力推行者。宣统初年清廷从藩抚大员手中收夺权力的一系列行动，十分明白地向整个社会宣告了一个事实：这个国家是满清贵族的国家，他们手中的权力绝不会与他人分享。与此相应，那些善良的人们怀有的政治改良的期望也破灭了。当满清贵族使所有谋求社会进步的人士陷于绝望的时候，清王朝也

走到了悬崖的尽头。

　　袁世凯去职后，清王朝的内政可说是一塌糊涂。如果说收夺袁世凯等人的权力不过是断了许多革新人士改良政治的念头，可接下来，清王朝的诸多举措却导致了整个社会矛盾的激化，其中典型的事例就是发生于1911年的四川路权之争。甲午战争之后，国人渐渐看到了铁路对于经济、国防的重要性，南方的一些省份如四川、湖南、湖北出现了修铁路的热潮。如四川省，最初经四川总督锡良向清廷奏请，于1904年设立川汉铁路公司，第二年改为官商合办，到1907年又改为商办有限公司。通过"田亩加赋"、抽收"租股"的方式募集股份，来修建川汉铁路。可是，到了1911年5月，清王朝突然宣布，此前由民营资本修建的川汉、粤汉铁路统统收归国有，至于川粤等省绅商前期投入的资金，则概不退还，只能折算为国家铁路股票，这样一来，民营资本数年来苦心经营的成果便在一夜之间打了水漂。不仅如此，为了与英、美、德、法四国银行签订借款合同，清王朝又把川汉、粤汉铁路的筑路权卖了出去。这种劫夺民财的粗暴做法自然遭到了整个社会的强烈反抗。这一年6月，由立宪派绅商发起成立四川保路同志会，号召全川人民拼死"破约保路"，到了8月，成都开始罢市、罢课，保路运动逐渐波及四川全省。为了弹压四川保路运动，清王朝把湖南、湖北的驻军调往四川，这样，又造成了湖北一带的兵力空虚，这又给革命党人的武装起义创造了机会，几个月后，辛亥革命爆发，华中、华南、东北几省相继宣布独立，清王朝陷入了空前的危机。在这种情况下，载沣等人又想起了袁世凯。

　　已经在家赋闲三年之久的袁世凯，被委以湖广总督，并被授予充分的调动军队的权力，负责镇压南方民军等事务。在南北战争正在胶着之际，袁世凯又被委以内阁总理大臣，这样，清王朝的朝政回到了袁世凯的掌握之中。后来的事情便是人所熟知的了，南北议和、清帝退位，袁世凯成为民国第一任大总统。

　　在主持前线军务时，袁世凯麾下的军队是否全力投入与革命军的战斗，我们不得而知。不过，有一点是清楚的，只要这场战事结束，袁世凯本人的下场未可知，想必袁世凯对此也看得明白。所以，当英国人出面在南北之间调停的时候，袁世凯马上接受了和谈建议。袁世凯此举，不可以与历史上的曹操、司马氏、刘裕诸辈相提并论，也不可用传统儒家"为臣尽臣道"的价值准则来评价。事实上，清王朝自咸丰年间所谓的"中兴"时起，尽管把许多权力下放给了地方的藩抚大员，但对他们也是时时防范。曾国藩、李鸿章、左宗棠等中兴名臣，生前死后虽然有过许多荣耀，但其真实境遇都有难言之隐。假使李鸿章面对的是袁世凯这种境况，他是否还能忍辱负重、恪守臣节，将是无法证明的事情。只不过他没有挨到这个时候。

关于袁世凯，一个习惯的说法是"窃国大盗"，从辛亥革命前后的历史实际来看，如此评价袁世凯是有失公平的。其实，在南北议和之时，袁世凯是唯一能够为南北方共同接受的人物。如果没有袁世凯，南北和议便无法达成，那么，事情就不会有一个了局。南北方之间的战争便只能打下去。可是，由于军事经验、经费支持以及军事装备等方面的原因，革命党领导下的民军并没有必胜的把握。就在英国公使朱尔典出面调停的时候，冯国璋的军队已经在湖北两败民军。袁世凯接受朱尔典的调停，阻止了冯国璋乘胜追击的行动，并且最后胁迫清廷接受和谈方案，其中固然有其个人的想法，但必须看到，这时的袁世凯与革命党之间有着某种共同点，他们都认为清王朝的统治不应继续下去。这是南北议和并且最后能够达成协议不可或缺的前提。

在清朝末年那段历史上，袁世凯是清王朝内部不可多得的主张改革并且行之有效地推行新政的人。他的某些做法，如大规模修筑铁路，发展新式工商业等，可能是从他的洋务派先驱那里学来的，有些则不是。如采用西法训练新军，开办新式学校，今山东大学的前身，山东大学堂就是袁世凯任职山东的时候兴办的；至于建立现代警察制度以及倡议立宪，则是曾国藩、李鸿章等洋务派大员想都未曾想过的。至少，袁世凯已经意识到，当时的中国社会应该向近代文明靠拢。以孙中山、黄兴为代表的革命党人所以能够接受袁世凯，其深层原因也在于此。

告别帝制，实现共和，是近代中国不可抗拒的历史潮流。但一个不容否认的事实是，当时的中国社会，对于即将到来的民主政治与宪政国家，并没有做好必要的准备。从我们所能见到的文献来看，无论是稍早一些的康有为、梁启超，还是后来的孙中山、章太炎、黄兴、宋教仁，对于近代民主政治都没有形成深刻的理解。在开议院、立宪法、行选举以外，民主国家还应该有哪些制度安排，实现共和以后的政府结构，究竟应该是总统制还是内阁制，作为人口众多、幅员辽阔的中国，中央政府与地方之间的关系应该如何处理，这样一些至关重要的问题，即使在革命党内部也存在不同的看法，甚至是严重的意见分歧。总之，在推翻帝制、建立民国这一点上，人们的认识是相同的，但实现共和以后的中国应该是一个什么样的国家，人们远没有达成广泛的共识。这在客观上决定了近代中国走向民主政治的过程必然充满着不确定性。在这种情况下，袁世凯便成为人们想象之中能够为这个社会提供可靠的秩序，从而实现国家有效治理的不二人选。后来的事实证明，袁世凯没有把这个国家治好，不过，在当时的历史环境下，很难说还有其他什么人会把事情做得更好。

在辛亥革命之际，袁世凯或许是活跃在政治舞台上的那些人中民望最高的一个。生活于清末民初的社会大众，对于共和国尚未形成任何意义上的认知，近代国家赖以依存的价值观念，如自由、平等、法治、人权等，远没有融入社会大众的现实生活。在现实生活中支配人们行动的仍然是传统社会积淀下来的那些常识和习惯。对于近代中国生活在底层的社会大众来说，他们最现实的需要就是找到一个强有力的人，这个人能给他们带来秩序和安全，使他们摆脱现实的苦难。袁世凯就是他们所期待的那个人。至于这个人究竟是当皇帝，还是当总统，在他们的意识中差别不大。这或许就是后来许多思想家所说的"民智未开"的情形。这样的政治文化背景，在客观上要求那一时期掌握权力的人必须承担起一份历史责任，他们必须以恰当的方式引领这个社会走向现代的民主政治，从而完成现代国家的建构。然而，这对于在本质上还是一个旧式官僚，甚至不知现代民主为何物的袁世凯来说，是他力所不及的。

确切地说，民国建立以后，社会政治生活质量如何，在很大程度上取决于以袁世凯为代表的政治势力与革命党亦即后来的国民党之间的合作。但是，由于政治诉求的不同，在度过民国初年极其短暂的蜜月以后，袁世凯与国民党之间的裂隙愈来愈大，最终势成水火。

在民国之初的几年间，社会政治生活毫无近代国家的气象。这几年间，暗杀、兵变、查禁新闻媒体之类的事情连连发生。即使是民主政治不可或缺的选举，也是在袁世凯的操控之下进行的。1913年10月，国会正式选举大总统时，为了保证胜选，袁世凯竟然派军队到会，以维持秩序为名，行恫吓议员之实，此外，还有许多所谓的"公民团"在会场外面声援袁世凯，最有意思的是，其中一个公民团竟然是由一群乞丐组成的。虽然说按照平等的观点，乞丐也有表达政治诉求的权利，可是，乞丐组团干预选举，却是古今中外闻所未闻的。当这种事情在一个国家发生的时候，你没有理由说这个国家的政治生活是正常的。

解读民国初年政坛上所发生的一切，离不开"权力"这个关键词语。在表面上，袁世凯接受了共和，但在骨子里，他梦寐以求的却是成为高度垄断权力的独裁者。对权力的渴望是人的本性里颇难克服的东西，袁世凯在摘取辛亥革命的桃子以后，垄断权力的欲望越发强烈。从违背最初对革命党人的承诺，不肯到南京而在北京继位，到操纵选举、废除《临时约法》、解散国会，再到后来的83天皇帝梦，袁世凯在垄断权力的路上一步一步地前行，他也最终到达了身败名裂的绝境。如果袁世凯没有做出推翻共和、恢复帝制的事情，无论他做对或做错了什么事情，史家笔下的将是另一个袁世凯。这是另一种意义上的"一失足成千古恨"。

据说，在袁世凯宣告帝制失败之后，曾经感叹"杨度误我"。的确，在袁世凯称帝的前前后后，杨度等人确实起了推波助澜的作用。但是，"杨度误我"却是袁世凯的推脱之词。袁世凯以善于延揽人才而见长。在他身边聚集了各色人等，这些人不仅各怀所长，道德品质也是良莠不齐。对于袁世凯来说，身边有各种各样的人不是问题，但关键时候听信哪些人的话却是大问题。而在是否应该称帝这一问题上，袁世凯未肯听信学问人品俱佳的张一麐、严范孙，却偏偏信从了杨度的意见，而杨度恰恰是品行卑微的小人。当一个人利欲熏心的时候，最有可能与他亲近的往往是小人。说来说去，杨度等人在袁世凯称帝过程中所以全力拥戴、劝进，根本原因还是袁世凯自己想要当皇帝。

前面说过，工于心计、善于权衡利害是袁世凯的特长，在当总统还是当皇帝这一问题上，有一笔账他应该算得很清楚：如果当总统，手中的权力就要受到国会的制约，而且，总统要通过选举产生，即便是可以操纵的选举，

最难评说袁世凯

也还是要费一番周折。更何况，即使他能当一个好总统，也不过是及身而止，哪能像皇帝那样泽及子孙。在这里，袁世凯更多看到的是当皇帝给他带来的好处。可是，袁世凯并不懂得，走向民主是不可抗拒的历史潮流，而对历史大势的理解，在根本上取决于个人的见识与思想境界，袁世凯缺的就是这个。果然，袁世凯的倒行逆施，遭到了普遍的反对，在国内遭到了举国上下的反对，甚至长期以来追随袁世凯的段祺瑞、冯国璋、黎元洪等人也不再站在他这一边；在国际上，则受到了日、法、德、英等国家的强烈抵制。袁世凯本人也在这内外交困之中死去，在他身后，是重待收拾的河山。

孙晓春

2016年6月20日草于天放居

前　言

　　袁世凯这个名字，在中国可谓妇孺皆知。他的正史，人们耳熟能详；他的逸事，人们亦津津乐道。但是，世人真的了解他吗？

　　袁世凯生前和身后可以说都是在骂声中度过和结束的。身处朝鲜，有人骂；离开朝鲜，有人骂；小站练兵，有人骂；戊戌政变，有人骂；巡抚山东，有人骂；总督直隶，有人骂；主张中立，有人骂；废除科举，有人骂；首倡立宪，有人骂；回籍养疴，有人骂；南北和谈，有人骂；总统民国，有人骂；《二十一条》，有人骂；洪宪帝制，有人骂。这些骂声，百年前此起彼伏，百年后仍不绝于耳。可是，您知道吗？在嘈杂的骂声背后却存在着一件用中国文化难以解释的事情。

　　袁世凯死后葬于河南安阳袁林，其陵墓历经近百年，依然保存完好，游人络绎。百年来，中国经历了太多的战争、革命和运动，每一次，袁林都面临灭顶之灾，可每一次，它都安然度过。甚至连孔庙都在劫难逃的时代，它依然平安无事。一个被中国人骂了一百多年的人，竟然可以安眠在一座偌大的被中国文化视为人生归宿的陵寝中，这是为什么？难道仅仅因为领袖的一句话，它便可以高枕无忧？还是国人内心深处仍对其怀有敬畏？

　　说到敬畏，袁世凯亦有当之无愧之处。

　　袁世凯在朝鲜的经历是其一。从25岁起，袁世凯前后三次赴朝，前后驻朝近12年之久。他在朝鲜都做了什么？遇到了哪些人？遇到了哪些事？由于有关袁世凯在朝鲜的史料非常少（目前最权威的是林明德先生的《袁世凯与朝鲜》一书），所以多数传记作者都把这段历史简单带过。研究历史需要较真，需要刨根问底，于是四处查阅史料，翻看旧报刊，终于在美国淘到《袁

世凯死敌——美国人德尼书信集》和《美国人在朝鲜——福久私人书信集（1884—1887）》二书，加上《申报》等旧报刊的资料，有幸完成了本书的朝鲜部分。其内容基本为首次在国内公开，不妨先睹为快，看看袁世凯到底有哪些值得后人敬畏之处。

袁世凯主张日俄战争中立的立场是其二。日俄战争发生在中国东北，袁世凯主张局外中立。时人颇不以为然，后人亦然。可阻止日俄战争或阻止它在东北发生不是逞口舌之利，需要中国有相应的实力，当时的清政府有吗？答案不言自明。那么，主持局外中立是利国还是祸国呢？

袁世凯主张废除科举是其三。清末新政，袁世凯首倡废除科举，举国震惊。朝廷内外，有人赞成，有人反对，而且反对之声远远大于赞成之音，压力之大可想而知。袁世凯为什么要顶着压力冒着风险提出这个主张呢？一句话，他是个做事的人。否则，他也不可能40岁便忝列封疆，成为山东巡抚，42岁便当上直隶总督，成为疆臣之首，48岁入军机，成为最有权力的大臣之一。

袁世凯主张兴办学堂是其四。任职山东巡抚期间，袁世凯兴办了山东大学堂，即今天的山东大学。山东大学堂给全国做了样板，此后，在慈禧太后的指示下，全国都仿效山东，兴办学堂，北京的京师大学堂便是一个。袁世凯兴办的学堂不止这一个，也不止这一种，还有警察、军事等各种学堂。

袁世凯主张宪政是其五。立宪，无论是君主立宪还是共和立宪，即无论主张立宪君主制还是共和制；对当时的中国来说，都是巨大的进步。虽然袁世凯主张的是二元君主制，但毕竟可以通过宪法实现与皇帝分权，这就超越了绝对君主制，具有划时代意义。

袁世凯主张南北和谈是其六。辛亥革命爆发后，袁世凯出山，南下与武昌革命军作战。从史料来看，袁世凯是边战边谈，一直没有放弃和平的努力。其后，更是主张南北和谈，以期早日平息国内革命。袁世凯在和谈中是否有个人打算，是否想当大总统，书中亦有分析。但应当承认的是，在南北双方共同努力下，尤其是在袁世凯的运作下，清宣统帝得以和平退位。他们没有让皇帝上断头台，这在文明的意义上已经超过了1789年法国大革命。

当然，袁世凯的一生也有败笔，如取缔国民党、签署《二十一条》。至于洪宪帝制，则不是败笔所能形容的了。

为著此书，笔者于2014年9月特意与家人一起，从沈阳出发，一路驱车南下，沿着袁世凯的国内足迹，经遵化、天津、北京、易县、保定、项城、济南、蓬莱、烟台、威海等地，全程近5000公里，做了一次田野考察。考察中最大的收获，莫过于在项城受到袁家村村民的热情接待。项城袁氏宗祠陵园管理委员会成员袁克明（克字辈，辈分极高）老先生不仅热心导游讲解，而且还代袁晓林先生馈赠《项城袁氏历代谱系志》一本。

《项城袁氏历代谱系志》是由袁氏后人袁晓林先生（原河南省项城市政协副主席、党组副书记，1993—2003）主编的一部袁氏家族历史资料汇编，其内容翔实丰富，是研究袁世凯本人身世及其家族历史的珍贵文献。由于该书未公开发行，外界很难买到，所以弥足珍贵。在此，真诚感谢袁氏后人对史料的整理和搜集。

徐 忱

2016年4月于南开大学

目录

袁世凯 全传

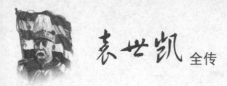

第一章　成长年代

　　但凡为一个人立传，都需从其出生和家庭说起。这是因为，一个人固有其天赋之聪慧，但决定其一生的往往是家庭环境和人生际遇。袁世凯的家族虽是当地望族，但其本人的童年与其兄弟们相比，却多了些颠沛和历练。正是这些颠沛和历练，令其有了同龄人所不具备的处事智慧和应变能力。这些智慧和能力是他后来得以雄踞中国政坛不可或缺的条件。

第一节　过继二叔　远游苏鲁

　　1859年9月16日（咸丰九年八月二十日），袁世凯在河南项城县北袁张营村出生。袁张营村，原名张营村，因袁氏迁入改易是名。袁张营村东20里有石腰庄庄田，袁世凯祖父袁树三和二叔祖父袁甲三将其买下，后经袁家改造，成为袁寨。袁世凯出生后不久，为避捻军骚扰，袁家移居袁寨生活。

　　袁寨的负责人便是袁家的长门长子、袁世凯的生父袁保中。袁保中（1823—1874），字受臣，秀才（附贡生）出身，捐同知（知府副职），在乡办团练。保中娶妻刘氏，生一子二女。一子即袁保中次子世敦（嫡出）。刘氏病故后，保中将妾刘氏扶正，这个刘氏就是袁世凯的生母。刘氏育有五子，即世昌（长子）、世廉（三子）、世凯（四子）、世辅（五子）、世彤（六子）。袁世凯行四。

　　袁家诸子长幼之序，史料多有误传。清学者贺涛曾为袁世凯生母撰《刘太夫人墓志铭》，在文中，他提到袁世凯家有"子六人，长世敦，前室刘太夫人出；次世昌，早卒"；[①]时任两广总督张之洞亦曾为袁世凯生母撰写过墓志铭，其中有"光禄公（袁世凯生父）娶于刘，生子世敦。刘夫人即殁，继室太夫人生子世昌，早卒"[②]等语。这些说法都是错误的。为什么这么说呢？因为袁世凯生父袁保中死后，袁保龄（袁世凯四叔，后面有详细介绍）在一封家书中说："以大宗之子奉祀祖先，岁时祭品及修理茔墓为要事，世昌庶出，应以世敦为承重嫡曾孙，首当其任。"[③]袁保龄虽未明示，但从其言语中能够得出世昌为庶出长子的结论，也就是说世昌与袁世凯是同父同母的亲兄弟。这个观点也在《项城袁氏历代谱系志》中得到了证实。该书内载的《项城袁氏铁牌家谱》袁保中儿子们的排序是：世昌、世敦、世廉、世辅、世彤。袁世凯过继给袁保庆，故不在袁保中名下。至于世昌早卒的问题，也并非幼年即逝，起码他的死要晚于其生父袁保中。在第三节谈及袁氏分家时，还会提及世昌。

保中唯一胞弟袁保庆（1825—1873），字笃臣，谥号"中议"，咸丰八年举人。保庆娶妻牛氏，"生子女各二，二子早殇"。[④]长女嫁给河南商城杨寿岩。寿岩的祖父杨式毅乃道光辛丑科（二十一年）进士，官拜广东乡试正考官、日讲起居注官、内阁学士、兵部右侍郎、礼部右侍郎、国史馆副总裁官、吏部右侍郎、刑部右侍郎、江南乡试正考官、提督顺天学政等职，至今仍是商城人的骄傲。其孙杨寿岩则不思进取，嗜烟如命，保庆长女亦因此气闷而早亡。次女袁让订亲河南武陟县毛家。家翁毛亮熙，咸丰庚申科（十年）进士；[⑤]伯父毛昶熙，道光乙巳科（二十五年）进士，道光丁未科（二十七年）殿试三甲同进士出身（与张之万、李鸿章、沈葆桢等同科），累官至礼部尚书、兵部尚书、翰林院掌院学士、武英殿总裁、太子太保。毛家虽显赫，但袁

① 贺涛：《贺涛文集》，上海：华东师范大学出版社，2011年，第159页。

② 袁晓林主编：《项城袁氏历代谱系志》，中国·项城袁氏宗祠藏版，2013年，第97页。

③ 丁振铎编辑：《项城袁氏家集》8，沈云龙主编：《袁世凯史料汇刊》2，中国台北：文海出版社，1966年，第5438页。

④ 丁振铎编辑：《项城袁氏家集》4，沈云龙主编：《袁世凯史料汇刊》2，中国台北：文海出版社，1966年，第2310页。

⑤ 《项城袁氏家集》之《中议公事实纪闻》称其为丙辰进士，错矣。丙辰科乃咸丰六年殿试。《清文宗实录》记载其为庚申科进士，应无误。

让的婚姻比其姐更不幸。17岁的她尚未出嫁，未婚夫便病殁，但她依然坚持过门守节，直至终老。保庆纳妾两名，王氏生三女、四女（1882年卒）；陈氏生五女。长兄保中见胞弟保庆膝下无子，便将袁世凯过继给他为嗣子。

以过继方式为亲族延续香火，在古代中国俯拾皆是，不足为奇。但这次过继对袁世凯的人生来说则是一次重大转折，因为嗣父袁保庆的学识、事业、人脉均胜其生父保中远甚，袁世凯从袁保庆那里可以学到、看到、悟到许多同龄人，尤其是生活在袁寨里的同辈兄弟们难以企及的高度。

袁保庆官做得并不大，他最后的官位是"盐运使衔署江南盐法道"。盐运使是正三品官，盐法道是正四品。袁保庆最初随二叔袁甲三辗转江皖剿匪，后回豫办团练，"亲冒锋镝，卓著战功"。[1]由于工作出色，时任河南巡抚张之万（张之洞兄）与时任江苏巡抚李鸿章联合保奏，将其由刑部候补郎中擢为知府分发山东补用。李鸿章对袁氏父子两代皆有提携之恩德，此乃第一例。因为这纸调令，袁保庆偕全家迁往山东济南。这一年是1866年，袁世凯刚刚七岁，虽是黄口孺子，也到了受教育的年纪。

袁家是书香门第，对袁世凯的教育自然不能放松。到济南后，袁保庆请贡生王志清为袁世凯授课。课余时间，王志清偕袁世凯游大明湖，讲铁公事，观忠孝戏。两年后，袁保庆再度升迁，全家亦随其过扬州，南下江宁（南京）就职。除请人授课外，袁保庆的教育方式以"身教"为主。时任江宁布政使李宗羲说："察其言动，丝毫不苟。议论公事，能持大体。从公之暇，手撰格言。暗然内修，不自表襮，其立志可谓远大。"[2]李宗羲所说的格言，即《自乂琐言》。

袁保庆有个好习惯，身边常备笔墨纸张，遇有做人、用人、做官等方面的所感所悟，便迅即记录下来，最终汇集成《自乂琐言》一书，其中一些警言今天读来仍颇具现实意义。比如，"人不可有嗜好。古今来具干济之才而丧节败名者，不一而足，况其下焉者乎？"再比如，"官场中能销去一争

---

[1] 丁振铎编辑：《项城袁氏家集》4，沈云龙主编：《袁世凯史料汇刊》2，中国台北：文海出版社，1966年，第2287页。

[2] 丁振铎编辑：《项城袁氏家集》4，沈云龙主编：《袁世凯史料汇刊》2，中国台北：文海出版社，1966年，第2288页。

字，便是清平世界；能销去一炉字，便是光明景象；能销去炎凉两字，便是淳朴风气。"类似的人生感悟还有许多，碍于篇幅所限，无法在此一一列举。袁保庆通过此书，给后人留下了自律、谨慎、有主见的印象。

说到有主见，有一件事不得不提。咸丰五年（1855），孝廉方正吴廷香在安徽庐江对抗太平天国起义军，不敌，被困，遂密遣其子吴长庆向正在安徽淮北剿捻的袁甲三部求救。袁甲三长子袁保恒反对分兵救吴，而袁保庆却坚持己见，认为吴氏以绅士办团练，实属不易，分兵往援，义不容辞。争论间，庐江城被太平军攻破，吴廷香战死。吴长庆自此与袁保恒断交，而与袁保庆亲近，结为盟兄弟。吴长庆也不负父望，投靠李鸿章门下，经过多年努力，编练成庆军，成为淮军一支劲旅。袁保庆与吴长庆的友谊也为袁世凯日后的发展奠定了基础。

然而天有不测风云，袁保庆不幸染上霍乱。1873年6月末，南京久旱无雨。袁保庆陪同两江总督李宗羲一日四次，诣坛求雨，劳累过度，致吐泻下痢。延医诊断，知是霍乱。于7月17日不治，终年48岁。袁保庆去世后，时任直隶总督李鸿章致函称："笃兄诚毅开敏，真未易才。其气体尤极壮实，乃亦一病不起，善人无禄，同病相怜，可为世道悲也。"[1]吴长庆亦来函称："笃兄一片肫诚，视同手足。方谓蔺廉结契，共济时艰，孰期别未一旬，竟成永诀。"[2]袁保庆为官清廉，身后尚欠友人多笔款项，家人无力负担丧礼费用。幸赖保庆平日与友恳诚交往，颇得尊重，不少人拿出可观奠仪。如两江总督李宗羲出资500两；亲家刘铭传出资1000两。

袁世凯生父袁保中在家乡收到胞弟凶信后，立即起程赶往南京。8月中旬，袁保中抵宁，并料理胞弟后事。袁家办完丧事后，由袁世凯扶柩，袁氏一家老小跋山涉水，返回项城，并将袁保庆安葬在"袁寨之右"。[3]这一年，袁世凯刚满14周岁。

① 丁振铎编辑：《项城袁氏家集》4，沈云龙主编：《袁世凯史料汇刊》2，中国台北：文海出版社，1966年，第2324页。

② 丁振铎编辑：《项城袁氏家集》4，沈云龙主编：《袁世凯史料汇刊》2，中国台北：文海出版社，1966年，第2327页。

③ 沈祖宪、吴闿生编纂：《容庵弟子记》卷1，《袁世凯史料汇刊》9，中国台北：文海出版社，1966年，第2页。

第二节　求学北京　完婚项城

　　1873年冬，三叔袁保恒归省项城，见袁世凯"伟异"，便命袁世凯与袁世廉赴京从四叔袁保龄学习。上一节曾两次提到过袁保恒，但要了解此人在袁氏家族的地位，及其与袁保龄对袁世凯的影响，还须从头说起。

　　袁世凯曾祖父袁耀东生有四子，即袁树三、袁甲三、袁凤三、袁重三。袁树三即袁世凯的祖父，其生有二子即袁保中和袁保庆，保中是贡生，主持袁寨；保庆为"盐运使衔署江南盐法道"，顶多是正三品。这些与袁甲三那支比起来要逊色许多。

　　袁甲三（1806—1863），字新斋，号午桥，谥号端敏，道光乙未科（十五年）进士。官拜钦差大臣、漕运总督，督办安徽军务，是咸丰年间的要员之一。袁甲三去世后，清政府分别在河南陈州、安徽淮安、安徽亳州建专祠三座，供人祭祀。袁保庆病逝后，得以附祀袁甲三淮安和陈州专祠，被视为家族荣耀。袁甲三生有三子，即袁保恒、袁保龄、袁保诚，袁世凯分别称他们为三叔、四叔、五叔。其中三叔袁保恒、四叔袁保龄对袁世凯的帮助最大。

　　袁保恒（1826—1878），字小午，号筱坞，谥号文诚，道光庚戌科（三十年）进士（与文学大师俞樾同科）。累官至内阁学士兼礼部侍郎衔、户部左侍郎、刑部左侍郎、顺天乡试考官、殿试阅卷大臣等职，获赏头品顶戴。袁保恒为官后，很快便在剿捻战役中脱颖而出，并获"伊勒图巴图鲁"（勇士）名号。咸丰十年（1860），袁保恒以翰林院编修，被发往安徽军营，交其父袁甲三差委。袁甲三去世后，袁保恒本应在乡丁忧，谁知他却跑到河南山西交界的陕州考察屯田事宜，并具折上奏。此举违背清朝"丁忧官员不能与闻朝政"的体制，袁保恒因此被吏部议处，降一级使用。同治七年（1868），袁保恒被派往钦差大臣李鸿章军营差委。当时，李鸿章负责在天津一带剿捻，而与捻军有过交战经验的袁保恒则如鱼得水，短短三个月，便立下战功，李鸿章因此擢其为翼长。同治帝也因其战功卓著，开复其原职（翰林院侍讲学士），并加恩赏其三品衔。前面说过李鸿章对袁家父子两代都有提携之恩德，此乃第二例。同年，袁保恒被派往陕甘军营，交钦差大臣左宗棠差委。他在那里任劳任怨，连续工作六年。1873年冬，同治帝恩赏袁保恒三个月假期，令其回籍省亲。袁世凯当时刚刚返回项城，叔侄二人因此得以会面，袁世凯也因此有了赴京求学的机遇。由于袁保恒假满还须回任陕甘军营，教育袁世凯等侄辈的任务就落到了四叔袁保龄肩上。

袁保龄（1842—1889），字子久，一字陆龛，同治元年（1862）举人。袁甲三过世后，袁保龄获赏内阁中书。他在京侍读13年，"于天下要政，博考远览，熟悉掌故"。[①]也就是说，袁世凯入都学习之时，袁保龄仍以内阁中书身份在京侍读。内阁中书，隶属中书科，由内阁学士管理，负责缮写等工作，类似今天政府内的文字秘书。袁保龄虽然官做得不大，学问不高，但在教育晚辈的问题上，用"呕心沥血"来评价他毫不为过。那么，他是怎么教育侄辈的呢？这个问题还是从袁世凯进京求学讲吧。

1874年农历新年刚过，袁世廉和袁世凯兄弟二人在家中男仆的保护下，来到了北京。袁保龄初见两位侄儿，所给的评价并不高。他认为袁世廉"天资虽钝，颇尚恂谨，束之规矩之中，数年后虽无大成，或可望为守家之主"。袁世凯给他的印象则是"资分并不高，而浮动非常"。[②]虽然评价不高，但袁保龄还是聘请严师谢子龄等管教二侄。有人会问，不是袁保龄亲自教育吗？怎么还请老师呢？

当时袁保龄身为内阁中书，官虽不大，但公务繁多，难得休息。如他自己所说"逐日起早，逐日进前门，却颇觉习惯，亦不甚劳，惟私事一切顾不及耳"。[③]所以袁保龄聘请了几位名师专门教授袁世凯等晚辈。但他并非撒手不管，而是一有空闲，便询问孩子们的学业进展，因此，他对袁世凯等人的学习状况了如指掌。在致大哥袁保中的信中，袁保龄说："好在目下谢子龄兄之为人，事事求实际。为（袁世凯）置一半桌，在先生案侧。而绳侄（袁

① 丁振铎编辑：《项城袁氏家集》5，沈云龙主编：《袁世凯史料汇刊》2，中国台北：文海出版社，1966年，第3381页。

② 丁振铎编辑：《项城袁氏家集》8，沈云龙主编：《袁世凯史料汇刊》2，中国台北：文海出版社，1966年，第5418页。

③ 丁振铎编辑：《项城袁氏家集》8，沈云龙主编：《袁世凯史料汇刊》2，中国台北：文海出版社，1966年，第5425页。

世廉）在对面套间中自为一桌。两人隔开，免时刻交谈，废读之弊。且欲使凯侄逼近师长，以束浮嚣之气。晚间，则均在书房套间与先生比屋而居。夜课至亥正；晨以日出为始。数日来，均颇奋勉，未知以后何如？所作文诗，略看大概，已与谢师说明，先温经灯下，或时作试帖数句。八股直不必忙。两三个月后，书熟再说。日写大字小字各一张。此其大概也。"①可以看出，袁保龄对二位侄儿的学业情况了如指掌，而且对他们的学习规划，如何时读经、何时作帖、何时学八股，均有合理安排。

1874年10月，朝中传来喜讯，三叔袁保恒实任户部左侍郎，将回京供职。然而福无双至，祸不单行，不久，项城又传来噩耗——袁世凯生父袁保中于11月病逝。据说，袁世凯闻听凶讯，"哀病失血，咽喉溃烂如蜂房，久不愈"。②由于袁世凯已经出嗣，袁保龄未允其回乡料理生父后事，只命袁世廉回籍守孝。嗣父、生父接连驾鹤西游，15岁的袁世凯似乎突然间长大了。他开始努力读书，且小有进步。袁保龄看在眼里，喜在心中，说："凯侄八韵颇长进，文章尚不入门。"③是年冬，袁保恒到京，督课袁世凯更加严厉，袁世凯也愈加勤勉。常常是袁保恒入值，袁世凯"尚未寝"；黎明三叔散值，袁世凯"已就读"。④袁保恒怕其过劳，"常戒抑之"。④连袁保龄也忍不住夸奖袁世凯是"中上美材"，认为"二哥嗣武有人，亦可略慰"。⑤

光绪二年（1876），河南乡试在即，袁世凯回籍应试。一般认为袁世凯学术不精，致乡试不第，但也有不同的说法。据刘禺生在《世载堂杂忆》中记载，袁世凯考得"项城县之府案首"，⑥但河南学政瞿鸿禨在考陈州府时，对知

---

① 丁振铎编辑：《项城袁氏家集》8，沈云龙主编：《袁世凯史料汇刊》2，中国台北：文海出版社，1966年，第5418页。

② 沈祖宪、吴闿生编纂：《容庵弟子记》卷1，《袁世凯史料汇刊》9，中国台北：文海出版社，1966年，第3页。

③ 丁振铎编辑：《项城袁氏家集》8，沈云龙主编：《袁世凯史料汇刊》2，中国台北：文海出版社，1966年，第5468页。

④ 沈祖宪、吴闿生编纂：《容庵弟子记》卷1，《袁世凯史料汇刊》9，中国台北：文海出版社，1966年，第4页。

⑤ 丁振铎编辑：《项城袁氏家集》8，沈云龙主编：《袁世凯史料汇刊》2，中国台北：文海出版社，1966年，第5476页。

⑥ 刘禺生：《世载堂杂忆》，北京：中华书局，1997年，第93页。

府吴重熹不甚尊重，而吴重熹也针尖对麦芒，致使两人关系恶化。之后，瞿鸿禨取消了陈州各府属的府首（项城归陈州府管辖），袁世凯不幸成为牺牲品。

此说可信吗？刘禺生即刘成禺，著有《洪宪纪事诗本事簿注》一书，是研究民初历史不可多得的好资料。他本人在二次革命时，被袁世凯通缉，似不会刻意为袁说好话。但翻阅瞿鸿禨的《使豫日记》（《瞿鸿禨集》，湖南人民出版社2010年版），只记载了从北京到开封的内容，无法与刘禺生之说比对考证，颇为遗憾。不过，袁世凯虽然乡试不第，但却完成了另一件人生大事——结婚。

袁世凯娶进门的姑娘，即他的原配夫人，姓于，陈州府人氏，长袁两岁。于氏两年后为袁世凯诞下一子，即袁克定，这也是袁世凯唯一的嫡子。不过，袁世凯与于氏的关系并不融洽，稍后还会专讲此事。

三叔袁保恒见袁世凯已经完婚，怕其耽误学业，频招其回京就学。有人可能不理解，认为按今天的话说袁世凯好歹也是个官三代，家里给找个好工作不行吗？何苦要督促其读书呢？当时的中国，一个人要想出人头地，就必须博取功名。所谓功名，可以是乡试考中举人，最好是会试考中进士。只有取得功名，一个读书人才有立足的资本。所以后来袁世凯到庆军任职，吴长庆还是要他考取功名；李鸿章想派其去朝鲜，也担心其错过乡试，无法取得功名。连袁世凯自己都说："然虽多病，亦不敢自弃。每当病卧，思己之功名不就，无不攘背而起，展书味诵，但不知老天负我不负我乎。"[1]功名如此重要，可袁世凯的成功却与它毫不相干，他是怎么做到的呢？命运和机遇且不说，三叔袁保恒教授给他一项实用功夫——危机应变的处世能力。

1877年初，袁世凯回到北京。但家庭负担扛在肩上，乡试不第的打击犹在，致使其产生外出谋职糊口的想法。他在致二姐袁让的信中说："弟既不能养家，反在外使家养己，断不成道理……弟出来数月，功名不成，断无脸回家，欲于汴省谋一事，可以糊口。"[2]三叔袁保恒知道袁世凯的想法后，断

---

① 陈瑞芳、王会娟编辑：《袁世凯》卷1，天津市历史博物馆馆藏：《北洋军阀史料》，天津：天津古籍出版社，1992年，第13页。

② 陈瑞芳、王会娟编辑：《袁世凯》卷1，天津市历史博物馆馆藏：《北洋军阀史料》，天津：天津古籍出版社，1992年，第8页。

然否定。他对这个侄儿是有大期望的，岂能肯让他半途而废？正在此时，光绪帝谕命刑部左侍郎袁保恒（1877年4月30日调）赴河南帮办赈务，保恒便偕袁世凯一同南下。

1877年12月30日，袁保恒偕袁世凯等人从北京出发前往河南。途经保定时，袁保恒特意停留一天，拜会了直隶总督李鸿章，请其帮助河南赈务。李鸿章当即为其拨米三万石，可谓竭诚相助。不知袁保恒是否向李鸿章介绍了袁世凯，不过即使有，想必李中堂对一个无名小子也不会有什么印象。1878年1月16日，袁保恒等人抵达河南开封。时值隆冬，大雪纷飞，寒风刺骨。谁知袁世凯却不怕苦，常在冰天雪地中策马奔驰，办理公务，从不懈怠。他还主动避嫌，住在开封城外的何氏别墅，不与地方官员往来应酬，以免遭人闲话。袁世凯在当地亲眼目睹饥民之惨状，官军之残杀，赈款之不敷，慨叹"赈务实属万难"，但也下定决心，要"尽此赤心，捐此腐躯，上以报国，下以报叔父"。①短短数月，袁世凯似乎长大许多。这时，一个重大考验向其悄然袭来。

其时，开封瘟疫流行。1878年5月，袁保恒自恃体壮，不顾危险，亲自去各粥厂检查，致染时疫。他在致光绪帝的奏折中说："不料传染时气，徒患喉烂项肿，赶紧医治，急投重剂，不见轻减。据医者言，症由操虑过切，受病已久，又染瘟热邪毒所致。"②这是袁保恒最后一份奏折，三天后，他便撒手人寰，病逝开封。

袁保恒去世后，清廷便命涂宗瀛任河南巡抚接手赈务。要知道，公务交接是一项非常重要的工作。对前任来说，事无巨细井井有条地归纳整理自己所做的工作，既可以维护名节，堵住漏洞，又能防止政敌见缝插针，利用自己的失误做文章；对后任而言，前任的烂摊子既是烫手山芋，又是打败政敌的有利证据。袁世凯可不想三叔的一世英名被人利用，19岁的他主动请缨，为袁保恒的赈务工作善后。他"料理身后一切，并检点公私未了各事，措置

①　陈瑞芳、王会娟编辑：《袁世凯》卷1，天津市历史博物馆馆藏：《北洋军阀史料》，天津：天津古籍出版社，1992年，第23页。

②　丁振铎编辑：《项城袁氏家集》5，沈云龙主编：《袁世凯史料汇刊》2，中国台北：文海出版社，1966年，第3076页。

井井"。河南巡抚涂宗瀛到任后，袁世凯将三叔袁保恒"未竟之事及委员查赈情形各密件，并加注说，封交涂公"。①涂宗瀛为表感谢，还特意出10两银买冥资祭奠袁保恒在天之灵。涂宗瀛后来还专折奏请为袁保恒在河南省城开封建祠、将其事迹宣付国史馆立传并请附祀陈州袁甲三专祠。

这是袁世凯第一次在危机面前，沉着冷静，展现大将之风。他的应变能力后在朝鲜壬午政变和甲申政变中又两度得到施展，使其在芸芸众将中迅速脱颖而出。北洋大臣李鸿章正是看中袁世凯的这个能力，才垂青于斯，委大任于斯。

读到这里，也许有人会问，三哥袁保恒去世了，怎么不见四弟袁保龄呢？据《容庵弟子记》记载，袁保龄偕袁保恒公子袁世勋于三个月后，即1878年8月，赶到河南开封。为什么会来得如此晚呢？因为其中一个月是讣告传到北京及从北京到开封行程的时间。另外两个月则要给袁保龄请假、批准及处理北京家务事。为什么要处理北京家务事呢？因为袁保龄得知三哥袁保恒病殁后，做了一个决定，即"辞官归里，力肩赈务，营兄丧"。②既然辞官归里，北京的一切则须打包、变卖，自然要耽搁一些时日。

袁保龄抵达开封后，与袁世凯和袁世勋两位侄儿成服祭奠。之后，袁世凯先返陈州府，准备丧葬诸事，袁保龄与袁世勋随后扶柩回乡。至此，袁世凯便留在了陈州府，与家人共度了三年时光。

第三节　结拜世昌　资助忠枢

袁世凯与家人安葬了三叔袁保恒后，袁家在袁保龄的主持下开了一次重要会议，会议议题是——分家。

---

① 沈祖宪、吴闿生编纂：《容庵弟子记》卷1，《袁世凯史料汇刊》9，中国台北：文海出版社，1966年，第5页。

② 丁振铎编辑：《项城袁氏家集》5，沈云龙主编：《袁世凯史料汇刊》2，中国台北：文海出版社，1966年，第3396页。

有人会问，袁保龄的三位兄长都已过世，他本人也已过而立之年，为何才分家呢？此事要从袁世凯的曾祖母郭氏说起。郭氏即袁世凯曾祖父袁耀东的夫人，生于1776年，逝于1876年，乃百岁人瑞。同治十三年（1874），慈禧太后四旬万寿，赏赐给袁保恒祖母御制"期颐锡羡"匾额。光绪二年（1876）郭氏去世后，清廷因其是袁甲三之母，袁保恒之祖母，特谕赐祭。长寿的曾祖母维系了袁氏家族的亲情，使得袁世凯在嗣父、生父去世（1875）后，仍然可以在三叔袁保恒、四叔袁保龄的管教下继续学业。也由于郭氏的长寿，使袁氏家族保持了完整。袁耀东有四子，四子又生十子，均按长幼排行。袁保恒行三，亲弟弟袁保龄也呼其为三哥。

嗣父袁保庆于1873年病故后，袁世凯又先后告别四位亲人。他们是生父袁保中、四叔祖袁重三、曾祖母郭氏、三叔袁保恒。袁家"保"字辈兄弟十人中，除保中、保庆、保恒、保龄四人外，其余皆碌碌之辈，且多嗜好鸦片，不思进取。

关于袁氏分家方式，目前有袁保龄致三哥袁保恒的两封信可资参考。一封写于大哥袁保中生前。在信中，袁保龄建议将"吾家南北庄及新桥田亩约计当在三十顷"的土地连同其他家产"剖为十二股，按我兄弟十人，每人一股，应田几顷几亩，即派其本人自行管守料理"，"此十股派定之外，所余二股，专归家长，即在大哥手中收管。以一股专供祭祀一切应用；一股为公众门事应酬之用"。至于袁保龄和袁保恒手中两股，袁保龄建议"亦归大哥执掌，专伺候祖母太夫人零用，如有不足，由我两人随时呈上"。[①]请注意，这只是袁保龄的一个建议，至于是否得到实施，尚不得而知。一些有关袁世凯的传记将这个建议当做事实，进而得出袁世凯分得丰厚家产的结论是不客观的。

在稍后一封信中，袁保龄又向三哥袁保恒提出了第二个建议。他打算"悉举张营、南庄、新桥三处田地，配匀肥瘠，或分十八分，以大哥家世昌等五侄、二哥家世凯、三叔父家九弟、四叔父家五弟以下五人，不论老房头，亦不论辈次，每人占一分，十二人占十二分。我们弟兄两人亦只每

---

① 丁振铎编辑：《项城袁氏家集》8，沈云龙主编：《袁世凯史料汇刊》2，中国台北：文海出版社，1966年，第5415页。

人占一分。公众门次应酬占双分，祖母太夫人岁时所需占双分。此中却是九弟与凯侄所占最少，如其明理不多言固善，否则以我两人两分津贴之，亦当无话说"。①如果按这个方案分家，正如袁保龄所言，袁世凯所占最少。为什么呢？因为按第一个方案，袁世凯能分到2.5顷土地，而他的兄弟如袁世昌等每人仅能得到0.5顷。如果按第二个方案，袁世凯与其兄弟们每人都能得到1.8顷土地，但袁世凯得到这份家产后，要养活嗣母牛氏、王氏和陈氏两位姨奶奶、三个妹妹、媳妇于氏七人，显然非常拮据，所以说他所占最少。

以上均是袁保龄的建议，至于袁氏家族到底如何分的家，目前尚无相关资料。不过，分家的事好像并未影响袁世凯的心情，他"家居多暇，嗜酒好骑马，日饮数斗，驰骋郊原"。袁世凯性格"喜为人鸣不平，慷慨好施与，以善为乐"。陈州府知府吴重熹因此与袁世凯成为"诗酒友"，且"雅敬爱之"。②袁世凯在陈州府期间，还意外交到了一位终生盟友——徐世昌。

徐世昌（1855年10月23日—1939年6月5日），字卜五，号菊人，直隶天津府天津县人，出生于河南卫辉府。如今，河南卫辉市仍保存着徐世昌家祠，名为"徐氏家祠文物旅游景区"。徐世昌7岁时，父亲去世，家道中落。母亲刘氏独自撑起家庭重担，督子力学，三餐不济，仍延师课子。17岁时，徐世昌一边读书，一边课馆贴补家用。课馆即教私塾。1879年4月，徐世昌应县令李觐侯邀请，赴陈州府淮宁县从事文牍工作。徐世昌得知陈州府袁甲三祠有园林，便慕名前来游玩，并在那里偶遇了袁世凯。

关于这次见面，《容庵弟子记》记载如下：

"天津徐相世昌以孝廉馆淮宁县署，往游公别墅。阍者外出，公方在仰山堂读书，徐公不问主人迳入。公起立揖谈，互相倾服，

---

① 丁振铎编辑：《项城袁氏家集》8，沈云龙主编：《袁世凯史料汇刊》2，中国台北：文海出版社，1966年，第5439页。

② 沈祖宪、吴闿生编纂：《容庵弟子记》卷1，《袁世凯史料汇刊》9，中国台北：文海出版社，1966年，第6页。

遂定交。"①

《徐世昌年谱》记载如下：

"郡城袁端敏公祠有园林，暇往游，适袁世凯慰亭少公四岁，读书园中，见公状貌伟然，殷勤接晤，惊以为奇，因委心纳交。"②

袁世凯就这样与徐世昌相识了。第二天，袁徐换帖，义结金兰。徐世昌长袁四岁，为兄。袁世凯还慷慨资助徐世昌以川资，使其兄弟二人得以赴都应顺天乡试（1882），并双双中举。而袁世凯自己则在光绪己卯科（1879）乡试中再度落第，并因此将所学书籍付之一炬，并发出著名的"大丈夫当效命疆场，安内攘外，乌能龌龊久困笔砚间，自误光阴"③的呐喊。次年，袁世凯做了他人生第一个重要决定，对他来说，也是一个正确的决定——投靠吴长庆，加入庆军。

庆军原驻防浦口、下关、吴淞。1880年中法战争爆发后，清政府为加强海防，调庆军至山东。此时，吴长庆正以浙江提督之衔在山东办理防务。提督，为清代武职从一品官，负责管理一省军政，与督抚并称"封疆大吏"。各省提督共计23人，分为陆路和水师两种，陆路提督12人；水师提督3人；兼辖水陆提督3人；巡抚兼任提督5人。1880年，吴长庆是浙江提督，也是3位兼辖水师和陆路的提督之一，位置非常重要。1880—1884年，吴长庆任广东水师提督。吴长庆的大本营位于山东登州（今蓬莱）。

袁世凯从陈州出发，先赴上海，然后再往登州。上海是当时中国最繁华的都市，商埠云集，租界林立，充满着机会和诱惑，甫抵上海，袁世凯立刻喜欢上了这座城市，决定先在这里碰碰运气。他先找到一家旅店安顿下来，然后出门四处寻找工作机会。时间过得飞快，兜里的银子也花得所剩无几，

---

① 沈祖宪、吴闿生编纂：《容庵弟子记》卷1，《袁世凯史料汇刊》9，中国台北：文海出版社，1966年，第6页。

② 贺培新：《徐世昌年谱》卷上，《近代史资料》总69号，北京：中国社会科学出版社，1988年，第8页。

③ 沈祖宪、吴闿生编纂：《容庵弟子记》卷1，《袁世凯史料汇刊》9，中国台北：文海出版社，1966年，第7页。

可工作的事却毫无进展。

　　愁眉不展之际，袁世凯走进了一家妓院。苏州籍妓女沈氏阅人无数，第一眼看到袁世凯时就认定这个身材不高的年轻人日后必有大出息。于是，她施展浑身解数，博得了袁世凯的宠爱。几天下来，两人如胶似漆，无话不谈。沈氏得知袁世凯的家庭背景后，劝其尽快北上登州，投奔吴大叔吴长庆，不要在人生地不熟的上海耽误时间。不得不说，女人真的是一所学校，袁世凯在这所学校里学到了"社会关系学"。此时的袁世凯虽然是名门之后，但可资利用的社会关系只有两个：一个是在天津为李鸿章做幕僚的四叔袁保龄；另一个就是吴大叔吴长庆。两者相比，显然投奔吴长庆更能有机会实现自己"效命疆场"的抱负。袁世凯听罢沈氏之言，如梦方醒，对其这番有见地的谈话更是佩服有加，于是答应沈氏克日起程。临行前，沈氏为袁世凯摆上酒宴一席，还将一大笔私房钱交给他做川资。袁世凯非常感动，发誓安定下来，就回来迎娶她。沈氏也含泪表示，待袁走后就自己出钱赎身，搬出妓院，敬候夫君来迎。袁世凯没有食言，后来将沈氏接到朝鲜生活，成为其大姨太太，并且一直对其恩爱有加。沈氏终生未育，袁世凯就将次子袁克文过继给她为嗣子，可见对其爱护之深。

　　次日，袁世凯与沈氏依依不舍地告别后，起程北上。旅途中，袁世凯遇到了安徽合肥人——书生阮忠枢。阮生于1867年，小袁八岁。俩人相谈甚欢，志同道合，引为知己。袁世凯见阮囊中羞涩，还大方资助若干盘缠。后来，阮忠枢一生为袁卖命，大概就是回报其知遇之恩吧。

第四节　投靠庆军　初识张謇

　　1881年5月，袁世凯来到山东登州庆军大营，投靠吴长庆。身为父执，吴长庆对袁世凯的照顾十分周到。当时的社会是以功名为晋阶的通行证，吴长庆自然晓得其中利害。当吴长庆得知袁世凯仅捐个中书科中书，尚未通过乡试取得功名后，他不敢耽误世侄的前程，立即招来营中学问最好的张謇、周家禄、朱铭盘等人，向他们引见了袁世凯并对他们讲述了自己与袁家的过往（参阅第一章第一节），并特意强调"今留慰亭读书，所以报笃臣也"。[1]吴长庆不愿让袁世凯投身军旅，准备给他在营中创造一个好的学习环境，以备下次乡试。

袁世凯终其一生，也未取得功名，但其在青年时代，机缘巧合，遇到过几位出色的学霸。前有徐世昌，后有张謇张季直。近朱者赤，近墨者黑，想必袁世凯能从他们身上学到很多东西。但张謇与徐世昌不同，并非一生与袁世凯为伍，两人经过了从合到分再合的过程。由于两人交往的时间跨度颇大，此处主要讲他们二人最初的相识。

张謇（1853—1926），字季直，号啬庵，江苏南通人。光绪甲午科（1894）状元及第。别看张謇中过状元，那可是他41岁时取得的成绩，而他在科举路上遭遇的坎坷比袁世凯要多得多。张謇出身农家，读书本不易。幸赖其天资聪颖，15岁便考中秀才，名耀一时。但其乡试之路却非坦途，据《啬翁自订年谱》记载，张謇从18岁到27岁，共参加过5次乡试，皆不第。袁世凯可以两次乡试不中便把书烧了，那是因为袁是世家子弟，科举之路不通，还可以投身军营，毕竟还有吴长庆等世叔可以接盘。而对出身农家的张謇来说，他的人生路只有科举一途，舍此无他，这点连吴长庆都非常清楚。吴甚至在营中专门盖房，供张謇边工作边学习。既然吴长庆是袁世凯和张謇的交集，而且后来张謇与袁世凯交恶也是因为吴长庆，那么还是先说说吴长庆对张謇的知遇之恩吧。

1874年，吴长庆奉命修筑江阴鹅鼻嘴炮台。师山书院院长孙子福与吴廷香交厚，偕张謇前去拜访吴长庆，张与吴遂相识。张謇对吴长庆的印象颇好，他说："（吴长庆）夙以儒将著称于淮军，平生轻财礼士。"[2]光绪乙亥（1875）乡试后，吴长庆邀请张謇赴军中候榜，謇婉拒。吴长庆馈赠财物，謇不受。1876年，张謇赴南京惜阴书院读书。吴长庆闻知，派人请謇入军幕，许以"治机要文书，不以他事混，俾致力制艺（八股文），月俸二十金"。这样

---

① 张謇：《啬翁自订年谱》，张謇研究中心等编：《张謇全集》第6卷《日记》，南京：江苏古籍出版社，1994年，第843页。

② 张謇：《啬翁自订年谱》，张謇研究中心等编：《张謇全集》第6卷《日记》，南京：江苏古籍出版社，1994年，第837页。

优厚的工作条件张謇无法拒绝，于是，他来到浦口。吴长庆"乃为特筑茅屋五间于其后堂，为读书兼治文书之所"。①吴长庆对张謇的知遇之恩，可见一斑。吴长庆把袁世凯介绍给张謇后，张謇对袁世凯的印象如何呢？

在《啬翁自订年谱》中，张謇这样评说袁世凯："慰亭为笃臣嗣子，先是以事积忤族里，众欲苦之，故挈其家旧部数十人赴吴公，以为吴公督办海防，用人必多也。"②袁世凯真的带几十人投靠吴长庆吗？《一代枭雄袁世凯》作者廖一中先生认为袁世凯"去北京、上海、山东的川资还是别人凑给的，几十人的川资当非少数，是袁当时力所不及的。带领三五个人充当仆役，当是可信的"。③廖先生的说法是站得住脚的。也许张謇之说法来自吴长庆，而吴长庆如此说则是为给袁世凯高薪制造舆论。

袁世凯在入庆军的第二年初春曾致函二姐袁让，谈到吴长庆给予的待遇时，说："延陵待人，无不忠厚。而与弟相处最好，相待极优。朝夕晤谈，诸蒙赏口，恨无以报知己也。惟此军情形太苦，弟每关薪水四十金，在弟仅百数纸，而在延陵已第一薪水，无有出乎右者。且伙食喂养差弁薪水，亦延陵自发，即在天下各军亦薪水之极多者。"延陵是吴氏的郡望，袁世凯用郡望称呼吴长庆以示尊重。吴长庆不仅与世凯相处融洽，而且在薪资上也给予其最好的待遇。这种待遇，让袁世凯都感到不可思议，他说："四叔父一道台，多年资格，才冠当时。在天津仅百金一月，而伙食喂养仍由自出，较之弟不相上下。而弟何如才，遽能多得？上比四叔父能不惶悚抱愧也乎？"④可见，袁世凯对自己在"庆军"中受到的待遇远非满意二字所能形容。这里简单说说四叔袁保龄。光绪七年（1881），李鸿章调袁保龄任直隶候补道台，办理海防营务。李鸿章对袁世凯父子两代皆有提携之恩德，此乃第三例。

前面讲到吴长庆待张謇以礼，给其月俸20金。如今，世侄袁世凯（还有

① 张謇：《啬翁自订年谱》，张謇研究中心等编：《张謇全集》第6卷《日记》，南京：江苏古籍出版社，1994年，第838页。

② 张謇：《啬翁自订年谱》，张謇研究中心等编：《张謇全集》第6卷《日记》，南京：江苏古籍出版社，1994年，第843页。

③ 廖一中：《一代枭雄袁世凯》，北京：北京图书馆出版社，2004年，第14页。

④ 陈瑞芳、王会娟编辑：《袁世凯》卷1，天津市历史博物馆馆藏：《北洋军阀史料》，天津：天津古籍出版社，1992年，第42页。

一说，指袁是吴的义子）年纪轻轻，初来乍到，便得到"第一薪水"40金，恐怕无人能服。而庆军饷源有四大来源，即各省协饷、各地厘金、海关洋税、收捐，①无一不归国家或地方政府分配。如果吴长庆擅自给袁世凯高薪，势必予人以口实，那么别人告他个以公谋私、任人唯亲、滥用公款的罪名也不为过。可是吴长庆又不想苦了世侄，对不起已经仙逝的盟兄袁保庆，便对外放风说袁世凯乃带人马来投靠，借以堵住悠悠众口。

这种"虚张声势"的做法，现在仍不胜枚举。比如某某欲通过关系进入一效益好的公司，公司老总便会对外声称某某为本公司带来巨额合同。实际上，人调进来了，合同还在爪哇国呢。

在吴长庆的巧妙安排下，袁世凯稳定了下来。张謇、周家禄、朱铭盘等人每日督促功课，袁世凯的心也慢慢收了回来。1882年3月27日，他在致三哥袁世廉的信中，再度提起科举之事，称"秋试在即，不愿奔走风尘也。弟不能博一举人，不能瞑目"。从焚书到再度准备科举，吴长庆、张謇等人的教导起了决定作用。袁世凯还称"近日作文太多，且盼家信，因呕血"。②可是，他的作文在张謇眼里却是"文字芜秽，不能成篇"。③年轻人做事需要鼓励，张謇的严厉和直率，疏远了两人间的距离。反观周家禄，则在改袁文时，能点到为止，以鼓励赞扬为主，所以袁世凯在感情上，更"喜近周公"。④袁世凯后来任直隶总督时，还请周入幕府，礼遇有加。

虽然袁世凯的功课不尽如人意，但他的危机应变能力在庆军再次得到了施展，这点，张謇也是看在眼里的。那是光绪八年（1882）正月，"庆军"军官士兵按惯例放假三天，袁世凯孤家寡人一个，便留在营中负责看守工作。一天，营中士兵赌博娱乐，言语相争，互不相让，竟然开枪射击，致人受伤，参与人数达数十之众。袁世凯见状，想上前制止，但思自己无官无

① 王尔敏：《淮军志》，台湾《"中央研究院"近代史研究所专刊（22）》，中国台北："中央研究院"近代史研究所，1967年，第239页。

② 陈瑞芳、王会娟编辑：《袁世凯》卷1，天津市历史博物馆馆藏：《北洋军阀史料》，天津：天津古籍出版社，1992年，第46页。

③ 刘厚生：《张謇传记》，上海：上海书店，1985年，第6页。

④ 张孝若：《南通张季直（謇）先生传记》，沈云龙主编：《近代中国史料丛刊续编第80辑》，中国台北：文海出版社，1981年，第34页。

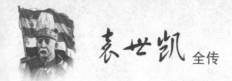

职，位卑言轻，恐不济事。便灵机一动，假传吴长庆命令，带领一些亲兵前去制止。营中士兵均知袁世凯乃吴长庆世侄，不疑有假，遂停止争斗。袁世凯查明真相后，当场将祸首正法，事件迅速得到平息。事后，袁世凯向吴长庆请罪，吴不仅没有怪罪他，反而对其随机应变的本领大加赞赏，并擢其为营务处帮办。事后，张謇说："偶令其办理寻常事务，井井有条，似颇干练。"①可以说，张謇对袁世凯的评价还是非常客观的。

1882年5月，吴长庆赴天津商讨要事，留袁世凯坐守军营。受此重托，袁世凯很感动，很感恩，也很感慨。闲暇之时，他提笔给二姐袁让写了封家书。

首先，他谈到了对人生的感悟，对做人的感悟，他说："人生世上，命有分定。凡好人未有能安逸顺心者，必定受百般磨炼，而后可成好人。"接着他谈到自己："即弟尚论十五岁失怙，奔走风尘，始有今日。而今日仍未除偃蹇之命，人生为人岂不难哉？"②是啊，袁世凯到目前为止23年的人生确实不易啊！短短五年间，他先后失去了嗣父、生父、三叔三位对其人生具有重要意义的男性长辈。如今来到庆军，虽有吴大叔吴长庆百般呵护，但毕竟寄人篱下，其心情可想而知，不然他也不会有如此感慨。

一年来在庆军的历练，袁世凯成熟了许多，他已经知道自己的目标是什么，以及如何完成它。他说："吴大叔已赴天津，留弟守军。凡事必认真稽查惩办，尚稍平顺，不过小人耳目，不能无怨耳。然不能任劳任怨，安能成大事？故虽吴大叔本家亲故，亦无不怕弟者。我辈年甫二十有四，非先自立足根，安能束约他人？弟赖能服人者，已不荒唐耳。即吴大叔信任我者，亦知我谨慎耳。即诸文武同事亦无不佩服我者也。"③袁世凯写到这里，似乎兴奋了起来，字里行间颇有自诩的味道。不过，一个24岁的青年，仅用一年时间，便得以在庆军中赢得主帅的信任并独当一面，不得不说，袁世凯确实

① 刘厚生：《张謇传记》，上海：上海书店，1985年，第7页。

② 陈瑞芳、王会娟编辑：《袁世凯》卷1，天津市历史博物馆馆藏：《北洋军阀史料》，天津：天津古籍出版社，1992年，第63页。

③ 陈瑞芳、王会娟编辑：《袁世凯》卷1，天津市历史博物馆馆藏：《北洋军阀史料》，天津：天津古籍出版社，1992年，第64页。

有本事。否则后来，阅人无数的李鸿章怎会让26岁的袁世凯独自护送大院君李昰应回朝？老谋深算的慈禧太后怎会让42岁的袁世凯成为封疆首吏直隶总督？惊慌失措的清政府又怎会在辛亥之际再度起用他？诚然，袁世凯非常狡黠，非常醉心权术，但那是后来的袁世凯，那是在多年政治生涯中历练过后的袁世凯，那是经历过政敌无数诋毁、诽谤、陷害、暗杀后成熟起来的袁世凯，不是青年时期的袁世凯。

这个时期的袁世凯有激情，也有追求。在信中，他还要求二姐将乡试用的"书照和监照"托人带来，因为"非照不能下场"。[①]可见，他在吴长庆和张謇等人的督促下，已经视科举为正途了。只不过，人算不如天算，一个重大机遇正在向他走来。

---

① 陈瑞芳、王会娟编辑：《袁世凯》卷1，天津市历史博物馆馆藏：《北洋军阀史料》，天津：天津古籍出版社，1992年，第65页。

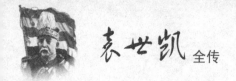
第二章　朝鲜扬名

　　袁世凯先后三次正式赴朝公干，前后驻朝近12年。在朝鲜，袁世凯先武后文，先军事后外交，得到了全面的历练。军事上，他指挥庆军粉碎过甲申政变，为朝鲜国王训练过"新建亲军"；外交上，他与英、美、俄、日等国驻朝使节开诚接触，妥善地解决了巨文岛和永兴岛等问题，为国家利益坚决维护朝鲜的宗藩地位。当然，袁世凯在朝鲜也经历了常人难以想象的各种意想不到的考验。在面对突发情况时，很多时候他需要施展自己的危机应变能力，独自判断和决策，因此频遭物议。可以说，袁世凯在朝鲜有收获，更有危险，而所有经历的危险又转身变成他的收获。

第一节　结交允植　笔谈壮志

　　正当袁世凯准备第三次入闱乡试之时，与登州隔海相望的朝鲜突发政变。由于这次政变发生在农历壬午年，故史称"壬午政变"。这次政变的背景有些复杂，但为能更好地了解袁世凯即将在彼生活12年的朝鲜半岛，还须为此费些笔墨。

　　朝鲜高宗李熙即位之时，年仅12岁。其父李昰应摄政，是为兴宣大院君，史称"大院君"。大院君李昰应亲自选定闵氏家族的女儿为高宗李熙王妃，即明成皇后。而明成皇后若干年后却与大院君成了不共戴天的死敌。

　　事情是这样的：大院君奉行专制保守的执政理念，主张闭关锁国。邻国日本妄图打开朝鲜国门，它的觊觎和蠢动让整个朝鲜社会不安。高宗十年（1873），闵妃成功地离间了大院君父子的感情，并通过宣布高宗亲政，将大院君赶出政坛。从此，大院君和闵妃成为政治对手。

朝鲜高宗李熙亲政后，备受宠幸的闵妃及其家族逐渐把持政权，是为戚族政府。大院君李昰应（高宗父）心有不甘地退出政治舞台。闵妃戚族政府摈弃了大院君李昰应的"斥倭"政策，接受了日本公使花房义质的劝告，实行军政改革，训练"别技军"。"别技军"待遇高于旧军队。闵妃戚族政府还改编原训练都监、龙虎营、武卫营、禁卫营、御营厅、总戍厅六营为武卫营、壮御营两营，此举造成数千军人失业，流落汉城街头。1882年7月，武卫营、壮御营的军人已连续13个月未领到军米，这些靠军米养家糊口的军人已经忍无可忍。负责发米的宣惠厅为应急，决定先支付一个月的军米。而宣惠厅米仓的库直（管理人员）在米中掺入大量的砂子和糠皮，一石米中半石是砂和糠。愤怒的军人们痛打库直后，走上街头，与市民一起向当局抗议。

不久，抗议转为暴动起义。军人和市民向大院君李昰应求助，大院君李昰应明则安抚，暗地里安插心腹变装混入暴动军人中，鼓动起义。23日，起义军攻占别技军总部下都监，日本教官掘本礼造等人被处决。傍晚，起义军集结在日本公使馆外抗议。午夜，花房义质等放火烧了公使馆后，率28名馆员星夜经仁川逃往长崎。24日，起义的人数增加到数千人。他们攻入昌德宫欲捉拿闵妃，闵妃早已化装成宫女逃走，戚族政府彻底瘫痪。25日，高宗召大院君李昰应进宫主持政务，大院君李昰应重新掌权。

花房义质逃回日本后，立即向日本外务卿井上馨做了汇报。经过内阁紧急会议讨论，决定"派花房义质为全权委员，在强大的陆海军的护卫下，赴朝鲜要求谢罪赔偿"。日本军方亦经内阁同意，决定派出"熊本镇台小仓分营步兵第十三联队一大队及军舰'金刚''比叡''清辉''日进'四艘，并征用工部省民船'明治号''和歌浦号'作为公使与护卫军队用船"。[①]日本的战争举动引起清政府的警惕，也引起了正在天津的两位朝鲜官员的不安。他们是朝鲜领选使金允植与问议官鱼允中。

---

① 曹中屏：《朝鲜近代史（1863—1919）》，北京：东方出版社，1993年，第84页。

金允植（1835—1922），字洵卿，号云养。他八岁父母双亡，由叔父抚养成人。1881年，高宗李熙擢金允植为吏曹参议（相当于清政府吏部右侍郎），命其为从三品领选使。领选使属"堂下官"，[1]其任务是带领学徒和工匠赴中国天津留学，学习木匠、制陶等基本技术。经直隶总督李鸿章批准，此次赴天津留学的学生人数为38名。经过近两个月的长途跋涉，1882年1月17日，金允植抵达直隶保定，第一次面见了大名鼎鼎的李中堂。随后，金允植便前往天津。

继金允植之后，鱼允中也到了天津。鱼允中（1848—1896），字圣执，号一斋，朝鲜统理机务衙门主事。1882年5月15日抵达天津，以"问议官"身份，配合领选使金允植工作。

了解过朝鲜相关事宜后，视线须转移到天津。1882年4月，直隶总督兼北洋大臣李鸿章母亲去世。就在鱼允中抵达天津次日，清廷给假百日，命李回乡丁忧。李鸿章之缺由张树声署理。张树声（1824—1884），字振轩，谥号靖达，安徽庐州府合肥县人。清代虽然强调功名，但也有特例，张树声就是其中之一。他只是廪生即秀才出身，如今能做到封疆首吏，可见此人能力非同一般。您也许会问，袁世凯的四叔袁保龄现在直隶任事，张树声署理直督，一朝天子一朝臣，对他有影响吗？

您还真问着了，张树声这个人与袁家还真有些渊源。张树声早年在军中便与袁世凯嗣父袁保庆相识，并且对其印象极好，赞其"气识深沉，议事刚断"。后张树声署理江苏巡抚，正值袁保庆任江南盐法道，两人得以共事，并常有书信往来。走得越近，张树声便越佩服袁保庆之为人做事，称其"居官行政，风采岳岳，能持大体"。[2]袁保庆去世后，张树声还建议将其生平附传附祠并附祀临淮专祠。您看，张树声与袁保庆如此要好，又怎会忽视他的四弟袁保龄呢？

袁保龄稍后便会出场，现在让我们把目光投向山东登州，看看那里的情况。朝鲜"壬午政变"发生后，日本即派出兵舰前往朝鲜。为此，清政府

---

① 朝鲜高宗时期，官员分为正九品和从九品，共十八品。正三品以上官员称为"堂上官"，简称"堂上"。从三品到正七品官员称为"堂下官"或"参上官"，简称"堂下"。从七品以下官员称为"参下官"。

② 丁振铎编辑：《项城袁氏家集》4，沈云龙主编：《袁世凯史料汇刊》2，中国台北：文海出版社，1966年，第2321页。

以宗主国身份，决定派兵保护朝鲜。清政府的计划分两步，第一步派北洋水师提督丁汝昌和董理天津水师营务处、候选道马建忠带领3艘快船（威远、超勇、扬威）先往朝鲜，打探情况；第二步派重兵赴朝解决问题。鉴于登州"由轮船拔队东渡最为迳捷"，[①]署直隶总督兼北洋大臣张树声传令吴长庆迅赴天津晤商出兵之事。1882年8月8日，吴长庆偕张謇、袁世凯等赶赴天津。

此时，光绪帝已经下旨，批准吴长庆带领所部六营克期赴朝并谕令李鸿章迅速北上天津，主持工作。总理各国事务衙门命金允植和鱼允中为向导官同赴朝鲜。圣旨一下，天津官场顿时一片忙碌景象。8月10日，在天津海关道周馥的安排下，吴长庆与朝鲜领选使金允植首次会晤。金允植形容吴长庆"韶颜笑容，有儒将之风，绝无赳赳之气"。[②]当天，金允植并未见到袁世凯，甚至还不知道袁世凯其人。不过，他与袁保龄却有一次尴尬的会面。

金允植与吴长庆告别后，留在天津海关道衙署未走。不久，老友刘芗林偕袁保龄等人至，众人共进午餐。席间，袁保龄向众人出示了一封朝鲜高宗李熙兄长李载冕所寄信函及李的照片一张。众人看罢，哄堂大笑。搞得金允植非常尴尬，事后他说："子久（袁保龄）闻吾国有事，出此书以示诸人，相与哄笑，不知为何语也。"[③]金允植并未争辩，选择了沉默。也许袁保龄出于无心，也许是金允植听不懂汉语致有误会，总之，这件事即生即灭，虽令金允植短暂不快，但并未影响两人交往。

8月15日，金允植出发赴朝。早9时，他来到天津海关道衙署与道员周馥告别，恰好袁保龄也在座。袁保龄主动对金允植说："我侄儿袁世凯此次亦从军前往朝鲜。"这是金允植第一次听到袁世凯这个名字，他礼貌地与袁保龄应对一番，并未过于在意。

金允植与周馥、袁保龄告别后，便赶往天津紫竹林码头，登上"日新"号商船，准备返回祖国。"日新"号装载的是军用物资，金允植见到的物资

---

① 《（119）直隶总督张树声奏朝鲜乱党滋事遵旨派兵保护折》，《清光绪朝中日交涉史料》卷3，北京：北平故宫博物院，1932年，第34页。

② 金允植：《天津谈草》，林基中编：《燕行录全集》93，首尔：（韩国）东国大学校，2001年，第382页。

③ 刘顺利：《王朝间的对话：朝鲜领选使天津来往日记导读（1881年10月—1883年9月）》，银川：宁夏人民出版社，2006年，第342页。

有竹木、苇席、砖头及银锭等。《申报》记载"日新轮船转载营篷及军械等物"。[①]看来这些物资是用于安营扎寨的。金允植与袁世凯具有历史意义的首次会面是在当天日落之时。据金允植记载：

> "夕，袁世凯来登船，与茅延年[②]对榻起居。邀余共会，张灯叙话。"[③]

请注意金允植用的"邀"字。显然，两人友谊的开始，袁世凯是主动的一方。而金允植对此，似乎颇为受用。金允植长袁世凯24岁，袁世凯在他眼里是"为人乐易，英俊有壮志"的青年。金允植在《天津谈草》中记录了一段袁世凯与其笔谈的内容，这段对话展现了一个踌躇满志的青年欲为国杀敌的勇气和雄心。现照录如下：

> 袁书示曰："吾欲提劲旅数百，直入京城，何如？"
>
> 金："未为不可，到仁川后观机酌行恐好。"见其头发半白，问其故。
>
> 答："弟少孤，有志四方，游历天下，偶得失血之症，以致早白。"
>
> 余曰："正当邓画麟阁之年，已有潘毛髟斑之叹，发短心长，壮气不磨，正复早白，何伤？犹愿随时保啬，为国自爱。"袁称谢。[④]

这段对话无意间让我们了解到袁世凯23岁时的身体状况：头发半白，患失

---

① 《烟台来信》，《申报》1882年8月30日，《申报影印本》21，上海：上海书店，1983年影印，第361页。

② 茅延年，字少笙，时年33岁，北京人，官四品衔补用通判。后随袁世凯在朝供职。

③ 刘顺利：《王朝间的对话：朝鲜领选使天津来往日记导读（1881年10月—1883年9月）》，银川：宁夏人民出版社，2006年，第353页。

④ 金允植：《天津谈草》，林基中编：《燕行录全集》93，首尔：（韩国）东国大学校，2001年，第388页。

血症。它更让我们看到袁世凯的胆识：欲提劲旅数百，直入京城。看来，袁世凯在思想上确实已经准备利用这次出征朝鲜的机会，大干一场，扬名天下。

袁世凯的豪气令金允植振奋，后来他吟了一首七律《津河舟中逢袁慰亭世凯舍人》来纪念这次会面。诗曰：

> 相逢一笑便形忘，顾眄生光意气长。
> 满腹风云邓禹岁，住家河南贾生乡。
> 眼前快阔无难事，酒后轮囷有热肠。
> 只为年年王事瘁，青春已见鬓毛霜。

此诗前，金允植特意加注，曰："慰亭河南省人，现带行军司马。英达凤成，志气轩豁。吴筱帅常称慰亭是中州有数男儿。"司马，乃汉代官职，清时用来称谓军队中的军官。诗后亦有注，曰："慰亭年十九，为其从叔文诚公赈河南灾民。日夜劳瘁，吐血数升，头发尽白。"[1]

袁世凯与金允植的忘年交就这样开始了。袁世凯仅凭"豪气"便能俘获金允植的青睐吗？当然不是。金允植记载的另一件事，或可解释一二。

金允植所住的舱室湿矮狭小。当晚就寝时，金允植颇发愁。袁世凯便主动邀请金与其同宿。袁世凯的舱室，按金允植的话说就是"精洁堪睡"。金允植接着写道："自是，与同起居。回国以后四五年之间，无日不晤。谈笔说不可胜收。"[2]

人与人之间友情或爱情之发轫，往往源于小事。这种小事又往往在己是举手之劳，而在彼则是终生难忘。金允植诗中所说的"有热肠"也许就是指的这件小事吧。

8月16日晨5时，"日新"号商船出发。它的第一站是登州，然后前往烟台再赴朝鲜。袁世凯的朝鲜生涯即将展开。

---

① 刘顺利：《王朝间的对话：朝鲜领选使天津来往日记导读（1881年10月—1883年9月）》，银川：宁夏人民出版社，2006年，第353页。

② 刘顺利：《王朝间的对话：朝鲜领选使天津来往日记导读（1881年10月—1883年9月）》，银川：宁夏人民出版社，2006年，第354页。

第二节　整顿军纪　智诱昰应

前面提到北洋水师提督丁汝昌和候选道马建忠，作为先锋，赴朝打探，与他俩同行的还有朝鲜问议官鱼允中。需要说明的是，这是丁、马二人本年第三次前往朝鲜公干。第一次是在1882年4月，两人乘"威远"舰赴朝襄助签订"朝美条约"；第二次是在1882年6月，两人乘"威远"舰赴朝为朝德谈判通商站脚助威。管带叶伯鋆率南洋水师的"登瀛洲"舰亦同往朝鲜考察航道。

丁、马等人到仁川港后，发现已泊有一艘日本兵舰。好在双方尚以礼相待，气氛未至过分紧张。由于汉城音讯不通，逃出来的官员以为闵妃已死，竟有着白色丧服者。而且日本已有13人死于此次政变，扬言不会善罢甘休。丁、马两人感到事态严重，决定由丁乘"威远"舰回国调兵，马则率"超勇""扬威"留在朝鲜威慑日本，同时测量南阳水道，为大军登陆做准备。丁、马两人正在商讨之时，又有两艘日本兵船开进了仁川港，形势迫在眉睫。到丁汝昌离开之时，在仁川港的日本兵舰已达四艘，当天，驻朝日使花房义质乘"明治丸"舰亦抵仁川。

丁汝昌乘"威远"先赴天津向张树声汇报，然后到登州与吴长庆会合。8月18日，吴长庆兵发朝鲜。张树声在奏折中是这样报告的："（吴长庆）亲带弁勇两营四哨，以三哨与丁汝昌同坐威远兵船；以两营一哨分坐商局镇东、日新两船，并以泰安兵船装载粮械军火等。"[①]据《淮军志》记载，淮军以营为单位，每营有前后左右四哨，每哨共108人，每营432人。此外营官又有亲兵72人，每营有长夫（营务帮办、杂务、搬运等）180人，加上营官1人，淮军每营共685人。由此可知，吴长庆此次实际带兵三营，共2055人。吴长庆走后次日，其余三营兵士乘南洋水师"威靖"和"澄庆"兵舰抵朝鲜。

这里需要简单说明的是，张树声汇报的赴朝船数有误。此次吴长庆领军赴朝，共有"威远""泰安"二兵舰及"镇东""日新""拱北"三艘商

---

① 《（123）直隶总督张树声奏报援护朝鲜陆师拔队起程并查探情形折（光绪八年七月初八日）》，《清光绪朝中日交涉史料》卷3，北京：北平故宫博物院，1932年，第36页。

船，共计舰船五艘。查马建忠《东行三录》记载："见轮舶五艘自西来，兵
弁皆相视色喜。九点二刻，首威远，次日新，次泰安，次镇东，次拱北，衔
尾而至。"①马建忠的话也得到《申报》的证实。据《申报》报道："镇东轮
船于前日由高丽回沪，据称初四日，镇东轮船与日新、拱北三船一同行至烟
台，装载兵士。其时，威远泰安两兵船亦至。初五日，兵已装齐，五船一齐
开行。是晚七时半钟，至外海卫地方停泊。次早8点钟，又复开轮前赴高丽。
路中风平浪静，颇称平安。威远、泰安、镇东、日新四船皆相离不远，惟拱
北则略后。"②由此得知，五艘舰船分别在登州和烟台装载兵士及军用物资
后，于8月18日出发，前往朝鲜。

那么，袁世凯是乘"日新"号商船赴朝的吗？不是。据金允植《阴晴
史》记载："初五日……与袁慰亭乘杉板船往见吴帅于'威远'舰，吴帅要
同舟。"③于是，袁世凯与金允植搬至"威远"舰，与吴长庆、丁汝昌、张謇
同船赴朝。

8月20日早9时许，吴长庆率庆军三营人马抵达朝鲜。此时，仁川港内已
泊有日舰7艘，庆军兵舰不宜与其同泊。吴长庆与丁汝昌经过商议，决定兵舰
移至距仁川港60里外的南阳府海仓口马山浦并在那里登陆。

登陆之时，袁世凯奋勇当先，颇为人称道。据《容庵弟子记》记载，袁世
凯等先期到达马山浦，即与丁汝昌一起坐舢板船，准备上岸考察登陆地点。不
想途中潮退，舢板无法前行，只得下船步行。丁汝昌与袁世凯"赤足履砂石行
里许，迫登岸，两足皆破裂"。丁汝昌平素对"官三代"袁世凯之不羁早有耳
闻，当日见其如此卖力，不禁叹道："纨绔少年亦能若是耶！"④初读这段文
字，令人颇疑其乃溢美之词，毕竟此书作者沈祖宪和吴闿生均为袁世凯幕府。
不过，当年的《申报》有一篇介绍马山浦自然状况的文章，与《容庵弟子记》
所记颇吻合。它说："高丽山水甚恶，中国兵之到彼者，褰裳涉水，行止维

---

① （清）马建忠：《东行三录》，上海：上海书店，1982年，第68页。

② 《华兵赴高》，《申报》1882年8月26日，《申报影印本》21，上海：上海书店，1983年影印，第337页。

③ 刘顺利：《王朝间的对话：朝鲜领选使天津来往日记导读（1881年10月—1883年9月）》，银川：
宁夏人民出版社，2006年，第357页。

④ 沈祖宪、吴闿生编纂：《容庵弟子记》卷1，《袁世凯史料汇刊》9，中国台北：文海出版社，
1966年，第8页。

艰。盖轮舟停泊之区离岸约六里，而此六里中有两里水深及膝，有四里水亦没胫。水底尽系细砂、碎石、牡蛎壳。既乏乘舆之济，难免足趾之穿。然舍此一路，别无坦途，不得不冒险而行也。"[1]与袁世凯同船赴朝的张謇也说："九日，黎明登岸，慰亭颇勇敢。"[2]张謇不仅记载了庆军具体登岸日期是8月22日，也以"慰亭颇勇敢"间接佐证了《容庵弟子记》所言。

"庆军"久无战事，纪律松弛。登陆后，擅入民居，烧杀抢掠，无恶不作。吴长庆听闻此事，深以为耻，但带头作乱的都是其老部下，吴长庆碍于人情，不忍出面惩处，于是密召袁世凯商议。袁世凯早将此事看在眼里，计之已熟。他对吴长庆说："禁骚扰不难，得帅信非易耳。"意思是要吴长庆放权，让自己处理此事。吴长庆犹豫不决。次日，袁世凯请吴长庆出营，看堆在山坡上的废物。吴长庆问："那些是什么东西？"袁世凯答："士兵抢夺民间财物，其中劣质者，都弃于山坡上矣。"见吴长庆心有所动，袁世凯又说："王师戡乱，纪律若斯，遗笑藩封，玷辱国体，帅其免游，我请从此辞矣。"听到袁世凯因此事想辞职，吴长庆大惊，于是正色说："请汝放手为我约束，有听谗谤者，非吴氏之子孙。"[3]得到吴长庆的口谕，袁世凯即下令"入民居者斩"。

有一位朝鲜乡绅向袁世凯哭诉，自己的妻子被"庆军"士兵奸杀。袁世凯大怒，亲自督办此案，日夜不歇，将犯罪之兵抓获，亲手杀之。袁世凯还出资抚恤该乡绅一家。经过袁世凯的严厉执法，士兵行为渐有收敛，但滋扰仍未绝迹。袁世凯向吴长庆建议，加强对官弁的管理和约束，吴长庆许之。袁世凯将军中纪律不严的几名官弁撤职拿办，于是"庆军"面貌焕然一新，秋毫无犯。经此一事，吴长庆更加信赖袁世凯。

"庆军"开赴朝鲜，目的是平息"壬午政变"。至于采取何种方法，总理各国事务衙门王大臣及李鸿章主张一致，"均谓必须先获李昰应，使国王

---

① 《兵舰赴高》，《申报》1882年9月6日，《申报影印本》21，上海：上海书店，1983年影印，第403页。

② 张謇：《啬翁自订年谱》，张謇研究中心等编：《张謇全集》第6卷《日记》，南京：江苏古籍出版社，1994年，第844页。

③ 沈祖宪、吴闿生编纂：《容庵弟子记》卷1，《袁世凯史料汇刊》9，中国台北：文海出版社，1966年，第9页。

复其政权，此事始有办法"。①吴长庆、马建忠、丁汝昌根据国内的指示，密议一计。8月26日，吴等三人联袂进朝鲜王宫拜谒大院君李昰应，言谈甚欢。次日，大院君李昰应循礼赴吴长庆军营回拜。及至，袁世凯守在营门外，请大院君李昰应单独入内，将其随行亲兵阻于营外。吴长庆将大院君李昰应迎入营房，双方笔谈，袁世凯持刀立于一旁。及久，大院君李昰应发觉有异，用笔写道："将军将作云梦之游耶。"吴长庆此时还在犹豫，袁世凯将一切看在眼里，非常着急，对吴长庆说："事已露，迟则生变。"②说完，袁世凯命人将大院君李昰应强行"扶"入轿中，连夜赶赴马山浦，押上"登瀛洲"兵轮，送往天津。大院君李昰应到中国后被软禁在保定。袁世凯在此事中表现出来的果断，让吴长庆更加信任他，"倚如左右手"。

这里有必要提一句，作为当事人，马建忠的回忆却不一样。他说：

> "是日微雨，昰应率数十骑至，入帐，诱与笔谈，自申至酉，累纸二十四幅，环视侍者无一朝人，知已均为帐下所收，度其时可行……昰应惧，四顾，吴丁二军门皆起出帐，余亦掖昰应出，令登舆，于时军士两行，剑戟森列，长夫升舆俟，昰应以非己舆，不肯入，余纳而进之，健卒百人，蜂拥而去。"③

可以看出，在马建忠的回忆里，执拿大院君李昰应的人是马本人，整个过程未有一语提及袁世凯。两种说法孰是孰非，还需更多史料佐证。不过，马建忠在稍后的回忆里提到了袁世凯。

28日晨，袁世凯来到马建忠帐中，与其密谈剿灭李昰应余党问题。商谈后，袁世凯立即返回军营向吴长庆汇报，吴表示同意马建忠和袁世凯的剿灭余党计划。午后，袁世凯回来向马建忠传达吴长庆的意见后，表示自己"欲指挥一

---

① 《（134）直隶总督张树声奏援护朝鲜获致乱党首领折》，《清光绪朝中日交涉史料》卷3，北京：北平故宫博物院，1932年，第45页。

② 沈祖宪、吴闿生编纂：《容庵弟子记》卷1，《袁世凯史料汇刊》9，中国台北：文海出版社，1966年，第11页。

③ （清）马建忠：《东行三录》，上海：上海书店，1982年，第80页。

切"。①虽然马建忠婉拒了袁世凯的要求，但袁世凯这种积极任事的态度却给人印象深刻，他的这种态度也为自己的仕途之路开了个好头。联想到袁世凯对朝鲜事"通达无碍"，可知他并非一介武夫，而是一个在行事前精心准备、处理问题果断、头脑灵活的军官。这是袁世凯的过人之处，也是他日后成功的基础。

此时，大院君李昰应余党中最有势力之人乃其子——手握兵权的练兵大臣李载冕。马建忠以其父安全为饵，诱李载冕至，并将其囚禁。28日晚10时，金允植来到马建忠处。马建忠与袁世凯催促金允植入宫，请朝鲜国王发布进剿谕令。29日凌晨2时，金允植携来朝鲜国王手谕，至此，进剿大院君李昰应余党的准备工作就绪。29日，"庆军"将朝鲜武卫大将李景夏、壮御大将申正熙流放，并将大院君手下要员李正会等悉数关押。至此，大院君政权彻底垮台，闵妃政府重回政治舞台。

由于袁世凯在平息壬午政变中表现出色，他的名字也第一次出现在李鸿章和张树声的联名奏折里。在这份奏折里，有关袁世凯的事迹表述如下："中书科中书袁世凯治军严肃，剿抚应机，拟请以同知分发省分，前先补用，并赏戴花翎。"②10月19日，光绪帝发布上谕，给予在朝鲜出力员弁奖励，其中有关袁世凯的表述如下："中书科中书袁世凯著以同知分发省分，前先补用，并赏戴花翎。"③此时的光绪帝无法想象，袁世凯日后不仅与他本人息息相关，甚至还亲手为清王朝画上了句号。

第三节　献计异国　训练朝军

封赏之后，"庆军"仍驻朝鲜。一天中午，高宗李熙亲至"庆军"军营，会晤吴长庆，请求借用袁世凯为朝鲜上将。吴长庆知道袁世凯必不肯为

---

① （清）马建忠：《东行三录》，上海：上海书店，1982年，第80页。
② 《（154）北洋通商大臣李鸿章等奏查明援护朝鲜出力员弁缮单请奖折》，《清光绪朝中日交涉史料》卷4，北京：北平故宫博物院，1932年，第25页。
③ 《（155）上谕》，《清光绪朝中日交涉史料》卷4，北京：北平故宫博物院，1932年，第27页。

藩国效力，断然拒绝。但高宗李熙没有轻易放弃，从午至暮，一直请求，态度极诚。袁世凯闻讯，草书一函，命亲兵送至吴长庆手中。吴长庆展开信函，见袁世凯写道："某幼读父书，粗知大义，委赞事君，只知其一。韩为藩属，分茅立国。某头可断，陪臣必不可为也。"①吴长庆阅毕，将此信递与高宗李熙。高宗李熙看过后，觉得不可强求，乃退而求其次，请袁世凯为其训练亲军。高宗李熙的这个提议与北京准备"协助朝鲜整军"的政策不谋而合，吴长庆允之。

有人会问，朝鲜高宗李熙真的如此看重袁世凯吗？事实确实如此。据《朝鲜李朝实录》记载，大院君被执往中国后，高宗李熙于七日之内两次召见袁世凯。第一次是光绪八年八月初九日（1882年9月20日），"御便殿，接见中国舍人袁世凯"；第二次是光绪八年八月十六日（1882年9月27日），"御便殿，接见中国舍人袁世凯，领官何增珠"。②能够获得这种待遇，中国赴朝诸官员中，袁世凯是独一份。

高宗李熙为什么如此厚爱袁世凯呢？您也许已经猜到了，对，是请袁世凯为朝鲜训练亲军。高宗李熙在第一次接见袁世凯的两天后，按《朝鲜李朝实录》的说法，曾"动驾于中国提督吴长庆阵营"。③结合本节开篇提到的高宗李熙亲至"庆军"军营的故事，可不可以这样推测：高宗李熙先是接见袁世凯，请其为朝鲜工作，但被袁婉拒。两天后，他亲至"庆军"军营，欲通过吴长庆给袁世凯施压，遭到袁的断然拒绝。高宗李熙不得已，只得退而求其次，请袁为其训练亲军。五天后，高宗李熙再次接见袁世凯，请其为朝鲜训练亲军，袁世凯同意。

有人会问，袁世凯懂军事吗？回答是肯定的。袁世凯嗣父袁保庆一生最大的成就就是办团练。袁世凯从七岁开始跟随嗣父，辗转各地，长达七年，耳濡目染，军中之事，了然于胸。袁保庆不仅身教，而且还言传。他的《自乂琐言》，既教为人处世之道，更有带兵赏罚之论。袁世凯自幼熟读，获益

① 沈祖宪、吴闿生编纂：《容庵弟子记》卷1，《袁世凯史料汇刊》9，中国台北：文海出版社，1966年，第14页。

② 卷17，吴晗辑：《朝鲜李朝实录中的中国史料》下编，北京：中华书局，1980年，第5270页。

③ 卷17，吴晗辑：《朝鲜李朝实录中的中国史料》下编，北京：中华书局，1980年，第5270页。

匪浅。袁世凯18岁时随三叔袁保恒效力军旅，夜读戚继光兵法，收获良多。袁世凯的军事素养源自家学，加之其本人聪明好学，对练兵之法又熟稔于胸，操练朝鲜新军应不在话下。

那么，高宗李熙又是如何知道袁世凯能够练兵的呢？原来，袁世凯的"毛遂自荐"起了作用。早在赴朝之初，袁世凯便在"日新"号商船上，对金允植说过"欲提劲旅数百，直入京城"的豪言壮语。到朝鲜后，袁世凯又结识了朝鲜迎接官（礼部侍郎）金昌熙，两人有过一次关于训练军队的谈话。时间是1882年9月10日，正好是高宗李熙第一次接见袁世凯的10天之前。会谈结束后，金昌熙将对话内容记录了下来，后结集为《东庙迎接录》出版。会谈内容大意如下：

袁世凯说："前些天我与云养（金允植）会晤，劝其要急于练兵，以慑外侮，可他竟无任何表态，这怎么行？何不趁我'庆军'在此，从贵军中挑选些精兵，由我军训练几月，然后交给贵军管理，此事不难。先训练1营500人，如果有劲旅3000人，那么贵国政府对内可保政令畅通，对外可抵御外侮。只是将才不易得，如果中国有事，肯定无暇他顾，何不趁此机会自立图强，以为长久之计？"

金昌熙说："下官短见，唯望天兵常留。"

袁世凯说："我军士兵恐怕不能久留朝鲜，而且大帅（吴长庆）本人亦不愿久留。我们是中国人，都有妻儿老小在家，日久恐不易支持。如果其他军队换防，恐怕你们也不好共事。就连大帅如此治兵严格，滋扰民众的小事尚不能杜绝，换做其他军队的话，军纪恐难保证。"

金昌熙说："我国要想富强，其实不难。只是有君无臣，古今共叹。满朝文武之中，急切间实难选出一人。至于将才，尤其难得。"

袁世凯说："贵国有矿产、人参、牛皮、丝麻、木材，用人得当，指日可富。且地多荒芜，宜急种桑，开辟疆土。如此一年，会有成效。每年拿出数十万银饷，可养精兵三四千人，多不过一万，足可使日人永不敢启鲸吞之心。"

袁世凯的谈话显示他对朝鲜的未来，尤其是军队的未来，是有一定设想和规划的。按照朝鲜规定，无论是金允植还是金昌熙，他们与袁世凯或其他中国人的谈话，是一定要向高宗李熙汇报的。而高宗李熙便是通过这个途径，了解到袁世凯乃是其需要的人才，这才有两次亲自接见、一次亲赴"庆军"军营相请的诚挚之举。

10月4日，朝鲜高宗李熙下令选取兵士，派员教习。教习的任务交给了吴长庆。吴长庆乃派"庆字军营务处袁世凯挑选一营五百人名为新建亲军，督同总兵王得功训练"。①此外，吴长庆还命记名提督朱先民（字栻程）和参将何增珠再选500人，交由袁世凯训练。

谈袁世凯练兵前，有必要对当时朝鲜的社会状况予以简要介绍。当时的朝鲜就连当时的中国人也知之甚少。为此，《申报》特派访事人（记者）一名，前往朝鲜，实地了解情况。访事人来到汉城，发现这里的人有箕子遗风，②无论平民和官吏皆服饰整洁，鲜有蓬头垢面、衣衫褴褛者。当地人男子用背部扛重物，不用肩膀；女子则用头顶重物而行，即使重达几十斤，依然行走如常。访事人还发现朝鲜人比较懒惰，一年所用可资糊口便不再劳作，究其原因，乃政策使然。当地"非世禄之家，而饶有财货者，官必诘究"，所以"其民不欲敛财，恐招怀璧之咎也"。③该国妇女出行皆以衣掩面，即使兄弟同住一个屋檐下，叔嫂也不能说话。民间买卖皆由政府经理，私人交易则用易货方式。这就是朝鲜都城汉城当时的社会状况。

由上可知，当时的朝鲜社会尚未开化。社会状况落后，军事方面亦然。中国当时的军事水平在世界范围内尚属落后，而朝鲜竟然师从中国，足见其军事之薄弱。据《申报》介绍，朝鲜当时的军人还穿着宽袍大袖的军服，行动不便，使用枪械尤显笨拙。薛培榕的《东藩纪要》则说朝鲜"步兵皆蓝衣、青坎肩、黑毡笠；马兵则笠后拖一红毛尾，两袖接红布尺许"。④至于其使用的枪械还是中国赠送的。金允植1882年初抵天津时，曾与李鸿章会面。李鸿章问："去秋带回毛瑟枪后，问枪弁兵知其用法否？"金允植回答说："颇解使用

---

① 卷17，吴晗辑：《朝鲜李朝实录中的中国史料》下编，北京：中华书局，1980年，第5270页。

② 朝鲜建国有三说，即箕子朝鲜、檀君朝鲜和卫满朝鲜。

③ 《游高丽王城记》，《申报》1882年10月18日，《申报影印本》21，上海：上海书店，1983年影印，第655页。

④ 薛培榕：《东藩纪要》，沈云龙主编：《近代中国史料丛刊第20辑》，中国台北：文海出版社，1968年，第408页。

矣。"①这就是说，朝鲜军队于1881年秋后才得到毛瑟步枪，并且学会了使用。

之前，有日本武官掘本氏驻在汉城，高宗李熙便选派武卫营兵士近百人从其学习兵法和枪炮使用之法。壬午政变爆发，掘本氏不幸罹难。政变后，高宗李熙再次请求日本派武官前往朝鲜教习兵士，日本允之。也就是说，袁世凯为朝鲜训练新建亲军的同时，日本人也在为朝鲜练兵。表面上，是中日两国练兵之法在朝鲜的竞争，实际上，是朝鲜国内亲中派和亲日派势力之间的较量。这也是1884年爆发甲申政变的一个因素，下一节便会讲到。这里，还是先看看袁世凯是如何训练新建亲军的吧。

按照高宗李熙的计划，新建亲军须训练五营，即前营、后营、中营、左营和右营。袁世凯所训练的1000人，乃为左营和右营，每营500人。左营由李祖渊（字浣西）负责，右营由尹泰骏（字石汀）监督，李、尹二人是金允植任领选使时期的手下。左营由袁世凯督同副将王得功在三军府训练；右营由记名提督朱先民和参将何增珠负责操练，先在东别营，后移至南别宫。袁世凯采用淮军操法训练朝鲜新建亲军，所使用的武器为中国赠送的英国产来福枪和铜炸炮。

两个月后，即光绪八年十一月初七日（1882年12月16日），朝鲜高宗李熙在王宫后苑举行"新建亲军操演"并亲自观操。袁世凯等中国诸将及金允植等朝鲜高官亲临现场。操演完毕后，金允植赞道："步法颜整，放枪亦熟，可知教练之有法也。"②高宗李熙接见袁世凯时，也给予了高度评价，称："今见演操，如此精熟，可见诸将劳心勤苦，不胜感泐（音lè，铭刻）。"袁世凯代表诸将答曰："贵国兵勇，皆有本事，教导甚易，幸勿赐谢。"③言毕，袁世凯向高宗李熙呈进兵书《二十六变体阵图》。

高宗李熙对袁世凯非常满意，欲委其为"朝鲜营务处之名"，并对袁说："此非官，乃差事也。袁司马既督练我军，安可不予以权乎？"④袁世

① 刘顺利:《王朝间的对话:朝鲜领选使天津来往日记导读（1881年10月—1883年9月）》,银川:宁夏人民出版社, 2006年, 第70页。

② 刘顺利:《王朝间的对话:朝鲜领选使天津来往日记导读（1881年10月—1883年9月）》,银川:宁夏人民出版社, 2006年, 第407页。

③ 卷17,吴晗辑:《朝鲜李朝实录中的中国史料》下编,北京:中华书局, 1980年, 第5272页。

④ 《司马高风》,《申报》1883年5月20日,《申报影印本》22,上海:上海书店, 1983年影印,第715页。

凯力辞。高宗李熙亲诣"庆军"，请吴长庆相劝。袁世凯不得已，乃具书辞谢。据说此书非袁世凯亲笔，系茅延年代其缮写。

此书载于《申报》，因其未见于已经出版的袁世凯传记，更因其与后来张謇弹劾袁世凯的信件有关，故将其全文记录如下：

> 袁世凯谨拜手稽首，上书大王殿下：窃世凯以摞散庸才，随吴钦宪莅斯邦，与闻军旅。适大王整修武备，添练新军，蒙吴钦宪札委，世凯督率其事。士卒用金，借无覆餗。过蒙采听，谬许知兵。更念事权不属，或致呼应不灵，札委办理朝鲜营务处。闻命战惕，莫可喻言。应竭愚诚，上酬委畀。顾念新建亲军操练数月，均已就范。但加熟习，更无枝节。士兵循循，恪遵军纪，无呼应不灵之虞，不必更假事权。筹维再三，未敢拜命。除已将钧札呈请吴钦宪代为交还并达下情外，不惮冒昧，敬陈颠末，惟望曲谅疏拙，俯如所请。嗣后倘有一得之奇，有益军国，虽非分之当，为识虑所及，亦当敬献刍荛。不敢因今日之辞，遽置度外。况殿下为天朝藩封，世凯何敢稍分畛域，漠不相关？区区恳诚，惟王幸察。临颖无任惶悚，屏营之至。世凯谨上。[1]

此书公开后，据说在"高国传诵不已"，袁世凯从此人气大涨。不过后来，这也成了张謇笔下袁世凯的罪状之一。

汉城的新建亲军训练完毕，高宗李熙又请袁世凯赴江华府练兵。江华府以江华岛为主，该岛"为汉江江口六个丘陵结合之三角洲，江华为岛上之主邑，旧为京城四镇之一，水陆设防甚严"。[2]《申报》说："朝鲜之有江华，犹天津之有大沽。其地若失，则敌可入汉江，逼其都城。"由此可见，江华岛的地理位置十分重要。据说，袁世凯曾著《江华论》一篇，"颇中肯綮，惜未得读

---

① 《司马高风》，《申报》1883 年 5 月 20 日，《申报影印本》22，上海：上海书店，1983 年影印，第 715 页。

② 胡焕庸：《朝鲜地理》，北京：京华印书馆，1945 年，第 56 页。

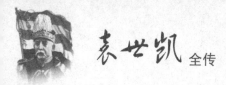
也"。①袁世凯是在金允植的陪同下前往江华的，金当时的职务是江华府留守。

1882年12月23日，袁世凯与金允植等人从汉城出发，经过两天的旅途奔波，到达江华岛。江华岛本有驻军3000人，金允植精挑细选其中1300人，准备交予袁世凯训练。25日，袁、金二人在江华岛外教场观看了这些精兵的操演。观操之后，金允植给予的评价是"亦与京营操兵无异，一场儿戏而已"。袁世凯的态度则很乐观，他说："兵丁可以教练，胜于京兵骄逸之气。"②袁世凯决定第二年开春来江华岛，为朝鲜操练兵士。

次日，袁世凯和金允植还不顾旅途疲劳，出广城津（今广城堡）30里外，考察炮台。这座炮台所使用的佛朗炮还是中国明朝时期从葡萄牙引进的。炮台则是固定的，无法上下左右移动。袁世凯看过炮台后，说："炮台形便甚好，炮不好。台亦须变通。且此处多山，宜暗炮，不宜明炮。"③之后，袁世凯先期返回汉城。金允植留在江华挑选16名精干军士，赴汉城三军府学习操练之法。诸事办妥后，金允植亦回汉城。

癸未年（1883）新年过后，袁世凯与金允植一同返回江华岛。需要多说一句的是，如果您有机会读到金允植的《阴晴史》，便会发现他是这样描述返回江华的："癸未正月念后还沁营，邀袁慰亭同行。"④念后，即20日后。沁营就是江华军营，那么为什么称作沁营呢？据《东藩纪要》记载，江华别名"穴口、海口、沁州、江都、沁都"。⑤故"沁"代指江华。

到江华后，袁世凯亲挑士兵500人，编为右营，练习英操。命在三军府进修过的16人为右营5哨哨官、哨长、差官。此500人后编为"镇抚营"。这是袁世凯第一次赴朝期间为该国培训的第二支队伍。随"庆军"赴朝的薛培榕

① 《朝鲜琐闻》，《申报》1883年5月20日，《申报影印本》22，上海：上海书店，1983年影印，第715页。

② 刘顺利：《王朝间的对话：朝鲜领选使天津来往日记导读（1881年10月—1883年9月）》，银川：宁夏人民出版社，2006年，第410页。

③ 刘顺利：《王朝间的对话：朝鲜领选使天津来往日记导读（1881年10月—1883年9月）》，银川：宁夏人民出版社，2006年，第410页。

④ 刘顺利：《王朝间的对话：朝鲜领选使天津来往日记导读（1881年10月—1883年9月）》，银川：宁夏人民出版社，2006年，第414页。

⑤ 薛培榕：《东藩纪要》，沈云龙主编：《近代中国史料丛刊第20辑》，中国台北：文海出版社，1968年，第102页。

在其著作《东藩纪要》中对袁世凯给予了高度评价。他说："袁君以大公至精之心，授命中致远之技，不秘其巧，不惮其劳。步伐止齐，不数月自能井井。水陆之师悉成劲旅，足以自雄矣。"[①]

除为朝鲜练军外，袁世凯还曾在汉城组建消防队、管理治安，而这些事迹却鲜有人提及。

第四节　组建消防　侦破命案

1883年3月的一天，袁世凯正带领新建亲军在汉城三军府操练，忽听外面人声嘈杂。正疑惑间，有兵士飞奔入内报告："前面火药局着火了！"原来，火药局失慎，导致爆炸起火，致使局中人员29人当场死亡。路旁行人遭受波及，死伤无数。袁世凯听罢原委，立命所有官兵"担水前往扑救"。[②]

当天，风大干燥。火药局的火很快便殃及周边民宅。袁世凯一面命兵士泼水施救，一面命人"将附近草房拆去，火始熄灭"。[③]他的这一做法为阻止火灾蔓延起到了关键作用。为什么这么说呢？因为当时的汉城"宫室庙署市廛皆覆以瓦，居民则编茅为屋"，屋内则"满支铺板，高约尺许。下为地炕，夜分燃火。板糊字纸，上加油荐毡"，[④]可见当时朝鲜民居建材非常易燃。《申报》引述汉城兵民的话称赞袁世凯道："若无此举，则延烧不知伊于胡底也！"

通过此次火灾，袁世凯主动"代高国办水龙等具，以预防不测"。[⑤]袁世

---

① 薛培榕：《东藩纪要》，沈云龙主编：《近代中国史料丛刊第20辑》，中国台北：文海出版社，1968年，第415页。

② 《朝鲜琐闻》，《申报》1883年5月20日，《申报影印本》22，上海：上海书店，1983年影印，第715页。

③ 《朝鲜琐闻》，《申报》1883年5月20日，《申报影印本》22，上海：上海书店，1983年影印，第715页。

④ 薛培榕：《东藩纪要》，沈云龙主编：《近代中国史料丛刊第20辑》，中国台北：文海出版社，1968年，第407页。

⑤ 《朝鲜琐闻》，《申报》1883年5月20日，《申报影印本》22，上海：上海书店，1983年影印，第715页。

凯为朝鲜组建消防，此为开端。您也许会问，袁世凯的消防知识从何而来呢？

中国宋代便成立了消防机构——军巡铺，并在城市内实行分区制，设立望火楼，以观测火警。清代康熙年间，八旗军队中便设有专门负责火灾的"火班"。乾隆年间，扬州城内人口稠密地方均设有水仓。水仓前有大门，中院存放水缸百余只，后院置水桶百余只及水龙（扬州人称其为水炮）若干只，"贮以清水，设有不虞，水可立至"。[①]一旦遇有火警，负责救火的"炮夫"便可立即投入救火。这便是扬州最早的消防队。袁世凯年少时曾到过扬州，水仓是该地一景，他或亲眼目睹过也未可知。

前面两次提到"水龙"，它是做什么用的呢？水龙，也称太平龙、汲桶、激桶，是早期的消防"水车"。清顺治时期，水龙从日本传入上海。水龙主要由木制锡里水箱、带鹤嘴的将军柱及压梁组成。注水后，通过不断压动压梁，使水通过将军柱和鹤嘴喷出。鹤嘴能够调节高低上下左右，以浇灭远近不同的火苗。水龙促进了救火效率的提高，在当时是先进的消防工具。

年底，汉城东大门民居再次发生火灾。袁世凯闻讯后，即带领训练有素的手下兵士百余人，携带水龙数只，赶往火场，及时扑灭了大火。次日，获救百姓结队来到三军府，要求面谢袁司马。您不免会问，多半年都过去了，朝鲜汉城的消防工作在袁世凯的帮助下有何进步呢？回答是未见进步。之所以如此，倒也不是袁世凯的责任。首先，袁世凯并非朝鲜官员，无法全面推动消防工作；其次，朝鲜经济捉襟见肘，无力推广水龙等消防设施。所以，汉城遇有火灾，只要是袁世凯力所能及的，他都出面救火。因此，汉城官民仍"不知救火之法，被灾者惟仰天号泣；救灾者只袖手旁观。即官长闻报而来，亦仅骑马而遥视之"。[②]

朝鲜也有水龙，只是备放在王宫等紧要之所，一般百姓遇有火灾，很难享受到水龙的救援。光绪十年（1884）正月二十七日凌晨，汉城朝鲜王宫西门内忽然火起。当时正值寒冬，北风呼啸，火借风势，越烧越旺，情况十分危险。如果能够就近借用王宫中的水龙，百姓或可少受些波及。可此时王

---

① （清）钱泳：《履园丛话》下，北京：中华书局，1997年，第614页。

② 《高丽邮信》，《申报》1883年12月17日，《申报影印本》23，上海：上海书店，1983年影印，第1017页。

宫大门已然紧闭，无人敢去打扰。有灾民迅速跑至东大门附近的三军府袁世凯处报警。袁世凯闻警立即行动，带领士兵，携带水龙，飞奔至西门。赶到时，大火已经吞噬民宅六七十间，哀号之声不绝于耳。袁世凯迅速组织灭火，使大火未殃及王宫，亦降低了居民的损失。

除消防外，袁世凯还负责治安工作。

1884年1月，汉城南大街某药店发生命案，店主崔某父子双双遇难。据目击者称，凶手有数人，皆穿中国黑马褂，头戴黑色头巾，声称买清心丸，进入药店后立下毒手。当地政府大惊，行文"庆军"首领吴长庆询问情况，并通过吴长庆及朝鲜通商委员陈树棠，悬赏2000两白银缉拿凶手。

此事对中国驻军和商人的声誉影响极坏，袁世凯接案后，立即派人四处访查是否有散兵游勇出没汉城。"中国人之闲散在外，形迹可疑者，一概捉拿。凡有清心丸者，多被捉去"。①连访数日，毫无进展。一天，袁世凯接到报案，称有数名穿黑衣者，冒充中国人，抢劫了一家粮店，抢走大米数石。袁世凯立命快马追捕，不久，便将几名黑衣人擒获。

袁世凯命士兵摘去黑衣人头巾，见果是朝鲜人面貌。用华语问话，皆不能答，知是朝鲜人假冒中国人作案。袁世凯心想，也许药店杀人案亦是这几人所为。于是，他命将几人押送当地官府审问。几天后，黑衣人招供，他们就是药店杀人案的凶手。

原来，领头的黑衣人姓郑，乃朝鲜国王宫殿卫队的一名哨长。某日入值时，见有机可乘，盗得国王御用的狐皮褂7件。由于无处可藏，便交予友人药店老板崔某保管。崔某父子见包袱甚大，非常好奇。待郑某走后，便打开包袱观瞧，里面的东西让两人大吃一惊。崔氏父子认定这种狐皮褂质量考究，做工精细，定非普通人家之物。父子二人一商量，便向官府报了案。

郑某得知事情败露后，慌忙逃出王宫，躲了起来。他越想越气，便出钱雇佣3名闲散人员，穿上中国黑马褂，戴上黑头巾，冒充中国人，手持洋枪洋刀，于大年初二夜来到崔氏药店。由于事先买通了药店伙计，郑某等人谎称要买清心丸，得以顺利进入药店。时崔氏父子正在店中，郑某二话不说，举

---

① 《朝鲜盗案》，《申报》1884年2月27日，《申报影印本》24，上海：上海书店，1983年影印，第293页。

枪便射，将崔氏父子二人杀害。

药店杀人案虽破，但中国人的形象也遭到玷污。袁世凯为挽回国人声誉，对冒充中国人之事盘查更严。1884年3月12日，中国兵士在街道上发现一人身穿中国服装，从朝鲜民宅内走出。兵士上前询问，对方可用华语对答，但命其摘帽，发现其头发尚在，知是朝鲜人，便将其扭送回军营。袁世凯接到报告后，非常重视，邀请朝鲜通商委员陈树棠和新建亲军左营监督李祖渊共同审问。13日，袁、陈、李三人齐至三军府，会审此案。据案犯交代，他本名崔成均，年27岁，朝鲜海州人，"前在京中英公使馆内当差，后回本国"，"昨到酒家饮酒，出门被执"。①此案最后结果不得而知，但袁世凯通过此案，发现朝鲜人冒充中国人之事屡见不鲜，必须加以制止。于是，他发布告示，内容如下：

　　　照得大军东渡，原以保卫尔邦，军律严明，秋毫无犯。有勇丁滋扰闾阎，一经查出，立正典刑。所以肃军纪，而卫良民也。乃间近有朝鲜人民穿戴中国服饰或冒充勇丁或假作商贾，出入民家，肆行滋扰。正在访拿间，旋据巡查员弁拿送朝鲜人崔成均一名，口操华言，身着华服，由民家走出，送营惩办。当经咨送亲军左营监督李，讯取实供，斟酌办理。该犯有无犯事别情，研讯之余，不难立吐。惟查本地民人，在本国穿用中国服色者，其希图滋事蒙混，亦在所不免。似此为鬼为蜮，变诈丛生，防不胜防，实堪痛恨。若不严拿重办，何以肃军政而安善良？除饬本营员弁随时访查，遇有本营勇丁及冒充中国人在闾阎滋扰立拿送办外，合行晓谕。为此，仰军民人等知悉，遇有前项不法之徒，俾即扭送来营，必将尔等从优给赏。尔等当体本营务处整素军纪，保护善良之意，毋得畏缩不前，甘心容忍。切切毋违。特谕。②

---

　　① 《朝鲜近信》，《申报》1884年4月21日，《申报影印本》24，上海：上海书店，1983年影印，第615页。

　　② 《朝鲜近信》，《申报》1884年4月21日，《申报影印本》24，上海：上海书店，1983年影印，第615页。

　　这是目前所见的第一份袁世凯以庆军营务处的身份发布的告示。由于此告示未见载于其他史料和传记，也未见其他学者专家引用过它，可见它一直尘封在浩如烟海的《申报》中。故此，将其全文抄录，希望可以为研究袁世凯在朝鲜时期的经历提供帮助。

　　您也许会有疑问，难道穿中国服饰便是要"希图滋事蒙混"吗？当然不是。就连袁世凯本人也对崔成均一案含糊其词，未予定案，只能以"该犯有无犯事别情，研讯之余，不难立吐"为辞，给自己留下回旋余地。此后，穿中国服饰之朝鲜人还时常可见，但追查已不再严厉。究其原因，乃两国签订通商条约后，中国商人来到朝鲜，带去很多令朝鲜人喜欢的服饰用品。据《申报》记载，"朝人向穿大裤，累赘异常。新练兵丁俱仿照中国式，制造衣裤。朝人见之，以为捷利"，于是，群起仿效，朝鲜"遂有穿套裤者"。朝鲜人所穿的靴鞋"向仍古制，不甚美丽"，"近有中国人赠靴鞋于朝人者，故国中士大夫穿中国靴鞋者甚多"。甚至朝鲜人在饮食方面也受中国人影响，从惯食生冷，到以国王和士大夫为先，开始"知饮茶食熟"。[①]这就是先进文化的魅力。

　　唐朝时，中国文化领先世界。那时中国有个学生，名叫日本。工业革命后，西方文明崛起，日本在明治维新时又有了新的老师——美国。不得不承认，美国文化至今仍是世界之主流。简单地讲，它满足了人们的眼睛，比如美国电影、电视剧、小说等；满足了人们的耳朵，比如美国乡村音乐、黑人音乐等；满足了人们的肠胃，比如麦当劳、肯德基等；满足了人们的外在，比如牛仔裤、运动鞋等。美国通过一系列商品作为载体，对世界进行了经济殖民化，也推销了自己的文化。也就是说，它的每个商品都是一个帝国，在帝国之外，鲜有生存者。比如说到可乐，除百事可乐和可口可乐外，你能想到第三个吗？我们今天能看到文化的力量，年仅25岁的袁世凯在一百多年前同样也能看到。他决定在朝鲜开设同文馆，以便培养华语人才。

　　清朝时期，同文馆是与总理衙门同时获准成立并归其直辖的机构。同治元年（1862）五月，同文馆作为学习外国语言、文化、科学的学校，在北京

---

　　① 《朝鲜近事》，《申报》1884年4月5日，《申报影印本》24，上海：上海书店，1983年影印，第521页。

正式成立。袁世凯在朝鲜开设的同文馆，先"择世宦家佳子弟数人"，令其"先习言语，再习公事，庶几中东文字可以联成一气"。为提高学生的学习热情，袁世凯除免掉他们的食宿费用外，每人每月还额外给"数十津贴"。《申报》称："袁司马为朝鲜练兵在总武堂，兹又设同文馆，人以为工对云。"①也就是说，一文一武，袁世凯都抓在了手里。

袁世凯在朝鲜的工作成绩，当地官民均看在眼里，记在心上。据《申报》记载，朝鲜官民为"袁司马立碑于三军府路口"。②可见，在短短两年内，袁世凯在朝鲜的表现确有过人之处。对此，他本人也很自豪。在致二姐袁让的家书中，他不无自夸地写道："弟已知足矣。名达于天听；威扬于海外，更何求之有！"人红是非多，袁世凯声名鹊起后不久，便遭到人生的第一次物议。对其发起指责的不是别人，正是给袁世凯授过课的"庆军"幕府张謇。

第五节　初遭非议　再获升迁

光绪十年五月十一日（1884年6月4日），张謇在奉天金州"庆军"营中，写下日记，曰："写与慰亭讯。慰亭向骄恣，至此盖甚，故移书切责之。"③张謇所说的"切责"袁世凯之书，便是那封让两人从此交恶、二十年不通音讯的信函。

张謇的信函收录于张怡祖（张謇之子）的《张季子九录》和丁文江的《北洋军阀史话》中，全文过长，达3000余字，不便在此照录，但其关键内容将在行文中予以简要引述。

①《朝鲜近事》，《申报》1884年3月30日，《申报影印本》24，上海：上海书店，1983年影印，第485页。

②《朝鲜近事》，《申报》1884年2月29日，《申报影印本》24，上海：上海书店，1983年影印，第305页。

③ 张季直撰：《柳西草堂日记》，沈云龙主编：《近代中国史料丛刊三编第19辑》，中国台北：文海出版社，1969年，第688页。

这封信当由张謇主笔，朱铭盘和张謇的三哥张詧挂名，主要是谴责袁世凯罔受人知、轻狂自大、言行不一等道德层面的问题。其中"罔受人知"指的是袁世凯背弃吴长庆，投靠北洋，投靠李鸿章。此事已成为学界诟病袁世凯背信弃义、落井下石的"铁证"之一，但事实究竟如何呢？

张謇的这封信在中国近代史中是知名度和引用率都非常高的一封信，之所以这样，是因为它为所有反对和憎恶袁世凯的人出了一口恶气。历史学家在谈及袁世凯和张謇的关系或袁世凯在朝鲜的经历时，基本是言必称此信。但应注意，人们在谈及张謇写此信的动机和时间时，往往支支吾吾。为什么呢？因为这封信的写作时间在原始资料中的记载是错误的，这也是笔者在本节开头便明确写明具体日期的初衷。

张謇之子张怡祖在《张季子九录》中，将此信的日期确定在"清光绪九年癸未"。[①]而张謇本人在《啬翁自订年谱》光绪十年甲申四月下面写道："慰亭自结李相，一切更革，露才扬己，颇有令公（吴长庆）难堪者，移书切让之。"[②]根据信函内容，学者们很容易判断出张怡祖给出的时间是错误的，遂采用《啬翁自订年谱》中的时间，即"光绪十年甲申四月"。可这个日期还是错误的。据张謇《柳西草堂日记》的记载，此信的写作日期当为光绪十年五月十一日（1884年6月4日），地点是在奉天金州。为何要如此纠结此信之正确日期呢？不瞒您说，如果对此信日期模棱两可，就找不到张謇写作此信的动机。那张謇的动机又是什么呢？此事还得从张謇到金州说起。

张謇是于光绪十年五月七日（1884年5月31日）抵达金州的。甫到金州，他便乘船直抵"庆军"军营，及见到吴长庆时，发现其已病入膏肓。当天，他在日记中写道："见筱公（吴长庆），则病甚。病之由，误于诌子；事之坏，亦误于诌子，可叹也。"[③]

四天后，张謇执笔给袁世凯写了那封著名的信。张謇笔下的"诌子"看

---

① 张怡祖：《张季子九录》，沈云龙主编：《近代中国史料丛刊续编第97辑》，中国台北：文海出版社，1965年，第2381页。

② 张謇：《啬翁自订年谱》，张謇研究中心等编：《张謇全集》第6卷《日记》，南京：江苏古籍出版社，1994年，第845页。

③ 张季直撰：《柳西草堂日记》，沈云龙主编：《近代中国史料丛刊三编第19辑》，中国台北：文海出版社，1969年，第687页。

似非袁莫属，实际另有其人。顺便说一句，吴长庆过世后，袁世凯"痛悲数日，百事不能理"，感慨"此一知己，而今已矣"。①由于公务在身，无法请假回国，他即派手下副营帮带副将郭春华驰赴金州，送吴大叔灵柩回归故里，并且送上1000两纹银的奠仪，以报知遇之恩。

第五天，即1884年6月5日，张謇在日记中写道："是时，后有希冀此间之三营者，乘人之危，一至此耶。今世士大夫如此者，固亦指不胜屈，欲世不乱，得乎？"②这才是张謇写信的真正目的！有"某士大夫"欲将金州"庆军"三营占为己有，张謇在为吴长庆和"庆军"鸣不平！他写信指责袁世凯，实乃指桑骂槐，骂的就是这位"某士大夫"。

这位"某士大夫"指的便是李鸿章。张謇当时只是吴长庆的一位幕僚，论官位，袁世凯已经"上达天听"，而他还默默无闻，无能力也无资格对李鸿章发起攻击，所以只好把气撒到袁世凯头上。不过，张謇始终没有忘记这个梁子。所谓君子报仇，十年不晚。十年后，张謇殿试考取一甲第一名，由光绪帝钦点为翰林院修撰。他也终于"上达天听"了。这年正好是甲午年，就是甲午战争失败的那一年，也是李鸿章最失意的一年。张謇可不想放过修理李鸿章的机会，他提笔写下《呈翰林院掌院代奏劾大学士李鸿章疏》，说：

> "广东水师提督吴长庆，以六营东援。乱定后，再三以朝鲜政弊民穷，兵单地要，函请李鸿章及早为之修政练兵，兴利备患。李鸿章怪其多事，痛斥其非。既而吴长庆疏请入朝自陈，卒亦不果。及十年春，吴长庆以三营移防金州，遂因与李鸿章积忤之，忿恚致死。而朝鲜又有日人之衅。若非吴长庆尚有三营驻守撑拄其间，则今日之事，早见于十年以前。"③

---

① 陈瑞芳、王会娟编辑：《袁世凯》卷1，天津市历史博物馆馆藏：《北洋军阀史料》，天津：天津古籍出版社，1992年，第96页。

② 张季直撰：《柳西草堂日记》，沈云龙主编：《近代中国史料丛刊三编第19辑》，中国台北：文海出版社，1969年，第688页。

③ 张怡祖：《张季子九录》，沈云龙主编：《近代中国史料丛刊续编第97辑》，中国台北：文海出版社，1965年，第20页。

张謇在十年后终于说出了自己想说的话。那么，吴李之过节是如何产生的呢？

朝鲜壬午政变后，时任右庶子张佩纶曾上《朝鲜善后六策》一折，认为吴长庆驻守朝鲜乃权宜之计，非长治久安之策，谏言朝鲜商务、军事以及奉天防务等事。光绪帝很重视此事，命李鸿章妥议具奏。李鸿章没敢耽误，很快便上《议复张佩纶条陈朝鲜六事折》，强调"以上六事皆臣近日筹划所及，但办理自有次第"。[①]李鸿章与张佩纶的父亲是好友，张的生母去世后，李曾赠奠仪千金。后来，张佩纶的妻子去世，李鸿章又将自己的长女李菊藕许配给他，所以张、李二人还是翁婿关系。光绪九年六月十五日（1883年7月18日），时任署左副都御使张佩纶奏："吴长庆留戍朝鲜六营，比闻以三营回驻烟台，备多力分，非经久之策。该提督久驻朝鲜，必不能锐然自任，请饬妥筹别选贤能。"[②]光绪帝接到此奏后，依然命李鸿章查明具奏，但李并未回奏。吴长庆在朝鲜得知此事后，于光绪九年六月二十九日和八月十五日，两次致函李鸿章要求撤防。为此，李鸿章回信安慰吴长庆道：

> "张幼樵（张佩纶字）六月间疏陈执事难于持久，不能锐然，以朝事自任，请饬敝处别选贤能等语。敝部能任边事者，尚有贤能逾于麾下，简练逾于贵军者耶？是以迄今尚未复奏，亦未转行。第念军士久戍异域，艰苦万状，岂能一日恝置于怀疑？"[③]

客观地讲，李鸿章对吴长庆是以礼相待的。他身为北洋大臣兼直隶总督，考虑的是更全面的问题，而非仅朝鲜一地。但对吴长庆和张謇等"庆军"人物来说，他们则仅仅考虑自己的利益，这就难免与李鸿章产生矛盾。乃至后来李鸿章调"庆军"三营撤防金州，还被吴长庆和张謇等误认为是

---

① 李鸿章：《李鸿章全集》3，长春：时代文艺出版社，1998年，第1760页。

② 卷165，《德宗实录》3，《清实录》第54册，北京：中华书局，1987年，第312页。

③ 吴汝纶：《李文忠公（鸿章）朋僚函稿》，沈云龙主编：《近代中国史料丛刊第4辑》，中国台北：文海出版社，1966年，第1581页。

"希图此间三营"。其实，调"庆军"三营撤防奉天金州之事，正是光绪八年李鸿章《议复张佩纶条陈朝鲜六事折》中的应办事务之一，除此无他。

再者说，"庆军"撤防也是李鸿章与吴长庆相商之后的决定。据《申报》报道，吴长庆于光绪十年正月二十七日（1884年2月23日）离开汉城，返回天津。"汉江父老数百，结群卧辄攀辕，焚香泣送"。[①]吴长庆到天津后，与李鸿章"商询一切"。吴说："该国（朝鲜）与英、美、德各邦立约后，商饷可兴，民心渐定，若暂留三营保护弹压，当无他虞。"因此，李鸿章决定"令吴长庆统率所部亲兵前营、中营、正营撤回内渡"。[②]可见，撤防之事乃是李、吴二人商定之结果，并非如张謇所说的"与李鸿章积忤之"。

决定将"庆军"三营撤防后，李鸿章又上奏提拔记名提督吴兆有为统带驻朝三营；袁世凯"廉明果毅，晓畅机宜，久办庆军营务，兼带朝鲜练军，该国君臣均深敬佩，堪以委令总理营务处，会办朝鲜防务，可期得力"。[③]这是李鸿章向光绪帝上奏时，评价袁世凯的话。前面说过李鸿章对袁家父子两代都有提携之恩德，此乃第四例。对于此次升迁，袁世凯在随后的一封致母亲的家书中说得更为仔细。

1884年5月25日，袁世凯致函母亲，函中说："昨日奉北洋札派总理亲庆等营营务处、会办朝鲜防务、兼办转运事、兼带庆字副营、并办一切留防事宜……吴大叔已移驻金州，留三营驻此，由吴兆有军门统领，男总理各事，并带护卫兵五百名。"[④]这就是说，袁世凯于24日获得如上各项任命，而这也成了张謇指责他的内容之一。

张謇在信中说："司马所谓营务处，分统三营之营务处也；会办朝鲜防务，孝亭（吴兆有）会办也。公牍俱在，文理昭然。"[⑤]据《清代官员档案履历

---

① 《朝鲜近事》，《申报》1884年3月30日，《申报影印本》24，上海：上海书店，1983年影印，第485页。

② 李鸿章：《李鸿章全集》3，长春：时代文艺出版社，1998年，第1897页。

③ 李鸿章：《李鸿章全集》3，长春：时代文艺出版社，1998年，第1897页。

④ 陈瑞芳、王会娟编辑：《袁世凯》卷1，天津市历史博物馆馆藏：《北洋军阀史料》，天津：天津古籍出版社，1992年，第91页。

⑤ 张怡祖：《张季子九录》，沈云龙主编：《近代中国史料丛刊续编第97辑》，中国台北：文海出版社，1965年，第2382页。

全编》记载，袁世凯获得的任命是"总理亲庆等营营务处、会办朝鲜防务"。这与袁世凯在家书中所说的是一致的。张謇说袁世凯"分统三营之营务处"，指的是"庆军"三营，即左营、右营、副营，这是袁世凯家书中提到的"亲庆等营"中的"庆"营。"亲"营，则是一支继吴长庆之后抵达朝鲜的天津练军，其统带是记名总兵黄金志。至于朝鲜防务"孝亭会办也"，则更是胡说。李鸿章仅让吴兆有统领驻朝三营，何来会办朝鲜防务一职？以张謇之学识，是绝对不会误读是项任命的，他之所以如此深文周纳，其目的就是挑拨驻朝"庆军"三营的内部关系。因为在他眼里，这些人已经是北洋人，而非"庆军"自己人了。而这种挑拨后来还真起了作用，吴兆有主动成了袁世凯的对头。

张謇接着说："既为孝亭会办，同见国王，便当孝亭居左，一应公事，便当会孝亭前衔。而事事任性，妄自尊大，威福在我，陵蔑一切。致使将领寒心，士卒怨涕。"[1]可见，张謇在沿着自己设计好的思路，为袁世凯和吴兆有的决裂，积累素材。李鸿章安排袁世凯会办朝鲜防务是有深意的，他打算将这个25岁的年轻人培养成为既懂军事又懂外交的人才。此时，老迈多病的陈树棠正在朝鲜任职通商。李鸿章一方面在为陈寻找接班人，另一方面准备全面撤兵后改革驻朝机构。而他不动声色，暗中培养的这个接班人，正是袁世凯。而张謇怎会知道这些？在他眼里，袁世凯乃一"刚而无学"[2]之辈，言外之意，袁是不会有大出息的。

张謇这封信虽明为指责袁世凯，但暗地里却是反对李鸿章的。但他不顾事实，深文周纳之举，却令人大跌眼镜。政治斗争是需要抹黑对手，赞美自己的，但尊重事实是最起码的标准。否则，看客的眼睛是绝不会对不起"旁观者清"这四个字的。

需要指出的是，张謇的这封信对袁世凯来说，可谓毫发未伤。它只结出了两个恶果：一是他本人与袁世凯中断交往20年；二是吴兆有渐与袁世凯不睦。袁世凯与吴兆有嫌隙不睦在后，朝鲜甲申政变中两人并肩合作在前。

---

① 张怡祖：《张季子九录》，沈云龙主编：《近代中国史料丛刊续编第97辑》，中国台北：文海出版社，1965年，第2383页。

② 张季直撰：《柳西草堂日记》，沈云龙主编：《近代中国史料丛刊三编第19辑》，中国台北：文海出版社，1969年，第685页。

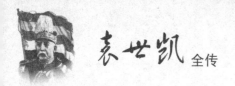

第六节　闻名东亚　平息政变

甲申年，即1884年。这一年，法国犯越南，攻台湾，袭福建，中国一忍再忍，终于反击。8月26日，光绪帝向法国宣战，中法战争开始。

中国南疆之战，让朝鲜开化党和日本人看到了机会。一直以来，以洪英植、金玉均等为首的朝鲜开化党希图摆脱中国，借助日本，实现自治。他们见中国在朝驻军因援助南疆已经减半，势力薄弱，加之法国牵制，定难顾及朝鲜，于是联合日本人，密谋发难。

历来发动政变，必须依靠军队支持，朝鲜开化党手中便有武装力量。朝鲜高宗李熙请袁世凯为其训练"新建亲军"左右两营和"镇抚营"的同时，也请日本人为其训练军队。这支日本人训练的军队共1000人，编为前后二营，由朴泳孝、韩圭稷、闵应植筹办。之后，并选其中优秀者12人赴日本士官学校学习，名曰士官生徒。甲申年，12位士官生徒回国，被洪英植用为卫士。有了武装，朝鲜开化党便开始蠢蠢欲动了。他们要做的第一件事，就是向中国驻朝军队下手。

据袁世凯报告，日本驻朝公使竹添进一郎来到汉城后，朝鲜开化党人便与其密谋，准备设下鸿门宴，干掉吴兆有、张光前、袁世凯等中国驻朝军官。他们计划请吴等赴夜宴，并事先埋伏士官生徒于餐厅左右。晚宴定于二鼓即9时开始，凌晨1时起事。"先别遣将官部勒前左两军分别攻张总兵营垒，而以日兵攻吴统带营，以后右两军攻卑职营"。但日本参谋认为此计划过于冒险，加之"庆军"训练有素，久经战阵，也许偷鸡不成反蚀把米，遂否决此议。不久，朝鲜开化党和日本人"又谋于夜半袭取三营"。[1]但见中国兵营防守严密，而作罢。

朝鲜开化党和日本人勾结，令袁世凯寝食难安。他思前想后，提笔给李鸿章写了份禀报。他指出"朝鲜君臣为日人播弄"，欲"乘此时机引强邻

---

[1] 《照录委办亲庆等营会办朝鲜防务袁丞世凯来禀》，《清光绪朝中日交涉史料》卷6，北京：北平故宫博物院，1932年，第17页。

自卫"，进而"称雄自主"，与中国"并驾齐驱"，并称此种想法朝鲜"举国之有权势者半皆如是"。他认为这样下去，"三数年后"，朝鲜"形迹必彰"。他担心"如不设法杜其鹜外之心，异日之患实非浅鲜"。他甚至警告李鸿章"朝人不久必有新闻"。①

袁世凯的禀报写于甲申政变一月前，可以说是颇有见地，亦颇及时。李鸿章接到禀报后，非常重视，将其转给总理各国事务衙门大臣传阅，并写道："惟朝人生心，日人播弄，皆由法事而起；若法兵早解，我军不再挫损，可冀潜销患。"但他只要求袁世凯等将领"不动声色，坚守静镇"。②袁世凯等人可以"坚守"，但朝鲜开化党人已经等不急了。正如袁世凯所预料的，他们制造了一个大"新闻"。

1884年12月4日，汉城邮局大厦落成，邮局总办洪英植以朝鲜当局名义举行晚宴，邀请清政府驻朝鲜总理商务大臣陈树棠、英美驻朝公使及朝鲜高官20余人出席。日本公使竹添进一郎本在受邀之列，却称病未出席。晚宴刚开始，"开化党"人在汉城邮局大厦外面放火。朝鲜保守派高官闵泳翊出外探视，亦被埋伏在外的上官生徒击成重伤，来宾见状，则四散逃命。"开化党"党首洪英植、金玉均等人匆忙进宫，谎称"庆军"谋乱，逼迫高宗李熙写下"日使入卫"诏书邀请日军护驾。竹添进一郎进宫后，"开化党"党首洪英植、金玉均矫诏命保守派闵台镐、闵泳穆、韩圭稷、赵宁夏、李祖渊、尹泰骏六人入见。待闵台镐等人入宫，不由分说，将六人统统杀死。此"六人皆素日信服中国者"。③随后，金玉均等人在竹添进一郎的保护下，宣布组织政府，废止与中国的宗藩关系。因1884年是甲申年，这个事件也称"甲申政变"。

陈树棠见状危险，慌忙跑到"庆军"兵营告知此事。袁世凯闻听，立即飞身上马，带兵赶往汉城邮局大厦。及到时，见邮局大厦外空无一人，袁正奇怪，有人告其重伤的闵泳翊现在税务司穆麟德宅躲藏。袁策马前往，见门

---

① 李鸿章：《李鸿章全集》8，长春：时代文艺出版社，1998年，第4738页。

② 李鸿章：《李鸿章全集》8，长春：时代文艺出版社，1998年，第4738页。

③ 《（240）驻防朝鲜提督吴兆有等来禀》，《清光绪朝中日交涉史料》卷5，北京：北平故宫博物院，1932年，第35页。

外有一人英武非常，询其姓名，乃帮办税务唐绍仪。这是袁世凯与唐绍仪第一次见面的情景。

此时，闵泳翊已经不省人事，但还是告诉袁世凯自己是被"开化党所戕"。[1]袁世凯见闵泳翊伤重，立即命人实施抢救。这里有必要说一句，闵泳翊后来伤愈后，非常感激袁世凯，一度对其几乎言听计从。袁世凯离开闵泳翊后，策马来到朝鲜王宫，但见宫门紧闭，宫内也无异常动静。这时，吴兆有和张光前带兵在王宫四周巡逻，也未见一人。天明时分，三人回营商量对策。

5日，袁世凯会同吴兆有上书高宗李熙，请求带兵入宫护卫。"开化党"政府大臣朴泳孝（负责掌兵）以高宗李熙之名拒绝了袁世凯和吴兆有的要求。保守派金允植等人致书"庆军"兵营求助，袁世凯等人因日兵在朝鲜王宫内，怕引起外交风波，并未出兵。其实，袁世凯在等待朝鲜官方的正式照会或文件，以便师出有名，免留话柄于人。此事展现了袁世凯的外交天赋，也为李鸿章在天津条约谈判时增加了筹码。

为保证外交手续齐备，袁世凯主动致信联系朝鲜右议政沈舜泽，请其明文邀请"庆军"出兵。右议政位列朝鲜三公之末，正一品，是朝鲜王朝最重要的官员之一。沈舜泽立即回信"乞三营大人袁司马、吴统领、张总兵火速派兵，前来保护，庶见天日复明，结草为期"。[2]

得到沈舜泽的"请兵"信后，袁世凯与吴兆有、张光前立即商议出兵计划。6日，袁世凯以"若日兵劫王东去，别立新主，则在此保护弹压，既失一国，又失一君，咎孰大焉"[3]为由，于上午9时致信日本驻朝鲜公使竹添进一郎，告知对方"庆军"将进入王宫，同时保护日兵。等至下午3时，竹添进一郎还未回信，袁世凯等三人开始进攻朝鲜王宫。袁世凯攻王宫前门，吴兆有入王宫左门，张光前断后。袁世凯还以"忠义"激励自己所练的左右二营朝

---

① 《照录委办亲庆等营会办朝鲜防务袁丞世凯来禀》，《清光绪朝中日交涉史料》卷6，北京：北平故宫博物院，1932年，第17页。

② 林明德：《袁世凯与朝鲜》，《"中央研究院"近代史研究院专刊（26）》，中国台北："中央研究院"近代史研究所，1984年，第59页。

③ 《照录委办亲庆等营会办朝鲜防务袁丞世凯来禀》，《清光绪朝中日交涉史料》卷6，北京：北平故宫博物院，1932年，第17页。

鲜亲军从王宫后墙跳入，保护高宗李熙。战斗开始后，双方互有伤亡。朴泳孝不敌，首先逃跑。战至夜深，袁世凯等恐高宗李熙被流弹所伤，率兵暂时回营。日兵也于当晚潜回日本公使馆。这一天是光绪十年十月十九日，后来成为甲申政变纪念日。

由于不知高宗李熙所踪，袁世凯等人当晚发表悬赏令：有告知高宗李熙所在者，赏银2000两；有将高宗李熙送至军营者，赏银20000两。重赏之下必有勇夫，不久，有人来报，称高宗李熙现在北门内关帝庙，为"开化党"洪英植拘押。袁世凯见关帝庙地形复杂，恐有伏兵，留在外面侦察。吴兆有等入内面见高宗李熙。

吴兆有："请王至我军左营休息。"

洪英植："袁世凯不来，不可往。"

高宗李熙："待袁世凯来了，我们再走。"

吴兆有等人反复劝说，高宗李熙起身要走。洪英植双眼一瞪，高宗李熙又坐了下来。

洪英植："袁世凯不能来，那就派人去王宫看看是否安全。"

洪英植显然是在拖延时间，等待日本兵前来援助。这时，张光前借着烛光发现高宗李熙身旁的柜子中藏着两个人。吴兆有和张光前怕有变故，乃亲自抬轿，将高宗李熙抢出。洪英植跟出来时，被朝鲜士兵乱刀杀死。

高宗李熙被抬至吴兆有军营后，召集朝鲜大臣，商议"翻然改政"事。袁世凯赶来后，高宗李熙哭着握住袁手说："我没想到还能再见你啊，虽然你也身处危险之中。"高宗李熙还告诉袁世凯等人，洪英植欲将其挟往日本。洪英植已死，其他人尚在逃。为此，袁世凯等人连夜发布告示，追捕金玉均等人。该告示未见于其他史料和传记，特全文录入，告示曰：

> 钦差北洋大臣奏派总理亲庆各营务处、会办朝鲜防务袁，赏穿黄马褂、统领驻防朝鲜亲庆各营、提督军门果勇巴图鲁吴（兆有），记名都督府统带、驻防朝鲜亲兵亲后营靖勇巴图鲁张（光前），为剀切晓谕事：照得春秋之律，首罪乱臣，人臣之义，有将必诛。洪英植、金玉均、朴泳孝、徐光范、徐载弼等，自结外兵，

谋图不轨，劫迁君上，横戮大臣，叛逆显然。皇威保卫藩服，于十九日统师誓众，期奠此邦。今虽已平，罪人宜讨。除洪英植业经就戮外，金玉均、朴泳孝、徐光范、徐载弼等尚在逃逸，搜缉未获。为此晓谕军民人等，知悉戡奸者，蒙上赏；党恶者，受显戮。顺逆之机，间不容发。尔军民人等，平素皆深明大义，共切君父之仇，务当严缉密访，以正天诛，以副本营务处统领统带靖乱之心。其或匿藏不首，坐与同科，邦有当刑，法不宽贷。特示右谕，通知。光绪十年十一月告示。①

日本公使竹添进一郎见大势已去，便放火烧毁日本驻朝鲜公使馆，逃往仁川。日兵抛妻弃子于途，袁世凯命人妥为保护，并护送至仁川，以示天朝上国之仁厚宽大。袁世凯恐高宗李熙被"开化党"蛊惑，便将其接至自己的军营中，"细加省查，既足以维系人心，又足以杜防外邪"。②

6日，高宗李熙在袁营向各国公使说明"甲申政变"原委。由于英国公使从中挑拨，各国公使明显袒护日本。袁世凯和清政府驻朝鲜总理商务大臣陈树棠等同美国、德国公使再三辩论，使英日两国公使态度改变。

过了两天，袁世凯见外面人心安定，高宗李熙并无他志，乃将其送回朝鲜王宫。袁世凯本人更是带着"庆军"副营官兵住进了王宫，负责保卫。15日，袁世凯向李鸿章汇报"甲申政变"过程时，建议"趁此民心尚知感服中朝，即特派大员，设立监国，统率重兵，内治外交，均代为理"。③袁世凯本以为自己随机应变，处理了一个大事件，北京的封赏肯定少不了。没想到，他等来的却是清政府派来的"调查组"。

原来，竹添进一郎回到日本后，诬告袁世凯擅起战端，引起中日两国外交风波。袁世凯可以说是借助平定"甲申政变"风波，一举扬名中日朝三

① 《防营告示》，《申报》1885年2月3日，《申报影印本》26，上海：上海书店，1983年影印，第193页。

② 《照录委办亲庆等营会办朝鲜防务袁丞世凯来禀》，《清光绪朝中日交涉史料》卷6，北京：北平故宫博物院，1932年，第18页。

③ 《照录委办亲庆等营会办朝鲜防务袁丞世凯来禀》，《清光绪朝中日交涉史料》卷6，北京：北平故宫博物院，1932年，第19页。

国，甚至事后日本全权大臣伊藤博文到天津与李鸿章谈判时，为使李鸿章惩处袁世凯，也多次提及他的大名。一个为敌国所恨的人，并不见得受本国人待见。清廷中也有官员诟病袁的所为，就连与他一起经历"甲申政变"的吴兆有也倒戈相向，控告袁世凯贪污挪用军饷。

竹添进一郎的诬告显而易见，那么吴兆有的控告何来呢？原来，袁世凯为抚恤"甲申政变"中牺牲的与其有旧交的朝鲜军人，便自作主张，挪用军饷，慰问家属。吴兆有控告袁世凯，事实上成立。但袁世凯此举意在收买人心，其最后获益方则是清廷，而非他本人，这点李鸿章当然看得非常清楚。李鸿章事后没有重罚袁世凯，只令他如数赔偿了事。

袁世凯对清廷调查组的到来也非常重视，不过他的接待方式却与众不同。袁世凯首先将"甲申政变"的过程和证据编辑成册，派人送至马山浦，交到调查组大员左副都御史吴大澂和两淮盐运使续昌手中。吴兆有与袁世凯商议在汉江边率全体官兵跪迎调查组，袁世凯坚决反对。三天后，袁世凯单骑至汉城南门外迎接两使。两使事先已经读过袁世凯送来的材料，对其中所言非常信服。吴大澂与袁世凯更是相见恨晚，两人后来还结为亲家。袁世凯长子袁克定的夫人就是吴大澂之女吴本娴。

这里需要插说一句。袁世凯这个人在年轻时好像与年长的人特别谈得来，所以有过不少忘年交。比如前面说的金允植（1835年生）、吴大澂（1835年生），还有稍后相识的天津海关道周馥（1836年生）、直隶总督荣禄（1836年生）和庆亲王奕劻（1840年生），都是他的父辈，却与其一见如故，不禁令人称奇。及至年长，袁世凯又能与年轻人交朋友，比如杨度、蔡锷、汪精卫等。善与人交，既是袁世凯的本性，也是他日后成功的条件。当然，有得必有失，袁世凯一生也得罪过不少人，前面提到的吴兆有便是其一。

如果说张謇的那封信对袁世凯是当头一棒，那它只是关起门来打的一棒，一般人并不知晓。而吴兆有这次则不同，他已经将"状子"直接递到了袁世凯的顶头上司李鸿章手里，这让袁世凯羞愧不已，进而心灰意懒，遂以母病为由请求吴大澂允其同船回国。

汉城百姓闻听袁世凯要走，便相约上街阻拦，请其留朝。袁世凯闻讯，不得不提前悄悄离开汉城，前往马山浦，甚至连朝鲜高宗李熙也未通知。高

宗李熙闻讯后，立即派"中使二人、差备官一人"，"追至马山，坚请回辕汉城"。这时，汉城百姓亦追至马山浦，哭请袁世凯留下。袁世凯"百般开导，许以正月东归"。①中使和百姓遂将袁世凯送上兵轮，方含泪离去。

老朋友金允植得知袁世凯回国，特作《送慰亭归河南》五言古体诗一首。在序言中，金允植写道："时清国钦差吴大澂来察诸将功过，外国人流言毁慰亭，留守诸将亦嫉其功而短之。钦差按慰亭颇急，慰亭慨然即日西渡。"金允植说的并不完全准确，实际上，吴大澂对袁世凯是有知遇之恩的，此事下节便会讲到。金诗中有"君今浩然归，俯仰无所愧"②之句，可算作袁世凯在朝三年得到的评语吧。

1885年1月31日，袁世凯乘"超勇"号军舰与丁汝昌等同船回到旅顺。至此，袁世凯结束了第一次朝鲜之旅。

第七节　护送昰应　返朝摘奸

由于时值隆冬，渤海冰冻，袁世凯只得辗转先到山东烟台度岁。1885年中国新年过后，袁世凯抵达天津，获得了面见李鸿章的机会。

李鸿章在与袁世凯会面之前，对其在朝鲜三年的表现已经了然于胸，但他还想听听"调查组"的结论。吴大澂向李鸿章汇报时，对袁世凯不吝溢美之词，称："公向谓张幼樵（张佩纶）为天下奇才，我见天下才非幼樵，乃袁某也。"③有了"调查组"的肯定，李鸿章对袁世凯更加期待。

袁世凯为这次与顶头上司的会面做足了准备。他在过年期间，将自己在朝鲜三年间的所作所为所感所得，写了一份长达几千字的汇报材料。他不仅

①《朝鲜琐志》，《申报》1885年3月7日，《申报影印本》26，上海：上海书店，1983年影印，第331页。

②刘顺利：《王朝间的对话：朝鲜领选使天津来往日记导读（1881年10月—1883年9月）》，银川：宁夏人民出版社，2006年，第408页。

③沈祖宪、吴闿生编纂：《容庵弟子记》卷1，《袁世凯史料汇刊》9，中国台北：文海出版社，1966年，第32页。

字斟句酌，而且熟读默记，以期面对李鸿章时可以对答如流。从这点可以看出，袁世凯后来能够得到李鸿章的"超擢"绝非侥幸。

由于进行过充分的准备，可想而知，袁世凯和李鸿章的第一次会面必定非常圆满。李鸿章在满意之余，还不忘考验一下袁世凯的情商："吴兆有曾进呈举报你挪用军饷，虽然我让你赔偿了事，那是为了你们的团结，我并不信他的话。"李鸿章随后不经意地问："你对他有什么看法？"

袁世凯答："某苟有过，人皆当言，果其无过，过在言者，于某何与焉？"[1]袁世凯如此义正词严的一番话，及其不在背后评论同僚功过是非的品德，连李鸿章都不禁暗暗为他叫好。这一次会面，袁世凯彻底征服了李鸿章。李鸿章开始考虑如何锻炼这个26岁的青年，使其成为大清的栋梁。袁世凯见李鸿章心情大好，便斗胆向其请假回乡看望嗣母和生母。李鸿章听完，看了袁世凯几秒钟，指着他，开玩笑地说："忘八肚中一根枪，归（龟同音）心似箭。"[2]其实，李鸿章本不想给假，而是打算让他马上返朝继续效命，但念其三年未见母亲，特准假两个月。就这样，袁世凯得以于1885年4月初回到陈州。

然而，就在袁世凯离津返乡之时，日本全权大臣伊藤博文却来到天津告他的状了。1885年4月3日起，李鸿章与伊藤博文就朝鲜"甲申政变"中，清兵与日兵冲突等问题进行了六次谈判。伊藤博文根据竹添进一郎所言，要求李鸿章惩办中国统领营官。李鸿章、吴大澂、续昌等则依据事实，据理力争，驳斥伊藤博文的无理要求。4月7日，双方举行第三次谈判时，李鸿章明确告诉伊藤博文："总理衙门谓营官无过，不能惩办。"[3]不过，在最后与伊藤博文换约时，李鸿章考虑到当时日本兵伤亡颇多，日本国内最具政治势力的萨摩藩和长洲藩为此亦蠢蠢欲动，也为给伊藤博文一个面子，遂以"驻朝庆军系臣部，曲姑由臣"为由，对袁世凯等人"行文戒饬"。李鸿章认为此

---

① 沈祖宪、吴闿生编纂：《容庵弟子记》卷1，《袁世凯史料汇刊》9，中国台北：文海出版社，1966年，第39页。

② 王锡彤：《抑斋自述》，郑州：河南大学出版社，2001年，第151页。

③ 《（363）附件2　李鸿章与日使伊藤问答节略　二月二十二日申刻日使伊藤问答节略》，《清光绪朝中日交涉史料》卷7，北京：北平故宫博物院，1932年，第34页。

举相当于父兄出面调停子弟与旁人的争斗，"以明出自己意，与国家不相干涉"。[1]本来，李鸿章是打算给袁世凯等人"行文申饬"，但伊藤博文不满意，要求将"申饬"改为"戒饬"。李鸿章一查，"申饬系官话，戒饬则儆戒将来之意"，[2]意思差不多，便按伊藤博文的意见执行了。这虽是一个小插曲，但可看出伊藤博文对此事的重视程度。而李鸿章本人也在与伊藤博文的谈判过程中，越发觉得袁世凯在朝行事颇有章法，尤其是其进攻朝鲜王宫之前曾致信给日本公使竹添进一郎一节，让李鸿章在谈判桌上占尽先机。具有外交敏感和天赋的袁世凯，正是李鸿章急需的人才。李鸿章为保护袁世凯所做的努力，四叔袁保龄都看在眼里。袁保龄在家书中，告诉袁世凯："伊藤此次极力欲撼汝，尚赖合肥相国持正，颇费唇舌，此节自是可感。"[3]

三个月很快过去了。袁世凯此次回乡除看望嗣母生母等亲人外，还有一件大事——备考光绪乙酉科乡试。袁世凯此时已经官居正五品同知，他为什么还要参加乡试呢？因为没有功名，袁世凯以后的仕途毫无前景可言，这是当时官场的现实。当然，袁世凯要想考取，也非易事，一则前有己卯落榜之经历；二则近有朝鲜三年之荒废；三则其本人有厌文喜武之偏好。正当袁世凯在家百无聊赖地翻书诵读之际，一个好机会正向他走来。

原来，俄国见清政府和日本从朝鲜撤兵，乘机通过总理朝鲜海国通商事务总税务司穆麟德（德国人）与闵妃集团勾结，企图染指朝鲜，史称"第一次朝俄密约"。李鸿章为维护中朝"宗藩关系"，决定将大院君李昰应送回朝鲜，以牵制闵妃集团。说到送大院君回国，其实这本是袁世凯的主意。

甲申政变爆发后，袁世凯与国内的通信有的会寄到天津，有的会以家书的方式寄至旅顺四叔袁保龄处，视其内容，再由袁保龄转交天津。袁世凯在其中一封家书中提出"李昰应可饬同兵至，暗置营中"。四叔袁保龄赞同袁世凯的建议，称"以父临子，于义较顺，不为无见"。李鸿章收到袁保龄转

① 《（373）北洋通商大臣李鸿章奏与日使换约事竣折》，《清光绪朝中日交涉史料》卷8，北京：北平故宫博物院，1932年，第8页。

② 《（374）附件一 李鸿章信》，《清光绪朝中日交涉史料》卷8，北京：北平故宫博物院，1932年，第9页。

③ 丁振铎编辑：《项城袁氏家集》6，沈云龙主编：《袁世凯史料汇刊》2，中国台北：文海出版社，1966年，第5541页。

寄的袁世凯家书后，认为这是一个好主意，而且袁世凯"在朝年久、熟习舆情"，便致函总署，称："释回昰应，冀有挽救之术。今事变突起，反复筹维，非令昰应回国设法护持，不能得力。"①此事后来不了了之。如今送回大院君之议又起，派谁担任护送之责呢？李鸿章想到了袁世凯。

为此，李鸿章找来袁保龄询问袁世凯近况。李鸿章在与袁保龄会面时，明确表示自己属意袁世凯为护送大院君回朝之人，想知道袁世凯本人的态度。袁保龄说："这事恐怕不行，袁世凯在家准备乙酉乡试呢。"李鸿章一听袁世凯在备考，不忍耽误其前程，就打算另寻他人办理此事。

袁保龄久居官场，知道护送大院君李昰应回国的重要性，但在他心目中万事都没有科举重要。回家后，袁保龄立即给袁世凯修书一封，信中曰："汝此时轻出，则太贬声价。凡人原不必装身份，亦不能不顾身份。我亦向帅说汝决志下秋闱，汝在里无事，母病果好，即可一行。果能中，则声价顿长，出路亦宽。即落第，亦属常事，万勿轻动，致贻后悔。"②四叔袁保龄主张不"轻出"，实际是为袁世凯积累政治资本。当然，这也是一种赌博，试想如果李鸿章找到合适之人，袁世凯岂不是失去了这个机会？但四叔袁保龄为长远计，还是鼓励袁世凯以考取功名为主。这在当时确实是仕之正途，位高如李鸿章听到这个理由也不敢耽误袁世凯的正途。

李鸿章找了几天，没有合适之人，就继续做袁保龄的工作，以便让袁世凯负护送大院君李昰应回朝之责。1885年7月11日，袁保龄入谒李鸿章。

李鸿章问："你侄儿袁慰亭还打算出来工作吗？什么时候能到天津？"

袁保龄还以备考乡试推托。

李鸿章说："慰亭学业荒废已久，考中的希望不大啊。当然能考中的话，前途之路就拓宽了，也是好事。"

袁保龄说："这是他人生的正途，我也不便阻止啊。"

李鸿章沉思片刻，说："我看刻下朝鲜情形，急欲送李昰应回国。慰亭

---

① 郭廷以、李毓澍主编：《清季中日韩关系史料》第4卷，《中国近代史资料汇编》，中国台北："中央研究院"近代史研究所，1972年，第1509页。

② 丁振铎编辑：《项城袁氏家集》6，沈云龙主编：《袁世凯史料汇刊》2，中国台北：文海出版社，1966年，第5543页。

有应变才，可令伴送之，又与金允植、鱼允中等相熟，两边均可调停，于事有益，不知他肯去否？"①

袁保龄见李鸿章态度谦恭，对袁世凯又极推崇，非常高兴，遂言："如果对大局有利，当然要让他出来，他倒不怕吃苦。"

李鸿章见袁保龄松口，就说："你先写封家书让慰亭做好准备，我要去北京一趟，向当道请示后，才能决定。"

李鸿章口中的"当道"指的是醇亲王奕譞。奕譞是慈禧太后的妹夫，光绪帝的生父，有"太上军机"之称。1885年10月，清总理海军事务衙门成立，奕譞总理海军衙门事务，是李鸿章的顶头上司。接到四叔袁保龄的家书后，袁世凯备受鼓舞，血脉喷张，提笔给李鸿章写了一封"表决心"的信，大意云自己带500人到朝鲜就可以如何如何。李鸿章读罢，觉得自己没选错人，就带着袁世凯的信到了北京，面见醇亲王奕譞。奕譞看过信后，一脸失望，认为袁世凯"轻心喜事"，让李鸿章再选他人。李鸿章愁眉苦脸地返回天津，不知如何是好。这时，他又接到了袁世凯一封信。李鸿章读完这封信，立即将其驰送至醇亲王奕譞处，并附信劝奕譞"未可轻换"袁世凯。奕譞见袁世凯在这封信中，罗列了自己对朝鲜事务的对策，尤其是"俄不认，韩不认，中国无认理"一句打动了奕譞，使其"前疑冰释"，"转嗔为喜"，②于是批准袁世凯前往朝鲜护送大院君李昰应回国。

9月5日，袁世凯抵达天津。此时，大院君李昰应和闵泳翊亦在天津，但两人形同水火，未曾谋面。闵泳翊甚至在得知大院君李昰应到津时，一度乘洋轮南下，不辞而别。就连李鸿章本人见此一幕，也感叹"昰应与王妃之难于调和"。③可袁世凯到后，事情发生逆转。前面提过，袁世凯对闵泳翊有救命之恩，闵对其言听计从。在袁世凯的百般劝说下，闵泳翊竟然同意谒见大院君李昰应，两人冰释前嫌，一笑泯恩仇。李鸿章见袁世凯如此本事，又

① 丁振铎编辑：《项城袁氏家集》6，沈云龙主编：《袁世凯史料汇刊》2，中国台北：文海出版社，1966年，第5545页。

② 丁振铎编辑：《项城袁氏家集》6，沈云龙主编：《袁世凯史料汇刊》2，中国台北：文海出版社，1966年，第5575页。

③ 李鸿章：《李鸿章全集》8，长春：时代文艺出版社，1998年，第4812页。

见"李、闵皆深德之",故正式向总理衙门汇报,先派袁世凯护送大院君李昰应回国,"将来或恳特恩优加崇衔,俾接替陈树棠差使,可为耳目臂指之助"。①

其实,李鸿章早就通过天津海关道周馥,多次向袁保龄透露有意让袁世凯兼任朝鲜商务。袁保龄认为这个职位是"虎尾",不愿侄儿袁世凯担任。他希望袁世凯将来可以加入水师,历练海洋,成为一个可以"报国显亲"的大人物。当然,袁保龄更担心的还是袁世凯此行的安全。他甚至想出"找数十配枪勇士戴上六七八品顶帽充作差弁保护袁世凯"的主意,可见叔侄情深。9月27日,袁世凯从天津出发,护送大院君李昰应回国。10月3日,抵达仁川。

一到仁川,袁世凯便嗅到一股肃杀之气。按照宗藩礼节,宗主国大臣到访,藩国中使官员须前来迎接,这也是朝鲜迎接中国使节的惯例。可这一次,不仅无人迎接袁世凯,闵妃甚至当天就派人将大院君李昰应身边一人以参与壬午政变之罪名毒死。第二天,又有两人以同样罪名遇害。接着,闵妃又派人逮捕大院君李昰应身边之人。最后,还是在袁世凯的劝说下,才勉强为大院君李昰应留下通事官金炳文一人。5日,袁世凯一到汉城,即责问高宗李熙未派中使迎接中国大臣之事。在袁世凯看来,这是有关国体的大事。高宗李熙见袁世凯怒,遂以中使失职为由,将其免职。袁世凯敲山的目的是为震虎,而震虎的目的则是阻止朝俄联合。

原来,总理朝鲜海国通商事务总税务司穆麟德虽食中国俸禄,却暗中怂恿高宗李熙和闵妃联合俄国,谋图自立。8日,袁世凯与金允植笔谈时,得知俄朝密约事之原委,认为这是侵犯中国利益之举,不能坐视不管。这就是袁世凯的过人之处:明大义,肯担当。本来他此行的任务就是护送大院君回朝,事毕即可回国。可他见不得国家利益受损,于是搂草打兔子,做了一件大事。

10日,袁世凯亲作《摘奸论》一文,并交予高宗李熙。在《摘奸论》中,袁世凯针对朝鲜欲寻求俄国保护,指出"保护之权,唯上国有之"。并以法国保护越南为例,指出"未及数月,已易其君","中国之与朝鲜有存

---

① 李鸿章:《李鸿章全集》8,长春:时代文艺出版社,1998年,第4826页。

则俱存，亡则俱亡之道。无朝鲜是无中国，非安南可比，亦非滇粤远省可比"，警告高宗李熙"俄人有事于朝鲜，中国必出全力以相争"，而中俄一旦开战，朝鲜本土将"是一大战场"。最后，袁世凯代表清廷明确表示朝俄联合是"煽惑人心，激变生事，取乱之道也"。①

高宗李熙读过《摘奸论》后，颇受触动。在11日与袁世凯笔谈时，两人又就中国保护朝鲜、巨文岛问题、暗杀金玉均等事进行了讨论。袁世凯向高宗李熙保证，如果俄人将军舰停泊于仁川港，中国会立即派舰保护；英国人占朝鲜巨文岛一事，俟仲冬前后英国新任公使抵华，即可解决。袁世凯得知甲申政变祸首金玉均目前在日本不受欢迎，建议高宗李熙派人暗杀之。高宗李熙看似被袁世凯说服。

至于搬弄朝俄是非的穆麟德，已被清政府免职，并召其回津。穆麟德害怕一旦回到天津，将失去工作，就托中国官员谭赓尧求袁世凯为其在李鸿章面前说项。可是过了两天，穆麟德却对外扬言，即使天津下文，他也不能回去。袁世凯一打听，原来俄国准备聘穆麟德为参赞领事，且高宗李熙还暗中以月薪300金雇佣其为典圜局总办，办理朝鲜货币发行事务。袁世凯大怒，诘问朝鲜当局为何一面致信天津方面将穆麟德召回，一面却自相矛盾将其雇佣。袁世凯的愤怒很有作用，14日，高宗李熙将穆麟德免职。穆麟德被免职后，还是不肯离开朝鲜。袁世凯让谭赓尧前去询问，原来其害怕回到天津被李鸿章诘责，未来的工作也无保障。谭赓尧早受袁世凯嘱托，力言袁大人保证在李中堂面前为其多多美言，并给其找份美差。穆麟德方允回津。不过，穆麟德并未马上离开，直到袁世凯第三次赴朝，才在袁的百般催促下返回天津。

袁世凯第二次赴朝公干，为期仅17天。时间虽短，但其过人的外交才华却得到充分展现。他的表现不仅给李鸿章脸上增光，就连总理衙门和醇亲王奕譞也对其青睐有加。这时，清政府驻朝鲜总理商务大臣陈树棠突然患病瘫痪。李鸿章早有以袁世凯取代陈树棠之意，遂利用此机会，向总理衙门请求派袁世凯负责朝鲜总理交涉通商事务，并请超擢之。所谓超擢，就是越级提拔。因为袁世凯的官阶是五品同知，陈树棠是二品补用道台。如果以五品之

---

① 《(409) 附件五　袁世凯摘奸论》，《清光绪朝中日交涉史料》卷9，北京：北平故宫博物院，1932年，第9页。

衔将袁世凯派往朝鲜，接替二品的陈树棠，朝鲜方面必会有受到轻视之感。

　　1885年10月30日，清政府任命袁世凯为"驻扎朝鲜总理交涉通商事宜"的全权代表，并以知府分发，尽先补用，俟补缺后以道员升用，加三品衔。前面说过李鸿章对袁家父子两代都有提携之恩德，此乃第五例。就这样，袁世凯仅用三年时间，从一名默默无闻的"庆军"营务处会办，凭借自己超乎常人的外交天赋和果断的处事态度，成为当朝三品道员，年仅26周岁。

第三章　驻节朝鲜

朝鲜是袁世凯的福地。在朝期间，袁世凯掌握了两大能力——军事和外交。而掌握这两项能力的人是日后的清王朝最急需的人才。李鸿章以降，清廷中精通此两项能力的，除袁世凯外，也许再无他人。不仅个人能力得到了提高，同时，朝鲜独特的地位和环境也使袁世凯的知名度得以扩大，甚至达到天听，这些都为其后来的仕途发展做足了铺垫。

第一节　三赴朝鲜　总理交涉

袁世凯非常孝顺，出发之前，特书家书一封，称"此次往朝鲜充使臣，不带兵，无险事，启禀堂上勿念"。[①] 这是他告慰母亲和家人的话，我们姑且听之。事实上，袁世凯此次赴朝危险之大远甚于前。为什么这么说呢？因为他此番来朝的任务和职责都有巨大变化。

且看他的头衔："驻扎朝鲜总理交涉通商事宜。"这就是说，袁世凯在朝鲜既要负责外交又要管理商务，相当于中国派驻朝鲜的全权代表。因其头衔中有"总理"二字，所以这个时期，袁世凯经常被称为"袁总理"。

袁世凯的职责也大为不同。他第一次到朝鲜，乃是"庆军"中的营务处帮办；第二次赴朝是护送大院君，乃李鸿章之重用；此番赴朝的任命则是光

---

① 陈瑞芳、王会娟编辑：《袁世凯》卷1，天津市历史博物馆馆藏：《北洋军阀史料》，天津：天津古籍出版社，1992年，第118页。

绪帝钦批，总理各国事务衙门札委。三次赴朝三级跳，一次比一次跳得高。在朝鲜，他从一个听命于人的营务处帮办，变成独当一面，直接向北洋大臣李鸿章汇报的三品道台。

1885年11月21日，袁世凯在汉城与前派总办朝鲜商务委员陈树棠正式交接工作后，走马上任。当天，朝鲜国王李熙得知袁世凯三赴朝鲜的消息后，与领议政沈舜泽有过如下对话：

> 李熙说："袁世凯今又出来，而所带之职，稍高于前日所带之职也。"
>
> 沈舜泽答："俄于阁外见之，而所带三品职云矣。"
>
> 李熙说："前次自北洋差送出来矣。今番则自北洋承军机处命意而差送，则此是皇命也。"
>
> 沈舜泽答："然矣。"①

朝鲜国王李熙和领议政沈舜泽讨论的是袁世凯的官职问题，可见这个问题对中朝来说都非常重要。从对话中，能够看出朝鲜国王李熙对袁的职务是满意的。不过，对袁的职务感到不解的也大有人在。

袁世凯到朝鲜后，便制作了名片。名片全称是"驻扎朝鲜总理交涉商务补用道升用知府袁世凯"，并附有英文译文。②其中"驻扎"二字翻译为"赖斯顿"，即Resident，有"居留，居住，驻扎"之意。袁世凯职务的书写方式也向外国人表明了朝鲜乃中国属邦这一事实，不过，有人对此不屑一顾，甚至嗤之以鼻。谁呢？此人便是美国第一任驻朝鲜公使福的③（Lucius H. Foote）。

福的对中朝宗藩关系知之甚详。他本人曾于1883年以驻朝鲜二等钦差大

---

① 卷17，吴晗辑：《朝鲜李朝实录中的中国史料》下编，北京：中华书局，1980年，第5286页。

② 袁世凯头衔的英文是Director-General Resident in Korea of Diplomatic and Commercial Relations。著名学者陈志让在其著作《袁世凯（1859—1916）》中，称袁的名片上写的是"H. I. C. M. Resident, Seoul"。

③ 亦译为福德。

臣的身份亲自签署了《韩美修好通商条约》，是美国和朝鲜通谊的见证人。该条约议定过程中，由于美国坚持对等平行原则，否则恐国会难以通过为辞，拒绝在第一款中明确朝鲜为中国属邦之事实。而中国方面则一让再让，最后不得已想出一个补救之策——由朝鲜国王另发照会。于是，朝美签约后，朝鲜国王李熙发布照会曰："大朝鲜国君主为照会事，窃照朝鲜素为中国属邦，而内治外交，向来均由大朝鲜国君主自主。今大朝鲜大美国彼此立约，俱属平行相待。"①美国接受了朝鲜国王李熙的照会，在外交上，这表示它承认中朝之间宗藩关系的存在。虽然福的对此心知肚明，但他言谈之间难免露出轻视之意。有朝鲜好事者便借此夸大其词，企图利用美国人之好恶，同时趁袁世凯年纪轻外交经验少，一举脱离中国，实现朝鲜自主。

这是袁世凯独自面对的第一场外交之战，他将如何处理呢？

按袁世凯自己的话说，他的做法便是"随时相机辩事，时或辩结导解"，②通俗地讲，就是当面质疑，主动出击。

他要质疑和出击的对象是谁呢？当时朝鲜国内政坛有四大派别，据《中国天津时报》报道：

> "朝鲜至少有四派系在争权夺势。韩王派掌权当政，就此而言，虽廷臣疆吏不乏尸位素餐之辈，然其势仍明显占优。总之，该派意在独立，欲借外国之力与中国一刀两断，彻底绝交。韩王派实际领袖乃皇后（闵妃），她智勇双全，其思想被两股强大动力所左右——该动力有强烈个人主义色彩——即个人抱负和爱国主义……第二派与第一派势均力敌，不相上下。事实上，如果认真考量，或仅考量领导力优劣的话，第二派可能略胜一筹。该派领袖人物为大院君，其众包括处尊居显的贵戚权门、余威尚存的致仕达官、云集响应的文武百官——虽无明确资料，但无疑冠盖如云。该派虽有

① 郭廷以、李毓澍主编：《清季中日韩关系史料》第2卷，《中国近代史资料汇编》，中国台北："中央研究院"近代史研究所，1972年，第675页。

② 郭廷以、李毓澍主编：《清季中日韩关系史料》第6卷，《中国近代史资料汇编》，中国台北："中央研究院"近代史研究所，1972年，第2002页。

民族宏愿，但却宣布，至少目前，它欲与中国紧密联系而不是分道扬镳，甚至要在多个领域向中国学习，如陆海军、海关、外交关系等……第三派是亲俄派，它并不如其排名一样强大。第四派是亲日派，它百变莫测。"①

很明显，韩王派是袁世凯所面对的劲敌。您也许会问，朝鲜国王李熙对袁世凯青睐有加，怎么会是他的劲敌呢？朝鲜国王李熙虽主持朝政，但他生性懦弱谦和，致使以明成皇后为首的闵氏家族把持朝纲，而明成皇后的政治理想又与中国希图维护中朝宗藩名分之努力背道而驰，所以明成皇后一党成了袁世凯在朝期间的政治对手。

欲解决问题，必须先找到突破口。袁世凯选择主动出击，他的突破口便落在了明成皇后党羽朝鲜高官李斗镐身上。

这天，李斗镐受朝鲜外署协办申君之托，来到袁世凯处，欲质疑袁世凯之"赖斯顿"名头。两人简单寒暄过后，开始笔谈。

> 李：闻外协办申公云，大人此来名目不合，西洋人不悦，美公使已告其政府将诘问云。
>
> 凯：名目固有不同，因中国欲正属邦名分耳。然朝鲜为中国属邦已数百年，岂掩耳盗铃耶？前朝鲜与各国立约，另有照会各国，声明朝鲜为中国属邦。各国如不欲认，则前次照会即不应收，既收照会，又欲谓朝鲜非中国属邦，安有是理？美公使与余交厚，断无此糊涂举动，将往诘明。但此话非出于美公使，抑朝鲜务外之人，恐有碍自主体面，因有此说，亦未可知。此非尔可知，当请申协办来详细告我。
>
> 李唯唯而去。②

---

① 《朝鲜派系斗争及中国对策》，《中国天津时报》英文版 1888 年 6 月 30 日。作者译。

② 郭廷以、李毓澍主编：《清季中日韩关系史料》第 6 卷，《中国近代史资料汇编》，中国台北："中央研究院"近代史研究所，1972 年，第 2002 页。

李斗镐离开后，袁世凯不敢耽搁，带上翻译唐绍仪等随从，径直来到美国驻朝公使馆。时任美国驻朝公使福的接见了袁世凯，并与其进行会谈。

> 凯：朝鲜定约时另有照会，声明朝鲜为中国属邦，阁下既出使于此，想应知之。
>
> 福：知之。
>
> 凯：近闻有人传说此次中国派余来此，显示朝鲜为中国属邦，而阁下有干预中韩之意，果然否？
>
> 福：（沉吟良久）无此事，我何能干预？美政府亦不能干预。
>
> 凯：余亦明知无此事，因有朝鲜人来告余，恐其从中播弄，妨吾交谊，故欲说明，免至别启猜嫌。
>
> 福：感谢无已。前有朝鲜人问余，中国派使来此，欲正属邦名分，而朝鲜内治外交，向由自主，袁大人来，如英派使于属国名目，我国体面有碍，各国以为何如等语。余亦虑朝鲜人播弄闲话，未敢以心腹话相告，只云袁大人来，果能主持朝鲜内治外交否，阁下查明告我。而朝鲜人谓余干预此事属非闷愤，如非我二人相好，岂不至生嫌疑！
>
> 凯：英派使于属邦，有主持其国政之权。余来此有参与之权，而无主持之权。何也？我国待属邦之道，不同于英国。故我国派使于属邦之权亦不同于英国。要之，由上国派使于属邦之名分则一也。
>
> 福：闻阁下言，解惑不少，何如忻幸。惟朝鲜人时出谣言，极为可恨，愿阁下勿听，以固交情。
>
> 凯：惟余不信，所以相问。此后如有闲话，愿彼此说明，庶为相好之道。
>
> 福：惟命是遵。[1]

---

① 郭廷以、李毓澍主编：《清季中日韩关系史料》第6卷，《中国近代史资料汇编》，中国台北："中央研究院"近代史研究所，1972年，第2003页。

　　袁世凯从美国驻朝公使福的那里得到满意答复后，非常高兴。回到自己的道署后，便提笔手书致朝鲜外署一函，函曰：

　　　"敬启者。前李斗镐称申协办命来诘弟名目不合，美使将有诘问等语，殊为诧异。朝鲜为中国属邦已数百年，天下所共知。朝鲜与各国立约，均另有照会声明，岂容掩耳盗铃，谓为非然？且中韩事件，美使亦无干预之权。顷诘美使，称无其事，谈记附上。查美使既云朝鲜人所告，应请查明详复为幸。"①

　　时任朝鲜外署督办是袁世凯的老朋友金允植。虽然是朋友，但两人现在均身为高官，各为其主，公事往来还须做好官样文章。金允植收到信后，立即书写复函一封，曰：

　　　"敬复者。美使一事，弟已略闻其概，想伊亦解惑久矣。李斗镐，申同里人也，晨夕相逢，寻常谈话之人也。向闻美使致疑于贵片'赖斯顿'三字，申与李闲话之际，偶及于此，非有嘱李往质贵署之事。同里相对，有闻道及，此人情之常。不图李斗镐错以申协办之说，致烦贵听，殊非意虑之内。容日诣署面解也。"②

　　至此，中朝宗藩名分之交涉事暂时告一段落。

　　袁世凯牛刀小试，凸显才华，这是外事上的胜利，但内事同样不可小觑。什么是内事呢？比如道署的建设及各分支机构在朝鲜的布局和筹建，人才的搜罗和培养等都是需要马上付诸行动的迫在眉睫的要事。那么，袁世凯是怎么做的呢？

---

　　① 郭廷以、李毓澍主编：《清季中日韩关系史料》第6卷，《中国近代史资料汇编》，中国台北："中央研究院"近代史研究所，1972年，第2004页。
　　② 郭廷以、李毓澍主编：《清季中日韩关系史料》第6卷，《中国近代史资料汇编》，中国台北："中央研究院"近代史研究所，1972年，第2004页。

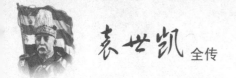

第二节　建设衙署　培养人才

袁世凯从前任陈树棠手里接收的朝鲜资产有：汉城衙署一座；仁川、釜山、元山、龙山分署各一处；人员若干。

汉城衙署建于1884年，位于"南别宫对面胡同"。[①]南别宫即招待中国钦差的慕华馆，位于汉城南部之会贤坊。该处建筑原是民宅，陈树棠相中后，花费纹银550两将其买下。按照陈的话说，它是"汉城南门内会贤坊骆洞朴姓破屋旷地一所"，土地面积约10亩，其中地价500两，中介费50两，"共费银五百五十两"。[②]但房子买来后，修缮遇到难题。

陈树棠欲将此宅改为中式建筑。但朝鲜民宅多为茅屋，因此建筑材料很难在当地购买到。如木材需要从日本进口，砖瓦更是罕见。由于预算有限，陈树棠仅将三道大门及大堂客厅等五间房改为中式，其他房屋仍为朝鲜样式。就这样，陈树棠的汉城衙署建成了。

两年后，袁世凯来到衙署时，发现其已破败不堪。他在衙署内前前后后、里里外外地看了几遍，发现该衙署"工料不甚完固，基址不甚结实"。尤其是去年雨水过多，致使"大堂北壁遂致欹裂"。屋外用居木支撑墙壁，以防其倾塌。他抬头看到"屋梁损朽，无可收拾"，低头见"墙基松陷，尤难久持"，不禁慨叹："比日春融雪消，满室渗漏，竟至不能居处！"[③]袁世凯不得已，暂移至汉城中华会馆居住，同时请工匠入署维修。中华会馆位于汉城衙署附近，今会贤坊骆洞。

维修过后，袁世凯搬回衙署。时逢初春，雨水不断，不久，署内又成泽国。袁世凯思来想去，觉得维修只是"敷衍目前"，如果"雨水一至"，

---

① 《朝鲜近事》，《申报》1884年7月26日，《申报影印本》25，上海：上海书店，1983年影印，第151页。

② 郭廷以、李毓澍主编：《清季中日韩关系史料》第3卷，《中国近代史资料汇编》，中国台北："中央研究院"近代史研究所，1972年，第1314页。

③ 郭廷以、李毓澍主编：《清季中日韩关系史料》第3卷，《中国近代史资料汇编》，中国台北："中央研究院"近代史研究所，1972年，第2042页。

"又将颓陷"，况且"修理且无已时，徒然糜费款项而已"。他认为"欲为经久之计，似非改造不可"。[1]袁世凯的改造计划简单概括就是八个字：区分功能，择址另建。

区分功能，就是将衙署分为审案、办公、会客、宴会、居住等功能，分别建造。择址另建就是在衙署南侧地势稍高之处，建造房屋，并将原有的五间大屋拆除。拆下来的木料和砖瓦，择其优者，作为新建房屋的材料。这样一来，衙署的建筑会更加气派，建设支出也会相应增加。李鸿章和总署会同意吗？

袁世凯对此毫无把握，他在致李鸿章的禀片中，是这样解释自己的想法的："当此筹款维艰，何敢率请巨项？惟各国使馆共处一城，相形见绌，有碍体面。且在藩属之地，似未可过形简陋。"袁世凯审查署内账目，发现前有修建元山分署公馆的3500两银尚未动用，便申请挪用此笔款项，"移缓就急，移此注彼"。[2]您不禁会问，挪用了元山的资金，那元山公馆怎么办？

此事袁世凯早有安排。仁川、釜山、元山、龙山四口分署原均派有商务委员负责管理。袁世凯到朝鲜后，认为元山商务不甚兴旺，便将商务委员降格为坐探委员，租屋办公，不配随从。也就是说，原本用于修筑元山公署的3500两银已经无处可用了。

李鸿章和总署均对袁世凯的请求无异议，汉城衙署的修建工作获得批准。当时，袁世凯的四叔袁保龄正在旅顺修筑炮台，袁世凯便商请四叔从旅顺工程局借了20名熟手工匠，使工程得以稳步进展。1886年3月中旬，汉城衙署修建工作正式开工。

按照原定计划，首先要拆除原衙署五间大屋，并将木料和砖瓦整理归类，以便二次使用。及至拆除五间大屋时，袁世凯发现其所用木料均细小，砖瓦亦多破碎，难以再次使用。同时，袁世凯还发现衙署南侧空地不如想象的宽敞，便出资银300两将附近民宅买下，并将房屋尽数拆除，然后将此地垫

---

① 郭廷以、李毓澍主编：《清季中日韩关系史料》第3卷，《中国近代史资料汇编》，中国台北："中央研究院"近代史研究所，1972年，第2089页。

② 郭廷以、李毓澍主编：《清季中日韩关系史料》第3卷，《中国近代史资料汇编》，中国台北："中央研究院"近代史研究所，1972年，第2080页。

高，与衙署前面空地相接。以上是袁世凯的说法，实际上，买地另有原因。袁世凯笃信风水堪舆，这次在汉城派上了用场。衙署正门本朝西开，他认为不妥，便命改变设计，朝南开门。"大门大堂本系西向，兹转改作南向"，①为此则需额外买地，扩大地基。这也是该项工程后来超支的重要原因。

由于额外多出很多工作，工匠不敷使用，便从旅顺工程局再请来60人，至此，修筑汉城衙署的中国工匠已达80人。工匠人数倍增，工程量剧增，原本的预算很快便捉襟见肘了。麻烦还不仅于此。

当时开工已近半年，正逢夏秋之际，天阴雨湿，连日不晴。中国工匠颇不适应，有些人感染时疫，甚至死在了朝鲜。袁世凯见状，一面聘请医生配制汤药，一面雇请廉价的朝鲜工人，据袁世凯说，"每日添雇工匠一百八十余名"。②但工匠多了，原本的预算便显杯水车薪了。据《申报》报道，中国衙署"非万金不能集事也"。③袁世凯请账房计算后，得知照此进度，共需银7500两。可他手上只有3500两，怎么办呢？他想到了他辖下的华商。用他的话说是"酌提奸商犯禁充公"之款及"各项执照之费"。虽然说得好听，但明眼人能看出这是在向商户"摊派"建筑费用。袁世凯不是"摊派"的始作俑者，"摊派"之风到21世纪的今天也仍未停止，可笑可叹亦可悲矣。通过"摊派"，袁世凯筹集到了2100两，仍差1900两。袁世凯的眼睛盯上了釜山分署的建造费用。

总署原本给釜山分署的建筑预算为银3500两。由于釜山商务当时并不兴旺，总署仅给其拨一半款，命其建分署，所以尚有一半款项没有动用。袁世凯便向李鸿章提出动用这一半款项即银1750两，余下不足之款由其薪俸内扣除。李鸿章和总署表示同意。就这样，袁世凯七拼八凑，最后自己还搭了461两俸银，总算将资金足额弄到了位。1886年9月，汉城衙署竣工。

建成后的汉城衙署什么样呢？据资料介绍，它新建"大房二十六间"，

① 《句丽近信》，《申报》1886年5月12日，《申报影印本》28，上海：上海书店，1983年影印，第743页。

② 郭廷以、李毓澍主编：《清季中日韩关系史料》第3卷，《中国近代史资料汇编》，中国台北："中央研究院"近代史研究所，1972年，第2132页。

③ 《句丽近信》，《申报》1886年5月12日，《申报影印本》28，上海：上海书店，1983年影印，第743页。

"随员住房、办公等屋及差弁通事住室四十六间"，还有近90间重新修缮的朝鲜样式的房屋，共计160余间房屋，可谓规模宏大。用袁世凯的话说，就是："此次建造公署，全局尚极宏敞，房屋亦皆高大，木料均择巨大，地基砌以固石。在朝鲜属邦颇壮观瞻，与各国使馆共处一城，不至相形简陋。"①此后，汉城衙署便成了袁世凯的官邸，他在那里度过了近八年的时光。

筑巢当为引凤。袁世凯的官邸建好后，他招募了哪些精英才俊呢？欲了解此事，须先清楚清政府驻朝鲜总理交涉通商事宜衙署的组织结构（见图1）。袁世凯以下，有随员、文案、书识、西学翻译、日语翻译、朝鲜通事、日本通事、听差、帮办书识、电报学生、文报员11个职位。与袁世凯随员平级的还有仁川商务委员、釜山商务委员、龙山商务委员、元山坐探委员共四处分署，1892年，添设麻浦稽查委员。这些委员又各领翻译、书识、听差多人。据统计，袁世凯在朝期间，为其工作过的，留下姓名的便有120余人。其中佼佼者有后任中华民国首任国务总理的唐绍仪、民国外交总长梁如浩、中国电报事业奠基人周长龄、北洋大学校长蔡绍基、《马关条约》的日文翻译张坤德及袁世凯总统府三海指挥官徐邦杰等。

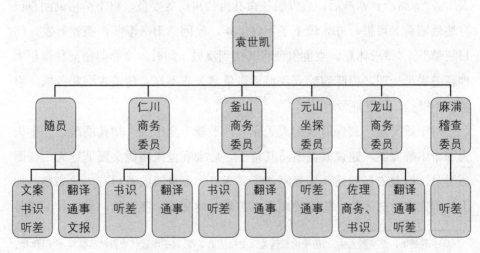

图1 清政府驻朝鲜总理交涉通商事宜衙署组织结构

---

① 郭廷以、李毓澍主编：《清季中日韩关系史料》第3卷，《中国近代史资料汇编》，中国台北："中央研究院"近代史研究所，1972年，第2238页。

袁世凯手下精英人才甚多，绝非偶然，乃是其着眼长远，有意为之。除前述唐绍仪等人外，赴汉城之前，袁世凯还亲自挑选了大名府同知李荫梧、补用知县张承涛、补用县丞姚文藻三人，准备带往朝鲜，予以重用。在向李鸿章禀告此事时，袁世凯给出的理由是"朝鲜世列藩封，素重文教。必须稍有品节能知天体者，庶免腾笑于外邦"。①言外之意，陈树棠留下之官员不堪任用。到朝鲜后，袁世凯以生病体弱或办事不力为由，撤掉了前任之属员，命张承涛为自己的随员，派李荫梧接任仁川商务委员。至于姚文藻，袁世凯通过接触，发现其常与人龃龉，担心用不好此人，会招来麻烦，于是，袁世凯致函四叔袁保龄求助。

袁保龄久历官场，处理这类问题驾轻就熟。他知道姚文藻乃浮躁之人，便将老成持重的陈席珍推荐给袁世凯。陈席珍，号梅村，跟随涂宗瀛长达20年。还记得涂宗瀛吗？当年袁世凯三叔袁保恒去世时，袁世凯将赈务整理完毕，替三叔与涂宗瀛完成工作交接。此时，涂宗瀛官居湖广总督。袁保龄认为涂宗瀛是老道学，他手下的人肯定朴实可靠。袁保龄将陈席珍请来，不仅是要其辅佐袁世凯，而且也想通过此事，令李鸿章知道袁世凯"好贤能用正人"。②陈席珍到朝鲜后，袁世凯任命其为仁川商务委员，将李荫梧调回自己身边做随员。可惜，陈席珍干了不到半年，便因"雨久湿蒸，痰饮复发，终日眩晕"，③请求休息。袁世凯便将其接到汉城，同时，命李荫梧前往仁川署理商务委员一职。但陈席珍到汉城后，依然久病不好，便请求回籍养病。袁世凯不得已，只得割爱。

对于姚文藻，袁保龄认为人无完人，不能十全十美，如其能改过，不失为一个中等文案，建议袁世凯将其留下。后来袁世凯将姚文藻调往元山任商务委员，四叔袁保龄还不忘嘱咐勿予其事权。袁世凯的背后有如此高参，加上他本人杰出的才能，想不脱颖而出都难！姚文藻，字赋秋，号觉春，原是

① 郭廷以、李毓澍主编：《清季中日韩关系史料》第3卷，《中国近代史资料汇编》，中国台北："中央研究院"近代史研究所，1972年，第1959页。

② 丁振铎编辑：《项城袁氏家集》6，沈云龙主编：《袁世凯史料汇刊》2，中国台北：文海出版社，1966年，第5556页。

③ 郭廷以、李毓澍主编：《清季中日韩关系史料》第3卷，《中国近代史资料汇编》，中国台北："中央研究院"近代史研究所，1972年，第2138页。

《申报》主笔，后任《字林汉报》主笔，张勋复辟时是复辟派一员。此人后来还给袁世凯带来不小的麻烦。

袁世凯不仅网罗精英，还不忘对他们进行培养和锻炼。唐绍仪初至袁世凯麾下时，只是一名西学翻译，官衔仅是候选从九品。本职工作之外，袁世凯还命唐绍仪等人在朝鲜外署讲授西学，这样不仅使唐绍仪得到了锻炼，也使其在朝鲜外署和其他政府部门的知名度得以提升，为将来的工作准备了条件。抵朝第三年，袁世凯又为其请奖叙，使其从候选从九品晋升为同知衔候选知县。第五年，袁世凯将其调往龙山分署任商务委员，委以重用。就这样，袁世凯一步步培养，唐绍仪一点点进步，转眼到了1891年。这一年10月，袁世凯得知嗣母牛氏重病，便请假两月，回籍省视，朝鲜之工作交给唐绍仪代理。不想到家后不久，嗣母牛氏便于当年12月26日过世。袁世凯便禀请在籍丁忧，并销差终制。但鉴于朝鲜事务紧要，光绪帝仅赏给袁世凯百日假期，命其期满即归。1892年4月10日，袁世凯假满，回到汉城任上。袁世凯对唐绍仪的代理工作非常满意，当年底，他禀告总署请奖叙在朝人员，将已是知府衔候选同知直隶州知州唐绍仪晋升为三品衔前先选用知府，可谓一路培养，一路提拔，不遗余力。众所周知，唐绍仪后来成了袁世凯的重要助手。但辛亥革命后，两人则因政见迥异，分道扬镳了。

浏览奖叙唐绍仪的禀片，一个熟悉的名字——袁世廉——出现了。没错，就是袁世凯的三哥，他也在奖叙之列。难道袁世廉也来朝鲜了？

的确如此。不仅三哥袁世廉到了朝鲜，五弟袁世辅也来了。他们到朝鲜的任务只有一个——在生活上照顾袁世凯。为此，四叔袁保龄对这两位侄儿提出了明确的要求：不准露面会见客人；不准干预外事；全家齐努力保全袁世凯的名声。袁世廉同袁世凯一样，未能考取功名。无奈，他只好走出家门，一方面在生活上助乃弟一臂之力，另一方面也欲借此机会，谋个一官半职。在朝鲜，他终于如愿以偿。1892年底，袁世廉获赏知府衔直隶州知州，为仕途打开了一扇门。

有人会问，袁世凯在朝鲜期间，除办理交涉通商外，还有哪些工作呢？

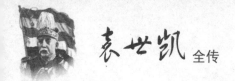

第三节　游刃外交　保护官商

欲知袁世凯做了哪些工作，就必须首先知道他能够做什么工作。袁世凯从总署那里获得的头衔是"驻扎朝鲜总理交涉通商事宜"。有人说这个职位相当于清政府驻朝公使，事实上，当时的《申报》也经常称袁世凯为"中国公使"或"袁星使"。这样称呼靠谱吗？

将袁世凯的官衔与同期清政府驻外公使做个比较，可从侧面看他是否有资格做这个公使。与袁世凯同期驻外的公使共有四人，即刘瑞芬、许景澄、张荫桓、徐承祖。从表1中可以清晰看出，这四人均为三品官，与袁世凯平级。也就是说，按品级来说，袁世凯完全有资格与此四人相提并论，完全有资格做个驻外公使。但他做的是公使的工作吗？

表1　1886年清政府驻外公使职衔表

姓名	出使国家	官位	品级	赏赐
刘瑞芬	英俄	江西布政使	三品京堂候补	二品顶戴
许景澄	法德意奥比	翰林院侍讲	三品	二品顶戴
张荫桓	美西秘	直隶大顺广道	三品	
徐承祖	日本	候选道	三品	二品顶戴

就手中实权来说，袁世凯远远超过清朝驻其他国家公使。公使乃代表本国政府与他国进行交往，从事的是外交工作。而袁世凯在受任之初，便获得了高于一般公使的权力。袁世凯抵达朝鲜之前，李鸿章曾致朝鲜国王李熙一函，曰：

> "奉旨令（袁世凯）驻扎汉城襄助一切，以后贵国内治外交紧要事宜，望随时开诚布公，与之商榷，必于大局有裨。"①

---

① 李鸿章：《李鸿章全集》8，长春：时代文艺出版社，1998年，第4833页。

显然，袁世凯在朝鲜的职权包括与朝鲜国王"商榷""内治外交紧要事宜"，这便已经超越了公使的权力。有人说，袁世凯的权力有如"监国"，可以这么类比吗？

袁世凯本人曾经在甲申事变后，提出过在朝鲜"设立监国，统率重兵，内治外交，均代为理"①的主张。可见，监国是要有兵权的，而袁世凯此次赴朝独缺此项权力。也就是说，称其为"监国"是不合适的。那么，究竟该如何称呼驻扎朝鲜期间的袁世凯呢？

史料上对其还有一个称呼，即驻韩袁道。可惜，这个称呼虽然比较贴切，但未能从字面上展示其职权。本章第一节曾说过，这一期间人们常称呼袁世凯为"袁总理"，这个称呼也最为贴切。总理管辖一国内政外交，但无军权，这点与袁世凯的权力一致。但袁世凯这个"总理"非常特殊，他乃是宗主国任命的在藩国驻扎的"总理"，而非藩国自己任命的"总理"。这个称呼也得到了朝鲜国王及其政府部门的认可。查《高宗实录》，有这样的表述："七月初八日，内务府启：'顷因袁总理照会，以越垦农户排敛事。'"②可见，朝鲜官方是承认"袁总理"这个称呼的。确实，称呼这一时期的袁世凯为"袁总理"能够准确地表达出他的身份和地位。而搞清楚这个问题，袁世凯驻朝期间的工作范围也就一目了然了。

交涉是袁世凯驻朝期间的主要工作。那么，除交涉外，他在朝鲜还做了哪些工作呢？

一、祭祀成礼。袁世凯在朝期间祭祀的主要对象是他的吴大叔——吴长庆。吴长庆去世后，朝鲜国王李熙为铭记吴长庆在壬午事变中的功勋，特在南别宫中华会馆南，择地建吴武壮公专祠，名其曰"靖武祠"。靖武祠落成后，朝鲜国王李熙"遣礼曹判书致祭，居民亦拟拜奠祠下，稍抒哀慕之情"。③袁世凯抵达朝鲜后，朝鲜国王李熙与领议政沈舜泽曾有过一次对话

---

① 《照录委办亲庆等营会办朝鲜防务袁丞世凯来禀》，《清光绪朝中日交涉史料》卷6，北京：北平故宫博物院，1932年，第19页。

② 卷17，吴晗辑：《朝鲜李朝实录中的中国史料》下编，北京：中华书局，1980年，第5305页。

③ 《朝鲜近事》，《申报》1885年8月9日，《申报影印本》27，上海：上海书店，1983年影印，第239页。

（见第三章第一节）。那次对话还有一部分内容，是涉及吴长庆的。

> 李熙曰："袁世凯之前功多矣。当者亦曰十九日、二十三日入
> 来云矣。"
>
> 沈舜泽曰："十九日即靖武祠致祭之日，而入来云，则当者似
> 未及知之矣。"①

这段对话透露，光绪十一年十月十九日（1885年11月25日）是朝鲜致祭吴长庆专祠——靖武祠的日子，这一天也是甲申政变纪念日。《申报》对此也作了记述："去年岁冬间，遣官在通化门内致祭战亡军士及闲散之横披惨祸者，又遣大员祭吴武壮公祠。"②通化门，也作敦化门，为汉城南门。

此后，吴长庆忌日（五月二十三日）及甲申政变纪念日（十月十九日），朝鲜国王李熙都会亲自或遣官致祭。袁世凯作为清政府驻朝总理，亦参与祭祀活动。1886年11月14日（光绪十二年十月十九日），袁世凯与朝鲜国王李熙同往靖武祠祭祀吴长庆。是日，"倾城士女无不往观，更有龙钟鹤发者扶杖而来者。若而人相聚，遇语倍极欷歔。虽言语不通，而窥其情形，似感吴帅之大德。生荣死哀，武壮有焉！"③1908年，朝鲜实行新政，尽毁祠庙，靖武祠未能幸免。1909年，驻朝总领事马廷亮亲自主持，重修靖武祠，改名"吴武壮公祠"。袁世凯就任中华民国临时大总统后，还曾亲书"怆怀袍泽"匾额，赠与该祠。

除祭祀吴长庆外，袁世凯还经历过一次朝鲜国丧。1890年6月4日午后2时，朝鲜大王大妃薨逝。大王大妃即神贞王后，赵姓，朝鲜国王高宗李熙的养母。赵大妃自己的亲儿子也是朝鲜国王，即李熙的前前任——朝鲜宪宗李奂。李奂23岁病逝，无嗣。当时，赵大妃政治势力不敌安东金氏，便由安东

① 卷17，吴晗辑：《朝鲜李朝实录中的中国史料》下编，北京：中华书局，1980年，第5286页。

② 《东藩杂纪》，《申报》1886年4月1日，《申报影印本》28，上海：上海书店，1983年影印，第497页。

③ 《高事续录》，《申报》1886年12月12日，《申报影印本》29，上海：上海书店，1983年影印，第1013页。

金氏扶植李氏王朝的一支朝鲜英祖玄孙李昪为王，即朝鲜第二十五代君主哲宗李昪。哲宗李昪去世时，亦无子嗣。这时，赵大妃再次打败安东金氏，获得实权，于是，宣布立自己的养子李熙继承王位，即朝鲜高宗。赵大妃的亲子和养子是朝鲜两代国王，母以子贵，其葬礼也极尽哀荣。赵大妃薨逝的消息立即引起汉城使馆圈的关注。

6月5日，袁世凯收到美国驻朝公使赫兑的一封信，邀请他去美国使馆与各国公使一起谈论如何吊丧的问题。赫兑，英文名Augustine Heard，1890—1893年任美国驻韩公使。其叔父是位于香港的奥古斯丁·赫尔德中国公司的创始人，该公司办公楼原址现为香港终审法院。袁世凯读罢此信，立刻提出一个疑问：中朝往来的定制是如何规定此事的？手下人答复说：朝鲜遇有国丧，要先派遣翻译至边界发布讣告，之后再派专使赴北京奏报。

袁世凯知道这是中朝之间特有的礼节，必须遵守，方能体现出宗主国威严。他一面回复美国公使赫兑，婉拒其邀请；一面向李鸿章汇报此事并提出自己的建议。在禀片中，袁世凯说："拟俟韩廷五日成服后，备具挽幛、祭筵、猪羊等件，商请韩廷定日照私吊仪注前往奠祭，以见有别于各国。"[1]也就是说，朝鲜官方还须按照中朝定制处理此次国丧，但袁世凯作为驻朝总理，将以私人名义，于成服后，前往祭奠。旧时丧俗，大殓即遗体入棺之后，亲人们要穿上孝服和素服守丧，即成服。袁世凯的这个想法是创举，既履行了中朝定制，又在各国使节中突出了宗主国身份，难怪连李鸿章都赞其"办理均为得体"。[2]

按照朝鲜规定，凡遇国丧，举国上下均持服三年。持服时，身穿白色，头戴竹冠。由于需竹甚多，国内早已售罄，还特地从日本进口，以补不足。8月29日，神贞王后出殡。当天，白服竹冠的百姓挤满街道，送别神贞王后。袁世凯还是以私人名义"敬备牢酒，致祭于路"。[3]除祭祀成礼外，袁世凯的

---

① 郭廷以、李毓澍主编：《清季中日韩关系史料》第6卷，《中国近代史资料汇编》，中国台北："中央研究院"近代史研究所，1972年，第2785页。

② 郭廷以、李毓澍主编：《清季中日韩关系史料》第6卷，《中国近代史资料汇编》，中国台北："中央研究院"近代史研究所，1972年，第2785页。

③ 《朝鲜近事》，《申报》1890年11月24日，《申报影印本》37，上海：上海书店，1983年影印，第931页。

职责还有刑讯缉拿。

二、刑讯缉拿。庆军退出朝鲜后，重新调整，部分被遣散的士兵再次返回朝鲜，成为游勇。由于游勇日多，朝鲜政府宣布禁止居民容留，致使游勇四散，造成更多的社会问题。袁世凯上任伊始便要面对游勇问题。他采用宽严并济的处理方法，自首者从宽不定罪，缉拿到案者一律押在衙署等候遣返。一天，某游勇越墙逃走，袁世凯大怒，派人四处抓捕。次日，该游勇在南门外被拿获，"当即枭取首级，递送仁川，悬竿示众"。[①]为什么在汉城抓到的游勇要送到仁川示众呢？因为仁川是主要港口，游勇们一般装扮成商人在此上岸，然后前往汉城。游勇到朝鲜后，有以"开摊聚赌，诱骗朝人"[②]为业的，袁世凯闻知，严命缉拿。拿到后，戴枷示众，"枷上钉四方木盒，盖即其赌具也"。[③]这些游勇示众后，即全部递解回籍。

在袁世凯处理的诸多案件中，最有影响力的当属邵五杀人案。邵五，天津人，天津海关头等帮办史纳机家中厨房打杂之人。穆麟德离开朝鲜后，墨贤理接任朝鲜海关总税务司，调史纳机署理仁川海关税务司。邵五便跟着主人来到了朝鲜。到仁川后，邵五见有一职位空缺，非常适合他的朋友，便向史纳机推荐。史纳机满口答应。不想，史纳机在仁川认识的日本情妇得知此事，横插一脚，将这份差事给了一个日本人。邵五得知此事后，气愤不已，拔刀将日妇杀死。邵五犯案后，被仁川商务委员洪子彬收审，史纳机还亲自哀求从轻处罚邵五。1886年11月6日，洪子彬押解邵五到汉城衙署，与袁世凯会审之。邵五案涉及日本人，有国际影响，袁世凯不敢疏忽。随后，他安排了一次公审，并邀请日本公使参加。当天，"各国之人环视于堂下者甚多，皆颂审断之公"。[④]之后，邵五被押解回津，据说，"大约从轻，不至抵偿

---

① 《韩国采风》，《申报》1886年1月14日，《申报影印本》28，上海：上海书店，1983年影印，第79页。

② 《朝鲜近事》，《申报》1886年11月23日，《申报影印本》29，上海：上海书店，1983年影印，第895页。

③ 《韩城纪俗》，《申报》1886年12月16日，《申报影印本》29，上海：上海书店，1983年影印，第1037页。

④ 《东藩近事》，《申报》1887年1月8日，《申报影印本》30，上海：上海书店，1983年影印，第43页。

也"。①也就是说，邵五不会有杀头之祸。这是袁世凯在朝期间处理的一件国际官司。能将案件控制并终止于案情本身，而未将其升级为国际事件，足见袁世凯处理问题的能力是高于常人和很多后人的。刑讯缉拿之外，袁世凯还要保护官商。

三、保护官商。这里的官商，指的是中国驻朝官员和来朝鲜做生意的商人。袁世凯到朝鲜不久，便发生六七名华商和船员被殴致死及华船被焚事件。经调查，此案之元凶乃通事金元庆。通事，一般为会汉语的当地人，负责联络沟通之事。通事的形象常遭诟病，被指"传语之间不免高下其手"，甚至"沟通土民，撞骗财货，表里为奸"，"诛不胜诛"。②金元庆就是这样一个通事。他见华船停泊岸边，便主动搭话。船上人见其说华语，备感亲切，便有一说一，如实相告。金元庆得知该船满载货物后，暗喜，于是勾结当地人焚船杀人抢货，酿成巨案。袁世凯得知此事后，立即行文，要求当地官府缉凶破案。金元庆闻风而逃。金逃至松都府，恰通缉关文亦到，遂被擒，此案告破。

华商在朝鲜生意越做越大，引得当地不法之徒垂涎连连。某日凌晨，汉城衙署附近华商三合兴号先遭盗抢，后被纵火焚毁，该号伙计三人无法逃脱，不幸遇难。是晚，还有几家中国商号遭遇类似劫难。袁世凯马上照会朝鲜政府，要求严办。两年后，汉城又发生华商德兴号被焚案，造成多人死亡，大批货物被抢。这次，袁世凯不仅照会朝鲜政府，而且还悬赏缉凶，称"不论何国人，能知风报信者，赏银五百元；拿获解到者，赏洋一千元"。③

袁世凯保护华商的同时，还要管理他们。而管理他们的手段之一，便是发放护照。"华人来朝皆至署中请领护照，无护照者谓之闲员，按游员治罪"。就是说，通过颁发护照的方式，将正经商人和无业游勇区分开来，使商人的利益得到保护。朝鲜华商护照分上中下三等，工本费"上等洋二元，

---

① 《朝鲜游鲤》，《申报》1887年1月20日，《申报影印本》30，上海：上海书店，1983年影印，第115页。

② 《高丽琐记》，《申报》1886年12月31日，《申报影印本》29，上海：上海书店，1983年影印，第1127页。

③ 《东报述朝鲜事》，《申报》1889年7月18日，《申报影印本》35，上海：上海书店，1983年影印，第113页。

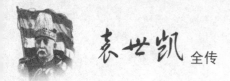
中等洋一元,下等洋半元"。[1]发放护照还有类似人口普查的性质,通过发放护照,查实1888年间,朝鲜有近500名中国闲散游勇。袁世凯缉拿游勇的工作也有的放矢了。

华商需要保护,中国官员同样也需要保护。一次,仁川商务委员刘永庆在汉城公干后,归途至龙山时遇大雨,乃急忙投奔同顺泰号欲暂避。不想,同顺泰号中人不仅拒绝了刘永庆的请求,还将其随身行李抛至门外,致使其包裹衣服被雨淋湿,污秽不堪。刘永庆恼怒异常,不待雨停,便折返回汉城,向袁世凯投诉。袁世凯"立饬拿究,以儆凶顽"。[2]

保护官商,还须做好预防。以火灾为例,有人纵火,也有失慎。前面讲过袁世凯处理两例纵火事件,这里再讲一件袁世凯救火的事。1887年10月3日夜,汉城衙署旁某富商房屋突发大火,200余间房屋和价值数十万的财物瞬间葬送火海。当晚,"烈焰冲天,如同白昼"。袁世凯闻警,立命手下人等参与救火,"终夜奔波,亦甚劳矣"。[3]袁世凯初至朝鲜时,曾经关注过消防之事,现在主管全面工作,消防更不能放松。他不仅派人从国内购进消防水龙,还亲自组织演练,《申报》曾就此事做过报道。据《申报》记载,1891年11月1日,"道署令华人之在汉作负贩生涯者,在署前演试水龙"。很显然,袁世凯训练的对象是在朝华商,足见其演练的目的不仅是要求他们学会自救,也使他们能够救人。这是袁世凯为保护官商而做的预防工作中的一例。

袁世凯的消防工作不仅惠己,而且及人。他曾致电李鸿章,报告属下"差役携水龙"[4]往救失火德国领事馆和日本商号之事。事后,对方感激不已,并赠送酒资答谢。

四、酬酢交际。抵朝之初,袁世凯便提出与各国使节"酬酢联络",维

---

① 《朝鲜近事》,《申报》1888年9月17日,《申报影印本》33,上海:上海书店,1983年影印,第524页。

② 《朝鲜邮毕》,《申报》1893年12月15日,《申报影印本》45,上海:上海书店,1983年影印,第710页。

③ 《朝鲜杂录》,《申报》1887年11月13日,《申报影印本》31,上海:上海书店,1983年影印,第875页。

④ 李鸿章:《李鸿章全集》10,长春:时代文艺出版社,1998年,第5640页。

护上国尊严，"以饰观听"。①袁世凯的交际对象，上至朝鲜国王，下至朝鲜各级官员，还包括各国驻朝使节。某日，袁世凯赴王宫会晤朝鲜国王李熙。李熙留宴，宾主畅饮，夜半方归。李熙派人护送，只见"纱灯火把相送，络绎于途，俨同白昼"。②1888年中秋节，朝鲜国王李熙曾亲至汉城衙署，馈赠礼物。据《申报》云："礼物皆用鲜纸重叠裹之，未审是何名品。"③

除招待朝鲜国王外，袁世凯的汉城衙署也是朝鲜高官们乐此不疲之地。《申报》曾这样报道："韩官及中使每日至袁观察署中，纷纷不一，屏人而语，所议何事，人不得知。"④可见，汉城衙署也是袁世凯与韩官讨论机密事情之所。工作之余，娱乐不可或缺。1886年，袁世凯27岁生日当天，汉城衙署演朝鲜戏一天。有知情者透露，此乃"某朝官所送，以供观听者，或谓是日为袁观察生辰云"。⑤这是媒体上第一次出现袁世凯生日的记载。随着袁世凯官越做越大，他的生日宴会逐渐变成了具有政治意味的社交平台，其中尤以五十大寿那次为最。

袁世凯在衙署内还曾宴请各国公使。1887年11月22日（光绪十三年十月初八日），袁世凯因"初九、初十恭逢（慈禧）皇太后万寿"，饬令"各华商商铺户张灯结彩"。慈禧太后的生日是十月初十，是年乃其52岁寿辰。11月23日夜，汉城衙署张灯结彩，布置一新。只见各国使节鱼贯而入，贵客络绎。原来，袁世凯为庆贺慈禧太后寿辰，特于当晚"宴会各国钦差，使其瞻中国威仪"⑥也。

---

① 郭廷以、李毓澍主编：《清季中日韩关系史料》第6卷，《中国近代史资料汇编》，中国台北："中央研究院"近代史研究所，1972年，第1964页。

② 《三韩丛话》，《申报》1886年1月20日，《申报影印本》28，上海：上海书店，1983年影印，第115页。

③ 《东报述朝鲜事》，《申报》1888年9月17日，《申报影印本》33，上海：上海书店，1983年影印，第524页。

④ 《东藩纪略》，《申报》1886年11月7日，《申报影印本》29，上海：上海书店，1983年影印，第797页。

⑤ 《朝鲜杂誌》，《申报》1886年12月6日，《申报影印本》29，上海：上海书店，1983年影印，第977页。

⑥ 《朝鲜近事》，《申报》1887年12月28日，《申报影印本》31，上海：上海书店，1983年影印，第1163页。

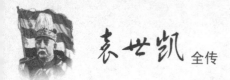

1889年2月26日，光绪皇帝大婚。袁世凯为"以壮观瞻，而彰国体"，饬令"在韩各口华商，届期均张灯结彩，停市宴贺"。袁世凯本人则备下中西美食，邀请驻朝鲜美俄日英德法各国使节及朝鲜内外署官员，前来汉城衙署，共同庆贺。是晚，到衙署道贺的绅商计400余人。衙署外，观者盈巷，按袁世凯的说法，"不下数万人"。袁世凯向李鸿章禀告时，称："圣朝恩德远播，藩属人心，欢欣向慕，无间内服。诚非强邻各国所能以小恩小惠要结于万一者。"①

袁世凯邀请他国使节到自己的衙署做客，他本人亦到他国使馆拜访。一次，袁世凯拜访日本使馆。刚刚落座，日本公使便向袁世凯诉苦。袁世凯问是何事？日本公使答："一名中国菜农在日本租界卖菜，与日人发生口角，双方由互殴变成械斗，致使日人伤二十人。"袁世凯一听，吓了一跳，说："这么多伤者，那参与械斗的有几名中国人啊？"日本公使答："仅此一人。"袁世凯噗呲一声笑了，说："此幸是农人，不谙战斗者。如吾署行伍之士，则日人受伤当不止此。此所以禁锢不令外出也。人既受执，可发往中华巡厅惩办也。"②谈笑风生之际，可见袁世凯的外交是多么强势，多么当仁不让！

五、韩语学堂。由于中朝商贸往来增加，来朝商人日多，朝语翻译供不应求。而朝语翻译多是在贸易中自学成才，语言规范与否且不论，但就出身而论，官府也无法将这样的人延揽至麾下。有鉴于此，袁世凯便向李鸿章建议开办韩语学堂，培养自己需要的人才。1892年8月16日，韩语学堂开学。该学堂坐落于汉城衙署附近，共有房屋30余间，有学生10人，教师为朝鲜内署主事朴台荣。此外，韩语学堂还配有厨师、夫役等工人。学生的待遇也非常优厚，每月补贴口粮银12两，灯油纸笔均免费。由于学堂学生均为少年，最小者仅12岁，袁世凯还特请汉语教习教授学生们汉语。可惜，两年后中日甲午战争爆发，韩语学堂被迫关闭，培养韩语学生的计划也随之流产。

---

① 郭廷以、李毓澍主编：《清季中日韩关系史料》第6卷，《中国近代史资料汇编》，中国台北："中央研究院"近代史研究所，1972年，第2568页。

② 《朝鲜近事》，《申报》1893年8月29日，《申报影印本》44，上海：上海书店，1983年影印，第848页。

以上是袁世凯身为"驻朝总理"期间所做的交涉工作之外的工作简录。它们与交涉相比，虽然分量略轻，但也是必不可少的，甚至是相辅相成的。既然交涉重要，那么，袁世凯都做了哪些交涉工作呢？俗话讲：好饭不怕晚。在讲述袁世凯的交涉工作之前，必须先介绍一个人以及他与袁世凯的种种恩怨，以便更好地了解和理解袁世凯交涉工作之难之艰之险。这个人就是美国人——欧文·德尼。

第四节　政治死敌　美人德尼

德尼这个名字多次出现在袁世凯和李鸿章的函电禀片中，是研究中国和朝鲜近代历史，尤其是1886—1890年的朝鲜近代史，特别是袁世凯在朝鲜的经历时，不可遗漏和视而不见的名字。此人这么重要，为什么在各种传记和研究著作中，只是被蜻蜓点水般地提到，从未有过详细介绍呢？归根结底，是相关资料的匮乏。

幸运的是，笔者于2013年购得英文版德尼书信集一部，并将其译成中文，定名为《袁世凯死敌：美国人欧文·德尼书信集》。有了史料的支持，再去研究德尼及其与袁世凯的关系，便顿觉豁然开朗，有些疑问也随之迎刃而解，得到了答案。那么，德尼到底是怎样的一个人呢？

欧文·尼克尔森·德尼，1838年生，美国俄勒冈州人，律师。曾任美国波特兰市警察法院法官，故也被人尊称为"法官"。1877年，美国总统海斯任命德尼为美国驻中国天津领事，当年9月20日，德尼接管领事事务。三年后，他被调往上海，担任美国驻沪总领事。这是美国驻华使节中仅次于公使的职位，可见其人之能干和能力。1883年，他与美国驻华公使熙华德发生矛盾，遂辞去总领事之职，回到美国。他在中国工作六年，最大收获便是与李鸿章相识并得到其信任。

说到德尼，必须说说他与中国山鸡的逸事。如果您有机会到美国俄勒冈州旅游，一定会发现那里有很多美丽的中国山鸡，而德尼就是将它们"移

民"到那里的人。德尼任美国驻上海总领事期间，曾于1881年和1882年分两次将中国山鸡运往俄勒冈州。如今，中国山鸡已经成为俄勒冈州狩猎爱好者们最中意的猎物之一。

德尼在太平洋东岸的美国俄勒冈州欣赏他的中国山鸡之时，远在太平洋西岸的李鸿章还在惦记着他。1885年7月，德尼"在俄勒冈州波特兰市的家中收到一封来自伟大的李鸿章总督的电报"，①邀请其前往朝鲜就任外署协办一职。德尼经过一番考量，决定接受。当然，德尼还有一个不得不接受的原因，那就是朝鲜政府许诺的丰厚薪资：第一份合同期限两年，年薪12000两白银（$15360）。②我们知道，袁世凯重修汉城衙署才用银7500两，而且还是东拼西凑，勉力为之。而袁世凯本人的月薪为银320两，③年薪银3840两，仅为德尼的1/3。面对如此诱惑，孰能无动于衷？1886年4月，德尼在天津与李鸿章会晤后，偕眷南下上海，准备乘船前往朝鲜。

这里须说明一点，据袁世凯自述，德尼能够再赴东方，他乃"始终其事者也"，就是说他才是幕后英雄。他表示自己前后两次提出请德尼来朝鲜，一次是穆麟德"动止乖方"之时，"曾密商于陈道树棠，禀请德尼代之"，④但因美国第一任驻朝公使福的保荐薛斐尔⑤而作罢；另一次是美国第二任驻朝公使福久"称其政府将另派人"，袁世凯"因电禀宪台仍派德尼"，但韩廷司仆寺正金嘉镇等坚持请薛斐尔，这次袁世凯"力持坚请，德尼始行定

① Robert R. Swartout, Jr., An American Adviser in Late Yi Korea：The Letters of Owen Nickerson Denny, The University of Alabama Press, 1984, p.87.

② Robert R. Swartout, Jr., An American Adviser in Late Yi Korea：The Letters of Owen Nickerson Denny, The University of Alabama Press, 1984, p.6.

③ 林明德：《袁世凯与朝鲜》，《"中央研究院"近代史研究院专刊（26）》，中国台北："中央研究院"近代史研究所，1984年，第131页。

④ 郭廷以、李毓澍主编：《清季中日韩关系史料》第6卷，《中国近代史资料汇编》，中国台北："中央研究院"近代史研究所，1972年，第2099页。

⑤ 罗伯特·薛斐尔（Robert W. Shufeldt），生于1850年12月1日，逝于1934年1月21日。中国史料称其为美国水师提督，他还是骨骼学家、肌学家、自然史博物馆学家、人种学家、鸟类解剖学家。薛斐尔一生中最大的成就莫过于主导并签署了1882年《韩美修好通商条约》，此条约也被称为"薛斐尔条约"。条约签署后，薛斐尔便退役。"1886—1887年冬季，薛斐尔访问朝鲜。汉城因此谣言四起，纷传他欲谋韩王顾问一职，但事实上薛斐尔从未获朝鲜政府聘用。"见Robert R. Swartout, Jr., An American Adviser in Late Yi Korea：The Letters of Owen Nickerson Denny, 1984, p.168.

议"。袁世凯的这些话不是随便说的，而是他在上呈李鸿章的禀片中亲笔所写，当非妄言。

德尼人还未到，袁世凯和朝鲜外署督办金允植已望之如望岁矣。此话怎讲呢？原来，当时朝鲜正与法国议约，法方以允许传教为先决条件，否则拒绝谈判。朝鲜外署督办金允植担心如应允此事，会遭到"举国交骂"，自己也会"无以自容"，便与袁世凯商议，请"德尼速回商办，由德主之"，这样一来，"韩民无所归咎"。于是，袁世凯致电李鸿章，"乞催德尼速回，不必赴沪"。①可见，在德尼抵达朝鲜之前，袁世凯和金允植是对其寄予厚望的。但人生总是希望越大，则失望越大，袁世凯也概莫能外。

德尼抵达汉城时，"中国兵船之泊在汉江者升炮九门以迓之"，②受到逾格礼遇。德尼到朝鲜后，袁世凯热情迎接，还主动与"金允植等商定德尼办事名目"，也就是讨论德尼的职位问题。本来，李鸿章邀请德尼赴朝时，给他的职位是朝鲜外署协办。但德尼对袁世凯等人表示不愿"专司外事"，"遂议改为政治总教师"。可是，朝鲜议政大臣认为此职位"有碍国体"，于是，议定德尼为"协办内务府事兼管外衙门掌交司堂上名目，庶内政外交均可商议"。③1886年4月8日，朝鲜国王李熙批准"美国人德尼特差协办内务府事兼管外衙门掌交司堂上"。④此事议定后，袁世凯还入宫谒见朝鲜国王李熙，并夸赞德尼"精通西例，老成公正"。德尼的到来，让袁世凯等人欣喜，更令闵妃一派不安，这是为什么呢？

当时，朝鲜政坛已然刮起一股独立自主之风。袁世凯将此风概况为四个字，即斥华自主。意思是说，朝鲜欲脱离中国实现自主。其主倡之人乃坚请薛斐尔来朝的司仆寺正金嘉镇等。面对德尼的到来，金嘉镇等人拟订了三种方案：一"谓德尼此来，袁某主之，必使袁德彼此失和，庶不至联为一气，

---

① 李鸿章：《李鸿章全集》9，长春：时代文艺出版社，1998年，第5416页。

② 《高丽西信》，《申报》1886年4月27日，《申报影印本》28，上海：上海书店，1983年影印，第653页。

③ 郭廷以、李毓澍主编：《清季中日韩关系史料》第6卷，《中国近代史资料汇编》，中国台北："中央研究院"近代史研究所，1972年，第2100页。

④ 卷23，中国科学院、朝鲜科学院编：《李朝实录·高宗实录》第5册，北京：科学出版社，1959年，第12页。

偏向中国"；二"谓德尼为中堂荐来，必不为我腹心，不如离间，使之相
攻。德去则另请向我之人，袁去则无人干预我事"；三"谓德尼心向中国，
必不从我自主之议。不如借袁手去之，不至得罪中堂，然后请美政府另派人
来，必能助我自主之议，而不为中国所用"。于是，金嘉镇等人便"挑唆德
尼"，称袁世凯"不喜其来"，而德尼亦信以为真，逢人便讲袁世凯"实不
能容"。①

这天，德尼与金允植晤谈。

德尼曰：我在天津傅相（李鸿章）嘱我往朝共商内外政治，非
但为政府教习，亦可为大君主教习。我既在此，一遵大君主所命，
尽心竭力为朝鲜利益之事而已。似有不喜吾在此办事之人，殊可异
也。

金允植曰：不喜者谁？

德尼曰：袁某最忌吾。以为无益于朝鲜政治，吾在此自足办朝
鲜事，何用德尼？吾（此德尼自谓也）想袁某不谙外务内治，何以
办事？

金允植曰：袁慰亭尝称公好处，岂有此理？

德尼曰：英领事向我传说如此。然袁某只可随事禀达于北洋
耳，断不能加害于我，我亦无所怕也。②

德尼走后，金允植立即致函袁世凯，将会谈内容如实奉告，并称"其言
若是，此曷故焉？必有小人间之者，欲坏乱时局也"。袁世凯回信称："前
见殿下，亦面称其老成公正，最精律例，凡事任之，必能有益。昨犹以其住
宅为念，布商执事，前后各情，想执事均为洞悉。而德尼竟出此语，岂不令
人可骇耶？"袁世凯联想到有人指德尼到朝将与其争权，不禁哂笑，提笔继

---

① 郭廷以、李毓澍主编：《清季中日韩关系史料》第6卷，《中国近代史资料汇编》，中国台北：
"中央研究院"近代史研究所，1972年，第2100页。

② 郭廷以、李毓澍主编：《清季中日韩关系史料》第6卷，《中国近代史资料汇编》，中国台北：
"中央研究院"近代史研究所，1972年，第2106页。

续在函中写道："权利相争之语，最为可笑。弟乃中国官员，自有弟应办之事。德尼乃傅相荐于朝鲜，为朝鲜事。事权利益，本不相同，何为相争，殊不可解。"此时，袁世凯仍当德尼为自己人，他最后写道："德尼正人也，宜选正人介绍其间。今乃任用一班小人与其往来，殊非所宜，且有碍于大局。"①袁世凯是直来直去、遇事当面说清的性格，这次也不例外。给金允植回信的当天即1886年4月11日，袁世凯便与德尼进行了一次面谈。

　　凯：余仰慕阁下久矣，再前年曾与陈芰南、②闵泳翊商请阁下东来帮朝鲜，因有人欲请薛斐尔致未成。去冬余又商于朝鲜政府，求我李中堂请公来此，相见数次，已如故交，不胜佩服。昨见朝鲜国王，仍称公老成公正，最精西例。近日方为公商定房子，久在美使馆，非款客之道。昨忽闻有人告公，余忌公来此。忌公余何必持论请公？既请公来又忌之，断无此理，想公亦不信也。

　　德：余闻有人告余，余不信，故前往拜时说明。适公有客，故未告，而告于外督办。此笑谈也，何足深究？余必信公凡事好商量，断不信此言。又闻人来告余，不好于中国不如回去，不必来。余想余回去甚容易，不过李中堂请余者，余安能不好中国？余不信此话，然不能告于中堂，已电告德璀琳矣。

　　凯：昨闻此话甚闷。数年仰慕之友初来，尚未共事，仅见数面，何忽有此闲话？昨送信朝鲜外衙门及其政府，查明说此语之人，余亦自查。顷有人来云，有金嘉镇本约薛斐尔来韩，中堂请公来，金不悦，故调唆公为离间计。余与公不同心，将来何以办事？此人不可不惩治。欲请朝鲜政府严办金姓，以固我二人之好。

　　德：诸多感谢。惟金姓未向余说，公千万不必追究。余必与公推诚相商，断不信此言。如必追究，则事大矣。且亦为各国人所笑，说话者亦有西人，尤不便追究。此前事俱作罢论，只作罢论，

---

① 郭廷以、李毓澍主编：《清季中日韩关系史料》第6卷，《中国近代史资料汇编》，中国台北："中央研究院"近代史研究所，1972年，第2107页。

② 陈树棠，字芰南。

只作无此事为好。

凯：金姓既公不欲治之，余亦可宽免之。惟西人为谁，可密告余否？

德：闻英领事贝德禄亦言之。

凯：将便中问贝何意调唆我二人交情。

德：此事不必再谈，只作为未有此事。

凯：彼此相交共事尚久，此种人从中簸弄，深为忧。闻公来，西人中亦或有不欲中堂荐公者，故有此等闲话。此后彼此遇闲话即说明白，免至彼此疑心，有碍大局。

德：此后如有所闻，必当随时奉告，余决不信此闲言。

凯：朝鲜人最好说闲话，公须留意防之。余亦随时相告，一解彼此之疑。昨闻有人云，余与公权利相争，闻之甚闷。试问余中国官办中国事，公是中堂荐来办朝鲜事，惟朝鲜本我属国，公由中堂荐来，凡事不能商量相助，何为有权利相争？

德：此话尤可笑。余是中堂荐来，自必帮中国，使中国朝鲜为一气，有何权利相争之处？一切闲语可不必听。中堂亦有吩咐，凡事商于公，相好办事。

凯：凡事余无不助公，余如有事，亦可商于公，不但朝鲜事也。须彼此各释猜疑，屏斥闲言为好。中堂亦屡有吩咐，命余与公相好，况持请公之议者即余，余何能不帮公？断无此理。

德：彼此既说明白，余决不信，将再电告于德璀琳。请借电纸数张。①

虽然两人把话说开了，但他们之间的芥蒂并未就此消失，而是随着时间的推移，随着朝鲜的自主进程，变得越发不可调和，以至到了剑拔弩张的地步。德尼在朝鲜时遇到了一个老熟人，谁呢？此人便是袁世凯手下商务委员姚文藻。姚文藻与德尼在上海时便已相识，此时他乡遇故知，两人更是无话

---

① 郭廷以、李毓澍主编：《清季中日韩关系史料》第6卷，《中国近代史资料汇编》，中国台北："中央研究院"近代史研究所，1972年，第2104页。

不谈。当时姚文藻在袁世凯手下正郁郁不得志，而德尼又与袁不和，于是，姚与德尼开始打得火热。1886年9月和1887年10月，德尼两次前往天津，与李鸿章会晤，讨论朝鲜问题。德尼便乘机向李鸿章告状，要求将袁世凯调离朝鲜。李鸿章不信德尼一面之词，经过调查，发现是姚文藻"与德尼素识，往投朝鲜，帮助德尼倾陷袁道"。有了调查结果，李鸿章便拒绝了德尼调离袁世凯的请求，他说："若轻信谣诼，而使任事者抱不白之冤，以后稍知自好顾全国体者，孰敢蹈此危机哉？"[1]李鸿章保护了袁世凯，却无法阻止袁德冲突的升级。

1887年11月10日，朝鲜政府为明成皇后举办生日庆祝会，邀请袁世凯和各国驻朝公使参加寿筵。朝鲜方面按照中朝定制，安排袁世凯坐在主位，这是宗主国使节应享的特殊待遇。可德尼看到后，认为不妥，就指使手下将袁世凯的座位安置在客位首席。袁世凯告诉德尼："宗主国使节的座位置于主位是定制，不能随意更改。"德尼不服，坚持与袁世凯辩论。袁世凯呵斥德尼"糊涂昧事，妄干分外"，并厉声说："如再呶呶，即请外署督办逐之出筵。"据袁世凯说："德尼虽赧然而止，心实未服。"[2]

德尼确实未服。但如果将两人的矛盾仅仅视为个人恩怨，则未免贬低了两位历史人物的境界。事实上，袁世凯与德尼矛盾的根源在于双方政治立场迥异，袁从历史和国家角度坚持中朝之间的宗藩关系，德尼从国际公法的角度主张朝鲜独立自主，两人鸡同鸭讲，无法沟通。矛盾日积月累，终于爆发。

1888年2月3日，德尼在汉城完成《中国与朝鲜》[3]一文，文章主要说了三个问题："第一，本人（德尼自称）关注中国有关朝鲜是其附属国的声明；第二，中国给予其所谓附属国朝鲜的待遇；第三，对韩王软弱及无力管理国家的指控。"他表示"会在文中力证第一条到第三条均为子虚乌有，凭空捏

---

[1]　郭廷以、李毓澍主编：《清季中日韩关系史料》第6卷，《中国近代史资料汇编》，中国台北："中央研究院"近代史研究所，1972年，第2694页。

[2]　郭廷以、李毓澍主编：《清季中日韩关系史料》第6卷，《中国近代史资料汇编》，中国台北："中央研究院"近代史研究所，1972年，第2530页。

[3]　参见附录一。因此文未见于其他史料，故将其译出，以为研究之用。

造"。①在文中，他称袁世凯为"走私犯、阴谋家和老练罪犯"，认为1887年明成皇后生辰会上，袁世凯"为削弱官员和臣民眼中的王权尊严，竟然践踏悠久神圣的皇家礼仪，坐轿入宫，差弁丁役随行，直抵国王御道，举止严重失当"。②德尼的这篇文章，被《袁世凯死敌：美国人欧文·德尼书信集》的编者罗伯特·R.小斯沃道特称为"研究末代李氏王朝历史的一份重要英文文献"，如果没有读过此文，便无法正确理解德尼"在韩的所有经历"。③

德尼的文章发表后，很快便获得国际影响。袁世凯与德尼的矛盾，也从局限于中朝之间，扩大至举世皆知，而中国和朝鲜宗藩关系的法律基础，也在理论上开始动摇了。

转眼又到了1888年明成皇后生辰会，袁世凯与德尼冤家路窄，再次相逢。当天，袁世凯乘官轿抵达朝鲜内署门外，命轿在外等候，然后步入内署。德尼作为内署协办已经坐在署内，见袁世凯到，按照宗藩之礼，德尼本应起身相迎。可德尼不仅不迎，反而对袁世凯怒目相视。袁世凯非常生气，责问内署督办沈履泽，并命其将德尼逐出。德尼出去后，怒气难消，先是将袁世凯官轿撵至他处，觉得还不解气，就回到内署欲驱逐袁世凯随从。袁世凯命随从对此不予理睬，德尼见此，愤怒离开。

事后，敏感的袁世凯认为德尼敢于在朝鲜高宗李熙王妃的寿筵上如此胡闹，背后肯定有人指使，于是责成内署督办沈履泽调查此事。几天后，沈履泽回函想"含糊了事"，这更让袁世凯坚信了自己的判断。袁世凯并没有回复沈履泽，而是直接照会朝鲜政府，怒斥沈履泽"反欲袒庇"德尼，称"德尼之所为固不徒德尼一人之意从可知矣"。④袁世凯的强硬吓坏了沈履泽。他亲自登门向袁世凯道歉请罪，并请求缴销照会，并索回自己原先的回函，另

① Robert R. Swartout, Jr., An American Adviser in Late Yi Korea：The Letters of Owen Nickerson Denny, The University of Alabama Press, 1984, p.139.

② Robert R. Swartout, Jr., An American Adviser in Late Yi Korea：The Letters of Owen Nickerson Denny, The University of Alabama Press, 1984, p.154.

③ Robert R. Swartout, Jr., An American Adviser in Late Yi Korea：The Letters of Owen Nickerson Denny, The University of Alabama Press, 1984, p.12.

④ 郭廷以、李毓澍主编：《清季中日韩关系史料》第6卷，《中国近代史资料汇编》，中国台北："中央研究院"近代史研究所，1972年，第2534页。

写一份。袁世凯见沈履泽认错态度诚恳，就依其请求，不再追究此事。但对德尼，不仅袁世凯，连李鸿章都已心灰意冷。

不久，第三次朝俄密约①事露，袁世凯认为德尼和闵泳翊乃始作俑者，遂致电李鸿章，"请恳宪撤德诛翊，以扶残局"。②李鸿章对此并未表示反对。事实上，即使李鸿章不出面将德尼撤掉，他在朝鲜也已时日无多。

就在德尼与袁世凯在明成皇后生辰会上针锋相对之时，朝鲜尚欠德尼2000两白银的薪资无力支付。他不得不一边向朝鲜国王李熙讨要薪水，一边继续抨击袁世凯及中国政府。1888年12月，德尼接受了英文版《北华捷报》记者的采访。他"义愤填膺地表达了自己对袁谒见一个独立国家的国王时的举止无礼和态度不恭的意见，他说虽然韩王是中国皇帝的藩王，却绝不是中国皇帝的封臣。'我如此行事的主要目的是希望，'韩王顾问③说：'保留中国和朝鲜之间迄今为止一直拥有的好感与和谐，虽然它们已被驻韩袁道的意外和无法容忍的行径所破坏。'"④

同月，德尼在上海与江海关道龚照瑗和招商局总办马建忠会晤，龚、马"表示如果法官⑤离开朝鲜，中国将承诺支付拖欠的薪水（约白银20000两）并从汉城召回袁世凯"。⑥但龚、马二人的一厢情愿，在李鸿章那里却碰了壁。李鸿章复电龚、马二人时说："汝等既允垫付薪资，应由汝等自行摊赔。且先未禀明款由何处筹发，遽云另请批发归款，尊意欲令何人归还，吾尚不解。"⑦显然，李鸿章对德尼已经心灰意冷，不抱希望，曾经的友谊已化为乌有。

由于失去了中国的支持，德尼在第二个两年合同期间过得并不如意。首

---

① 第一次朝俄密约发生在 1885 年；第二次朝俄密约发生在 1886 年。第三章第六节有细述。

② 李鸿章：《李鸿章全集》10，长春：时代文艺出版社，1998 年，第 5621 页。

③ 指德尼，作者注。

④ Robert R. Swartout, Jr., An American Adviser in Late Yi Korea：The Letters of Owen Nickerson Denny, The University of Alabama Press, 1984, p.132.

⑤ 指德尼，作者注。

⑥ Robert R. Swartout, Jr., An American Adviser in Late Yi Korea：The Letters of Owen Nickerson Denny, The University of Alabama Press, 1984, p.10.

⑦ 李鸿章：《李鸿章全集》10，长春：时代文艺出版社，1998 年，第 5635 页。

先，欠薪依旧；其次，遭遇降薪，每月薪水由1000两白银降为1000美元，相当于降了22个百分点；最后，内署协办一职被撤。1891年，德尼离开朝鲜，回到美国。次年，他当选为俄勒冈州参议员。1900年，德尼去世，终年62岁。

德尼这个人物是袁世凯早期外交生涯中的一个重要对手，甚至可以说是死敌。他带给袁世凯的麻烦不止于此，下节还会提到。

第五节　维护宗藩　阻朝遣使

德尼帮助朝鲜"斥华自主"，乃其个人之选择，并不代表美国政府，而代表美国政府的代理公使福久亦与德尼持同样观点，甚至主张朝鲜遣使国外，其性质则大不同矣。

福久，美国宾夕法尼亚州人，生于1856年，美国海军中尉军衔，能说流利的日语和朝语。1885—1887年，两度代理美国驻朝鲜公使。甲申政变前，与金玉均等人过从甚密；甲申政变后，福久曾护送金玉均等人逃至日本。袁世凯以驻韩总理的身份到汉城后，"凡遇中韩事件"，福久"辄置喙议"。袁世凯"屡次面折，始稍敛迹"。[①]福久则说："尽管袁先生（袁世凯），这个中国恶棍，百般威胁，横加干涉，但我还是在朝鲜建了一所医院、一所医化学校、一所皇家贵族学校和一所平民学校，开办了一家兵工厂，令一艘悬挂朝鲜国旗的汽船如愿以偿地把国王的税收运至首都，规划了一条由朝鲜人建造的电报线，铺设了一条沟通汉城和海港的优质马路，等等。袁先生似乎已经注意到，这些事情都是板上钉钉的，现在他想让人们以为这一切都是他和我一起做的！因此他口风一变，请求我不要离开朝鲜。"[②]

---

① 郭廷以、李毓澍主编：《清季中日韩关系史料》第6卷，《中国近代史资料汇编》，中国台北："中央研究院"近代史研究所，1972年，第2306页。

② Samuel Hawley, AMERICA' S MAN IN KOREA, The Private Letters of George C. Foulk, 1884—1887, LEXINGTON BOOKS, 2008, p.180.

1887年1月，柔克义①继任美国驻朝代理公使，福久留在美公使馆任随员，其身份仍有政府性质。福久"时建自主背华之议"，常常对人说，"如韩用我，必能联络各国以制中国，使韩与万国并驾齐驱"。因此，袁世凯对其印象极坏，直斥其为"无耻之徒"。②

李鸿章见福久居心不良，便致电袁世凯，要求其敦告朝鲜国王李熙，远离之。当时，李熙正沉浸在"斥华自主"的梦想中，见中国直隶总督尚忌惮福久，便越发相信其有能力"制中国"，故对其越发亲近。袁世凯认为这样下去，朝鲜国王李熙迟早会被其蛊惑。再者，袁世凯也多次听说福久"有请朝鲜派使赴各国之议"，③便欲设计将其逐出朝鲜。

俗语云，要想人不知，除非己莫为。要想找一个人的麻烦，证据迟早都会有的。福久曾为美国政府写过一份文件，内容主要谈的是中国和朝鲜问题，尤其是朝鲜甲申政变的内幕，该文件后来发表在"一八八六年十一月十六十七两日洋文新闻纸内"。④袁世凯得知此事后，马上命人将此文翻译出来，并交给他的老朋友金允植。此文内容透露了福久在甲申政变前，便得知消息，但其未向朝鲜政府报告，有庇护乱党之嫌。金允植立即以朝鲜外署督办的名义致函美国代理公使柔克义，要求彻查此事。需要说明的是，金允植方面的函件，乃袁世凯亲自操刀代笔，"撰文往复"。⑤之后，双方函件往来，唇枪舌剑，将此事演变成为朝美近代外交史上的一桩官司，即"福久新闻事件"。

1887年4月13日，美国驻朝公使丹士谟到任，并接手处理"福久新闻事

---

① William W.Rockhill（1854—1914），1900年庚子事变后，曾以美国特使和全权代表身份到中国谈判，其往来函电结集为《柔克义报告》于1923年出版发行。1905—1909年，柔克义任美国驻华公使。

② 郭廷以、李毓澍主编：《清季中日韩关系史料》第6卷，《中国近代史资料汇编》，中国台北："中央研究院"近代史研究所，1972年，第2306页。

③ 郭廷以、李毓澍主编：《清季中日韩关系史料》第6卷，《中国近代史资料汇编》，中国台北："中央研究院"近代史研究所，1972年，第2306页。

④ 郭廷以、李毓澍主编：《清季中日韩关系史料》第6卷，《中国近代史资料汇编》，中国台北："中央研究院"近代史研究所，1972年，第2306页。

⑤ 郭廷以、李毓澍主编：《清季中日韩关系史料》第6卷，《中国近代史资料汇编》，中国台北："中央研究院"近代史研究所，1972年，第2307页。

件"。丹士谟经过调查，认为此事乃袁世凯从中鼓动，便致函金允植，称："仆想此事必有蹊跷，意有何人离间福公于贵国，并欲使贵国与我国好谊隔绝也？"在稍后的另一函中，丹士谟又说："我与贵督办交谊甚好，何乃阻我情志，听信他人谗间之说？"金允植在回信中说："（贵公使）云，我政府不听贵政府之言，只听某人想侵毒于我国者也。试思谁欲流害于我国者乎？本督办实不知另有他人，只知贵公使随员福中尉一人有此心也。"①

丹士谟见金允植不肯说出幕后之人，便径致函袁世凯，称："（听说）阁下坚持以如福中尉再留此处，阁下必退去汉京，即退中国云云。余闻此语由于旁人所告，故不能作为公事，但想阁下应于无论何项美国人民有何可责之处，非特是本馆之随员，务必详示余知之。"②没错，袁世凯确实说过类似的话，他自己也承认。在致李鸿章的禀片中，袁世凯说："卑府深恐谬妄渐长，韩事益难措手，且必至听信福久，败坏全局，乃禀请宪台电示责问。卑府即借此为将去之计。"袁世凯知道丹士谟来信之意，无非是想"卑府不敢认，即可含糊结束（福久新闻事件）"。复函时，袁世凯即"明认不合于福久，并暗示外署之意亦卑府主持"。③这之后，丹士谟将此事禀告美国国务院，听候处理。时任美国国务卿拜亚（Thomas F. Bayard）认为美国在中国的利益远大于其在朝鲜的利益，对朝鲜独立一事并不上心。加之李鸿章致电驻美参赞徐寿朋，命其"言于外交部"，④明白表示了中国官方对此事的态度。于是，美国国务卿拜亚下令召回福久。

福久新闻事件后，袁世凯与美国人的关系跌入谷底，而以德尼为首的美国人也更加积极地鼓动朝鲜国王李熙向外遣使。朝鲜为免中国反对，在对外遣使问题上采取循序渐进的策略。先是两次派使赴日本报聘，见中国未反对，便于1887年7月7日派闵泳骏为驻日大使。驻日大使派出后，中国亦无激

---

① 郭廷以、李毓澍主编：《清季中日韩关系史料》第6卷，《中国近代史资料汇编》，中国台北："中央研究院"近代史研究所，1972年，第2313页。

② 郭廷以、李毓澍主编：《清季中日韩关系史料》第6卷，《中国近代史资料汇编》，中国台北："中央研究院"近代史研究所，1972年，第2318页。

③ 郭廷以、李毓澍主编：《清季中日韩关系史料》第6卷，《中国近代史资料汇编》，中国台北："中央研究院"近代史研究所，1972年，第2307页。

④ 李鸿章：《李鸿章全集》9，长春：时代文艺出版社，1998年，第5497页。

烈反应，于是，朝鲜开始着手向美国和欧洲的遣使工作。

1887年8月20日，袁世凯电称："前有小人献策，须派公使分往各国，乃能全自主体面。德尼亦屡劝王，今已差朴定阳为全权大臣，往美驻扎。沈相学为全权大臣，往英、德、俄、义、法，随便驻扎。然财力极绌，想一时未能行。"[①]朝鲜对外遣使的大幕就此拉开。

朝鲜对外遣使是一件破天荒的大事，这件大事也是考验袁世凯外交智慧的试金石。一名官员能做好本职工作是其本分，如果他还能发现并预防问题的发生，那么他就是一名在其位谋其政的好官，袁世凯就是这样的官员。他本想阻止朝鲜对外遣使一事，但见李鸿章和总署对此事并无特殊反应，便决定向天津抛块砖，试图引出一块玉来。袁世凯的"砖"，实际上是他精心考虑的一个建议。身为驻朝总理，袁世凯深知外交圈内的繁文缛节，他担心朝鲜使节到欧美后会在礼仪上破坏中朝宗藩名分，便致电李鸿章，称："韩派使各国，自谓可与华驻各国大臣敌体。如无限制，似妨体面。可否乞咨明韩王并请总署咨驻各国大臣订明，无论韩何项使臣，概与华大臣用呈文，往来用衔帖。华大臣用札笔照会，以符旧制。韩欲以派使示自主于天下，华亦以不得平行示属邦于各国。"[②]李鸿章将袁世凯的建议转至总署，很快，建议获得批准。总署不仅一字未易，完全照办，还在复电中两次提到"与他国毫无干涉"字样，并要求袁世凯将此事照会朝鲜政府。总署的复电等于是交给了袁世凯一柄向朝鲜政府施压的尚方宝剑，袁世凯当然知道如何将此剑用在要害之处。但仅有总署的一柄尚方宝剑对袁世凯来说还不够，他还需要来自光绪皇帝的第二柄尚方宝剑，以便彻底将遣使一事胎死腹中。

诗曰：他山之石，可以攻玉。袁世凯便主动拜访英国和德国驻朝总领事，询问他们对朝鲜遣使的意见。据袁世凯事后报告说："英、德言大妨中国体面，何不禁止？"而且他还特别记录了与英国总领事的对话。

---

① 李鸿章：《李鸿章全集》9，长春：时代文艺出版社，1998年，第5510页。

② 《(549) 北洋大臣来电》，《清光绪朝中日交涉史料》卷10，北京：北平故宫博物院，1932年，第30页。

英国总领事说："此举西人均不谓然，中国宜禁其派往。如往，西人即谓非华属，在泰西以等次论，相处甚难。何中国名为属邦，毫不相关？如中立其间，将为安南之续。"

袁世凯说："或他国所劝。"

英国总领事答："似无此事。"①

与英、德两国总领事会谈之前，袁世凯尚怀疑朝鲜遣使与他们有瓜葛。如今得到对方明确否定，袁世凯的信心和底气又回来了。他致电李鸿章，乞求电谕一道，并亲自草拟之，曰："韩交涉大端，向与本大臣先商，近闻分派全权，并未预商，即将前往，且各国并无朝鲜商民，何故派往？徒益债累。该员往办何事？有何意见？望即照知韩政府查报。"袁世凯如此拟文，其目的是将朝鲜遣使一事定性为办事流程错误，即未与其协商，便自行派遣。如此，既能体现出中国宗主国的地位，又能敲山震虎，令朝鲜国王李熙知难而退。袁世凯还认为"似以此责韩，西人无词可措"。②电报发出后，袁世凯便拿出第一柄尚方宝剑，欲向朝鲜方面小试牛刀。

与其预想的一样，总署的尚方宝剑起了作用。当袁世凯将照会交给朝鲜政府后，朝鲜一众大员便开始议论纷纷，一些与袁世凯亲近的大臣便"力谏派使为大误"，朝鲜国王李熙则"颇恐动"。要知道，此时乃袁世凯在朝鲜外交生涯的一个低谷期。他的老友金允植已被罢黜，继任外署督办徐相雨也因李熙携外署印入宫一事而辞职，新上任的署理外署督办朴周阳在袁世凯的眼里是个"卑陋，不解事"③之人，可以想见，袁世凯对朝鲜外署的操控力被大大减弱。但好在袁世凯的交往非仅限于文官，武官如左营使韩圭㿟、后营使郑洛镕、兵曹判书闵应植、海防大将闵泳焕等均与其亲睦，甚至朝鲜宫中大太监如金圭复、黄允明等亦时常向其通风报信，使其在韩廷中仍具一呼百

① 《(558) 收北洋来电》，《清光绪朝中日交涉史料》卷10，北京：北平故宫博物院，1932年，第32页。

② 李鸿章：《李鸿章全集》9，长春：时代文艺出版社，1998年，第5513页。

③ 李鸿章：《李鸿章全集》9，长春：时代文艺出版社，1998年，第5513页。

应的能力。

袁世凯见会议势头不错，便将朝鲜遣使办事流程一事也抛了出来，明确交代朝鲜政府交涉大端"须先请商宪核各事"。他认为如此一来，"西人必无可饶舌，韩谏臣有词可措，韩交涉大端之权，亦可渐入中国，并可折群小妄议之心"。[1]

朝鲜国王李熙这才发现自己在错误的道路上走得太远了。次日，忙命近臣前来袁世凯衙署道歉，称"不先商请擅派全权，殊深罪悚，姑停派往"，[2]并表示要遣领议政沈舜泽前来谢罪。袁世凯非常高兴，不免暗自得意。谁知朝鲜国王李熙当面服软，背地里却暗度陈仓。

朝鲜政府原定赴美公使朴定阳于光绪十三年八月七日（1887年9月23日）出发，准备工作已然就绪，只等国王李熙一声令下，便可成行。说来也巧，袁世凯期盼的第二柄尚方宝剑，即光绪皇帝的谕旨恰好在七日晚9时30分电达汉城衙署。谕旨曰："朝鲜派使西国必须先行请示，俟允准后再往，方合属邦体制。钦此。"袁世凯不敢怠慢，立即照会朝鲜政府。之后，还命襄办陈同书亲见领议政沈舜泽，宣读圣旨，催促其禀告朝鲜国王李熙。袁世凯知道当天即原定的赴美公使出发之日，见李熙并未立即回复，怕有变故，便于凌晨零时30分，亲至韩廷，"遗书宫中内署速禀王复示"。[3]

朝鲜国王李熙闻听有谕旨到，不免慌乱，但在德尼等一班主张自主的大臣的鼓动下，很快镇定了下来。他命赴美公使朴定阳迅速出城等候。朴定阳遂于凌晨三四点钟时出城，在南门外等候王命。晨6时，内署参议朴齐纯来见，向袁世凯汇报赴美公使出城事，袁大怒。袁世凯当着朴齐纯的面，指出朝鲜政府三罪，即"不商而派，一罪；宪电问仍不商，二罪；奉旨，仍派使出城，三罪"，并称："有此三罪，尚欲潦草一电奉允乎？"

朴齐纯辩解道："使出城在未见旨以前。"

袁世凯当即反驳道："嗣后见旨，例应追回；如不追回，有意抗违。必须一面追回，一面派员赍奏咨内渡并谢罪请示，俟允准再定期行。"

① 李鸿章：《李鸿章全集》9，长春：时代文艺出版社，1998年，第5514页。

② 李鸿章：《李鸿章全集》9，长春：时代文艺出版社，1998年，第5515页。

③ 李鸿章：《李鸿章全集》9，长春：时代文艺出版社，1998年，第5516页。

朴齐纯走后，袁世凯立即行文照会朝鲜政府，诘责其奉旨后仍遣使之行为。随后，他将领议政沈舜泽召至衙署，当面斥责朝鲜政府的举动，并要求其将赴美公使朴定阳召回，并派员内渡谢罪。八日下午4时30分，朴定阳回城入宫谒见高宗李熙。至此，朝鲜第一次遣使赴美以失败告终。

朝鲜遣使失败，惹怒了美国。美国驻朝公使丹士谟照会袁世凯，称：

> "韩全权赴美，已由外署照知，不久即往。乃于将行时，你奉贵政府命干预此事，故中止。余甚惊讶，是否乞示？韩与美订约是李中堂代办，约内各节，彼此早知准互相派使。何前韩派日使无不允？是华待美异于日，非和好意。"①

显然，丹士谟的照会中已全无客气委婉之语，仅剩愤怒和警告了。这份照会传到北京总署后，总署大臣的态度悄然发生变化。

袁世凯不知总署大臣态度有变，仍一心一意希图阻止朝鲜遣使之事。他甚至致电李鸿章，请求遍寻各国政府意思，如果"美、俄、英、德、法、义必有言未请不必派者，即请批旨驳斥之"。八月十五日（10月1日），总署来电，称：

> "韩与各国立约，均有派使互驻之条……既有条约在前，亦安能请旨罢斥？况前议韩使与中使来往用属国体制，彼已钦遵，交涉大端先行呈核一议，谅彼亦无他说。该国此举，患在不自量力。然却系照约行事，劝止之或冀转圜，强禁之必添枝节。"②

总署的意思非常明白，命袁世凯到此为止，不要再试图阻止朝鲜遣使了。总署的电报犹如一盆冷水灌顶，把袁世凯之满腔热情顿时浇灭。其郁闷可想而知，可偏偏此时，美国驻朝公使丹士谟又来火上浇油。

当天，丹士谟致函袁世凯，询问朝鲜为中国属邦事，称：

---

① 《(567) 北洋大臣来电》，《清光绪朝中日交涉史料》卷10，北京：北平故宫博物院，1932年，第34页。

② 李鸿章：《李鸿章全集》9，长春：时代文艺出版社，1998年，第5519页。

"至闻美韩立约时并有声明我政府认为中国属邦等语，余细查约内各款并无此意。如阁下有此约本，亦可查阅应无此事。余不解贵政府擅得地位，以动朝鲜与我政府交涉等事。"

袁世凯正无处泻火，读罢丹士谟信后，提笔写道：

"惟查韩美立约时另有照会声明，系朝鲜国王送于贵国大伯理玺天德[1]者，附在约条同时缮定，极有关系，亦我国特允朝鲜与贵国立约之根本。何以贵大臣所查之本竟曰无此事耶？贵政府收阅此文已经五年之久，尚能曰未认此文乎？此本总理所不解也。本总理尚不知我政府擅得地位以动韩美交涉等事，贵大臣何竟欲擅得地位以动朝鲜向我政府分内之事？此尤本总理所不解也。"[2]

见袁世凯火大，丹士谟的态度软了下来。他复函称：

"来文已经收到，余前送阁下数文其中等语今毋庸再论。余之此举实不能免，乃阁下以余为干预贵政府与朝鲜体制，深为闷惜。如果余所为有过分之事，我政府断不喜悦，不过只能守我国之体面，照条约所定而已。"

袁世凯依然是不卑不亢，回复称：

"昨接贵大臣来文，俱悉一切。前文各节既贵大臣不愿再谈，固本总理之甚愿也。惟不信贵大臣意谓如免此举竟至失贵国体面，今奉告贵大臣，以本总理之所举，实因守我政府之体制，故本总理屡次渎白而不敢惮其烦也。至云贵政府必不悦贵大臣擅为过分事

---

① 即英语"大总统"一词的音译。

② 郭廷以、李毓澍主编：《清季中日韩关系史料》第 2 卷，《中国近代史资料汇编》，中国台北："中央研究院"近代史研究所，1972 年，第 2363 页。

实，为本总理所乐闻。惟望贵大臣果践此言，以后自行分内，庶免再有辩驳之端等情电呈前来，相应咨会贵总理各国事务衙门，请烦查照可也。"

袁世凯与丹士谟所谈的"另有照会声明"一事，已在本章第一节详述。由于是另外的照会声明，所以德尼也好，丹士谟也罢，都在它面前选择性失明了。也许袁世凯与丹士谟的往来信函提醒了总署和李鸿章：遣使归遣使，但宗藩名分不能丢。于是，由李鸿章出面，为朝鲜赴欧美使节制定了三条礼仪规范：

一、韩使初至各国，应先赴中国使馆具报，请由中国钦差挈同赴外部以后，即不拘定；一、遇有朝会公燕酬酢交际，韩使应随中国钦差之后；一、交涉大事关系紧要者，韩使应先密商中国钦差核示。①

这三条礼仪规范看似平常，实乃套在朝鲜公使头上的紧箍咒，后来还真的发挥了作用。

1887年11月16日，朝鲜赴美公使朴定阳在仁川登上美国兵舰奥马哈号，前往日本横滨，再转赴美国。据美国《波士顿环球报》报道：

"奥马哈号刚走了不到1英里，6艘船组成的中国舰队便出现了。他们奉命到仁川阻止朴公使的出行，但是晚了一步。奥马哈号发射了15响海军中将礼炮，并快速从中国舰队中间开过。中国人非常惊讶，当他们回敬礼炮时，奥马哈号已经跑得只能看到桅杆了。如果中国舰队早到半小时，朴公使赴美之计划或将半途而废。"②

---

① 《(578)北洋大臣来电》，《清光绪朝中日交涉史料》卷10，北京：北平故宫博物院，1932年，第39页。

② Robert R. Swartout, Jr., An American Adviser in Late Yi Korea: The Letters of Owen Nickerson Denny, The University of Alabama Press, 1984, p.137.

显然，美国也好，朝鲜也好，此时已是惊弓之鸟矣。事实上，中国并未派兵舰拦阻朴定阳一行。出现在仁川的兵舰乃水师提督丁汝昌所部，当时正在集结准备前往香港公干。

朴定阳抵美后，便捅了个大娄子。朴本应依照前述礼仪规范中的第一条，首先与中国驻美公使沟通，然后由中国驻美公使带领，前往美国务院呈递国书。但他并未履行此规范，没有先行谒见中国驻美公使张荫桓，而是径直向美国国务院呈递国书。当然其使团中不乏出谋划策之人，美国医生敖兰便是其中之一。此人本是美国基督教会的医生，亦是德尼在朝鲜的医生。入宫后，升职为参判，成为朝鲜国王李熙的西医。此次被任命为朝鲜驻美参赞，随团赴美。朝鲜使团在美国的社交、安保等工作都是他负责的。朴定阳能径直向美国国务院呈递国书，敖兰居间起了巨大作用。

事后，朴定阳面对中国驻美公使张荫桓的指责，托词"未奉该国明文"。[1]而朝鲜外署督办赵秉式给袁世凯的咨文中，则称"至美后查探物情，如由华使挈往外部，美廷有意斥退国书，故冒罪违章，姑全使命，待回请罪"。[2]朴本人和朝鲜官方给出了两个截然不同的解释，显然乃有意为之，其欲脱离中国之心已昭然若揭。对此，李鸿章怒斥：

> "韩政府之言实，则朴使之言虚矣；若朴使之言实，则韩政府之言虚矣。尤讶朴使电报政府自认冒罪违章，而其呈复本大臣，又谓津约三端系上年十二月初四日亥刻奉到，闪烁其词，一似无可质证者。"[3]

李鸿章命袁世凯彻查此事。

袁世凯立即照会朝鲜外署要求朴定阳就此事作出解释，朝鲜外署回复称

---

① 郭廷以、李毓澍主编：《清季中日韩关系史料》第2卷，《中国近代史资料汇编》，中国台北："中央研究院"近代史研究所，1972年，第2476页。

② 郭廷以、李毓澍主编：《清季中日韩关系史料》第2卷，《中国近代史资料汇编》，中国台北："中央研究院"近代史研究所，1972年，第2494页。

③ 郭廷以、李毓澍主编：《清季中日韩关系史料》第2卷，《中国近代史资料汇编》，中国台北："中央研究院"近代史研究所，1972年，第2496页。

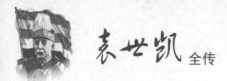

"诘明该使再行详复"。谁知这一等就是三个月，袁世凯急了，再次照会朝鲜外署催促此事。朝鲜外署告以朴定阳不久将回国。袁世凯乃第三次照会朝鲜外署，问朴定阳准确的回国时间，朝鲜外署答以不知。于是，袁世凯第四次照会朝鲜外署，"逐层函诘"，对方乃"允电召该使从速回国"。①

1888年11月19日，朴定阳称病，从美国起程回国。1889年1月18日，朴定阳抵达日本，并以养病为名，留日不归。袁世凯本欲待朴定阳回到朝鲜后，将其定罪，无奈其滞留日本，袁也无可奈何。此事如果双方就此偃旗息鼓，也就完结了。怎奈朝鲜方面没有忘记朴定阳的功劳，于1889年12月4日授其都承旨兼副提学两职。袁世凯闻听此事，立刻火大，认为朝鲜政府"有爽前议，抑且违碍事体"，②于是要求面见朝鲜国王李熙，讨论朴定阳案。

李熙不愿见袁世凯。正好当时其养母神贞王后病重，李熙便以有"问寝之忧"搪塞袁世凯。袁世凯知道李熙有意拖延，便派员每日入宫问候赵太妃病情，同时询问谒见日期。不仅如此，他还派人到领议政沈舜泽家中，"坐催覆文，意欲使韩王厌苦，舜泽窘促，庶可早日结束"。③此招起了作用。朝鲜国王李熙密谕朴定阳辞去副提学一职。袁世凯见朴定阳非免职而是辞职，而且仅辞去不甚重要的副提学一职，便仍派人入宫及赴沈舜泽家，大有不达目的不罢休之势。

朝鲜国王李熙见朴定阳辞职未起作用，便派出外署督办闵种默与袁世凯会谈，称这是"依驻津韩员见关道商办事例，当见内外署督办会商一是"。④这就等于是将袁世凯视同他国驻朝公使，袁世凯当然不能答应。此后几天，袁世凯既不派人入宫，也不派人去沈舜泽家。朝鲜国王李熙不知他葫芦里卖的什么药，有些坐不住了，便遣外署督办闵种默再次来见袁世凯，并为上次之失礼道歉，同时表示只要袁世凯不"执办"朴定阳，朝王愿见之。袁世凯

① 郭廷以、李毓澍主编：《清季中日韩关系史料》第2卷，《中国近代史资料汇编》，中国台北："中央研究院"近代史研究所，1972年，第2544页。

② 郭廷以、李毓澍主编：《清季中日韩关系史料》第2卷，《中国近代史资料汇编》，中国台北："中央研究院"近代史研究所，1972年，第2714页。

③ 郭廷以、李毓澍主编：《清季中日韩关系史料》第2卷，《中国近代史资料汇编》，中国台北："中央研究院"近代史研究所，1972年，第2715页。

④ 郭廷以、李毓澍主编：《清季中日韩关系史料》第2卷，《中国近代史资料汇编》，中国台北："中央研究院"近代史研究所，1972年，第2715页。

答以"王如准理妥办，固无事执办，否则难免多渎"。

送走闵种默后，袁世凯心想朝鲜高宗李熙亲近宫中近臣，有些话闵种默这样的大臣说不出口，而这些近臣反倒能与王沟通。于是，袁世凯找来相熟的近臣洪在羲，将此事相托。洪在羲果然不负袁世凯所望，归告袁世凯："王甚悔动，俟接见时必可妥商办理，惟办朴罪或不能过重。"①

1889年12月25日，袁世凯终于与朝鲜国王李熙会晤。此时，李熙已受制于明成皇后闵妃。李熙与袁世凯谈话期间，闵妃便坐在屏风后面倾听，并常常命人干预袁世凯与李熙的谈话。袁世凯与李熙笔谈，坐在屏风后面的闵妃命人出告王曰："不便形于纸笔。"②袁世凯见多谈无益，便告辞而出。此后，袁世凯又通过种种努力，获得了李熙治罪朴定阳的承诺。但承诺归承诺，定罪之事仍遥遥无期。

不过，袁世凯此时已经换了个角度思考朴定阳案。朴定阳赴美的同时，赵臣熙作为出使欧洲五国公使亦出发，但赵到香港后，便不再前进。朴定阳在美之事传到香港后，赵臣熙便留在香港，长达两年之久。袁世凯认为，延迟对朴定阳的处罚，是对赵臣熙的警告，也许他可以知难而返。果不出袁世凯所料，赵臣熙不久便称病自行返回朝鲜。朝鲜国王李熙大怒，将赵臣熙发配至全罗道咸悦县，并另派朴齐纯为出使欧洲五国公使。

1891年，袁世凯嗣母牛氏病重，请假内渡。朝鲜政府乘此机会，决定起用朴定阳，授其户曹判书一职。经请示代理驻扎交涉通商事宜唐绍仪，并由唐绍仪转呈李鸿章宪核。李鸿章同意朝鲜政府起用朴定阳，但规定两不准，即一不准委以重任，二不准再充使臣。

至此，朝鲜遣使一事彻底结束。从1886年到1891年间，朝鲜政府先后遣使于日本、美国、欧洲三地，仅日本一地得以成功驻扎公使。朝鲜在自主之路上艰难前行，袁世凯亦在维护中国宗主国地位上呕心沥血。他不仅要与美国人斗智斗勇，还要与俄国人巧妙周旋。

---

① 郭廷以、李毓澍主编：《清季中日韩关系史料》第2卷，《中国近代史资料汇编》，中国台北："中央研究院"近代史研究所，1972年，第2716页。

② 郭廷以、李毓澍主编：《清季中日韩关系史料》第2卷，《中国近代史资料汇编》，中国台北："中央研究院"近代史研究所，1972年，第2716页。

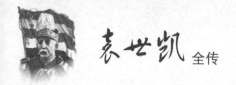

第六节　误信泳翊　阻朝通俄

据《申报》报道，1886年7月15日夜，"朝鲜官数十人在商署议事，彻旦始归，面有愁色"。[①]这是什么情况？朝鲜有何大事发生吗？

当时，朝鲜民间传言：朝鲜国王李熙已经将咸镜道与俄国接壤的土地，开价80万卖给了俄国人；中国光绪皇帝震怒，"已调兵船四十艘，不日至仁川等处，南洋之船已全数调来；又谓中国兵共三万，由边门来者一万，余则尽乘兵船"。[②]受此传闻影响，朝鲜民众人心惶惶，官员近中国者亦坐立不安。然而，传言毕竟是传言，事实又如何呢？

7月25日，闵泳翊秘密来到汉城衙署，与袁世凯会面。闵泳翊与袁世凯的交谊，前已略述，他在朝鲜政坛的地位更值得一说。闵泳翊历任军国机务衙门协办、兵曹判书、亲军右营使、左边捕盗大将、典圜局管理等要职。他是明成皇后闵妃的亲侄，甲申政变时受重伤，后避居香港，又游历各国。本年，闵泳翊访美后，经高宗李熙召唤，刚刚回到汉城。据说，其政见与戚族迥异，主张依附中国，反对联俄联日。闵泳翊此次前来密告袁世凯的正是朝鲜欲联俄之事，而这也正是袁、闵二人决裂之始。

闵泳翊进门便对袁世凯说："韩廷信诸小人愚弄，时派人赴俄使韦贝处，求相助保护。为巨文岛，亦求俄派船助韩防英。俄使因而愚之，欲要文凭密约。"[③]闵泳翊所言之事史称"第二次朝俄密约"。第一次朝俄密约发生在1885年，正值袁世凯护送大院君李昰应回朝之际，该事件以始作俑者穆麟德离开朝鲜为终止。第一次朝俄密约虽然结束了，但也留下了一个大麻烦，即巨文岛问题。

巨文岛位于朝鲜半岛南部，南与济州岛隔济州海峡相望，东为对马岛

---

①　《补述高事》，《申报》1886年10月1日，《申报影印本》29，上海：上海书店，1983年影印，第567页。

②　《补述高事》，《申报》1886年10月1日，《申报影印本》29，上海：上海书店，1983年影印，第567页。

③　王芸生：《六十年来中国与日本》第1卷，北京：生活·读书·新知三联书店，1979年，第315页。

与日本仅咫尺之遥，地理位置非常重要。1885年，英俄在阿富汗陷入中亚危机。英国为摆脱劣势，独辟蹊径，占领了巨文岛，易其名为汉密尔顿港，将俄国在东亚的出海口封堵住。俄国亦对该岛垂涎多时，见英国捷足先登，只好转向他处。清政府面对英俄两国在朝鲜的夺岛行动，采取了两害相权取其轻的策略，正如时任驻英公使曾纪泽所说："该岛既为英俄两国争据之地，在我不能禁止该二国均不占据。俄人若据该岛，则与混同江口及海参崴等处呼吸相通，其不便于中国，较之英人据之为尤甚也。"①史学界认为，清政府默许英国占据巨文岛，得罪了俄国人，也刺激了朝鲜人，促使朝俄两国为了各自利益再次选择联手，也促成了第二次朝俄密约事件的发生。

袁世凯认为闵泳翊所言其来有据。在此之前，俄国窥伺朝鲜永兴湾之说便不绝于耳。永兴湾，位于朝鲜半岛中东部，西面陆地为元山港，东侧为东朝鲜湾，介于俄国海参崴与朝鲜巨文岛之间，地理位置十分重要。先是朝鲜国王顾问美国人德尼于1886年6月29日致函李鸿章，谈及巨文岛和永兴湾之事，并附上一封无落款的私人密函。该人函称："以某私见，英国如以暂据为名，久占巨文岛，俄国必为英国所逼，亦以暂据为名。而取永兴湾之于俄，较诸巨文岛之于英，尤为要害。巨文岛既为英有，朝鲜不能取回。若永兴湾果为俄有，朝鲜复将何词以诘之乎？"②此函据《袁世凯死敌：美国人欧文·德尼书信集》编者美国学者罗伯特·R.小斯沃道特分析，认为"极有可能是俄国驻韩代理公使总领事卡尔·韦贝所写"，因为"韦贝与德尼自19世纪70年代起，便在天津相识，且相交甚密。两人之友谊还最终促成了1888年《韩俄贸易协定》的签署。韦贝和德尼均对英国占领汉密尔顿港（即巨文岛）持批评态度"。③韦贝在信函的最后说："现在俄国政府虽未定侵占永兴湾之议，唯俄国百姓及各新报馆均以为宜取，日后俄国政府必逼于不得已而

---

① 郭廷以、李毓澍主编：《清季中日韩关系史料》第2卷，《中国近代史资料汇编》，中国台北："中央研究院"近代史研究所，1972年，第1826页。

② 郭廷以、李毓澍主编：《清季中日韩关系史料》第2卷，《中国近代史资料汇编》，中国台北："中央研究院"近代史研究所，1972年，第2119页。

③ Robert R. Swartout, Jr., An American Adviser in Late Yi Korea：The Letters of Owen Nickerson Denny, The University of Alabama Press, 1984, p.170.

取永兴湾，皆英国之过也。"①韦贝的信函表面上看是私人性质，实际上就是一份哀的美敦书。为免俄国出手夺取永兴湾，李鸿章还命丁汝昌率舰队前往该处巡视，以壮声势。

对于闵泳翊的密告，袁世凯不敢怠慢，立即致电李鸿章，详细汇报。鉴于当时尚"无显迹，亦难遽发"，他建议"待查其送俄文凭，再设法挽回"，"密早筹备"，"庶不至落于俄后"。②此事攸关中国宗主国之地位和荣誉，袁世凯岂敢轻视？送别闵泳翊之时，袁世凯还叮嘱其要时常前来汇报此事进展情况。

不久，闵泳翊再次秘密造访汉城衙署并带来进一步的消息。据闵云，韩廷亲俄派时常与俄国驻韩代理公使总领事韦贝密商"联俄拒华"事，韦贝担心中国出兵，不敢遽允。亲俄派告以"华兵无用，如俄兵来，华兵必退"之语。韦贝"许以三思再定"。朝鲜高宗李熙请闵泳翊就此事发表意见，也就是让其选择站队。闵泳翊见韩廷气氛紧张，"如拂此议，不但为韩王所疏，且将为群小所害"，遂决定"阳顺引俄"之议，暗行"阴密通华"之举，期待"借华力尽除群小"。③袁世凯听罢闵泳翊的陈述，心中不免产生一丝怀疑。

袁世凯说："背华求俄，所关匪细，须设法力谏，乃为正办。"袁世凯言下之意，是说这么大的事，你应该先劝谏高宗李熙而非到我这里说三道四。可以肯定，袁世凯对闵泳翊告密之举产生了怀疑。

闵泳翊答："成议已久，谏必不入。"

袁世凯说："为臣道，不可料其不入而不言。"两人"狡辩良久"，闵泳翊才答应"再相机为之"。④

袁世凯既对闵泳翊起了怀疑之心，便派人明察暗访。经过调查，袁世凯认定闵泳翊"外若附和，而心非信俄"。据此，袁世凯密电李鸿章，阐述了自己的意见。他说："以凯管见，韩纵送文于俄，俄兵未能速来，不如待

① 郭廷以、李毓澍主编：《清季中日韩关系史料》第2卷，《中国近代史资料汇编》，中国台北："中央研究院"近代史研究所，1972年，第2119页。
② 王芸生：《六十年来中国与日本》第1卷，北京：生活•读书•新知三联书店，1979年，第315页。
③ 王芸生：《六十年来中国与日本》第1卷，北京：生活•读书•新知三联书店，1979年，第315页。
④ 王芸生：《六十年来中国与日本》第1卷，北京：生活•读书•新知三联书店，1979年，第315页。

其引俄张露，华先派水师，稍载陆兵，奉旨迅渡，废此昏君，另立李氏之贤者。次以数千兵继渡，俄见华兵先入韩，易新君，或可息事。且此时人心瓦解，各国怨谤，如明降谕旨，再由宪授谕李昰应相助，三五日可定，尚不难办。"[1]袁世凯的话可以概括为"派兵入韩，废旧立新，依靠昰应"十二字。

袁世凯电报中所言本是绝密之事，但却很快为外人所知。德尼是朝鲜"背华自主"的坚定推动者，就在袁世凯密电李鸿章六天后，德尼在一封信中称：

> "就在今天，我还发现了一个极其秘密的图谋，即驱逐韩王和皇后，将韩王父亲（大院君）扶上王位。这是中国的计划，而袁是主谋之人。"[2]

很显然，袁世凯密电的内容已经被朝鲜政府获悉。那么，德尼是怎么得知此事的？告密人又是谁呢？

此人就是闵泳翊。闵泳翊与袁世凯交好，又是韩廷中唯一反对联俄的大臣，怎么竟成了告密人？首先，闵袁之间的友谊属于私谊，这种友谊在面对各自国家的利益甚至血缘关系时，便是海市蜃楼，便会烟消云散；其次，闵频频与袁密会，朝鲜政府竟从未干涉，显然有故纵之嫌；再次，排除电信局泄密的可能（当时中朝间电报归中国管理），闵泳翊是仅有的几位能够知晓袁世凯密电内容的人之一；最后，还有一个最重要的证据，但此处先按下不表，我们先看看闵泳翊是如何继续表演的。

俗话说，无巧不成书。这天，袁世凯接到汉城电信局委员陈同书的报告，称俄使有寄俄长电，因线路故障未能发出。此消息令袁世凯的神经顿时紧张了起来。他当即召来闵泳翊询问。闵初支吾不肯说，在得到袁"不言出于你口，且必不问王罪"的保证后，闵始称韩已将求俄保护的文凭送出。袁即嘱闵"偷抄文稿密送"，闵点头同意。同时，袁世凯还命陈同书"以电未

---

[1] 王芸生：《六十年来中国与日本》第1卷，北京：生活·读书·新知三联书店，1979年，第316页。

[2] Robert R. Swartout, Jr., An American Adviser in Late Yi Korea: The Letters of Owen Nickerson Denny, The University of Alabama Press, 1984, p.40.

修好"①为由，暂不为俄寄电。

此时的袁世凯已经彻底打消了对闵泳翊的戒心，他就像《三国演义》"蒋干盗书"一节中的蒋干，而闵泳翊则似假醉梦呓的周瑜。蒋干相信了周瑜的梦呓，偷书而逃；袁世凯则中了闵泳翊的反间计，误信朝鲜必有"背华联俄"之密信。很快，闵泳翊便送来了密信的抄本。密信的内容无非引俄拒华之语，平淡无奇，倒是其落款处值得注意。落款显示，此信为朝鲜内务总理大臣沈舜泽致大俄国钦命大臣韦阁下（即韦贝），并在年月上钤盖朝鲜国玺，沈舜泽名字上盖有图章。此处大为可疑。《袁世凯与朝鲜》作者林明德先生说："盖依韩廷惯例而言，以如此重大对外交涉事件，应有韩王亲书附于外署照会，始为正着。而议政府函上付钤'朝鲜国大君主宝'的方式，亦为前所未有，其所以如此，实为避免经由外署，以求保密之故。"②林明德先生的解释似乎有道理。因为当时朝鲜外署督办是袁世凯的好友金允植，绕过他，就等于避开了袁世凯在韩廷的一个耳目。但是袁在韩廷的耳目何止一个，何止一处，躲过了外署，还有他署；躲过了金允植，还有他人，这么看来，保密一说似乎也很牵强。

这里一个细节需要注意：本案从始至终，闵泳翊是唯一声称有密信的人，也是唯一一个能够拿出密信的人，此外再无旁证。不过，说到旁证，本来还是有的。

袁世凯曾问闵泳翊密电何时由何人送到俄使馆，闵泳翊答："西历本月十一日（1886年8月11日，光绪十二年七月十二日），由宫内小臣崔姓能习俄语者送之。"③本来，此崔姓小臣正是此案需要的也是袁世凯需要的旁证，可惜事情又生变化。据袁世凯几天后致电李鸿章，称："顷闻送文人的系蔡贤植，而前禀误崔姓。贤植亲奉韩王面谕送于俄。昨韩暗使蔡逃，而幽害之以灭口。"④送密信之人不仅换了，而且还被灭了口，已经死无对证。那么，杀

① 李鸿章：《李鸿章全集》7，长春：时代文艺出版社，1998年，第3954页。

② 林明德：《袁世凯与朝鲜》，《"中央研究院"近代史研究所专刊（26）》，中国台北："中央研究院"近代史研究所，1984年，第263页。

③ 李鸿章：《李鸿章全集》7，长春：时代文艺出版社，1998年，第3957页。

④ 李鸿章：《李鸿章全集》7，长春：时代文艺出版社，1998年，第3961页。

一个送信人真能做到死无对证吗？当然不能。要知道，如果朝俄真有背华密约的话，清政府是肯定会一追到底的。到那时，送密信之人是谁已经无关紧要，密信上署名的沈舜泽甚至高宗李熙本人才是清政府问责的关键。对此，闵泳翊非常清楚，所以他出示的密信有意在落款之处违背常规，就是要将高宗李熙和沈舜泽等人置之事外。然而，他却在送密信人的问题上百密一疏，露出马脚。不过，袁世凯此刻已坠入闵泳翊的术中，就像偷拿书信的蒋干，对密信一事是宁信其有，不信其无。他在致电李鸿章时说："然文凭有韩王国宝，将不知从何抵赖？"[①]

袁世凯认为已经掌握了高宗李熙通俄的证据，便急不可待地准备大干一场，抢个头功。恰巧朝鲜外署的徐相雨来访，袁世凯便一不做二不休，向其怒斥朝鲜通俄之事。徐相雨闻言大惊，慌忙折回韩廷向李熙禀告。袁世凯见事已至此，干脆"招内署及诸营将等来"，"厉辞责问，喻以利害"。[②]诸人闻言，也慌忙回宫禀告李熙。至此，朝鲜"背华通俄"之事已是满城风雨。连大院君李昰应都派人递书，向袁世凯询问详情。

袁世凯既然捅破了这层窗户纸，其所作所为就必须如实向李鸿章汇报。然而事有凑巧，汉城与天津间的电报线又瘫痪了，袁世凯的电报无法发出，也无法得到李鸿章的指示。怎奈开弓没有回头箭，袁世凯只有自己独立处理此事。

朝鲜大臣沈舜泽等先后来到袁世凯衙署，直言高宗李熙绝口不认有此事，称"必小人造假"。袁世凯说："既不知，当索还此文；如造假，当查办小人。"并恐吓朝鲜诸臣说："有此一举，显系背华。如天朝震怒，将兴大师问罪，未知韩何以应？"不过，恐吓归恐吓，袁世凯想的还是"索还文凭，查办小人"，因为这样，俄国才"无可纠缠"。[③]

朝鲜人索文凭索到了俄国使馆，得到的答复是"无此事，如必问，将调兵打仗"。袁世凯听罢此言，对前来报信的朝鲜大臣说："如俄不还，华必向韩廷问罪，届时毋悔。"朝鲜大臣说："再设法密派小人骗来，如终不

---

① 李鸿章：《李鸿章全集》7，长春：时代文艺出版社，1998 年，第 3961 页。

② 李鸿章：《李鸿章全集》7，长春：时代文艺出版社，1998 年，第 3959 页。

③ 李鸿章：《李鸿章全集》7，长春：时代文艺出版社，1998 年，第 3959 页。

还，将奈何？"袁世凯说："如真不还，必须送文查明，再申叙非国王政府所知，前文可作废纸。"①袁世凯的这一做法后来得到了李鸿章的采纳。至于查办小人，前面提到的送信人蔡贤植已经被灭了口，已无从查办。

李鸿章多日未能接收朝鲜电报，心情之焦虑可想而知。他毕竟老于外交，经验丰富，决定采用迂回之策，从外围探探俄国对此事的反应。于是，李鸿章致电驻俄公使刘瑞芬，称："闻朝鲜奸党假造印文送韦贝，俄廷明知我属邦，谅不受此伪信。"很明显，老到的李鸿章已经为此事定了性，即信是假造的伪信，朝鲜是中国的属邦。也就是说，用"属邦"为此事画定一条不可逾越的红线，用"伪信"为相关各方留下回旋余地。李鸿章还命刘瑞芬据此约见俄国外部大臣倭良嘎里。倭良嘎里在会见刘瑞芬时，否认了朝鲜寻求保护之事，还明确表示"韦贝亦无信来"。②他的表态让李鸿章得以暂安。

1886年8月20日，汉城与天津间的电报线终于修好了。当天，李鸿章共接到七封袁世凯这段时间内发送的密电。有文章说袁世凯一日七电，实际上是不准确的，因为这七封电报虽然是同日接到的，但不是同一天写的。李鸿章看过袁世凯的电报后，立即致电驻俄公使刘瑞芬，称"朝已认假造，倭亦云无，即使暗中沟通，谅难露面"，同时指示刘瑞芬"晤倭时，应请约明如有此事，即作废纸，能得一函为据更妙"。③不久，刘瑞芬回电，称："顷晤倭已言韦贝，倘有朝鲜伪文函来，请作为废纸。倭已应允。"④

俄国口头允诺将"伪文函"作为"废纸"，朝鲜"已认假造"，此事渐进尾声。您也许会问，此事的关键人物闵泳翊在事件的后期怎么未出现呢？事件闹得满城风雨后，闵泳翊突然不辞而别，离开汉城，经烟台，停上海，前往香港。对此，李鸿章致电袁世凯，称："泳翊逃，不肯作证。是全落空，何从查办？"⑤作为唯一见证人，他这一走，整个事件的调查工作便陷入停顿。

① 李鸿章：《李鸿章全集》7，长春：时代文艺出版社，1998年，第3960页。
② 李鸿章：《李鸿章全集》7，长春：时代文艺出版社，1998年，第3962页。
③ 李鸿章：《李鸿章全集》7，长春：时代文艺出版社，1998年，第3963页。
④ 李鸿章：《李鸿章全集》9，长春：时代文艺出版社，1998年，第5437页。
⑤ 李鸿章：《李鸿章全集》9，长春：时代文艺出版社，1998年，第5437页。

不过，袁世凯并没有停下来，他还做了一件大事。1886年8月28日，袁世凯作《朝鲜大局论》一文，送给高宗李熙。全文很长，约4200余字，碍于篇幅所限，故无法在此转录。该文从朝鲜依中国有六利、背中国有四害谈起，用谕言四条形象说明朝鲜之境遇，再书"时事至务十款"指出解决朝鲜问题之路。前面的"六利""四害""四条"用一句话概括就是"朝鲜必须依靠中国"，后面的"十款"是袁世凯给高宗李熙的谏言，也是袁世凯处理朝鲜问题思想的浓缩，值得多说几句。"时事至务十款"即"任大臣、屏细臣、用庶司、收民心、释猜疑、节财用、慎听问、明赏罚、亲所亲、审外交"。这"十款"从用人到行政，从财政到外交，包罗治国之大要。其中"亲所亲"，指的是朝鲜和中国"推诚相与，两国一心，彼此相信，无事不济"。[①]也就是说，朝鲜外交一途，也必须依靠中国。

次日，高宗李熙致书袁世凯，称其文"字字药石，薇读之余，不胜感佩"。他还对袁世凯在朝鲜的工作给予了高度评价，称：

> "足下来东五载，甘苦与同，患难与共。不佞之肺腑肝膈，惟足下是悉；呼应缓急，惟足下是依。足下亦不惮夷险，不恤人言，断断为保护藩邦，以纾宵旰东顾之忧。一片赤心，天日照临。东方大小民人，孰不慕足下之义，而钦佩感诵哉……惟愿足下勿吝金石，时赐言箴，使窭蹊茅不常之塞焉。"[②]

应该说，高宗李熙在此对袁世凯的评价是非常高的。但事实上，他却在阳奉阴违，明里将袁世凯捧上天，暗中则想将其逐出朝鲜，因为袁世凯已经是朝鲜执行"背华自主"政策的绊脚石了。

轰轰烈烈的"第二次朝俄密约事件"即将平淡收场，汉城各方势力都不甘心。他们无法找到始作俑者，便将怨气撒在了刺破此事泡沫的袁世凯身上。据李鸿章言："各国驻韩者趋向不一，日来颇怪袁世凯多事，盖皆有嫉

① 卷17，吴晗辑：《朝鲜李朝实录中的中国史料》下编，北京：中华书局，1980年，第5297页。

② 卷17，吴晗辑：《朝鲜李朝实录中的中国史料》下编，北京：中华书局，1980年，第5299页。

忌韩为我属之意。"①不仅有人怪其多事，甚至还有人想将其治罪。谁呢？就是与此事件密切相关的俄国人。

1886年9月12日午后4时，李鸿章接见了俄国驻华署理公使拉德仁，双方就密约事件、巨文岛问题进行了磋商。对于密约事件，拉德仁在会谈时先后三次向李鸿章提出"有人要离间我两国交情"，②而这个"离间"之人不言而喻，指的就是袁世凯。为什么这么说呢？因为俄国欲取朝鲜乃是不争之事实，而朝鲜欲求俄国保护亦然，袁世凯在朝鲜维护宗主国地位的举动，无疑成了俄朝交往的绊脚石。而闵泳翊一走，袁世凯所说的朝俄密约之事已无对证，他便顺理成章地成了众矢之的。

俄国要查"离间"之人，朝鲜也派美国顾问德尼前往天津。还是9月，德尼来到天津会晤李鸿章，并向李正式提出撤回袁世凯的请求。据德尼说：

> "返韩前，李鸿章总督向本人保证，中国不仅要与俄日建立友好互信，而且还要更换驻韩总理，因为袁世凯年纪轻，经验少，不适合这个职位。"③

至此图穷匕见，俄国和朝鲜的真实意图一览无遗。但李鸿章与德尼所言乃虚与委蛇，他并无撤换袁世凯的打算。正如他禀告醇亲王奕譞时所言：

> "袁守精明刚燥，鸿章每切谕以镇静勿扰。但因壬午、甲申两次定乱，该守身在行间，颇有德于韩民，情形亦较熟悉，权宜用之。惟其洋务素少历练，年资稍轻，诚如钧谕，宜预储通品，为他日替人，第系难作文之题，通品亦不易得。"④

---

① 李鸿章：《李鸿章全集》7，长春：时代文艺出版社，1998年，第3965页。
② 李鸿章：《李鸿章全集》7，长春：时代文艺出版社，1998年，第3966页。
③ Robert R.Swartout, Jr., An American Adviser in Late Yi Korea：The Letters of Owen Nickerson Denny, The University of Alabama Press, 1984, p.156.
④ 李鸿章：《李鸿章全集》7，长春：时代文艺出版社，1998年，第3963页。

可见，李鸿章虽然顶着上级的压力，但还在力保袁世凯。一年后，朝俄之事再起，袁世凯之清白得到证明。

俗话说，解铃还须系铃人。能够证明袁世凯清白的只有闵泳翊。1887年4月27日，高宗李熙设立矿务局，命闵泳翊为总办。这是闵泳翊的名字首次出现在当年的《高宗实录》中，可视为其回归朝鲜政坛的信号。据袁世凯禀文记载，闵泳翊的具体回朝日期是"闰四月二十二日"，[①]即1887年6月13日。醇亲王奕譞曾有"泳翊之归乃袁招之"[②]一语，可以认为袁世凯是此事的推手。袁世凯将闵泳翊招回，想必是欲用其阻止朝鲜通俄。显然袁仍信任闵泳翊，甚至对当时汉城路人皆知的闵泳翊通俄之说也充耳不闻。而闵泳翊仅仅回到汉城两个月，便又故技重施，不辞而别。对于闵泳翊之走，袁世凯向李鸿章汇报时，称"王意盛怒翊逃，已嘱各近臣劝王削去翊职，以息众怒"，还说"翊此次回朝，动止多异于前，然其性僻浅多疑，亦未能为"。闵泳翊到烟台后，便致电袁世凯报告行止。袁世凯大喜，立即报告李鸿章，称："顷接闵泳翊电，已到烟台，将往沪住，则近日引俄、入俄等语均谣言。"[③]果真是谣言吗？非也。

纵然历史杂乱无章，细心的研究者总会找到关键的证据。这个证据来自与闵泳翊有着共同利益和目的的美国顾问德尼。据德尼在《中国与朝鲜》一文中称：

> "去年7月，袁世凯令人发指，冷血犯罪，独自谋划，废黜韩王，扶植傀儡。这次阴谋，经历暴动、纵火、杀戮，或涉暗杀，居心叵测，危及汉城外国人和当地人之人身安全。此次阴谋之内情，俱在韩王掌握中。因其派遣朝鲜最能干最真诚的大臣——正直忠诚的闵泳翊殿下，潜伏其中，随时向韩王陛下和本人报告，终使阴谋挫败。"[④]

① 郭廷以、李毓澍主编：《清季中日韩关系史料》第6卷，《中国近代史资料汇编》，中国台北："中央研究院"近代史研究所，1972年，第2305页。

② 李鸿章：《李鸿章全集》9，长春：时代文艺出版社，1998年，第5506页。

③ 李鸿章：《李鸿章全集》9，长春：时代文艺出版社，1998年，第5506页。

④ Robert R.Swartout, Jr., An American Adviser in Late Yi Korea：The Letters of Owen Nickerson Denny, The University of Alabama Press, 1984, p.155.

这里的"去年7月"指的就是1887年7月。德尼说的是袁世凯曾经秘密策划一起宫廷政变，意在废黜高宗，扶植大院君之孙李埈镕为韩王，立大院君为摄政王。显然，这次政变并未成功，甚至可能是胎死腹中，因为袁世凯招回来的闵泳翊卧底其中，并为高宗李熙通风报信。由此可知，闵泳翊在所谓"第二次朝俄密约事件"中充当的角色亦是卧底。他并不反对朝鲜通俄，甚至积极推动此事。他向阻碍朝鲜"背华通俄"的袁世凯提供"伪函"的目的，无非是欲利用此事使其身败名裂，并最终将其逐出朝鲜。

袁世凯无意中成了盗书的蒋干，但李鸿章不是误杀蔡瑁张允的曹操。面对俄国和朝鲜撤袁离朝的要求，李鸿章不为所动。甚至醇亲王奕譞对袁世凯语露微词之时，李鸿章依然力保之。1887年10月，德尼受高宗李熙所托再次抵津，会晤李鸿章，要求撤回袁世凯。李鸿章不仅一口回绝，而且还点名指责了闵泳翊。据德尼说：

> "本人向李鸿章提供了袁世凯最近的叛国证据，谁知总督对此竟然充耳不闻。更不可思议的是，总督告诉本人，他对废黜阴谋了如指掌，袁世凯误入其中，乃闵泳翊之责。是闵泳翊策划阴谋，诱袁入瓮。"[1]

此后，闵泳翊成了不受中国欢迎的人。袁世凯驻朝期间，闵未再踏足故土。经此一事，时年28周岁的袁世凯也收获了一份历练，用饱经风霜来形容这个年轻人都不为过。然而，更大更严酷的历练还在后面。

---

① Robert R.Swartout, Jr., An American Adviser in Late Yi Korea: The Letters of Owen Nickerson Denny, The University of Alabama Press, 1984, p.156.

第七节　交手日人　黯然离朝

这份历练来自日本人，确切地说，是来自与两个日本人的面对面的较量。

第一位是大石正巳。1892年12月26日午后2时，袁世凯向李鸿章发出密电，电文称："顷闻倭人云，倭已派定大石正巳充驻韩大臣，下月上旬可来韩。"[①]这是袁世凯首次提到大石正巳的名字，而当时的他（包括李鸿章）对这位日本人的情况也知之甚少。

那么，大石正巳是何许人也呢？大石正巳，1855年出生，日本高知县人。据时任清政府驻日本公使汪凤藻介绍："大石系自由党，以雄辩称，曾周历中俄边境东。报谓其论韩事有二法，驻该国，俄使则结以恩；华使则畏以威。"李鸿章认为大石正巳"近于喜事者"，要求袁世凯"留意驾驭"。[②]袁世凯本人也在搜罗有关大石正巳的情报。他发现最近一段时间，这个日本人不时发表言论，"概欲联合各国挟制华扶韩自主"。[③]显然，大石正巳将会是继德尼之后又一位袁世凯外交上的对手，这是个坏消息。好消息是有日本人告诉袁世凯，大石正巳"虚骄张皇，言大才疏，非有实才"，而且"与外部陆奥大臣不洽"。[④]陆奥大臣即日本外务大臣陆奥宗光。此人是日本发动甲午战争的元凶之一。至于大石正巳与陆奥宗光的关系是否"不洽"，"不洽"到何种程度，未见史料佐证。但这所谓的"不洽"更像日本人的疑兵之计，因为陆奥宗光不会在朝鲜这么重要的地方安插一个与己"不洽"之人，他另有目的，而大石正巳无疑就是为其完成此目的之人。

1893年1月24日，大石正巳抵达汉城。他的第一项任务便是以日本驻朝鲜代理公使的身份谒见朝鲜高宗李熙。大石正巳利用此次机会，"极言俄姑无远志，华偷安畏事，乘此韩倭联合，必可自主等语"。[⑤]转天，又有人告诉

---

① 沈祖宪辑录：《养寿园电稿》，《袁世凯史料汇刊》3，中国台北：文海出版社，1966年，第56页。

② 李鸿章：《李鸿章全集》10，长春：时代文艺出版社，1998年，第5864页。

③ 沈祖宪辑录：《养寿园电稿》，《袁世凯史料汇刊》3，中国台北：文海出版社，1966年，第61页。

④ 沈祖宪辑录：《养寿园电稿》，《袁世凯史料汇刊》3，中国台北：文海出版社，1966年，第61页。

⑤ 沈祖宪辑录：《养寿园电稿》，《袁世凯史料汇刊》3，中国台北：文海出版社，1966年，第63页。

袁世凯："大石谓自可连合各国，扶韩自主，永不受华凌侮。"袁世凯答以"倭言不可信"，并叮嘱与其相熟的朝鲜大臣要"力破邪说"，使大石"难遽逞"。在向李鸿章报告此事时，袁世凯将大石正巳比作德尼和韦贝，称：

> "韦贝、德尼等谋韩自主，迄无寸效。倭强不如俄，大石阴狡
> 不及韦等，各国亦未必听其连和。庸人徒扰，似无能为。"[①]

字里行间，能够看出袁世凯对大石正巳的到来，既有准备也有轻视。同样，大石正巳亦是有备而来。

大石正巳谒见过高宗李熙之后，便挨个拜见驻汉城各国公使，唯独不与袁世凯联络。这种有违外交常理的做法，令袁世凯对其恶感倍增，也对其加意防范。大石正巳还频频向朝鲜官员馈赠厚礼，欲图改变朝鲜上层对日本的印象。两国官员的热络关系令袁世凯感到紧张，为维护中朝间的宗藩关系，他无法容忍日本的介入。因此，袁世凯和大石正巳虽然还未谋面，但暗中的较量却已经展开。

日本在对朝外交文书中均称高宗李熙为"陛下"，以示尊重。大石正巳上任后，欲在对朝外交方面有所建树，便决定在"陛下"称谓一事上做个手脚。这天，朝鲜外署接到日本驻朝公使馆的公文，公文内称高宗李熙为"殿下"，令朝鲜官员大为吃惊。"陛下"和"殿下"虽仅一字之差，但含义确大不同。"陛下"是对帝王的尊称，而"殿下"则是对帝后、太子、公主、亲王的尊称。朝鲜官员不知如何处理此事，便前往袁世凯衙署请教。袁世凯听罢，觉得这是离间朝日关系的好契机，便说："倭拟效华为上国，殊无礼！可令外督办即退文令改。"但细问之下，袁世凯得知朝方已连续多日接收日本文书，此时拒收，恐日方回绝，便决定"待其相持，当相机摆布"，认为此乃"离间之一法"。[②]

袁世凯想等待机会"相机摆布"，可朝鲜方面却一分钟都不想等。很快，朝方向大石正巳提出称谓不当之问题，将公文退还，要求日方修改。大

① 沈祖宪辑录：《养寿园电稿》，《袁世凯史料汇刊》3，中国台北：文海出版社，1966年，第64页。
② 沈祖宪辑录：《养寿园电稿》，《袁世凯史料汇刊》3，中国台北：文海出版社，1966年，第65页。

石正巳见自己的小动作被识破，也不辩解，爽快地同意了朝方的要求。这次小小的暗中较量让大石正巳嗅到了袁世凯在朝鲜的地位，他决定亲自会会袁世凯。

1893年2月2日，大石正巳来到汉城衙署，拜见袁世凯。会面后，袁世凯用"举止颇高"四字来形容大石正巳，可见其对大石正巳的印象并未因此次会面有所好转，反而变得更加糟糕。袁世凯决定继续使用"离间之法"破坏朝日关系。

大石正巳著有《韩论》一文，内容以诟病朝鲜和朝鲜人为主。袁世凯寻得此文，如获至宝，设法交到高宗李熙手中。高宗李熙读罢，异常气愤。加之袁世凯不断从中挑拨，朝日关系又现裂痕。据袁世凯报告："近闻韩王殊憎大石，附倭群小均屏息不敢言倭事。渠自主邪说必无能为。"[1]袁世凯的目的已然达到，但他并未满足，他要让大石正巳为自己的傲慢付出更大的代价。此时，朝日间正在商讨"防谷令"赔偿事宜，袁世凯便决定利用此事做做文章。

所谓"防谷令"就是朝鲜地方政府限制粮食出口的禁令。光绪十五年秋，朝鲜咸镜道自然灾害频发，粮食歉收。该道监司赵秉式发布命令，禁止粮食出境。这里的禁止出境既指不许出口国外，又指禁止国内道府县间之输出。"防谷令"发布后，惹出了麻烦。

日本人要求撤销"防谷令"。原来，按照《韩日通商章程》，朝鲜方面的政令应于施行前一个月通知日方。但"防谷令"从通知日方到施行仅有半个月时间，这是日方要求撤销"防谷令"的借口之一。日方还认为咸镜道并无灾歉，这是日方要求撤销"防谷令"的借口之二。因上述借口，日方还要求惩处咸镜道监司赵秉式。朝鲜政府迫于日方的压力，撤销了"防谷令"，撤换了赵秉式，但日方的要求并未因此而止步。日本大豆商人声称在"防谷令"期间遭受巨额损失，要求朝鲜政府赔偿。此后，朝日两国政府就赔偿金额问题多次举行会商，但迟迟未达成一致。不久，黄海道亦发生"防谷令"事件，同样遭到日商的索赔要求。

---

[1]　沈祖宪辑录：《养寿园电稿》，《袁世凯史料汇刊》3，中国台北：文海出版社，1966年，第66页。

"防谷令"事件发生已三年，袁世凯并未上心。大石正巳到任后，频频倡导朝鲜自主，袁世凯始决定利用此事"离间"朝日。这天，大石正巳致函朝鲜外署，要求"防谷令"赔款17万元。应朝鲜政府请求，袁世凯为其代拟驳文，将赔款减至4.8万元。大石正巳接到驳文后，大怒，亲至朝鲜外署退文，并辱骂督办赵秉稷"丧心病狂"，吓得赵战战兢兢，不敢吭声。高宗李熙闻听此事，勃然大怒。他命令赵卷铺盖回家闭门思过，同时照会各国公使为朝鲜评理，并打算要求日本撤使。袁世凯虽然在想方设法"离间"朝日，但他希望的是两国关系维持在一个正常水平，不要过于亲密，更不能破裂。得知高宗李熙的打算后，袁世凯劝其仍令赵秉稷如常办公，并"照诘倭使令谢罪，切毋照知各国，且未易撤走，徒生纷扰"。[①]至于驳文，袁世凯嘱咐赵秉稷再送，并函告对方"如再退，即还其索赔文"，至于辱骂赵之事"姑不诘，迨结案后或告以前次无礼，此后未便再赴其馆；倘来周旋认错，即结束"。[②]可以看出，袁世凯事无巨细，件件都在为朝鲜出谋划策。

　　大石正巳再次接到驳文，当然无法认可，仍将其退回朝鲜外署。袁世凯见大石正巳如此顽固，便如前议"还其索赔文"，同时决定采取冷处理，叮嘱赵秉稷"姑不与商办，少待自将转圜"。[③]冷处理之法打消了大石正巳的斗志。他不仅遭到驻朝西方国家官员的嘲讽，而且还因此暴病一场。病愈后，他痛定思痛，决定向此事的幕后人物袁世凯抛出橄榄枝，请其"便酌"。袁世凯见对方主动联络，认为其"威待华使之意所存无几"。[④]他在密电李鸿章汇报此事时，称大石正巳"文词已遁"，[⑤]显然，袁世凯在此事中已占上风。

　　同日，袁世凯在致四叔袁保龄长子袁世承的一封家书中，是这样评价大石正巳的：

①　沈祖宪辑录：《养寿园电稿》，《袁世凯史料汇刊》3，中国台北：文海出版社，1966年，第71页。
②　沈祖宪辑录：《养寿园电稿》，《袁世凯史料汇刊》3，中国台北：文海出版社，1966年，第72页。
③　沈祖宪辑录：《养寿园电稿》，《袁世凯史料汇刊》3，中国台北：文海出版社，1966年，第73页。
④　沈祖宪辑录：《养寿园电稿》，《袁世凯史料汇刊》3，中国台北：文海出版社，1966年，第73页。
⑤　沈祖宪辑录：《养寿园电稿》，《袁世凯史料汇刊》3，中国台北：文海出版社，1966年，第75页。

"倭新来大石正巳自负奇才，在倭亦著名大讼棍，来韩未及
旬，时以悬案各事向外署滋闹，种种欺凌，实可恶。然容（袁世凯
自称）在此，岂容小丑猖獗？迭助韩人，此事发诸日间，气大阻，
如丧家狗，不值一笑。此亦大讼棍奇才耶？"[1]

但是，说大石正巳是丧家狗未免为时尚早。

实际上，大石正巳是面服心不服。他一边向袁世凯示好，一边密电日本
政府，建议武力占领仁川和釜山海关，借以恐吓朝鲜政府。日本外务大臣陆
奥宗光虽然对朝鲜早有企图，但认为此时出兵名不正言不顺，不仅违反中日
《天津条约》有关对朝出兵的条款，而且极易招来国际社会的谴责，便致函
大石正巳，要求其与袁世凯开诚合作。他说：

"此时不拟再言及他事，惟与袁氏交好。当实行此一手段时，
务使袁氏协赞我案，乐意劝说韩廷，以结束本案为上策。纵使朝鲜
政府不听袁氏劝告，无异使袁居中调停之劳归诸泡影，则袁对朝鲜
政府之感情必趋恶劣，朝鲜政府无异开罪于中、日两国。将来在本
案处理上，本政府必可多方防止与中国之纠纷。"[2]

陆奥宗光的策略是让袁世凯尽情居中调解，无论成败，其结果均对日本
有利。这段话还表明日本政府对袁世凯暗中操纵"防谷令"事件赔偿案一事
了如指掌。

大石正巳接到陆奥宗光的指示，便主动前往清政府驻汉城衙署。据袁世
凯回忆，大石正巳"情词婉殷"请其调处咸镜道"防谷令"赔偿案，并主动
将赔偿金额减至9万元。事后，袁世凯致电李鸿章，称："窥其词意，似知主

---

[1] 袁世凯：《袁世凯家书》，《史料丛刊（10）》，台湾："中央研究院"近代史研究所，1990年，
第88页。

[2] 林明德：《袁世凯与朝鲜》，《"中央研究院"近代史研究院专刊（26）》，中国台北："中央研究院"
近代史研究所，1984年，第313页。

持北道案，故来谆求，殊可怜。"①很显然，袁世凯至此方知日方洞悉其在此案中的作用。所谓螳螂捕蝉，黄雀在后，袁世凯在"离间"朝日关系时，并不晓得日本正在坐等中朝关系出现裂痕。这是一个危险的信号，不过，无论是袁世凯还是李鸿章对此并无警觉。

这时发生了一件外交大事令此案逆转。大石正巳无法就赔偿金额与袁世凯和朝鲜外署达成一致意见，便欲谒见高宗李熙陈说一切。高宗李熙对其非常厌恶，不愿召见。恰在此时，日本陆军参谋本部次长川上操六到访汉城，大石正巳便利用此机会谒见了高宗李熙。这里需要多说一句，川上操六此次访问汉城后，还将去中国考察，其目的是为甲午战争做军事上的准备。他在汉城还拜见了袁世凯，并携带新式枪支两杆，准备到中国后赠给李鸿章。袁世凯对其印象颇好，称其"有名望，甚明白"，②并邀其共进午餐。从这件小事中，您一定会品味出甲午战败的蛛丝马迹吧！我们再将视线回到大石正巳身上。

大石正巳得以随川上操六谒见高宗李熙，自然非常高兴。他事前做了充足的准备，并将"防谷令"索赔要求汇成一册，准备呈给高宗李熙。但凡事往往乐极生悲，大石正巳百密一疏，在谒见当天竟然未穿正式官服。高宗李熙本对大石正巳非常反感，正愁无机会将其逐出朝鲜，便利用此事大做文章，"命商筹撤倭使"。③朝鲜撤使突破了袁世凯处理朝日关系的底线，他必须出面阻止。袁世凯对高宗李熙说："撤使实不易，徒增辱。不如遣人传谕倭使，此次无礼姑宽恕。如再着常服，必不予见。"④

大石正巳并非泛泛之辈，在见高宗李熙前，他为自己准备了后手。原来，大石正巳因解决"防谷令"案遥遥无期，向日本外部重提武力占领仁川和釜山海关的建议。日本外部经过评估，决定向朝鲜政府发出最后通牒，限期14天解决"防谷令"赔偿案。就在高宗李熙"商筹撤倭使"之时，大石正巳将日本外部的最后通牒送到了朝鲜外署。高宗李熙见到最后通牒，勃然大

① 沈祖宪辑录：《养寿园电稿》，《袁世凯史料汇刊》3，中国台北：文海出版社，1966年，第78页。

② 沈祖宪辑录：《养寿园电稿》，《袁世凯史料汇刊》3，中国台北：文海出版社，1966年，第81页。

③ 沈祖宪辑录：《养寿园电稿》，《袁世凯史料汇刊》3，中国台北：文海出版社，1966年，第82页。

④ 沈祖宪辑录：《养寿园电稿》，《袁世凯史料汇刊》3，中国台北：文海出版社，1966年，第82页。

怒，立命外署电令朝鲜驻日本公使请日本政府撤回大石正巳。撤使几同绝交，是外交上最严重的事件。袁世凯闻讯后，"力劝阻并追销去电"，并劝高宗李熙只将大石正巳"无礼各节由外署详饬驻倭韩员函请倭外部申斥"。袁世凯认为这么做，即使日本外部"不许亦易结束"，如果撤使遭到拒绝，则"颇难善后"。①

时间在一天天过去，朝日始终无法就"防谷令"赔偿金额达成一致。到离最后期限仅剩四天时，日本政府威胁要撤使，这次轮到朝鲜政府紧张了。外署督办赵秉稷惊吓之余，递上辞呈，高宗李熙命南廷哲继任。为争取更多时间，袁世凯提出将此案移往东京办理，高宗李熙同意。但此时谈判的主动权已经控制在日本人手里，能不能去东京结案还得看大石正巳的态度。

距最后期限还剩两天时，袁世凯冒雨前往日本公使馆拜会大石正巳。请注意，这是袁世凯首次主动拜会大石正巳，也标志着日本掌握了此事的主动权。袁世凯对大石正巳说："倭韩生事，亚局全动，他国乘之，遗害匪细，不可因小误大。"大石正巳推说此乃"政府意，不能自便"。袁世凯判定其"似已定意，不可挽"。②

果然，最后一天过后，大石正巳"不肯待，欲即撤回"。当时东学党频频起事，民心不稳。朝鲜政府不愿再添变故，急于与日本达成协议。大石正巳亦审时度势，开出11万元的赔偿金额用以解决"北道、黄海及琐事三案共五案"。朝鲜外署督办南廷哲将此方案告予袁世凯，袁世凯"嘱其照允"。至此，"防谷令"赔偿案画上句号。袁世凯对此的评价是："倭人虽未能如愿相偿，亦可稍餍其欲。韩以五案笼统并结，亦不至过形吃亏，庶为两全。"③

此事过后，袁世凯身心俱疲。他在致袁世承的信中说：

"近因韩邪教聚至数万名，在京外三百八十里报恩地方，鉴旗招旌，声称讨倭洋人。又倭使大石为索赔案闹事，几至下旗开衅。

① 沈祖宪辑录：《养寿园电稿》，《袁世凯史料汇刊》3，中国台北：文海出版社，1966年，第83页。
② 沈祖宪辑录：《养寿园电稿》，《袁世凯史料汇刊》3，中国台北：文海出版社，1966年，第92页。
③ 林明德：《袁世凯与朝鲜》，《"中央研究院"近代史研究所专刊（26）》，中国台北："中央研究院"近代史研究所，1984年，第316页。

> 两事并发，韩人毫无主见，皆待容（袁世凯自称）为主持筹办。内
> 须抚辑，外须调停，每日寝食不暇。现经依次办完，教匪已散，倭
> 案已结，而容劳甚矣。"①

不过，袁世凯虽然辛苦，但在与大石正巳的较量中，他并未占得丝毫便宜，反而令其形成一个错觉，即日本不会出兵朝鲜，当然，这都是拜日本外务大臣陆奥宗光所赐。陆奥宗光为使袁世凯及清政府保持这个错觉，将大石正巳调走，命大鸟圭介为日本驻朝公使。此人是在甲午战争前第二个与袁世凯面对面较量的日本人。

大鸟圭介，1832年出生，日本兵库县人，早年学习军事学、工学，是"大鸟活字"印刷工艺的发明人。大鸟圭介40岁前是武将，40岁后任职日本工部，成为大学长，可谓文武全才。1889年6月任日本驻北京全权公使，涉足外交。四年后，即1893年兼任驻朝鲜公使，开始与袁世凯打交道。

袁世凯首次与大鸟圭介会面是在1893年10月7日。当天，袁世凯在致李鸿章的密电中说："顷答拜大鸟，与凯约遇事开诚相商，无稍嫌介。并称拟驻韩数月，今年不往北京。"②可见，大鸟圭介表现得相当积极诚恳。从袁世凯的话语中也可看出，其对大鸟圭介的印象是非常好的。袁世凯之所以对大鸟圭介印象好，还有一个原因。大鸟圭介抵朝后不久即与袁世凯会晤，一个月后才谒见朝鲜高宗李熙。这个做法与其前任大石正巳正相反，透露出大鸟圭介的善意。不过，大鸟圭介未能谒见高宗李熙还有一个原因，即日本天皇拒绝接见朝鲜公使，故作为报复，高宗李熙一直对大鸟圭介避而不见。大鸟圭介的善意还不止一件。

是年，朝鲜又遇灾荒，米价腾贵。朝鲜政府决定再次实施"防谷令"，并请袁世凯与各国驻汉城官员协商。其他国家的官员均无意见，唯独大鸟圭介"意似不愿"。③但经袁世凯调节，大鸟圭介最终还是答应了。东亚人最讲面子，大鸟圭介将这个面子给了袁世凯，再次向其表达了善意。然而，过了不到

---

① 袁世凯：《袁世凯家书》，《史料丛刊（10）》，中国台北："中央研究院"近代史研究所，1990年，第97页。

② 沈祖宪辑录：《养寿园电稿》，《袁世凯史料汇刊》3，中国台北：文海出版社，1966年，第101页。

③ 沈祖宪辑录：《养寿园电稿》，《袁世凯史料汇刊》3，中国台北：文海出版社，1966年，第101页。

半个月，大鸟圭介便向袁世凯提出请朝鲜弛禁米粮出口的"防谷令"。袁世凯接受了大鸟圭介的善意，也愿给其回报，便"条述利害，切劝韩廷弛防"。[1]此后，大鸟圭介两度与袁世凯相商解决此事。袁世凯亦投桃报李，努力与朝鲜政府交涉，并最终使"防谷令"于甲午年二月一日（1894年3月7日）开禁。

不过，紧接着发生的另一件事却在善意的外衣下暗含阴谋。1894年3月26日，大鸟圭介派人向袁世凯密告"金玉均带华日人各一名，前三日自日乘日船赴沪，约日间可到"。袁世凯不敢怠慢，当即密电李鸿章，称大鸟圭介"意似听华处治"金玉均，并请示可否"饬沪道密派干役，待其登岸，即跟捕解韩，以释韩日怨而悦藩人心"。[2]金玉均是甲申政变元凶，这点读者已经清楚；朝鲜高宗李熙欲将其绳之以法，这点袁世凯非常清楚；袁世凯欲杀之而后快，这点日本人更清楚。

甲申政变后，清政府和朝鲜政府就遣返金玉均一事与日本政府进行过多次协商，但时任日本外务大臣井上馨以金为国事犯，"不时日本与朝无交犯之约，即预有交犯约章，似此等国事犯人亦照例照公法不能送交。非特朝鲜一国如是也，纵将来查有实据，亦只能照日例惩办，决不能送回朝鲜"。[3]这就等于变相为金玉均提供了保护，令清政府和朝鲜政府无可奈何。此后，日本政府一为缓和朝日关系，二为保护金玉均，便于1886年8月9日将其放逐小笠原群岛。1890年，金玉均恢复自由，定居东京。但清政府和朝鲜政府对金玉均的仇恨并未因时间的推移而减少，袁世凯更是一刻也未曾忘记他。

金玉均与日本自由党关系密切，而前任日本驻朝代理公使大石正巳就是自由党，对此，袁世凯颇为警惕。大石正巳抵朝后不久，便有谣言称东学党起事，袁世凯经多方探听，认定此事与金玉均大有关系，他致电李鸿章说：

> "近闻金玉均时与李昰应通信，前微谣，倭人辄惊逃；今甚骚，反而安堵。该匪旗书斥倭，大石未诘韩廷。时有倭人往来匪

① 沈祖宪辑录：《养寿园电稿》，《袁世凯史料汇刊》3，中国台北：文海出版社，1966年，第102页。
② 沈祖宪辑录：《养寿园电稿》，《袁世凯史料汇刊》3，中国台北：文海出版社，1966年，第106页。
③ 郭廷以、李毓澍主编：《清季中日韩关系史料》第5卷，《中国近代史资料汇编》，中国台北："中央研究院"近代史研究所，1972年，第1986页。

薮，种种可疑，或大石、玉均、显应均在其内，故书斥倭以掩迹，使人不备。"①

　　东学党是否与日本人有关系暂且不论，袁世凯的这些话说明：金玉均一直是他的心病。袁世凯的心病日本人当然知晓，那他们为什么还将金玉均往沪的消息密告袁世凯呢？难道他们不怕袁世凯会对金玉均不利？

　　他们当然不怕，他们不仅不怕，而且还想利用金玉均这枚棋子下一盘很大的棋。当时，日本已经在军事上和舆论上做好了对华战争的准备，唯一欠缺的就是一根战争的导火索，而金玉均离日赴华这件事本身就有形成导火索的可能。因为无论他来华还是返朝均有生命危险，而他的危险则足以在日本自由党那里形成战争的借口。金玉均乘船离开日本的次日（3月24日），外相陆奥宗光便密电驻沪总领事大越成德，要求其"密探金玉均此行目的并监视其抵沪后行踪"。②堂堂日本外相竟对一名国事犯如此关注，其目的引人猜想。也许就在同一天，陆奥宗光的电报也秘密发至汉城，而袁世凯从大鸟圭介那里得出的"意似听华处治"的结论，应该是陆奥宗光的意旨。因为如果中国人杀了金玉均，日本则会利用此事引发对华战争。此言并非臆造，有关寻找甲午战争借口的事，陆奥宗光本人在其著作《蹇蹇录》中有详细的回忆。

　　可惜，人算不如天算，金玉均到沪次日便被朝鲜人洪钟宇枪杀。日本驻沪总领事大越成德立即密电外相陆奥宗光汇报了此事。同时，日本著名教育家、思想家、金玉均的老师福泽渝吉得知此凶信后，立即组织金氏友人会，并派人赴沪为金玉均收尸。他们还利用此事在日本大肆宣传，诬蔑中朝的举动是对日本国威和国权的蔑视，激起了日本朝野维护国权的呼声。4月4日，陆奥宗光密电驻沪总领事大越成德，告知其"有几名日本人今日乘邮船起程赴沪为金玉均收尸"，并嘱咐"得到我随邮船寄去的指令前不要采取任何行动"。但此时金玉均的尸体已经交给中国政府，朝鲜政府也已派人赶往上海处理此事。大越成德便致电陆奥宗光，请其阻止日本人来沪收尸。但是陆奥宗光予以拒绝，称

　　① 沈祖宪辑录：《养寿园电稿》，《袁世凯史料汇刊》3，中国台北：文海出版社，1966年，第86页。
　　② 《297　3月24日陆奥外务大臣致电上海在勤大越总领事代理宛（电报）》，《金玉均暗杀一件》，《日本外交文书》第27卷第1册，无出版信息，第483页。原件为英文，作者自译。

"这些日本人自行其事，无由阻止"，并叮嘱大越成德对其"有关金玉均事件的所有指令予以保密"。①陆奥宗光是日本外相，他对此事如此关注，其目的已经昭然若揭。但令他失望的是，杀害金玉均的不是中国人，而且行凶者洪钟宇和金尸均已回到朝鲜，此事行将偃旗息鼓。谁知金尸运回朝鲜，波澜再起。

朝鲜当局对金玉均恨之入骨，路人皆知。袁世凯知道金玉均与朝鲜大院君李昰应等部分高官暗中有书信往来，担心金尸运回的同时，也会把他的遗物带回，便密电李鸿章，请上海方面"将金玉均行李检查，凡文迹均焚之，庶可保吏命"。②金尸运回朝鲜，日本方面也有担心，但这种担心则与为战争寻找借口有关。日本外务大臣陆奥宗光先后密电日本驻朝鲜公使大鸟圭介和驻清公使小村寿太郎，要求他们"劝告朝鲜当局勿戮尸或对金尸做出任何非人道的举动"。③显然，陆奥宗光对金尸回到朝鲜后将要得到的"待遇"一清二楚。大鸟圭介将陆奥宗光的要求转达给朝鲜当局后，遭到了拒绝。袁世凯知道后，劝告朝鲜当局以"金尸来不过检验，无戮尸意"④安抚大鸟圭介。但朝鲜当局看似主意已定，无法逆转。大鸟圭介为此组织各国驻朝使节会议，欲给朝鲜施加压力。在会上，大鸟圭介遭到了俄国公使韦贝的挑战。韦贝问："金玉均是何国籍？"大鸟圭介答："是朝鲜籍。"韦贝说："既是韩籍，应由韩自办，我辈只可遣人劝商，未便干预其内政。"⑤俄国公使的一句话令大鸟圭介哑口无言。三天后，金尸于深夜被凌迟。之后，金玉均被掩埋在竹山。而日本政府对此也不再发表意见。1894年4月26日，大鸟圭介告诉袁世凯，他将在"七八日内回日"。⑥5月5日，大鸟圭介抵仁川，准备返日。至此，袁世凯与大鸟圭介和平相处的时光结束。等大鸟圭介再次回到朝鲜时，则换上了一副狰狞面孔。

① 《311 4月4日陆奥外务大臣致电上海在勤大越总领事代理宛（电报）》，《金玉均暗杀一件》，《日本外交文书》第27卷第1册，第499页。原件为英文，作者自译。

② 沈祖宪辑录：《养寿园电稿》，《袁世凯史料汇刊》3，中国台北：文海出版社，1966年，第107页。

③ 《315 4月10日陆奥外务大臣致电朝鲜国驻扎大鸟公使宛（电报）》，《金玉均暗杀一件》，《日本外交文书》第27卷第1册，第503页。原件为英文，作者自译。

④ 沈祖宪辑录：《养寿园电稿》，《袁世凯史料汇刊》3，中国台北：文海出版社，1966年，第111页。

⑤ 沈祖宪辑录：《养寿园电稿》，《袁世凯史料汇刊》3，中国台北：文海出版社，1966年，第113页。

⑥ 沈祖宪辑录：《养寿园电稿》，《袁世凯史料汇刊》3，中国台北：文海出版社，1966年，第114页。

大鸟圭介走后，日本驻朝公使一职由杉村濬暂代。这时，朝鲜东学党在全罗道起事，高宗李熙派兵往剿。但苦于无船运兵，只好求助于袁世凯。恰好"平远"舰正停泊仁川港，于是，它便承担了运载朝鲜兵的工作，袁世凯还命徐邦杰带几十华兵随船侦察。杉村濬闻听此事，立命公使馆译员前往朝鲜外署询问。

> 译员问："平去何为？"
>
> 外署答："借送韩兵。"
>
> 译员问："华兵下岸否？"
>
> 外署答："不定。"
>
> 译员回："倘下岸，须按乙酉约知照。"
>
> 外署答："既在津约，应由华知照，非韩所知。"①

这段对话经朝鲜外署向袁世凯报告后，再由袁世凯密电李鸿章，最后由李鸿章禀告总理衙门。李鸿章在禀告此事时，还加了一句自己的看法，即"倭人意在知照，亦无派兵之说"。②这话似曾相识，因为就在一个月前，袁世凯在朝鲜与日本因金玉均案等事件纷争迭起之际，也曾以"应不至遽有兵端，调兵来韩说或未必确"③之语向李鸿章汇报过。然而事实证明，李、袁二人的判断完全错误。

抵达全罗道的朝鲜士兵毫无战斗力，被东学党打得大败，高宗李熙不得已，请求袁世凯派遣华兵代朝鲜剿匪。日本驻朝代理公使杉村濬闻讯后，即派译员郑永邦前往汉城衙署刺探清政府态度。

> 郑永邦："匪久扰，大损商务，诸多可虑，韩人必不能了，愈久愈难办。贵政府何不速代韩戡？"

① 《（944）北洋大臣来电二》，《清光绪朝中日交涉史料》卷 13，北京：北平故宫博物院，1932 年，第 6 页。

② 《（944）北洋大臣来电二》，《清光绪朝中日交涉史料》卷 13，北京：北平故宫博物院，1932 年，第 6 页。

③ 沈祖宪辑录：《养寿园电稿》，《袁世凯史料汇刊》3，中国台北：文海出版社，1966 年，第 109 页。

　　袁世凯答：“韩廷亦有此请。我政府冀其习战自强，尚未核准。”

　　袁世凯问：“我如派兵，应由何处知照？”

　　郑永邦答：“由总署、北洋均可，我政府必无他意。”①

　　对话虽短，意义颇深。杉村濬听完郑永邦的汇报后，立即致电外务大臣陆奥宗光，告以“朝鲜政府已向中国政府请求援兵”②之事，时间是1894年6月2日。杉村濬的来电对陆奥宗光及伊藤博文内阁来说，不啻于救命稻草，因为就在前一天，日本众议院刚刚通过了谴责内阁的上奏案，而日本内阁也针锋相对，决定向明治天皇奏请解散议会。陆奥宗光将杉村濬的电报交给内阁阁员传看，并主张向朝鲜派兵，以维持中日两国在朝鲜的均势。伊藤博文当即请参谋总长栖川宫炽仁亲王及参谋本部次长川上操六到会密商，最终做出向朝鲜派兵的决定。

　　随后，陆奥宗光命令大鸟圭介随时做好返朝的准备，并与海军大臣协商，派“八重山”号军舰及海军陆战队与大鸟圭介同行，并赋予大鸟圭介指挥军舰和海军陆战队的权力。日本内阁的决策是秘密的，同时，他们还制订了一个“尽可能的居被动地位”的方针，即“事事使中国成为主动者”，③并尽量让事态控制在中日之间，不波及第三国。

　　其实，日本内阁尤其是外务大臣陆奥宗光一直在默默地执行着所谓的“居被动地位”的方针，这点从他撤回锋芒毕露的大石正巳，派来虚以委蛇的大鸟圭介便是证明。这个方针是见效的，因为无论是袁世凯还是李鸿章在战争开始的最后阶段仍然以为日本不会出兵。而陆奥宗光本人对此更是扬扬自得，他说：

　　　　“袁世凯看到日本从明治17年（1884年）以来，在朝鲜的势力有
　　些衰退，又看到日本在明治23年（1890年）宪法实施后，政府和议会

---

　　① 《（949）北洋大臣来电一》，《清光绪朝中日交涉史料》卷13，北京：北平故宫博物院，1932年，第7页。

　　② 陆奥宗光：《蹇蹇录》，北京：商务印书馆，1962年，第9页。

　　③ 陆奥宗光：《蹇蹇录》，北京：商务印书馆，1962年，第10页。

之间经常发生冲突，认为我国政府决不可能作出派兵出国这样重大的决策，便想乘机扩大中国在朝鲜的势力；另外，驻我国的中国公使汪凤藻，也因看到我国官民的争执日益加剧，便错误地断定日本决没有对外生事的余力。两人都向中国政府提出不谋而合的意见，这可能就是中国政府从一开始就将彼我形势判断错误的一个原因。"[1]

陆奥宗光这席话，可谓字字如针，刺在了中国外交的软肋上。每日工作在外交最前线的官员竟然会对日本的战争企图做出错误判断，看来甲午战争之败首先是外交之败。

1894年6月3日，朝鲜政府正式将乞兵书交予袁世凯，并由袁世凯转交给李鸿章。李鸿章接到乞兵书后，一面调兵出征，一面电报驻日公使汪凤藻，请其照会日本政府，中国将"派兵援助，保护属邦"。日本政府接到照会的次日，即回复称日本"从未承认朝鲜国为中国之属邦"。同时命日本驻北京临时代理公使小村寿太郎，照会总理衙门，称日本根据《天津条约》，亦将出兵朝鲜。至此，日本完成了出兵朝鲜的全部外交手续。

由于朝鲜政府已经与东学党起义军议和，朝鲜重归和平，不再需要援兵。朝鲜政府致函袁世凯，请中国撤兵。此时，中国兵已经抵朝，日本驻朝公使大鸟圭介也与日本兵一起回到朝鲜。袁世凯见大鸟圭介带兵进入汉城，非常担心。袁世凯多次提议与大鸟圭介会谈，均被其拒绝。

6月12日，大鸟圭介突然拜访袁世凯。

> 大鸟圭介称："有800日兵本为保护汉城使馆而来，他们一到，就将目前在汉城的800水师撤回，后续来兵不会登岸，原船回日。未出发的日兵即电阻之。希望中国亦不在汉城增兵。"
>
> 袁世凯问："日兵共14船，一共有多少兵？"
>
> 大鸟圭介答："每大队800人，共三大队。"
>
> 袁世凯说："我国听说日本增兵，也会多派军队，双方必生

---

① 陆奥宗光：《蹇蹇录》，北京：商务印书馆，1962年，第11页。

嫌隙。如果西人派兵，从中渔利，亚洲危矣。亚洲危，中日必受损失。我深知此事于中日无益，故未调一兵来汉城。"

大鸟圭介答："此言甚是。我已经年逾六旬，不想生事，回到使馆就电阻吾国派兵。"

袁世凯说："希望减少汉城驻兵，将军队移驻仁川。"

大鸟圭介道："我国原派兵不止800，而且将一队兵分驻也不好管理。东学党起义军虽已退去，但兵事未解。事定后，我军必全撤，不会久留。"

大鸟圭介又说："听说贵国已派兵2000来汉城，这样的话，撤兵之事就非常不容易了。"

袁世凯说："我国听说贵国加兵，才决定增兵。你如果能阻止贵国增兵，我也可以电止我国加派。"

袁世凯将此次谈话内容电寄到天津，李鸿章阅后决定停止继续增兵朝鲜。翌日，袁世凯到大鸟圭介处，询问阻止增兵的落实情况。

大鸟圭介说："我们日本兵在船上日久，需要下船登岸休息。我已派杉村濬前去与带兵将领沟通，最好不让士兵登岸。"

袁世凯说："最好不登岸。"

大鸟圭介表示力劝。袁世凯又与大鸟圭介谈及减少汉城驻兵，大鸟圭介允酌减。显然，大鸟圭介已经在寻找借口拖延撤兵，但袁世凯并未予以足够的警惕。两天后，日本政府通过"朝鲜内政改革案"，为继续驻兵寻找借口。当晚，外务大臣陆奥宗光电告大鸟圭介勿从朝鲜撤兵。大鸟圭介表示遵命。对此，袁世凯并不知情，还是继续与大鸟圭介商讨撤兵事宜。到6月18日，袁世凯发现驻扎在仁川租界的日兵已经达到5000人。各国驻朝公使欲约谈日本公使大鸟圭介，但其均置之不理。袁世凯这才明白上了日本人的当，他致电李鸿章说：

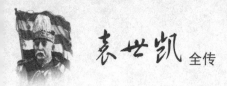

"华嘱勿多派兵，而竟派至五千；嘱不入内地，而反请会剿。

凯迭与商，均反覆，极可恨，恐非口舌所能争。"①

之后，日本一方面利用"朝鲜内政改革案"，迫使朝鲜脱离中国；另一方面则不断增兵，至6月底，抵朝日兵已近万人。7月1日，袁世凯电告李鸿章大鸟圭介将"拟照公法作梗例，兵押凯出，果尔辱甚，只可照万国使例，送文知照韩国，回国禀商请兵伐韩"。②当天，李鸿章回电劝勉袁世凯"要坚贞，勿怯退"。

此时，朝鲜迫于日本压力，已经同意"自主"。高宗李熙派赵秉稷会晤袁世凯，赵称："现在形势危险，只可暂时顺从日本，同意朝鲜自主，等事情风头过去，以后再改过来。"朝鲜"自主"是第一步，如果否认属国，中国出兵援助藩属的理由就不再存在。这时，俄国、法国公使告诉袁世凯，朝鲜人给日兵送饭送肉，犒赏甚丰。袁世凯一听，顿觉再留朝鲜，徒受其辱，表示"此甚难见人，应下旗回。拟留唐守看馆探事，俟见韩文稿不认属，即赴仁"。③

接下来的两天，袁世凯的公署门可罗雀，无人来访。高宗李熙任金宏集为总理外务大臣与日本商讨改革事宜，袁世凯已经无力干预。见上国地位已经名存实亡，袁世凯电李鸿章称：

"凯为使系一国体，坐视胁凌，具何面目？如大举，应调凯

回，询情形，妥筹办。暂不举，亦应调回，派末员仅坐探，徐议后

举，庶全国体。"④

① 《(998)北洋大臣来电三》，《清光绪朝中日交涉史料》卷13，北京：北平故宫博物院，1932年，第18页。

② 《(1047)北洋大臣来电一》，《清光绪朝中日交涉史料》卷13，北京：北平故宫博物院，1932年，第28页。

③ 《(1067)北洋大臣来电五》，《清光绪朝中日交涉史料》卷14，北京：北平故宫博物院，1932年，第3页。

④ 《(1072)北洋大臣来电一》，《清光绪朝中日交涉史料》卷14，北京：北平故宫博物院，1932年，第6页。

这是袁世凯第三次请求回国。一般认为，这是袁世凯胆小怕死的表现。其实，袁世凯并不怕死，下面的例子也许可以给袁世凯正名。

这天，袁世凯收到一份大鸟圭介的照会。原来，总兵聂士成向大鸟圭介出示了一份有"保护属邦"字样的告示，大鸟无理取闹，据此诘问袁世凯。袁世凯据理力争回复道：

> "查聂军门所出告示字样，系照我国与朝鲜向来体制应行各节办理，数百年例案备载章籍可考，固非初出新裁。至朝鲜与各友国立约交际，内治外交，向由自主，并曾与欧西各国照会声明在案，无俟贵公使来文声明，本总理久已知悉。惟贵公使如何视，断非所与闻。"

应该说，袁世凯在日兵包围下，能够站在国家的立场严词反击大鸟圭介，是非常难得的。大鸟圭介在回复袁世凯时，说：

> "倭廷认韩自主独立，照约实迹不可移，勿再叙。至谓例案章籍不可推究于今，非我应与闻。"[①]

看看，大鸟圭介完全是一副无赖嘴脸，不敢与袁世凯有丝毫辩论。

7月13日夜，袁世凯突然发烧，请来洋医诊看，体温高达38摄氏度，采用冰块退烧后，有所缓解。由于不能视事，袁世凯委派唐绍仪代其处理日常事务。两天后，俄国驻华公使韦贝前来会晤袁世凯。韦贝此行是应李鸿章之请，前来调解中日朝三国关系。前一天，他已经会晤了日本驻朝公使大鸟圭介。袁世凯尚在病中，会晤在其卧室举行。通过交谈，袁世凯感觉韦贝的调解于事无补，但还是客气地说："阁下到此，想定有妙计调解。大鸟圭介是否真愿和解，请探听明白，再来告我。"袁世凯知道大鸟是为战争而来，韦贝此行必将空手而归。

三天后，即7月18日，光绪帝下旨，同意将袁世凯调回天津。至此，袁世凯结束了为期九年的朝鲜外交生涯，也结束了近12年的朝鲜岁月。

---

① 《（1111）北洋大臣来电三》，《清光绪朝中日交涉史料》卷14，北京：北平故宫博物院，1932年，第15页。

第四章 军旅生涯

懂军事和能够拥有一支属于自己的军队是有着天壤之别的两回事，后者也许是每一个懂军事的人都梦寐以求的。通过甲午战争，袁世凯懂军事之名靠其本人的运作得以在官场传播开来。但这只是个开始，他要的是一支能够归自己管理、调遣、指挥的忠诚于他本人的军队。他做到了，不仅做到了，他还通过这支军队培养了无数叱咤中国政坛和军队的官员和将军，而这些人基本上都对他唯命是从。

第一节 参战甲午 负责营务

1894年7月19日，袁世凯在仁川乘"扬威"舰[①]返国，21日过烟台，22日夜抵达天津。[②]

回到国内的袁世凯知道，他首先要面对的便是"工作分配"问题。请注意，此时袁世凯仍然身膺"总理朝鲜交涉通商事宜"的头衔，对朝鲜事务和

---

① 袁世凯返国所乘何舰有"扬威"和"平远"两种说法。王信忠著《中日甲午战争之外交背景》、林明德著《袁世凯与朝鲜》、李宗一著《袁世凯传》等均认可"平远"舰之说。查阅《申报》，发现该报在1894年7月26日和28日两天的报道中，均以访事人即记者的身份，明确写明袁世凯乘"扬威"舰经烟台返回天津，且有"启行之际，众目昭彰"之句，表明袁世凯返国乃光明正大之举，毫无偷偷逃跑之嫌。笔者认可《申报》的"扬威"舰之说，田保桥洁著《近代日鲜关系之研究》亦持是说。

② 张佩纶《涧于日记》记载：（六月）二十日晴……夜，袁慰亭自朝鲜回。（张佩纶：《涧于日记》，吴相湘主编：《中国史学丛书》，中国台北：台湾学生书局，1966年，第2336页。）

形势非常了解且有充分的发言权。对此，北洋大臣李鸿章和北京的军机大臣都相当清楚。李鸿章器重袁世凯，自不必说，北京亦有意召回袁世凯。

就在一个星期前，清政府为应对朝鲜危机，临时组成了一个由军机大臣、总理衙门大臣以及户部尚书翁同龢和礼部尚书李鸿藻为班底的临时机构"会约商议朝鲜国事"。翁同龢是帝师，地位显赫。李鸿藻和李鸿章这两个名字听起来像兄弟，其实，前者是直隶高阳人，后者是安徽合肥人，两人并无血缘关系。论职位，李鸿藻位至军机大臣，虽在光绪十年（1884）因事降级被调离军机处，但仍官礼部尚书兼刑部尚书，是汉官中的翘楚；而李鸿章虽然名气大，但也仅是位居疆臣首辅的地方官，难与李鸿藻同日而语。袁世凯抵津次日，该临时机构即令其来京"备询问韩事"。①

能够去北京面见当朝一众高官，对绝大多数地方官来讲都是难以抵挡的诱惑。袁世凯当然想进京。朝鲜危机爆发后，北洋尤其是李鸿章的处境很不好。袁世凯在京中亦有眼线，比如徐世昌、堂弟——三叔袁保恒之子袁世勋等，或许早将光绪帝"欲议处北洋"②的消息通知了袁世凯，所以袁世凯决定进京说明情况。但他的一举一动绕不过顶头上司北洋大臣李鸿章，而李鸿章对其入京一事并不持积极态度。于是，我们看到一份由李鸿章亲撰的为袁世凯请病假的电文：

> 昨奉电旨饬袁世凯迅速来京，当即转饬。钦遵。该道沥陈在韩抱病日久，心神恍惚，头目眩晕，坐立不稳，正在延医调治。欲即赴召，万难撑持，可否代乞赏假，稍愈即力疾进京。鸿察看神气憔悴，实因久劳烦忧所致，似宜准暂静养，冀早复原，力图报效。祈代奏。③

按照李鸿章的描述，袁世凯"心神恍惚，头目眩晕，坐立不稳"，看来

---

① 陈义杰整理：《翁同龢日记》第 5 册，北京：中华书局，1997 年，第 2711 页。

② 陈义杰整理：《翁同龢日记》第 5 册，北京：中华书局，1997 年，第 2708 页。

③ 《（1227）北洋大臣来电二》，《清光绪朝中日交涉史料》卷 15，北京：北平故宫博物院，1932 年，第 22 页。

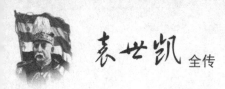

只能卧床休息了。但事实却与此大相径庭。

抵津次日，袁世凯便专门拜访了张佩纶。身为李鸿章之婿，张佩纶当时暂住于李鸿章府第，所以袁世凯拜会张也是接近李。张佩纶还有一个身份，即李鸿藻的门生。中国人讲关系，讲圈子，张佩纶的圈子可谓冠盖云集，比如，袁世凯在张佩纶住处便会晤过盛宣怀——中国近代史一位出类拔萃的人物。袁、盛二人的交往可以抵得上半部中国近代史，后面还会多次讲到，这里还是继续质疑袁世凯的"病情"吧。

据张佩纶《涧于日记》记载，从抵津到授命主持前敌营务的一个半月的时间里，袁世凯共计前往张佩纶府拜见11次，其中有两日甚至是一日两次。可见，其身体并非"坐立不稳"。他不仅能走能坐，而且能谈。因此，有学者认为袁世凯是在装病，以期逃过北京的审查。但以袁世凯当时的职位，怕是没有胆量欺骗北京。即使有，他也没有同北京直接打交道的资格，他和北京之间还隔着一个李鸿章。也许，李鸿章是袁世凯"装病"的始作俑者。这点，张佩纶在《涧于日记》中给予了证实。他在光绪二十年七月初四日（1894年8月4日）的日记中写道："电欲慰亭入都，帅意不可。"[1]至于帅意为何不可，张佩纶未予解释。

不过，李鸿章本人却给出了解释。就是女婿张佩纶写下"帅意不可"日记的当天，岳父李鸿章致电军机处，称"袁世凯病体小愈"，拟令其以原职赴朝"办理抚辑事宜"。[2]对此，军机处复电表示同意。就这样，袁世凯有了一个新职务：总理朝鲜交涉通商兼抚辑事宜。

对此项任命，袁世凯并不满意。朝鲜是其伤心地，他不愿再回去；天津是北洋的总部，而北洋已尽显衰相，他亦不愿久留。就在此时，光绪帝批评李鸿章掌控下的北洋水师"船械不足，训练无实"，认为其"未能远虑"，难辞"预为防范疏慢之咎"。[3]或许袁世凯从光绪帝对李鸿章的批评中品味出

① 张佩纶：《涧于日记》，吴相湘主编：《中国史学丛书》，中国台北：台湾学生书局，1966年，第2346页。

② 《（1304）北洋大臣来电一》，《清光绪朝中日交涉史料》卷16，北京：北平故宫博物院，1932年，第8页。

③ 《（1325）军机处密寄李鸿章上谕》，《清光绪朝中日交涉史料》卷16，北京：北平故宫博物院，1932年，第14页。

了北洋的惨淡未来，他开始为自己的前途忙碌起来。袁世凯知道自己的前途掌握在北京大员手中，而他在京最可靠的关系就是时任户部员外郎的堂弟袁世勋。

1894年8月16日，袁世勋登门拜见翁同龢。翁与袁世勋同在户部，乃上下级关系，翁为尚书，袁是员外郎。查《翁同龢日记》可知，袁世勋并非翁府常客，他此次乃专程为袁世凯前途一事而来。翁同龢是这样记录这次会面的：

> 袁世勋（敏孙）为袁慰亭事来见。慰亭奉使高丽，颇得人望，今来津不得入国门（李相保令赴平壤），欲求高阳主持，因作一札予高阳，即令敏孙持去。①

也就是说，袁世勋拜见翁同龢的目的，是为袁世凯入京一事。而当时李鸿章已派袁世凯赴朝鲜办理抚辑事宜，故袁世凯"不得入国门"。能够阻止袁世凯赴朝的人是李鸿藻，可袁世勋与李鸿藻不熟，所以他登门求翁同龢从中引见。翁欣然照办。

次日下午，袁世勋手持翁同龢的"介绍信"来到李鸿藻府。当天，李鸿藻在日记中写道：申刻会袁世勋。②所谓朝中有人好做官，袁世勋的拜见起了作用。

两天后，北京军机处内，庆亲王奕劻、翁同龢、李鸿藻等人一起审议奏折和国家大事。其间，翁、李二人心照不宣地经过"商酌"，决定给袁世凯派份新差事。关于这次"商酌"，翁、李二人均在日记中予以了记录。

翁同龢记载：余与李公另拟派袁世凯带数营，而以已革职知州陈长庆交其委用，同人皆以为可，遂写入奏单请旨，未递先散。③

李鸿藻记载：余与叔平（翁同龢，字叔平——作者注）商酌，拟请电旨命李鸿章速催姜桂题、程允和招募成军，令袁世凯会同带领，即赴前敌相机

---

① 陈义杰整理：《翁同龢日记》第 5 册，北京：中华书局，1997 年，第 2719 页。
② 李宗侗、刘凤翰：《清李文正公鸿藻年谱》下册，中国台北：台湾商务印书馆，1981 年，第 693 页。
③ 陈义杰整理：《翁同龢日记》第 5 册，北京：中华书局，1997 年，第 2720 页。

进剿。已革知州陈长庆，交袁世凯差遣委用。①

当天，是项任命便以上谕的形式电寄至天津。李鸿章对军机处如此安排非常不满，回电告以"已传袁世凯克日启程赴韩"。②可事实上，袁世凯在天津又住了10余日，直到9月8日，才与周馥一起出发，前往辽东。

周馥（1837—1921），字玉山，安徽建德人。此人出身李鸿章幕府，是袁保龄好友，后与袁世凯结为亲家（袁世凯八子袁克轸娶周馥女周瑞珠）。周馥时任直隶按察使，此次奉命赴"前敌总理营务处"。

这时，中日甲午战争已经正式开战一月有余。战争开始后，在朝诸将很快不敌，溃败500里，渡江回到中国境内。袁世凯由陆路经沈阳抵达凤城。一路上，袁世凯发现新民厅位于山海关和凤城中间，东临辽河，粮食丰富，煤炭充足，水陆皆便，适合于此设置补给大军的粮台，如在其前后各置若干分站，站内设官车，更便运输辎重。由于我方将领已退回国，"抚辑"似无必要，于是袁世凯向李鸿章提出要留在新民办理粮台事宜。不过，李鸿章却以"袁世凯不可借端自留"③为由拒绝了他的要求。李鸿章认为"粮台系空名，现军情不定亦难定，安设处所，仍以分设转运局较有经济"。④就这样，李鸿章命袁世凯为前敌营务处周馥的副手，办理粮食、武器补给等后勤工作。

袁世凯曾经在登州和朝鲜为"庆军"办理过三年营务，这项工作对他来讲可谓驾轻就熟。袁世凯首先招募200人，组成"护粮"小队。当时已过10月中旬，北方已是秋末冬初。他担心一旦封江，运输粮食、武器将会非常困难，于是致电宋庆（当时总统诸军），请各军清查所缺物资，以便及时补充。袁世凯还非常细心，他注意到沈阳米仓的存米"新旧不一，成色不等，恐不能如民间新米"，担心士兵食用旧米，特意提请宋庆注意这个问题。军火到辽阳后，袁世凯立即电告宋庆和聂士成，请他们按需申领。可见，袁世凯工作起来是非常主动的。难怪在致电李鸿章时，他可以自信地说："前敌

① 李宗侗、刘凤翰：《清李文正公鸿藻年谱》下册，中国台北：台湾商务印书馆，1981年，第693页。
② 卷345，《德宗景皇帝实录》5，《清实录》第54册，北京：中华书局，1987年，第424页。
③ 李鸿章：《李鸿章全集》10，长春：时代文艺出版社，1998年，第6101页。
④ 李鸿章：《李鸿章全集》10，长春：时代文艺出版社，1998年，第6116页。

军火均已运交，约可敷用。"①在办理运输过程中，袁世凯发现辽阳至凤城路上的分站，因军队骚扰，已告闭歇，严重影响辎重运送。袁世凯与周馥商量拟在沿途建12个分站，并决定亲自检查，将歇业的分店重新建起，同时将"护粮"小队中的160人分派于各分站。

10月24日，袁世凯抵达摩天岭。时天极寒冷，摩天岭已经结冰。袁世凯发现摩天岭山高路陡，不利于运输，于是嘱咐摩天岭分站办员选择平整的道路或绕道而行。也许是因为天冷，袁世凯"肺疾剧发"。但他还是坚持来到亮甲山分站检查，同时准备在此调养几日，再返辽阳与周馥会合。不想刚抵亮甲山，周馥的信也接踵而至。原来，前线战事吃紧，溃卒剧增，周馥打算亲赴摩天岭，截留落败逃兵。袁、周都认为摩天岭山高可守，占据它"或可一战"。袁世凯见信后匆忙赶回辽阳与周馥会商，可急性子的周馥已经奔往摩天岭了。

连日来，辽阳连降两场大雪，天气寒冷，袁世凯肺病加剧，"吐血已十数口"，可他仍坚持检查分站，10月31日夜，宿于望宝台（辽阳境内）。当晚，周馥迭电袁世凯，命其留在后方，筹办军需，截留溃卒。

11月1日，袁世凯来到距辽阳仅数里远的阿房木厂，扼守大道，堵截溃卒。溃卒虽败于前线，但他们手持武器，回到后方，由于饥饿等原因，抢掠奸淫，遂成为一大扰民因素。对溃卒的态度，袁世凯起初还是以杀为主，随着截留人数的增加，他渐渐心软。当天，袁世凯截留溃卒近200人，他见"溃卒可怜，诛不胜诛"，决定"发给米钞，派人分押归任"。其实，截留溃卒的主要目的是为畅通辽阳至凤城的运输线。袁世凯的这种举措颇有成效，他自诩道："前途有千余人闻凯在此拿办，均奔回归队，想不日此路可清。"②道路很快打通，当天，袁世凯还向前线派送大米和小米共50车。他想趁道路通畅时多运些粮食，派人去各乡雇车，结果发现乡民受溃卒惊扰，已经弃家四散，雇人雇车甚难。袁世凯遂向黑龙江将军依克唐阿求援，请其指示辽阳城牧守卫派雇车200辆，并答应按价付运费，车到即返。可是辽阳城内的官车还在赶制中，袁世凯焦虑异常，感慨道："雇车无一辆，官车未造完，运物

---

① 沈祖宪辑录：《养寿园电稿》，《袁世凯史料汇刊》3，中国台北：文海出版社，1966年，第134页。
② 沈祖宪辑录：《养寿园电稿》，《袁世凯史料汇刊》3，中国台北：文海出版社，1966年，第145页。

极难。"

屋漏偏逢连夜雨，营口运局也向袁世凯请求调派官车。原来，天津方面派来的伤科中西医将于11月10日经船运抵达营口。他们由留美医生金大廷（首批留美幼童之一）率领，计有中西医20名，药箱30只，行李20件，担架百余只。袁世凯不敢耽搁，但又无车可派，忽然想到派往摩天岭前线的官车共计有142辆，连忙致电前方，请派专人押车返回。同时，袁世凯和周馥还商定在新民厅设"战地医院"救治伤兵。

11月12日，袁世凯抵达新民厅。此时，已有330多名伤兵被送至此地，但金大廷等尚未赶至。袁世凯见此，忙命召多名当地中医诊疗伤兵，以免耽误病情。但由于天气寒冷，治疗不及时，已经有70名伤兵染病，"死者相继"。袁世凯将伤员分别安置在四个治疗点内，每五名伤员还派一人负责照料饮食起居等事。他还发给伤员棉被、口粮，可谓周到细致。

由于东北天气寒冷，战前准备不足，士兵御寒物品奇缺。袁世凯于11月18日致电天津海关道盛宣怀，请其赶制手套、皮袜。他念守卫摩天岭的将士辛苦，特将库存的手套、皮袜优先送至。

袁世凯初到东北时，曾向李鸿章建议在新民厅设置粮台，未获批准。此时，他亲至新民厅，通过调查发现此地南部粮食歉收，而中西北三处则多产，而且价格便宜。于是袁世凯建议周馥在新民厅中西北收购粮食后，运至新民厅和田庄台沿途的分站存储，以便接济摩天岭。但运粮车依然短缺，而租用民间车马，每天要付给车、马及马夫各一两纹银，耗费颇大。袁世凯经过核算，在新民雇佣200头骡子，然后将它们赶至辽阳，并为它们各配一辆新车，这样就节省下大量费用。不过，尽管袁世凯多方筹备，但缺车问题始终困扰着他。

运输是个问题，粮食的分配也是问题。甲午战争期间，辽东战场上中国军队来自东北、湖南、四川、河南等地，有毅军、铭军、奉军、盛军、淮军多支军队。由于各地饮食习惯不同，在分配粮食时，袁世凯会特别留意，如有的队伍喜食白面，他就专门送白面过去。而且在采购时，还特意叮嘱长芦盐运使胡燏棻"惟卒苦战，喜食大米、白面，小米似不宜"，[①]可见其心细。

---

① 沈祖宪辑录：《养寿园电稿》，《袁世凯史料汇刊》3，中国台北：文海出版社，1966年，第166页。

袁世凯筹备军需之余，还密切观察前线动向，不时地向天津海关道盛宣怀发表自己对战争和战术的见解。盛宣怀以创办实业著名，在甲午战争初期，会办"东征转运"，筹办饷械粮食，与袁世凯有较多接触。日本兵渡过鸭绿江后，盛宣怀曾上书总理衙门，请求购买最新枪械及操练新军。盛宣怀有意推荐德国人汉纳根负责此事，但军机大臣未予同意。

袁世凯得知盛宣怀上书之事后，于百忙之中，专门就"西法练兵"之事，写成一文，致电给盛。他说：

"洋人用兵，概分四排。队前一排，散打则退至第三排后。整队以二队按步散进，接应轮流不断，后排亦可防包抄傍击。又队后十数里驻兵设炮遏追兵，整残卒，虽败不溃。"①

袁世凯还指出，中国军队也是按此法训练的，但一到战场上，就学非所用。往往用的是打土匪的方法，先派一队在前冲，后面的人怕误伤同伴不敢开枪，前面一队人只好孤军奋战。队后无防范，故前方一败，后面必溃。最后，袁世凯建议盛宣怀叮嘱各军严格按西法用兵，并警告"现枪炮甚利，必须分排散打，否则战无不溃"。②

12月18日，盛宣怀再次就操练新军之事致函李鸿章。他向李鸿章保证"有法筹款"，并请中外名将并用。他还向李鸿章推荐了聂士成等将领，并特别提出"袁世凯有智略，肯讲西法，如能病疹，似可任用"。③20日，袁世凯致电盛宣怀，称："公如筹有款，宜速延名教习，募学徒千人，教兵官认真讲究西法，另改军制，为将来计。"还毛遂自荐，表示"愿任监督"。第二天，袁世凯意犹未尽，再次致电盛宣怀，称中日军队的差别在于，日本"练兵纯用西法，能习西式军器用，又内外协同，赏罚明，号令严，事权一，不惜费"，而"我皆反之"。④可是当时军机大臣的意见并不统一，盛宣

---

① 沈祖宪辑录：《养寿园电稿》，《袁世凯史料汇刊》3，中国台北：文海出版社，1966年，第149页。
② 沈祖宪辑录：《养寿园电稿》，《袁世凯史料汇刊》3，中国台北：文海出版社，1966年，第150页。
③ 夏东元：《盛宣怀年谱长编》上册，上海：上海交通大学出版社，2004年，第463页。
④ 沈祖宪辑录：《养寿园电稿》，《袁世凯史料汇刊》3，中国台北：文海出版社，1966年，第184页。

怀也只能以"同病相怜"劝袁世凯"珍摄,冀后用,勿徒苦谏"。①盛宣怀为什么说同病相怜呢?原来当时盛"肺病加剧",休假半年后才重新开始工作。

不过,虽然同病相怜,但袁世凯并非"坐以待毙"之人,他无时无刻不在为自己寻找机会、创造机会。光绪甲午年底,两江总督刘坤一授钦差大臣,"关内外防剿各军,均归节制",成为中日甲午战争"清军战前总司令"。光绪帝还授予刘坤一尚方宝剑,谕令"各营将弁如有不遵调遣、不受约束者,即按照军法从事,以一事权"。②此时,周馥已经调走,袁世凯全权管理前敌营务。也就是说,钦差大臣刘坤一是袁世凯的顶头上司。

袁世凯本不识刘坤一,当得知对方成为自己的顶头上司后,立即亲书"情文交挚"信函一封,表达敬意的同时兼谈练兵之道。刘坤一复函称:

> 世兄受特达之知,手握重兵,恩至渥而任至重,知必振刷精
> 神,力图报称,以副中外之望。③

这是袁世凯与清末重臣刘坤一的首次交往。

除与盛宣怀、刘坤一等人建立固定联系渠道外,袁世凯还不忘巩固与李鸿藻的关系。1895年3月19日,袁世凯在石山站(今属辽宁锦州)致函李鸿藻报告军情。在信中,袁世凯自认为"小门生",称李为"太夫子大人",他写道:

> 小门生抵石两旬,始为收集溃勇,继因各军退扎,接济粮饷、
> 子弹。又各处函电纷杂,日夜忙碌,毫无暇晷,至未能及时禀陈情
> 形,并恭敬起居,殊切罪悚!④

① 夏东元:《盛宣怀年谱长编》上册,上海:上海交通大学出版社,2004年,第468页。

② 卷355,《德宗景皇帝实录》5,《清实录》第56册,北京:中华书局,1987年,第618页。

③ 《刘坤一遗集》第5册,中国科学院历史研究所第三所主编:《中国近代史资料丛书》,北京:中华书局,1959年,第2133页。

④ 李宗侗、刘凤翰:《清李文正公鸿藻年谱》下册,中国台北:台湾商务印书馆,1981年,第720页。

这是目前史料所存的袁世凯赴前线后写给李鸿藻的第一封信。不过，李鸿藻地位太高，袁世凯并未奢望收到复信，且事实上，李鸿藻也并未回复袁世凯。虽然有去无回，但袁世凯仍坚持向李鸿藻汇报工作。甲午战争失败及中日和约获准后，袁世凯就"整军之策"再次致函李鸿藻，提出"亟检名将""延幕西人""广设学堂"等主张，希望国家可以"养一兵即得一兵之用"。①

袁世凯不断地向李鸿藻、刘坤一、盛宣怀等当朝要员推销自己的练兵之策终于"守得云开见月明"。《马关条约》签订后，甲午战争结束，袁世凯"请假回籍"，准备在天津小住，然后南下返乡。1895年6月25日，光绪帝圣旨下，命袁世凯入京交吏部引见。

第二节　新建陆军　荣禄赏识

那么，光绪帝为什么要召见袁世凯呢？此事与练兵有关。前面提到袁世凯曾经与李鸿藻、刘坤一、盛宣怀等就练兵之事进行过沟通，事实上，甲午战争暴露出来的清军落后现状已经惊醒了从皇帝到庶民几乎所有中国人。1894年11月2日，光绪帝亡羊补牢，命恭亲王奕䜣、庆亲王奕劻、户部尚书翁同龢、礼部尚书李鸿藻、步军统领荣禄、右翼总兵兼礼部左侍郎长麟成立督办军务处，节制国内所有统兵大员。今日来看，督办军务处相当于国家军事委员会。该处的第一件大事就是命长芦盐运使胡燏棻和德国人汉纳根负责按西式操法练兵。可练兵不及一个月，胡燏棻与汉纳根龃龉不断，"胡直斥汉为贪利无厌"，而汉纳根则想将兵权交给总税务司赫德，赫德又以借款事挟制清政府，这让军机大臣震惊且后怕：外国人欲掌控财权和兵权，其目的不言自明。加之汉纳根练兵所费颇巨，就这样，刚刚开始的练兵之事不得不中辍。胡燏棻训练了一支5000人的定武军，可是中途，胡燏棻却被派去修造津芦铁路。

不过，光绪帝和军机大臣已经就西法练兵达成共识，肯定不会半途而废，

① 李宗侗、刘凤翰：《清李文正公鸿藻年谱》下册，中国台北：台湾商务印书馆，1981年，第727页。

他们要物色一位能够胜任的合格人选。而袁世凯在甲午战争期间，亲眼目睹中国各军之落后，早有西法练兵之见。在胡燏棻和汉纳根练兵暂停后，袁世凯两次上书军机大臣李鸿藻，阐述自己的练兵主张。他还曾致函军机大臣翁同龢，虽然具体内容不详，但翁给他做了回复，并将回信"交其弟世勋（袁保恒之子）"。①袁世凯的"主动"显然为其赢得了机会，于是有了光绪帝的召见。

袁世凯的进京之路也有坎坷。户部左侍郎张荫桓曾多次与其高谈阔论，但发现袁世凯"大言不惭，全无实际"，当得知李鸿藻欲重用之，就致函极力阻止。张荫桓将中国军队当时的状况视为病入膏肓，将袁世凯比作廉价猛药"大黄、芒硝"，称"参、芪不可得，大黄、芒硝不可轻用"。②不过，李鸿藻已有自己的看法，并未听从张荫桓的意见。袁世凯能够获得召见，与翁同龢和李鸿藻的推荐是分不开的。

光绪帝召见袁世凯后，将其交督办军务王大臣差委。能够在督办军务处做事，袁世凯自然有办法俘获诸王大臣的"芳心"。不过，督办军务处虽仅六人，但要在此间周旋，着实不易。清代，皇帝身边有三大重臣：御前大臣、军机大臣、内务府大臣。御前大臣最为尊贵；军机大臣最为重要；内务府大臣与皇帝最亲。六人中，有御前大臣——庆亲王奕劻；有三位军机大臣——恭亲王奕䜣、翁同龢和李鸿藻；有曾经的内务府大臣、时任步军统领——荣禄（长麟为右翼总兵，归荣禄管辖，后因事革职，永不叙用）。但此六人并非团结如一。荣禄在与时任陕西巡抚鹿传霖通信时，就曾大骂"常熟（翁同龢）奸狡性成""合肥（李鸿章）甘为小人，而常熟则仍作伪君子""岂堂堂中国，其欲送之于合肥、常熟二子之手耶"。③袁世凯面对这样一个复杂的环境，自有他的应对之道。

袁世凯到北京后，拜见了翁同龢。翁同龢是同治帝、光绪帝两任帝师，在督办军务处中，就连恭亲王奕䜣和庆亲王奕劻都得给他面子，可见其地位之尊。可袁世凯给翁同龢的第一印象却是"此人开展而欠诚实"，这是一个偏贬义的评价。不过，袁世凯用其个人魅力让翁同龢改变了看法。

① 陈义杰整理：《翁同龢日记》第 5 册，北京：中华书局，1997 年，第 2791 页。
② 李宗侗、刘凤翰：《清李文正公鸿藻年谱》下册，中国台北：台湾商务印书馆，1981 年，第 722 页。
③ 李宗侗、刘凤翰：《清李文正公鸿藻年谱》下册，中国台北：台湾商务印书馆，1981 年，第 712 页。

1895年9月29日，袁世凯第三次来到翁同龢府第。这次，两人边吃点心边谈西法练兵事，气氛非常融洽。翁同龢对袁世凯相当满意，在其日记中，翁同龢工工整整写下七字评语：此人不滑，可任也。

至于军机大臣李鸿藻，袁世凯早持"小门生"之礼与其沟通。而荣禄更是嘱咐袁世凯"于暇时拟练洋操各种办法上之"，[①]袁世凯自然照办。

但是，督办军务处的头儿是恭亲王奕䜣，二把手是庆亲王奕劻，袁世凯与这两位王爷搭上关系看来是不可能的。不过，人的命运往往遵循付出总有回报这个真理，还记得阮忠枢吗？对，就是那位袁世凯曾经资助过的穷困书生，此时正在李国泰家任私塾教习，颇得李家尊重。李国泰是谁无关紧要，他弟弟则是连京中王公大臣都要忌惮三分的李莲英。而李国泰的家实际上就是李莲英的家。袁世凯通过阮忠枢认识了李莲英，而李莲英则负责在慈禧太后面前为其美言。等到军机大臣保举袁世凯担任训练新军一职时，"西太后很快就批准了。这件事，李莲英是起了很大的作用的"。[②]

12月8日，光绪帝谕准袁世凯"督率创办"天津新建陆军，自此，袁世凯开始了"小站练兵"。随着职务的变化，袁世凯也官升一级，成为正二品，他现在的官职是：督练新建陆军二品衔正任浙江温处道。9日晚，袁世凯来到翁同龢家，向其辞行。14日，袁世凯抵达天津，拜会直隶总督兼北洋大臣王文韶。21日，到达天津小站。

小站位于天津东南，胡燏棻编练的定武军即屯于此。袁世凯此次奉旨练兵，首先要做的就是接手"前路之导"胡燏棻所练的10营定武军共5000兵士。当然，这个数目对袁世凯来说还远远不够。不过，由于经费等因素掣肘，袁世凯也只能将他的新军规模控制在12000人之内，但初期仅练步队5000人，炮队1000人，马队500人，工程兵500人，共计7000人。

除接手胡燏棻的定武军外，袁世凯还大胆任用北洋武备学堂的学生。北洋武备学堂，也称天津武备学堂，是李鸿章于1885年创立的军事学校。袁世凯很好地利用了这些现成的资源，重用北洋武备学堂的毕业生。其中徐世

---

① 沈祖宪、吴闿生编纂：《容庵弟子记》卷2，《袁世凯史料汇刊》9，中国台北：文海出版社，1966年，第73页。

② 袁静雪：《我的父亲袁世凯》，吴长翼编：《八十三天皇帝梦》，北京：文史资料出版社，1983年，第8页。

昌、段祺瑞、王士珍、冯国璋、曹锟、段芝贵、李纯、田中玉、陆建章、张怀芝等后来都成为中华民国举足轻重的大人物（见表2）。

表2　小站练兵班底表

姓名	出身	小站职位	最高职位	生卒日期
徐世昌	1886年丙戌科进士	参谋营务处总办	1918年中华民国大总统	1855—1939
王英楷	天津武备学堂	执法营务处总办	正白旗蒙古副都统	—1910
梁华殿	天津武备学堂	督操营务处总办	候选县丞（因公溺毙）	—1897
冯国璋	天津武备学堂	督操营务处总办	1917年中华民国大总统	1859—1919
李　纯	天津武备学堂	督队稽查先锋官	1916年任江西督军	1867—1920
张　勋	30岁当兵	中军官	1917年安徽督军	1854—1923
阮忠枢	举人	文案	1914年总统府内史监	1867—1917
田文烈	廪生	文案	1916年河南省长；1922年内务部总长	1861—1924
言敦源		文案	1913年代理内务部总长	1869—1932
姜桂题	22岁充僧格林沁卫队官	左翼翼长兼步兵第一营统带	1912年热河都统；1921年陆军检阅史	1843—1922
陆建章	天津武备学堂	步兵第一营帮统	1914年第七师师长、陕西都督	1879—1918
段芝贵	天津武备学堂	步兵第二营统带	1915年督理东三省军务兼奉天巡按使；1917—1918年任陆军总长	1869—1925
张锡銮	监生	步兵第二营帮统	1912年起任直隶都督、奉天都督、吉林都督等	1843—1922
何宗莲	天津武备学堂	前队领官	1915年总统府侍从武官	1864—1931
王占元	天津武备学堂	后队领官	1916年湖北督军兼省长	1861—1934
段祺瑞	天津武备学堂	炮兵第三营统带	1913年起多次任国务总理、陆军总长。1924年中华民国临时执政	1865—1936

续表

姓名	出身	小站职位	最高职位	生卒日期
商德全	天津武备学堂	左翼重炮队领官	1909年任北京清河陆军中学总办；1918年任直隶陆军第五混成旅旅长	1863—
田中玉	天津武备学堂	右翼快炮队领官	1917年吉林督军；1919年山东督军兼省长	1864—1935
张怀芝	天津武备学堂	过山炮队领官	1916年山东督军兼省长	1862—1934
龚元友	天津武备学堂	右翼翼长兼右翼第一营营带	武卫右军右营总兵	—1901
曹锟	天津武备学堂	右翼第一营帮统	1923年任中华民国大总统	1862—1938
王金镜	天津武备学堂	步兵第二营帮统	1916年第二师师长	1861—
马龙标	早年入淮军当兵	前队领官	1912年任山东护军使、第五镇统制，后转任蒙古正红旗副都统、京师军警督察长	—1927
杨善德	天津武备学堂	后队领官	1917年任浙江督军	1873—1919
徐邦杰	1885年朝鲜汉城中国衙署听差	步兵第三营统带	袁世凯总统府三海指挥官	1849—
王士珍	天津武备学堂	工程营管带	1917年国务总理兼陆军部长	1861—1930
李长泰	天津武备学堂	工程营领官	1917年8月任北京步军统领衙门统领	1862—
孟恩远	早年入淮军当兵	骑兵第六营领官	1916年吉林督军	1859—1933
吴凤岭	早年入淮军刘铭传部	骑兵第六营领官	先后任第二镇镇统、第五镇镇统。1911年任第四镇镇统	1853—1912

袁世凯接练新军，基本上是顺利的，但也有无奈。接练新军不久，御史胡景桂上奏光绪帝，弹劾袁世凯"徒尚虚文，营私蚀饷，性情谬妄，扰害地方"。半个月后，光绪帝下旨派军机大臣兼兵部尚书荣禄驰赴天津小站调查此事。

光绪帝下旨之时，袁世凯就在北京。前一天，袁世凯曾经两赴督办军务处与军机大臣翁同龢晤谈，此事记载在《翁同龢日记》中。四天后，即1896年5月31日，袁世凯自京返津，并前往直隶总督署，拜会直隶总督兼北洋大臣王文韶。交谈中，袁世凯向王文韶透露，荣禄将莅津。至于荣禄此行的目的，王文韶在日记中的记载是"大约是看新建陆军"。[①]显然，王文韶并不清楚荣禄此行是奉旨调查袁世凯。直到荣禄抵津，王文韶才知其乃为袁世凯"被劾之事"[②]而来。至于袁世凯本人事先是否知情，目前无相关史料证明。需要说明的是，即便袁世凯知情，也无须向王文韶汇报，因为他现在由督办军务处"差委"，顶头上司是翁同龢、荣禄等六位督办军务王大臣。

荣禄在小站仅调查一天，便返回天津。荣禄在小站看到了什么，与其同行的兵部员外郎陈夔龙做了简要记载。荣禄和陈夔龙等一到天津，王文韶就命淮军列队欢迎，两人见识了旧军的操演。荣禄与陈夔龙到小站后，见袁世凯所练新军"一律四尺以上，整肃精壮，专练德国操。马队五营，各按方辨色，较之淮练各营，壁垒一新"。[③]

荣禄见此，问陈夔龙："您看新军与旧军哪个比较好？"

陈夔龙答："我不知兵，不敢乱说话。但从表面上看，旧军暮气昭昭，而新军用西法练习，别开生面。"

荣禄说："您所言极是，袁世凯这个人必须保全，以观后效。"

陈夔龙后任湖广总督，是黎元洪的顶头上司，而黎元洪在民国成立后曾两任袁世凯的副总统，所以陈的记载有重要的史料价值。

荣禄回京后，即向光绪帝奏报此行调查结果，并对胡景桂参奏折中所言一一进行回复。在奏折的最后，荣禄这样评价袁世凯："查该道血性耐劳，勇于任事，督练洋操，选拔精锐，尚能不遗余力，于将领中洵为不可多得之员。"[④]并建议将袁世凯及其新军统归王文韶节制，继续督练新军。

---

① 袁英光、胡逢祥整理：《王文韶日记》下，北京：中华书局，1989年，第946页。

② 袁英光、胡逢祥整理：《王文韶日记》下，北京：中华书局，1989年，第946页。

③ 陈夔龙：《梦蕉亭杂记》，北京：中华书局，2007年，第70页。

④ 中国社会科学院近代史研究所中华民国史组编：《清末新军编练沿革》，《中华民国史资料丛稿专题资料选辑》第2辑，北京：中华书局，1978年，第22页。

6月24日，光绪帝下旨命袁世凯被参各款"毋庸置议"。同时还寄语袁世凯：

> "新建陆军督练洋操，为中国自强关键，必须办有成效，方可逐渐推广。袁世凯此次被参各款，虽经荣禄查明，尚无实据，惟此事关系重大，断不准徒饰外观，有名无实，为外人所窃笑。袁世凯勇往耐劳，于洋操情形，亦尚熟悉，第恐任重志满，渐启矜张之习，总当存有则改之无则加勉之心，以副委任。"①

至于荣禄所请示的归王文韶节制一条，光绪帝并未同意，仅命袁世凯随时就练兵之事禀商王文韶，并命王文韶就近认真考察。

这次调查虽然有惊无险，甚至还在光绪帝那里留下了"勇往耐劳"的好印象，但此事对袁世凯的心理影响无疑是严重的。荣禄等人走后，袁世凯大病一场，"发烧不可支，甚苦"，但对光绪帝谕旨，仍然"感激涕零"。②不过，在致函徐世昌时，袁世凯形容自己"两旬来心神恍惚，志气昏惰，所有夙志，竟至一冷如冰"，③可见其承受压力之大，遭受打击之重。

打击归打击，生活还要继续，练兵还要继续。袁世凯之西法练兵，具体说就是按照德国军队的操练模式训练新军，为此还签订正式合同，聘请了多位德国军官为教习。为解决德国教习与中国士兵之间的语言沟通障碍，袁世凯在练兵之初，便聘请德文翻译，并挑选军中文字优秀者，教授德文。同时开设炮队、步队和马队学堂，分别任段祺瑞、梁华殿、德国人曼德加为监督。

为使新军充分理解行军攻守各法，袁世凯成立讲武堂，并命督操营务处帮办王士珍、督同提调孙鸿甲和段芝贵负责讲授。后来在袁世凯的总统府任卫队司令的唐天喜因在讲武堂学习出色，获得晋升哨长的奖励。

---

① 卷391，《德宗景皇帝实录》6，《清实录》第57册，北京：中华书局，1987年，第90页。

② 袁世凯：《袁世凯家书》，中国台北："中央研究院"近代史研究所，1990年，第170页。

③ 陈瑞芳、王会娟编辑《袁世凯》卷1，天津市历史博物馆馆藏：《北洋军阀史料》，天津：天津古籍出版社，1992年，第289页。

由于新军中的大多数士兵不通文字，袁世凯就采用儿歌的方式，命人编写了《劝兵歌》《行军歌》《侦探歌》《对兵歌》。为便于理解和记忆，有的学习项目采用了问答方式，比如《枪件问答》《发枪问答》等。袁世凯并不要求士兵牢记所有，而是分别马队、炮队，有选择地进行背诵。如《炮说》仅需炮队士兵牢记背诵则可。

此外袁世凯还亲自带兵上阵，与姜桂题或冯国璋所率士兵进行实战演习。每次演习结束后，袁世凯必总结得失，以期进步。有一次演习开始后，他率领的正面部队快速进攻，而右翼部队则动作滞后，致使正面部队右翼被对方攻击。袁世凯总结说：

> "若系真战，该营正面部队即宜作为乌有。嗣后无论进攻何
> 处，正面总宜稍缩，两翼总宜稍伸，庶可少受横击之险。"[1]

由于用人得当，训练得法，新军训练的成绩得到光绪帝肯定。1897年7月24日，光绪帝谕令补授袁世凯为直隶按察使，"仍归督办军务处王大臣节制，并著王文韶督饬该臬司将练兵事宜，认真讲求，随时指示，务臻妥协"。[2]按察使一般称"臬司"，负责一省之司法刑讼。此后数年，袁世凯的称呼也从"袁道"改为"袁臬司"，他的事业也再上层楼。

第三节 戊戌变法 康谭孤注

1898年7月27日，天津陆军后路公所来了一位特殊的客人，此人姓徐，名仁禄，他是奉康有为之命，专为游说袁世凯而来。

徐仁禄是何许人也？他为何事来游说袁世凯呢？

有关徐仁禄个人情况的记载是混乱的，比如有人将他的名字写作徐仁

---

① 来新夏：《中国近代史资料丛刊——北洋军阀》1，上海：上海人民出版社，1988年，第267页。
② 卷406，《德宗景皇帝实录》6，《清实录》第57册，北京：中华书局，1987年，第309页。

录，而他的字更有三种写法：徐世昌写作艺郚；康有为写作毅甫；王照写作义甫。有关他的身份最可靠的记载是：徐仁禄是翰林院侍读学士、礼部右侍郎徐致靖之侄，与徐致靖长子湖南学政徐仁铸是堂兄弟。光绪帝为变法发布《定国是诏》后，徐致靖紧随其后呈递《保荐人才折》，向光绪帝荐举了康有为、黄遵宪、谭嗣同、张元济、梁启超五人。徐致靖因此被列入维新派榜首，其子徐仁铸聘请梁启超为长沙时务学堂总教习，更是不折不扣的维新派。徐仁铸与袁世凯是"口盟兄弟"[①]，曾推荐其姐夫言謇博之弟言敦源入袁世凯幕。由于有这一层关系，同是维新派的徐仁禄得以来到小站，"游其幕与之狎"，[②]实际是想借机游说袁世凯，使其为维新派所用。

徐仁禄到陆军后路公所后，徐世昌和言敦源等人接待了他，众人"聚谈半日"。30日，徐仁禄与徐世昌同回小站。徐世昌将徐仁禄安排在小站兵营休息后，自己到袁世凯家"久谈"。31日，徐世昌与徐仁禄到小站新军文案处。8月1日，徐世昌、徐仁禄、言敦源三人畅谈终日。2日，"艺郚冒雨行"。[③]以上记载出自徐世昌《韬养斋日记》，显示袁世凯并未与徐仁禄进行过交谈。礼部主事王照在《方家园杂咏纪事》中，也说徐仁禄到"小站未得见袁之面"。[④]那么，袁世凯为什么避而不见徐仁禄呢？

进入戊戌年，变法之声响遍中国各地，光绪帝也跃跃欲试。年初，光绪帝欲召见主张变法自强的康有为，话一出口，便遭到恭亲王奕訢和刑部尚书刚毅的强烈阻谏。这也是以光绪帝为首的帝党和以慈禧太后为首的后党政治矛盾的公开表现。5月29日，67岁的恭亲王奕訢病逝，光绪帝顿觉掣肘不再。半个月后，光绪帝即在颐和园仁寿殿召见了康有为。作为报复，慈禧太后将光绪帝最倚重的协办大学士、户部尚书、两代帝师翁同龢开缺回籍，并命荣禄为大学士、管理户部事务、直隶总督兼北洋大臣；刚毅为兵部尚书、协办大学士，还裁撤督办军务处，命袁世凯归荣禄节制。同时，慈禧太后还收回

---

① 许姬传：《许姬传七十年见闻录》，北京：中华书局，1985年，第27页。

② 康有为：《康南海自编年谱》，蒋贵麟主编《康南海先生遗著汇刊》22，中国台北：宏业书局，1987年，第65页。

③ 徐定茂：《戊戌年间的徐世昌》，《北京观察》2011年第3期，第51页。

④ 王照：《方家园杂咏纪事》，沈云龙主编《近代中国史料丛刊第27辑》，中国台北：文海出版社，1966年，第540页。

了二品以上大臣的任命权，宣布所有二品以上大臣谢恩陛见并诣太后前谢恩。凡此种种，都显示出后党在斗争中一直占据着上风。袁世凯曾长年周旋于朝鲜宫廷斗争，对于帝党和后党孰强孰弱，自然早已判断。袁世凯不见徐仁禄，客观上杜绝了与维新派有染的可能性。

不过，袁世凯并未完全否定维新，但他此时的主张仅为西法练兵。当时，荣禄曾上奏，请袁世凯增兵3000人。袁世凯则不以为然，并语翁同龢"欲辞三千添募之兵，而以筹大局为亟"，并想将西法练兵扩展至全国，说中国"须每省三四万兵"。①值得注意的是，袁世凯的"辞募兵"之请，竟然得到了光绪帝的同意，显示光绪帝有拉拢之意。

这里需要特别提出，康有为在《康南海自编年谱》中却记载袁世凯曾会见徐仁禄，并被其游说，两人的对话如下：

> 徐仁禄："上言荣禄谓袁世凯跋扈不可大用，不知公何为与荣不洽？"
>
> 袁恍然悟曰："昔常熟欲增我兵，荣禄谓汉人不能任握大兵权。常熟曰，曾左亦汉人，何尝不能任大兵？然荣禄卒不肯增也。"②

您一定会有疑问：要增兵的不是荣禄吗？不想增兵的不是袁世凯自己吗？到底康有为和翁同龢哪个说的是真实的？公布答案前，请先看一封袁世凯的家书，其中有袁世凯亲笔写的一句话："荣相嘱添人三千，已力辞。"③而清德宗实录中，也记载是荣禄上奏后，光绪帝才谕准"袁世凯所统新建陆军添募三千人"④的。不言而喻，康有为在其本人所著的《康南海自编年谱》中，为制造荣禄与袁世凯的所谓矛盾，刻意歪曲史实。康有为的目的无非是

---

① 陈义杰整理：《翁同龢日记》第6册，北京：中华书局，1997年，第3102页。

② 康有为：《康南海自编年谱》，蒋贵麟主编：《康南海先生遗著汇刊》22，中国台北：宏业书局，1987年，第65页。

③ 袁世凯：《袁世凯家书》，中国台北："中央研究院"近代史研究所，1990年，第181页。

④ 卷413，《德宗景皇帝实录》6，《清实录》第57册，北京：中华书局，1987年，第405页。

想把袁世凯塑造为一个背信弃义之人，而用捏造的史实作为证据，显然是对自己声誉的一次冒险。因为没有一个负责任的历史学家，会片面地将某个人的某句话当做信史，而是会从多角度多方位来考证一段历史的真伪。最有意思的是，"百日维新"失败后，康有为与礼部主事王照一起逃亡日本，而王照在《方家园杂咏纪事》中非常明确地否认了袁世凯与徐仁禄会面这件事，这就更证明了康有为的捏造。

当然，康有为这么做，也从另一方面显示出袁世凯在他心中的重要性。康有为上疏光绪帝，主张仿照日本，设立参谋本部，由皇帝亲统众军。袁世凯是杰出的军事人才，又倡西法练兵，姿态上与维新派相近。该派谭嗣同认为袁世凯其将才可任参谋本部，遂向光绪帝推举，于是"上乃召袁世凯询问兵事"。①

1898年9月11日，光绪帝电谕直隶总督兼北洋大臣荣禄，命袁世凯"即行来京陛见"。表面上看，这次召见的程序是正常的。但实际上，帝后两党之人都明白其中端倪。为什么这么说呢？早在5月，光绪帝就已经确定将于秋季与慈禧太后一起乘火车赴天津阅操。但随着日期临近，慈禧太后将借阅兵行废立的谣言甚嚣尘上，而光绪帝召袁世凯进京自然有拉拢和利用其军事实力之意。当然，袁世凯入京一定要通报慈禧太后，所以一定要有个名正言顺的理由，以免她老人家猜疑。此事正好归礼部主事王照负责，他遂编出"命袁驻河南归德府以镇土匪"②这一借口。不过，光绪帝失算的是，袁世凯（包括荣禄）虽然主张西法练兵，但他的改革也仅止于此，更激进的改革显然无法被其接受。

9月14日，袁世凯乘坐第一班火车从天津抵达北京。15日，王照往颐和园将"请袁兵南去之折"呈递给慈禧太后，16日下午，光绪帝在颐和园玉澜堂召见了袁世凯。玉澜堂是光绪帝在颐和园的寝宫，会谈内容以军事为主。但袁世凯不愿在京久留，见有合适机会，便对光绪帝说："九月有巡幸大典，督臣荣禄饬臣督率修理操场，并先期商演阵图，亟须回津料理，倘无垂询事

---

① 梁启超：《戊戌政变记》，北京：中华书局，1954年，第56页。

② 王照：《关于戊戌变法之新史料》，中国史学会主编：《戊戌变法》Ⅳ，上海：神州国光社，1953年，第332页。

件，即请训。"①请训，是清代官方用语，指三品以上外任官员和钦差，赴任前须谒见皇上辞行。光绪帝命袁世凯四日后（即9月20日）请训。

回到旅馆裕盛轩后，袁世凯简单吃点东西，刚要就寝，忽然有宫中苏拉（勤务人员）来传喜报：光绪帝命袁世凯以侍郎候补。谕旨中明确写明责成袁世凯"专办练兵事务，所有应办事宜，著随时具奏"。②显然，光绪帝是想通过袁世凯掌握实际军权。一般人闻听此讯，定是感激涕零，幸福莫名，可袁世凯却"自知非分，汗流浃背，立意疏辞"。为此，袁世凯还特意拜访诸军机大臣，除访庆亲王奕劻不遇外，刚毅、王文韶、裕禄等处均登门与晤。当然，"疏辞"也许仅是一种姿态，袁世凯要的应该是诸位军机大臣的支持和认可。9月17日，袁世凯上折谢恩，再获光绪帝召见。光绪帝听过袁世凯一番套话后，说了一句颇有深意的话：

> "人人都说你练的兵、办的学堂甚好，此后可与荣禄各办各
> 事。"

"各办各事"之语记载于袁世凯《戊戌日记》，其真实性只有袁本人知道。但如果此言为实，那么光绪帝的本意显然是想越过荣禄，直接指挥袁世凯。结合谭嗣同次日的突然来访，加之《戊戌日记》发表于清末，臣属编造皇帝言论无异于以欺君之罪引火烧身，可见，袁世凯之言应该可靠。

不过，"各办各事"显然是行不通的。9月18日黄昏，来自小站新军的电报称"有英兵船多支游弋大沽海口，接荣相传令，饬各营整备听调"。紧接着，袁世凯又收到"荣相专弁遗书"，言已调聂士成部10营士兵驻扎天津陈家沟，并促袁世凯即刻回防。荣禄给袁世凯出了个难题，一方面顶头上司因军情紧急召其回防不能不从；另一方面光绪帝命其20日请训之旨又不能违抗。正在袁世凯左右为难，打算向光绪帝疏奏提前一日请训之时，守门人持一张名片进来，称"谭军机大人有要公来见"。袁世凯接过名片一看，上写"谭嗣同"三字。袁世凯知道谭嗣同乃"新贵近臣"，但两人从未谋面。袁

---

① 袁世凯：《戊戌日记》，中国史学会主编：《戊戌变法》Ⅰ，上海：神州国光社，1953年，第549页。
② 卷426，《德宗景皇帝实录》6，《清实录》第57册，北京：中华书局，1987年，第591页。

世凯不知道的是，谭嗣同此来是与其"商量"一件天大的事情。

两人在内室寒暄过后，谭嗣同首先发问："袁公是20日请训吗？"看来袁世凯在京的行踪，谭嗣同了如指掌。袁世凯忙将接到荣禄和小站兵营之信，及自己想明天请训之事，告予谭嗣同。谭嗣同却不以为然地说："外侮不足忧，大可忧者，内患耳。"

袁世凯不明所以，忙问其故，谭嗣同说："袁公受皇帝破格提拔，必会知恩图报。今皇上有难，非袁公不能救。"

袁世凯闻言大惊，说："袁氏世受皇恩，必肝脑涂地，以报万一。但不知今上难在何处？"

谭嗣同说："荣禄近日向慈禧太后献策，将废立弑君，袁公知道这件事吗？"

袁世凯说："我在天津时，常与荣相国晤谈，见其言辞忠义，并无此意思，这种说法一定是谣言，不可信。"

谭嗣同说："袁公有所不知，荣禄是当面一套背后一套。您辛苦多年，中外有口皆碑，去年仅升一级，就是荣禄阻挠的结果，康有为先生曾在皇帝面前保荐您，皇帝却说，太后听荣禄汇报，指您跋扈不可用。我也曾在皇帝面前保荐您，但均被荣禄所阻。皇帝常说袁世凯是个明白人，但有人说他不可用。这次破格提拔，我们费了很大的气力。您如果真心救皇帝，在下有一策，与您谈谈。"

原来谭嗣同的计策是这样的：袁世凯请训时，向光绪帝申请一道朱谕，令袁带兵赴津。见到荣禄后，出示朱谕，将其正法。然后由袁任直隶总督，宣布荣禄罪状。之后，袁带兵经铁路进京，派一半兵包围颐和园，一半兵守卫紫禁城。此策就是后人所说的"围园劫后"。

讲完计策，谭嗣同说："我对皇帝说，如果不听臣策，即死在皇帝面前。"

袁世凯听罢，问："包围颐和园是什么意思？"

谭嗣同说："不除此老太后，国不能保。此事由我负责，您不必问。"

袁世凯说："皇太后听政30余年，深得人心。况且我一直教部下以忠义，如果要作乱，必不可行。"

谭嗣同说："我已经雇得几十个好汉，湖南还有好多人不日可到，专为除掉老太后。袁公只须做两件事，一是杀掉荣禄，二是包围颐和园，其他的事我来办。如果不答应我，我就死在您的面前。"

谭嗣同看着袁世凯，接着说："您的性命在我手里，我的性命在您的手里。今晚必须定下来，然后我进宫请旨。"

袁世凯说："此事关系太重，不能草率决定。今晚就是杀我，我也不能定。况且你今晚请旨，皇帝也未必能允准。"

谭嗣同说："我自有办法，必不能不准。您请训的时候，一定会有朱谕面交给您。"

袁世凯见其"气焰凶狠，类似疯狂"，但想到其为"天子近臣，又未知有何来历，如显拒变脸，恐激生他变"，[①]就说："天津为各国领事驻地，忽杀总督，恐中外不满。且北洋有宋庆、董福祥、聂士成各军共5万人，淮军还有70多营，京内旗兵也有几万人。本人手下就7000人，能打仗的不过6000人，实力相差甚远，如何能做此事？恐怕我军一动，京城已经设防，皇上必危。"

谭嗣同说："袁公以迅雷不及掩耳之势，且动兵时出示朱谕，照会各国，谁敢不听？"

袁世凯说："我军枪弹均存于天津营中，小站很少，必须准备充足，才可出兵。"

谭嗣同说："可请皇上先将朱谕给您，等准备妥当后，密告我日期，然后动手。"

袁世凯说："我不怕死，但恐留下朱谕，累计皇上安全，所以千万不能先请朱谕。容我想想办法，布置半月或二十日，再告诉你办法。"

谭嗣同说："皇帝对此事非常着急，我有朱谕在手，必须现在布置妥当，我好回去复命。"

说着，谭嗣同拿出一张墨笔写的谕旨，"大概语意，一若四人请急变法，上设婉词以却之者"，[②]袁世凯问："这不是朱谕，而且没有杀荣禄的

① 袁世凯：《戊戌日记》，中国史学会主编：《戊戌变法》Ⅰ，上海：神州国光社，1953年，第551页。
② 袁世凯：《戊戌日记》，中国史学会主编：《戊戌变法》Ⅰ，上海：神州国光社，1953年，第552页。

话。"

谭嗣同说:"朱谕确实有,三天前发的,现在林旭手里,这份是杨锐抄的。朱谕里有杀荣禄和包围颐和园两件事。"

袁世凯此时已经确定谭嗣同的所谓朱谕乃是捏造,但怕其冲动,就继续拖延,说:"秋天帝后即巡幸天津,到时皇上下一道谕旨,谁敢不从?"

谭嗣同说:"等不到秋天就行废立,来不及了。"

袁世凯说:"既然有巡幸天津之谕,在那之前就不会有意外。"

谭嗣同说:"如果巡幸中止,怎么办?"

袁世凯说:"现在巡幸之事已经预备妥当,已花费数十万金,我可请荣禄力求太后,必不能中止。"

谭嗣同说:"报君恩,救君难,天下事唯公掌握。如贪图富贵,告发求荣,害及天子,亦在公掌握,惟君自裁。"

袁世凯信誓旦旦地说了一番话,不让谭嗣同生疑。谭嗣同起身作揖告别,袁世凯说:"你我素不相识,阁下深夜来访,你是近臣,我有兵权,必让外人生疑。阁下从今可称病不必上朝,也不必再来我处。"

谭嗣同点头同意。

袁世凯又问:"帝后因何不和?"

谭嗣同说:"因变法革职礼部六卿,众人向老太后哭诉,又去天津向荣禄诉苦,所以帝后不和。"

袁世凯说:"为什么不请皇帝将变法之事事先与慈禧太后商议请示?为什么不将六卿官复原职呢?况且变法应该顺应舆情,不能操之过急。缓办亦可,停办亦可,为什么要如此激进呢?"

谭嗣同说:"自古不流血不能变法。必须将这些老顽固全部杀掉,方可变法。"

袁世凯"因其志在杀人作乱,无可再说",[①]就推说还要赶办奏折。谭嗣同见状,告辞而去。

谭嗣同走后,袁世凯"细想如任若辈所为,必至酿生大变,危及宗社,

---

① 袁世凯:《戊戌日记》,中国史学会主编:《戊戌变法》Ⅰ,上海:神州国光社,1953 年,第 553 页。

唯有在上前稍露词意，冀可补救”。

这段"谭嗣同深夜密会袁世凯"的故事，主要根据袁世凯的《戊戌日记》所写。为什么要以袁世凯的《戊戌日记》为根据呢？因为比较《康南海自编年谱》中有关此事的叙述，显示出袁世凯的所记真实性极高。这里先不想谈袁世凯，只想问问谭嗣同和维新派，你们和袁世凯很熟吗？为什么要将如此大的事托付给一个素昧平生的人？还要对方替你保密，这不是天方夜谭吗？

康有为在《康南海自编年谱》中说他"嘱谭复生入袁世凯所寓，说袁勤王"。[1]复生是谭嗣同的字。显然，康有为做了一个错误的判断，而谭嗣同是执行了这个错误的判断。谭嗣同不认识袁世凯，袁世凯也不认识谭嗣同。两人初次见面，谭嗣同就让对方先杀掉朝廷重臣荣禄，然后派兵包围颐和园，意图再杀慈禧太后。这等惊天大事，谭嗣同竟然对一个素昧平生的人和盘托出，这是勇敢还是鲁莽，还是袁世凯所说的"类似疯狂"？已无须解释。而谭嗣同的这次深夜密谈，告诉袁世凯一个真相：维新派无军队可恃。换言之，在袁世凯眼里，维新派不过是一群乌合之众。没有人会与乌合之众为伍，精明如袁世凯当然更不会。

9月20日，袁世凯请训时，上奏光绪帝说：

> "古今各国变法非易，非有内忧，即有外患，请忍耐待时，步步经理，如操之太急，必生流弊。且变法尤在得人，必须有真正明达时务老成持重如张之洞者，赞襄主持，方可仰答圣意。至新进诸臣，固不乏明达猛勇之士，但阅历太浅，办事不能缜密，倘有疏误，累及皇上，关系极重，总求十分留意，天下幸甚。臣受恩深重，不敢不冒死直陈。"[2]

请训毕，袁世凯退出，即往车站。车到天津已是日落时分，袁世凯即驰

---

① 康有为：《康南海自编年谱》，蒋贵麟主编：《康南海先生遗著汇刊》22，中国台北：宏业书局，1987年，第67页。

② 袁世凯：《戊戌日记》，中国史学会主编：《戊戌变法》Ⅰ，上海：神州国光社，1953年，第553页。

赴督署向荣禄汇报在京所发生的事情。

袁世凯俨然成为戊戌变法中的关键先生，他对荣禄说的几句话，改变了历史。于是荣禄进京，于是慈禧太后训政，于是光绪帝被幽禁瀛台，于是谭嗣同等六君子人头落地，于是康有为等逃亡日本。"百日维新"戛然而止。

百多年来，袁世凯一直被视为"叛徒""告密者"，但随着历史资料的挖掘和丰富，现在来看，实在是冤枉了这位关键先生。袁世凯本人非维新派，他有何义务为其保守秘密？有人说，袁世凯曾经为维新派捐金，他倾向于变法。他倾向于变法不假，但仅限于西法练兵，至于围园劫后这种弑君之罪，这位"世受君恩"的关键先生肯定不会参与。况且当年为维新派或强学会捐金之人还有张之洞、王文韶、宋庆、聂士成等人，甚至李鸿章也想捐2000金，显然捐金并不代表什么。而"百日维新"开始后，袁世凯已在小站练兵，且须筹备帝后巡幸天津事宜，与维新派几无接触。不仅无接触，他还有意避免接触徐仁禄，以免与维新派有瓜葛。显然，这位关键先生在审时度势后，选择走上了一条他认为正确的道路。

第四节　慈禧垂青　武卫右军

1898年9月23日，慈禧太后训政，光绪帝被幽禁于瀛台。两天后，慈禧太后召荣禄进京，命袁世凯护理直隶总督兼北洋大臣事务。据陈夔龙记载，慈禧太后以袁世凯"心存叵测，欲置之重典"，多亏荣禄认为其"才可用"，并将犯上作乱之事，推诿给维新党人，还以身家为其担保，"袁仍得安其位"。[①]

此事是否属实，并无旁证。但从袁世凯获任护理直隶总督兼北洋大臣事务这点看，慈禧太后还是相信他的。不仅如此，慈禧太后还于9月26日和10月4日，两次嘉奖袁世凯。一次是奖励袁世凯手下的教习司员；一次是奖励新军4000两银。可见，慈禧太后对袁世凯的练兵工作还是肯定的。袁世凯的"护

---

① 陈夔龙：《梦蕉亭杂记》，北京：中华书局，2007年，第72页。

理"工作干了整整10天，10月5日，裕禄获任直隶总督兼北洋大臣，袁世凯卸任，继续回小站练兵。这样看来，袁世凯是平安度过了后戊戌变法时期。就在这段时期，慈禧太后提出"筹饷练兵是今日第一要政"，①袁世凯又迎来了新的机会。

慈禧太后将统兵之权交予荣禄。10月12日，慈禧太后特简荣禄为钦差大臣，将聂士成武毅军、袁世凯新军、宋庆毅军、董福祥甘军以及北洋各军悉归其节制，以一事权。获得兵权后，荣禄重新规划，以聂士成驻扎芦台为前军；董福祥驻扎蓟州兼顾通州为后军；宋庆驻扎山海关为左军；袁世凯驻扎小站为右军，自请募兵万人驻扎南苑为中军，拱卫北京。

不久，慈禧太后召见了袁世凯。1899年1月1日，袁世凯奉召由小站启程赴京。此后数日，慈禧太后连续召见袁世凯三次，谈话内容不详。6日，慈禧太后更赏袁世凯在西苑门骑马和乘坐船只拖床。西苑门位于西华门西侧，过此门即是太液池。拖床即冰床，是指冬天在太液池上使用的交通工具。袁"感激涕零，倍深惭悚"。16日，袁世凯回到小站，并向慈禧太后具奏"一切营务安辑如常"，并表示自己要"认真操练，恩威并济，务期兵皆可用，饷不虚糜"。②

这是史料记载的袁世凯与慈禧太后的第一次会面，而且是连续召见三次，可见，慈禧太后对袁世凯还是另眼相看的。3月31日，慈禧太后正式批准袁世凯的新建陆军易名为"武卫右军"，并于4月21日启用"钦命总统武卫右军关防"。至此，袁世凯正式总统武卫右军。

虽然易名，但武卫右军并未改变新军陆军的旧制，可以说一切如常。不过，袁世凯盟兄徐世昌却不能如常留在营中继续工作了，这是为什么呢？

原来，1896年12月27日徐母去世，徐世昌暂别翰林院编修之职，回天津丁母忧27个月。1897年7月，尚在丁忧的徐世昌被袁世凯聘入小站，任总理新军参谋营务处。依据农历，1899年4月3日是徐世昌丁忧服满之日，到时他须回翰林院编修之任。此时，袁世凯已经视徐世昌为左膀右臂，不舍其返京。于是，袁世凯上奏慈禧太后请求将徐世昌留任并免扣资俸。至于理由，袁世

① （清）朱寿朋编：《光绪朝东华录》第4册，北京：中华书局，1984年，第235页，总第4251页。
② 《袁世凯奏折专辑》第1册，中国台北："国立故宫"博物院，1970年，第10页。

凯在奏折里称徐世昌为不可多得的"文臣知兵者"，且"深资得力，诸将领均甚翕服"。①慈禧太后阅后，即谕准徐世昌留任，但不准免扣资俸。徐世昌的留任，帮了袁世凯一个大忙。

1899年5月20日，袁世凯向慈禧太后呈递密折，大谈列强之所以欺凌中国是由于中国之"兵力不竞"，而"兵力不竞"的原因则是"操练不精"，②并说"舍认真以练洋操之外，固别无善策"。至于经济困难，无饷练兵，袁世凯建议裁缓"沉弱之兵，不急之需"。无论如何，"先以通国之全力增练精兵，俟力足自保，然后经理庶务自然无为不成，无欲不遂"。袁世凯请慈禧太后"饬下统兵大臣，参仿各国戎政，详拟兵法操法军规器械，立定划一章程"，然后"颁发各直省军营一体遵照，认真训练"。如果说慈禧太后提出了"练兵是第一要政"这个问题，袁世凯则是回答了如何练兵这一问题。袁世凯这份"增练精兵"之折，显然打动了慈禧太后。

5月24日，慈禧太后命袁世凯将各种操法，绘图贴说，进呈备览。袁世凯接到任务后，即以徐世昌为首，"商榷文字"；言敦源担任主稿；段祺瑞、冯国璋、王士珍等45人将"各项操法绘图立说"，完成清册12本、阵图1本、图说清单1件。它就是《训练操法详晰图说》，也是中国近代史上最著名的一部兵书。

这里插说一句徐世昌。徐世昌虽然帮了袁世凯这个大忙，但他并不想久留军营，而是希望回京供职。袁世凯百般挽留，但徐世昌去意已决。后来，山东发生教案，袁世凯受命率队开赴德州，徐世昌也就借机告辞，回到翰林院工作。

慈禧太后见袁世凯一心为公，竭诚练兵，非常高兴。6月16日，实授袁世凯为工部右侍郎，兼管钱法堂事务。钱法堂，户部、工部皆有，负责宝源局铸钱事务，由满、汉右侍郎兼管。对袁世凯来说，这又是一次超擢。感激涕零的他即命手下摆上香案，"望阙叩头谢恩"。之后，他伏案恭书两份谢恩折，一份呈递慈禧太后，另一份给光绪帝，表达愿赴京当面跪谢圣恩。不过，慈禧太后和光绪帝分别在其奏折上朱批四个字："毋庸来见。"

---

① 《袁世凯奏折专辑》第 1 册，中国台北："国立故宫"博物院，1970 年，第 14 页。
② 《袁世凯奏折专辑》第 1 册，中国台北："国立故宫"博物院，1970 年，第 18 页。

当然，慈禧太后也无闲暇会见袁世凯，她每天需要处理的公务繁多，当时最让她头疼的就是山东民教冲突以及德兵构衅。原来德国于1897年强占胶州湾后，其传教士在德兵保护下，占地建教堂，与当地百姓冲突不断。为保护自身利益，当地百姓自发成立义和团，团结起来与传教士对抗。不过，清政府称德国为"夷"，义和团为"匪"，既要防"夷"，更要镇"匪"。1899年5月初，袁世凯就曾"遵旨开赴山东德州一带操演行军，借以弹压匪类，保护教民"。①袁世凯在山东看到当地政府竟然"饬各营禁习洋操，专练刀矛棍棒"，感叹"以国家难措之饷，供此班糊涂人任意掷费"，心中"不胜愤闷"。袁世凯在致徐世昌的信中说："东抚（毓贤）甚无用，偏而且乱，又甚恶洋操。"②山东所发生的一切，也许让袁世凯想到了甲午年的朝鲜。一切都是那么相像，德兵构衅山东，日军登陆汉城；山东有义和团，朝鲜有东学党。袁世凯耳闻目睹，决定以自己的经验，为朝廷献策，以杜绝德兵"借口而戢戎心"。

7月4日，袁世凯呈递密折，详谈处理山东问题的办法。袁世凯开宗明义，指出德国"蓄志已久，分布教士，散处各邑，名为传教，实勘形势，而构衅之由，亦即阴伏于此"。至于防范之法，袁世凯主张绥靖，强调"先自经理，不资以可借之口，不予以可乘之隙，当可渐就相安，借保我自有之权"。袁世凯据此，提出了处理山东问题的四项办法：

第一，慎选守令。 袁世凯认为山东当地官员遇到教案，即先惩处良民，敷衍了事，借以偷安自保。这样一来，教民气焰日盛，良民怨气日重，"一旦发作，势同决川"。袁世凯希望地方长官遇到教案，可以据理力争，对不安分的教士，可以搜集证据，照会地方领事官，予以驱逐。如领事官执事不公，可转告总理各国事务衙门，请该国大使秉公办理。至于地方长官，袁世凯建议选取"谙练约章，明达时务者"，"以期遇案持平，不激不随，久之民教自可相安矣"。

第二，讲求约章。 请总理各国事务衙门将中外约章，华夷交涉成案，汇

① 廖一中、罗真容整理：《袁世凯奏议》上册，天津：天津古籍出版社，1987年，第24页。

② 陈瑞芳、王会娟编辑：《袁世凯》卷1，天津市历史博物馆馆藏：《北洋军阀史料》，天津：天津古籍出版社，1992年，第302页。

集成册，广为刊印，分发各地长官，"奉为准则，遇事援照妥办，毋得任意出入"。还要"发给在省候补人员与吏治各书同事讲习，或酌定奖励，按月课式"，通过这种办法，可以培养相关人才。

第三，分驻巡兵。派遣素有纪律的士兵，巡逻于山东各地及铁路沿线，并遴选统将往来管理。遇到洋人出入经过，即派兵护送。并在要塞地方屯兵千人。袁世凯认为"德夷见我巡兵周密，重兵扼扎，既不得借口遣兵，尤不敢任意寻衅"。

第四，遴员驻胶。胶，指青岛。袁世凯建议在胶派驻熟悉洋务大员，俟有德国人前往内地，须先知会中国大员，并申请执照。中国大员通知沿途各处，预为准备。袁世凯认为这么做还有一个好处，就是"遇事亦可就近会商，并随时刺探德夷意向动静"。①

袁世凯的奏折很快就获得慈禧太后的批准，7月8日，军机处将上谕寄给山东巡抚毓贤，命其依照办理。毓贤想利用"义和拳"对抗洋人，便将"义和拳"更名为"义和团"，义和团旗帜上书"毓"字。不久，山东平原县发生教案，当地官员处理不当，其中，袁世凯同父异母的二哥袁世敦在当地任管带分省补用知府，在弹压过程中，纵兵开枪，误伤民人。事后处理时，毓贤仅将"袁世敦发交袁世凯随营历练，以观后效"。如此处理方式，惹怒了慈禧太后，她认为袁世敦"行为孟浪，纵勇扰民"，谕命将其革职。同时，她认为毓贤"有意瞻徇"，②有失封疆大吏之责，严命申饬。这或许是慈禧太后欲将毓贤调离山东的起因。

当时，意大利见德国强占胶澳，哪肯甘居人后，派出兵舰在山东沿海游弋，企图分得一杯羹。慈禧太后得报后，于11月21日，下旨命袁世凯率所部开赴德州，"迤逦而前，绕往沂州一带地方，相机屯扎，随时操练，藉可就近防范"。③希望以此警告意大利，安逸地方。而袁世凯人还未到山东，却被慈禧太后超擢为署山东巡抚，一跃而成封疆大吏。

---

① 故宫博物院明清档案部编：《义和团档案史料》上册，北京：中华书局，1979年，第27页。

② 故宫博物院明清档案部编：《义和团档案史料》上册，北京：中华书局，1979年，第36页。

③ 卷453，《德宗景皇帝实录》6，《清实录》第57册，北京：中华书局，1987年，第976页。

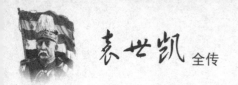
第五章　巡抚山东

巡抚山东，袁世凯得以正式位列封疆。应该说，彼时的山东在朝臣眼里是一个烫手山芋，沿海有列强觊觎，内陆有拳民躁动，稍有不慎，头顶的乌纱帽丢了事小，弄不好可能连项上人头都一起丢了。但机遇总是偏爱有准备之人，袁世凯之军事素养和外交能力，令其在齐鲁大地如鱼得水。

第一节　忝列封疆　如履薄冰

子曰：三十而立，四十不惑。1899年正是袁世凯的不惑之年，亦是他仕途腾飞的一年。这一年，他先后7次获得慈禧太后的召见；这一年，他三次获得升迁，先是以候补侍郎总统武卫右军，继而实授工部右侍郎兼管钱法堂事，最后署山东巡抚，一跃而忝列封疆。

也许有人会说，40岁当上巡抚不是什么难事吧？巡抚，是一省之长，掌握军政大权，地位相当于今天的省长，但实际权力要比省长大。由于山东地处沿海，与朝鲜和日本隔海相望，而且德国、英国、意大利等列强对其垂涎已久，致使山东省在中国近代历史中的地位非常重要。因此，山东巡抚的重要性在晚清一众封疆大吏中显得十分突出。再说年龄。巡抚相当于如今的省部级干部，40岁便能坐上如此高位，这样的人即使在今天也是凤毛麟角。袁世凯的前任毓贤任山东巡抚时年已57岁，前前任张汝梅同样是57岁时就任此职。袁世凯的继任胡廷干上任时年已60岁，胡的继任张人骏就任时已经55

岁。张之后担任此职的是时年65岁的周馥。可见，袁世凯在不惑之年便荣膺此重任是非常不易的。这也说明他的个人能力确实高于常人。

所谓袁的个人能力主要有二：一是外交；二是军事。论外交，袁世凯在朝鲜前后12年，与多国公使纵横捭阖，积累了丰富的经验；谈军事，袁世凯已经独立练兵长达4年，并且领导着一支拥有近代化装备和作战能力的11000人的武卫右军。拥有这两种能力和经验的人是当时的清政府所翘首以盼的。这样的人才当时不是没有，但这些人不是垂垂老矣如张之洞者，便是令北京惴惴不安如李鸿章也。张之洞的个人能力在清末督抚中是上上之选，作为湖广总督，其工作成绩有口皆碑，甚至到其70岁入军机时，清政府都找不到一个可以替代他做湖广总督的人。甲午战争后，李鸿章失去了北京的信任。他先是被派出洋，回国后，便负责修浚河道。此时虽已出任两广总督，但其影响力已大不如前。李鸿章失去北京信任，甚至为北京所忌惮的一个重要原因是其淮军之强之广之众。甲午失败后，清政府以练兵为第一要务的直接结果，就是淮军的衰落和武卫军的诞生。如果将淮军比作地方或私人武装的话，武卫军就是中央军。这支中央军由袁世凯、聂士成、董福祥等几支队伍组成，其总司令是荣禄，荣禄的顶头上司就是慈禧太后。

能力之外，机遇更重要。1899年袁世凯遇到两大机遇，一是慈禧太后的赏识，二是山东形势的恶化。

慈禧太后对袁世凯的赏识始于1899年，而且从年初到年尾，有增无减。1899年1月1日，袁世凯由小站起程赴京准备陛见。1月16日，袁世凯由京返回小站兵营。这半个月的时光，可以说是袁世凯一生中最幸福的日子。按他本人在事后谢恩折中的话来说，就是"仰蒙召见三次，恩施逾格，训勉优加，感激涕零，倍深渐悚"。①当时出版的《京报》记载，袁世凯所说的"召见三次"是分两天完成的。其中1月5日请安一次、召见一次；1月6日召见一次。为什么说是"恩施逾格"呢？因为与他同时获得召见的四川提督宋庆，虽然在军中资格老、地位高，但仅获陛见一次。宋庆与袁世凯嗣父袁保庆交好，可算其父执，但此次慈禧太后给予二人的赏赐是一样的，都是在"西苑门内

---

① 《袁世凯奏折专辑》第1册，中国台北："国立故宫"博物院，第10页。

骑马，并乘坐船只拖床"，不过这也从侧面说明，慈禧太后已经认可了袁世凯的练兵能力及其在军中的地位，与宋庆相比，用另眼相看和青睐有加来形容也毫不为过。

当年，袁世凯第一次有资格进京参加慈禧太后的生日庆典。慈禧太后的生日，清代官方有个正式的名称：万寿圣节。慈禧太后的万寿圣节是农历十月初十日。1899年适逢慈禧太后65岁大庆，北京非常重视，邀请了很多身在外地的重要官员参与盛典，袁世凯亦在受邀之列。按理，此等重要事情需要军机处传旨，以郑重其事。但不知为何，给袁世凯传旨的不是军机处，而是他的顶头上司荣禄。虽然荣禄本人就是军机大臣（位列在礼亲王世铎后，居次席），但如此传旨却给袁世凯出了个小小难题。袁世凯在致函徐世昌时，谈及了此事。他说："昨接荣相来书传旨，着来京请安等谕（为祝嘏事往）。惟未得军机处寄谕，似不便具折奏报启程……宋、董、聂均有行令，倘若三处不报，而我一处报又不妥。"[1]也就是说，外官收到军机处寄谕后，须具折奏报启程日期，然后方可按期进京。从现存史料看，并未发现相关奏折，因此可以推断，袁世凯选择了"不报"。这件小插曲看似微不足道，但它展现的却是袁世凯40岁时的处世之道：小心翼翼、低调沉稳。如此处世之道的背后往往都是暗藏心机、步步为营。为什么这么说呢？

《京报》记载，慈禧万寿圣节之前，董福祥（初三日）、袁世凯（初五日）、聂士成（初六日）、马玉昆（初十日。宋庆因病未到，马玉昆代统武卫左军）依次到京，并分别接受召见。应该说，袁世凯选择的到京日期是刻意的，不是随意的。中国官场讲究位置先后，也重视时间次序。官大一级的好办，站位或靠前或居中，出场则居首。同级的最难办也最伤脑筋，董、袁、聂、马四人属同级，孰先孰后，事先不做功课，到时候不仅得罪同僚，也许还可能会惹慈禧太后不快。所以，袁世凯是"刻意"选择在四人中第二位到京的。当然，袁世凯的这种"心机"并非坏事，而且可以说是其自我保护的一种本领。在错综复杂的满清政治舞台上，凡事皆可发生，甚至铁帽子王恭亲王奕䜣和帝师翁同龢那样顶级的满汉官员尚且有落魄之时，普通人怎

---

① 陈瑞芳、王会娟编辑：《袁世凯》卷1，天津市历史博物馆馆藏：《北洋军阀史料》，天津：天津古籍出版社，1992年，第308页。

能不战战兢兢、小心翼翼？袁世凯的"刻意"不仅为其赢得了慈禧太后的赏识，而且为其赢得了一个可以施展外交和军事才能的舞台——山东巡抚的职位。

袁世凯就任山东巡抚之前，山东形势已经开始恶化，而恶化的山东形势恰恰给袁世凯带来了第二个机遇。

人们常以"内忧外患"来形容近代中国，而山东就是这一写照的突出代表。先说内忧。有清一代，山东境内，教名繁多，数不胜数，有白莲教、卦子教、空子教、顺刀会、神拳教、大刀会等上百种名目。乾隆年间的山东巡抚喀尔吉善称这是"东省恶习，立教惑众，积渐已久"。[①]对此恶习，清政府一贯的政策就是打击镇压，但收效不大。当然，这种内忧尚属官民矛盾，亦在政府控制范围之内。随着1844年中美《望厦条约》和中法《黄埔条约》的签订，外国人获准在中国境内传教，山东境内的内忧由官民矛盾转变为民教矛盾，致使教案频发。一些教案仅涉及田产或房产纠纷，如1861年济南教案，而另外一些则涉及人命官司，如1897年巨野教案。这些涉及洋教士性命的教案往往带来"外患"。

1897年，山东省曹州府巨野县两名德国传教士被杀身亡，史称"巨野教案"。该教案发生后，德国立即提出了赔款、开办铁路等六项条件，并占领了胶澳。胶澳位于山东东部，南海北岸。1898年3月，清政府与德国签订《胶澳租约》，胶澳正式成为德国殖民地。"外患"的加剧，使得民教矛盾日益恶化。

民教矛盾中的"民"，指的是义和团。义和团的前身是义和拳，属于白莲教的一个分支。创立初期，其活动范围主要在山东。义和拳的口号原本是"反清复明"，可见其是一个反政府组织。其拳民号称有"刀枪不入"等神奇本领，故清政府斥其为邪教，对其一直秉持打击和剿灭的政策。外国势力进入山东后，义和拳做出战略调整，改口号为"灭洋扶清"，吸引了很多百姓的目光，也使清政府改变了对其的态度。由于慈禧太后鼓励地方团练，故时任山东巡抚毓贤决定收编义和拳和大刀会等组织，改其名为义和团。于

---

① 陆景琪、程啸编：《义和团源流史料》，北京：中国人民大学校内用书，1979年，第3页。

是，山东出现了"毓"字旗的义和团队伍。毓贤的支持使得义和团迅速壮大，也使得外国传教士在山东的境遇雪上加霜。为此，"驻京师之美、德、法三国使臣相约去总理衙门诘问"。①慈禧太后无奈，只好答应撤掉毓贤。据资料显示，美国驻华公使康格对此次人事变动亦有推动作用。在一份1899年12月5日致清总理各国事务衙门的照会中，康格说："我再叙述昨天晚间会上我所说的话，就是假若这位巡抚不能控制暴徒（指义和团）及保护这些人（指洋教士），他必定要撤职，并且要派一位能做的代替他的职位，假若他没有充足的武力来做的话，可以从天津把操练很好的军队调来协助他。"②有学者据此认为康格有暗示起用袁世凯之意，而事实上，慈禧太后也"恰巧"想到了袁世凯。

慈禧太后有意调袁世凯任山东巡抚的消息很快就在北京官场传开了。袁保龄长子袁世承当时就在京中，便立即修书一封，向四哥袁世凯询问实情。袁世凯读罢来信，即复书，道："东抚说确系谣言。初未闻之，或因派队赴山东，故有此谣耶。如有人询及，可告以必无此事。"③落款的时间是光绪二十五年十一月初四日（1899年12月6日）。

说来也巧，就在袁世凯写就这封"辟谣信"的同一天，北京电寄谕旨，命"山东巡抚毓贤来京陛见，以工部右侍郎袁世凯署山东巡抚"。④署，是暂代或代理的意思。署山东巡抚按今天的话来讲就是"山东省代省长"。与"署"相对应的词是"实授"或"补授"。

同样的谕旨，《光绪朝东华录》的记载则略有不同。它道："毓贤著来京陛见。山东巡抚著袁世凯署理，即行来京请训。"⑤接到谕旨后，袁世凯"感悚莫名"，当即"恭设香案"，向北京方向"叩头谢恩"。之后，他具折上奏感谢天恩并报告起程日期。在奏折中，袁世凯称自己"闻宠命而若

① 《调任有由》，《申报》1899年12月23日，《申报影印本》63，上海：上海书店，1983年影印。

② 张汉清：《卖国贼袁世凯怎样镇压山东义和团运动》，《义和团运动史论丛》，北京：生活·读书·新知三联出版社，1956年，第1页。

③ 袁世凯：《袁世凯家书》，《史料丛刊（10）》，中国台北："中央研究院"近代史研究所，1990年，第206页。

④ 卷454，《德宗景皇帝实录》6，《清实录》第57册，北京：中华书局，1987年，第987页。

⑤ （清）朱寿朋编：《光绪朝东华录》第5册，北京：中华书局，1984年，第142页，总第4448页。

惊"，表示"如臣梼昧，只益战兢，惟有遵旨赶即束装"，到京"泥首宫门，跪求圣训，仰聆天语"。①这是一番客气话，当然也是真心话。为什么这么说呢？因为就在当天，袁世凯还写了封家书。

在十一月初五日致袁世承的家书中，他写道："上意果何如，不敢作定，甚焦灼。"②小心驶得万年船。在中国官场，战战兢兢，如履薄冰，才能活下来，走得远，攀得高。

在"焦灼"的心情中，袁世凯安排妥当军营各项事务后，从小站起程前往天津。到津后，袁世凯受到天津司道府县各官的热烈欢迎。翌日（十一月初七日），袁世凯由津起程赴京，各官拥至火车站告别。时任直隶总督裕禄因病未至，特派人持帖相送。

袁世凯到京后，分别于十一月初八日和初九日，连续两天获得慈禧太后的两次召见。召见时具体情形如何，君臣之间有过怎样的对话，均未见史料记载。袁世凯在事后的奏折中用"仰蒙召见二次，圣训周详，莫名钦感"③14个字略述了此事。

请训后，袁世凯乘火车返回天津。稍事停留，便返回小站，整理行装。1899年12月25日，袁世凯抵达山东省城济南，并于次日接受毓贤派人送来的关防、印信、王命、旗牌、文卷等物，正式署理山东巡抚之位。袁世凯具折上奏，表示要"殚竭心力，妥速经理"山东吏治、河工、海防、民生、外交，力作"僚属表率"。④

俗语有言：明枪易躲，暗箭难防。就在袁世凯具折上奏表忠心之时，接连10份"警告袁世凯"的御史奏折摆在了慈禧太后面前，制造了一起针对袁世凯的"御史参劾事件"。那么，这些奏折的内容是什么？它们会动摇慈禧太后对袁世凯的信任吗？

---

① 廖一中、罗真容整理：《袁世凯奏议》上册，天津：天津古籍出版社，1987年，第38页。

② 袁世凯：《袁世凯家书》，《史料丛刊（10）》，中国台北："中央研究院"近代史研究所，1990年，第207页。

③ 廖一中、罗真容整理：《袁世凯奏议》上册，天津：天津古籍出版社，1987年，第38页。

④ 廖一中、罗真容整理：《袁世凯奏议》上册，天津：天津古籍出版社，1987年，第39页。

第二节　御史参劾　兄弟阋墙

针对袁世凯的"御史参劾事件"涉及六位官员，他们分别是翰林院侍讲学士朱祖谋、御史黄桂鋆（后改名黄桂清）、御史熙麟、御史高熙喆、御史许祐身和给事中王培佑。如此大规模地、密集地"警告"某位官员，在清朝历史上也并不多见，此事甚至导致了袁世敦与袁世凯兄弟失和。那么，是什么触发了六位官员的"不满"呢？又是什么导致袁氏兄弟阋墙呢？

简单地说，此事件涉及中国近代史上一场极其复杂又极其关键的政治斗争——关于义和团"剿抚"的路线斗争。说它复杂，是因为这场斗争把清廷分成两派，一派主剿，一派主抚，几乎所有督抚以上的高官都自觉或不自觉地表达了自己的态度；说它关键，是因为这场斗争的不尽如人意的结果直接导致了八国联军的入侵。事件也好，斗争也罢，题目都太大，故事还是从该事件的一个频繁出现的名字——袁世敦说起吧。

袁世敦是袁世凯同父异母的兄长，在袁家行二，嫡子，时在山东"以知府用派管带营务处兼巡河工"①。1899年10月，山东济南府平原县发生民教矛盾，义和团首领朱红灯率众与教民相抗，继而与官兵在平原县属森罗殿交战，是为"平原事件"。事件发生后，历来对民教争端主张"持平办理"的时任山东巡抚毓贤命平原县令蒋楷和袁世敦等人前往"开导弹压"，并叮嘱"不准孟浪生事"。袁世敦追至森罗殿附近时，突闻炮声，随后陷入义和团围攻，官兵受伤10余人，阵亡3人，军心摇动。袁世敦大喝："今日不活矣！捕一土匪，而挫辱至此，复何面目见人乎？"②众士兵受此激励，重新振作起来。是役，袁世敦率领所部击毙包括朱红灯之弟在内的义和团27人，但不幸的是，另有4名普通百姓遇难。有御史就此提出参劾，北京方面命毓贤给出合理解释。

---

① 袁晓林主编：《项城袁氏历代谱系志》，中国·项城袁氏宗祠藏版，2013年，第137页。

② 翦伯赞等编：《义和团》1，《中国近代史资料丛刊》第9种，上海：神州国光社，1951年，第359页。

也许是出于真心，也许是有意讨好袁世凯，时任山东巡抚毓贤回奏称："至附近良民伤毙四名，因官兵与贼交仗之际，事在仓猝，实非有心。"并建议将蒋楷撤职，把袁世敦"发交袁世凯随营历练，以观后效"。[①]毓贤的瞻顾得到的是上谕严厉的回应：袁世敦受到革职处分；毓贤本人受到"传旨申饬"[②]的处分。接着，慈禧太后把毓贤调回北京，安排袁世凯署理山东巡抚。事情到此为止，本该画上句号了。谁知袁世凯一到山东，便做了一件北京"主抚"派官员不愿看到的事，继而又把袁世敦牵扯了进来。袁世凯做了什么事呢？

原来，袁世凯此次前往山东赴任路过德州时，会见了吴桥县令劳乃宣。劳乃宣认为义和团仇教尚在其次，其危险在于仇官。他把义和团斥为邪教，主张坚决剿灭之。劳乃宣告诉袁世凯，他已将惩办拳匪"办法六条"[③]寄给直隶总督裕禄，请其代为出奏。可是，时间已过去月余，劳乃宣仍未收到任何回音。

袁世凯听完劳乃宣所述，连声赞叹，如遇知音。他回想起第一次接触义和团时的情形。一天，姜桂题带来一名号称刀枪不入的拳民。该拳民大言不惭，声称可以当众展示自己"刀枪不入"的本领。袁世凯也没客气，见该拳民煞有介事地做完准备活动，屏气站立后，立命士兵持洋枪向其射击。该拳民立时毙命。所谓拳民"刀枪不入"之说也就成了不值一哂的笑话。因此，在袁世凯的心目中，义和团就成为邪教的代名词。

于是，袁世凯主动发电报给直隶总督裕禄，询问劳乃宣的"办法六条""是否已经出奏"。袁世凯致电的日期是光绪二十五年十一月二十日（1899年12月22日）。次日，便收到了裕禄的复电。裕禄说：

> "若如劳令所禀，张大其事，奏请明降谕旨，所虑民教结怨甚深，妄攀诬指，多生枝节，转非所宜。该令条陈六条，只可采择而

---

① 故宫博物院明清档案部编：《义和团档案史料》上册，北京：中华书局，1979年，第35页。

② 故宫博物院明清档案部编：《义和团档案史料》上册，北京：中华书局，1979年，第37页。

③ 翦伯赞等编：《义和团》4，《中国近代史资料丛刊》第9种，上海：神州国光社，1951年，第467页。

行，似未可照禀出奏。"①

显然，裕禄对劳乃宣的"办法六条"是有所保留的。袁世凯本人都不会想到，他与裕禄往来电报的内容很快便传到了北京。与此同时，他对义和团"主剿"的态度也传到了北京，令"主抚"派官员大为紧张。于是，发生了"御史参劾事件"。

第一个站出来的是朱祖谋。此人时任翰林院侍讲学士，浙江吴兴人。他是晚清四大词家之一，其编选的《宋词三百首》流传至今。作为第一个站出来警告袁世凯的人，朱祖谋还算委婉和含蓄的。在奏折中，他用一句"夫拳会仇洋，犹是朝廷赤子也"表达了自己对义和团的态度，他担心袁世凯"万一轻信浮议，仓猝出师，大军所临，耳目震骇，铤而走险"，请求朝廷要求"署山东抚臣袁世凯，慎重兵端，整顿吏治，勿以意气用事，勿以操切图功，遇有教案，持平办理，以仰副朝廷安内攘外、孜孜求治之至意"。②对于袁世敦，他仅用"平原一役"代过，并未直点其名，算是对袁世凯很客气了。

第二位出场的是黄桂鋆。此人时任福建道御史，贵州镇宁县人，素有仇教之名。在奏折中，他直言不讳，认为袁世敦在"平原一役"是"妄杀"，令"绅民切齿，至今哗然"。他担心袁世凯"万一稍涉张皇，激之生变，铤而走险，势所必然"。他甚至暗示袁世凯很可能听信其兄袁世敦的言论，致使"一着如差，全局必震"，到时候"纵即治以殃民之罪，已无补于时事之危"。③应该说，黄桂鋆的意思已经表达得非常清楚了，即用袁世敦之过失打压袁世凯，轻则使其放弃"主剿"言论，重则令其调离山东。

第三位登台的是熙麟。此人时任广东道御史，正白旗汉军人。他的奏折比黄桂鋆的晚一个星期，但内容却是前三份奏折中最直截了当的。他开篇即指出袁世凯"为袁世敦之弟"，因而东省"人心即甚惶惑"，加之袁世凯有

① 北京大学历史系中国近代史教研室编：《义和团运动史料丛编》第2辑，北京：中华书局，1964年，第65页。

② 故宫博物院明清档案部编：《义和团档案史料》上册，北京：中华书局，1979年，第43页。

③ 故宫博物院明清档案部编：《义和团档案史料》上册，北京：中华书局，1979年，第45页。

"主剿电奏",致使"人心惶惑愈甚"。为此,他请求朝廷"于四军中如马玉昆、董福祥、聂士成,简派一员,以为袁世凯之代"。[1]可见,御史熙麟已经代表"主抚派"说出了他们最想说的话。

面对三位官员的"警告",北京方面是什么态度呢?应该说北京方面,也就是慈禧太后是非常勤政的,她通过军机处做到了每奏必复。三位官员上奏三次,军机处三次寄谕袁世凯。三次寄谕的关键词之一是"慎",在回复朱祖谋的寄谕中,上谕要求袁世凯"慎重兵端,整顿吏治";在回复黄桂鋆的寄谕中,上谕要求袁世凯"相机设法,慎之又慎";在回复熙麟的寄谕中,上谕要求袁世凯"相机设法,慎之又慎,仍随时就案了解,以期弭患无形"。另一个关键词是"持平办理",三份寄谕中均有此四字。"持平办理"是前任山东巡抚毓贤的口头禅,所谓"持平",其中隐含袒护义和团的倾向。

面对三位官员的"警告",面对北京的态度,袁世凯会作何回应呢?收到三份寄谕后,袁世凯致电军机处,表示要"严饬各守令,按约章律例,持平办理,毋许教士干预公事。不分民教,但分曲直"。[2]袁世凯也谈"持平办理",但有个前提条件,即"按约章律例"。他毕竟是和外国人打过多年交道的人,说出话来确实与众不同,高出其他官员太多。"约章"是对外的,"律例"是对内的。也就是说,袁世凯向北京宣布了自己在山东的行事准则,即与外国传教士交涉依照"约章",处理义和团之匪徒依照"律例"。

袁世凯的回应当然不能令"主抚派"满意。恰在此时,山东发生英国传教士卜克斯被害案(下节详细介绍),"主抚派"决定对袁世凯发起新一轮攻击。

第四位具折上奏"警告"袁世凯的是高熙喆。此人时任江南道监察御史,山东滕县人。他指出"日者戕毙良民,袁世敦已激变于前矣",并言"今都下汹汹,皆谓袁世凯先行痛剿,然后奏报。虽属传闻,未必无因。万一百姓遍传谣言,互相煽动,以至祸起燎原,不可收拾,该抚自问,能当

---

[1] 故宫博物院明清档案部编:《义和团档案史料》上册,北京:中华书局,1979年,第47页。

[2] 故宫博物院明清档案部编:《义和团档案史料》上册,北京:中华书局,1979年,第48页。

此重咎否耶"？^①看看，"主抚派"连捕风捉影之事都说得这么理直气壮。

第五位是许祐身。此人时任山东道监察御史，他的另一个身份是大文学家俞樾的女婿。许祐身此次是两片连奏。他以袁世凯乃袁世敦之弟，担心虽前者"不至有心袒护"，而在山东人民看来，"不免妄生揣测"，况且袁世凯"情性太刚，杀戮过重，似于办理教案，不甚相宜"。^②他甚至推荐李鸿章办理山东教案，来替代袁世凯。

第六位出场的是王培佑。此人时任吏科给事中（吏科负责稽核人事，给事中相当于吏科的主任，下面还有笔帖式、经承等办事人员），山东平度人。他指出："今自袁世凯带兵仕署东抚，臣闻士民从东省来者，佥谓各邑人心惶惶，哄传袁世敦既惨杀多命，伊弟袁世凯复将大加诛戮……传闻是否确凿，臣未敢悬断。"^③看看，又是传闻！

此奏递上去后，王培佑感觉意犹未尽，立即又上一折。他要求重新审核"平原激变一案，查究确实，按律惩办"，希望借袁世敦一事，把袁世凯赶出山东。同时，他还不忘以"为其（袁世敦）蒙蔽"^④为毓贤开脱。

之后，广东道监察御史熙麟又上两份奏折，件件直指袁世凯，甚至断言"袁世凯早离一日山东，即山东平民之疑可早释一日，亦匪众之势可早解一日"。^⑤

至此，六位"主抚派"官员在15日内连上10份奏折，其内容先是"警告"袁世凯，继而又有势将袁世凯驱除山东之意，而且攻势越来越猛，这就是"御史参劾事件"。史料对此也有记载："允绅王培佑等交谤之，屡入奏论，谓拳民有忠义气。太后固已惑其言。"^⑥其实，这六位官员只是出面制造声势的，他们的背后有一个势力更强大的"抚拳灭洋"集团。该集团的主要人物有端郡王载漪，军机大臣、吏部尚书刚毅，大学士徐桐，庄亲王载勋，户部尚书崇绮，军机大臣、礼部尚书启秀，辅国公载澜，甘肃提督董福祥，

① 故宫博物院明清档案部编：《义和团档案史料》上册，北京：中华书局，1979年，第50页。
② 故宫博物院明清档案部编：《义和团档案史料》上册，北京：中华书局，1979年，第51页。
③ 故宫博物院明清档案部编：《义和团档案史料》上册，北京：中华书局，1979年，第52页。
④ 故宫博物院明清档案部编：《义和团档案史料》上册，北京：中华书局，1979年，第54页。
⑤ 故宫博物院明清档案部编：《义和团档案史料》上册，北京：中华书局，1979年，第56页。
⑥ 李超琼：《庚子传信录》，《近代史专刊：义和团史料》上册，北京：中国社会科学出版社，1982年，第208页。

军机大臣、刑部尚书赵舒翘，前山东巡抚毓贤等。

面对这些大人物，袁世凯与他们单打独斗尚且处于下风，更别提对抗整个"抚拳灭洋"集团了。但袁世凯毕竟是袁世凯，他知道要想转变众言官的成见，必须得拿出慈禧太后能够接受并赞同的处理教案的方案。1月13日，袁世凯上《恭陈近日整理东省民教情形折》。

在此折中，袁世凯提出整理山东民教"治本""治标"两个办法。什么是"治本"呢？袁世凯的解释是四个字：调和民教。这里的"民"指普通民众；"教"指信教民众，即教民。怎样调和呢？袁世凯主张两点：一是"颁示约章"；二是"整顿吏治"。通过"颁示约章"，使普通民众知晓，信教是合法之举，也让教民知道，信教之人仍是中国人，受中国法律保护和管制。民不扰教，教不扰民，相安无事。借助"整顿吏治"，使地方官员能够"遇案不分民教，但论曲直"，同时，严禁教会"干预词讼"，胥役"借案需索"。这样一来，民众遇事可以找地方官评理，教会不再袒护教民。"教知守法，民无蓄怨"，天下太平。

什么是"治标"呢？袁世凯的解释还是四个字：绥靖地方。如何绥靖呢？袁世凯同样主张两点：一是"清除匪类"；二是"化导愚氓"。袁世凯认为"清除匪类"，就要发动群众，"悬赏购线，缉拿案犯首要"。首要归案，附从即散。袁世凯已将此"治标"之法在山东境内实施，且取得良好效果。如夏津县贺屯有匪徒抢掠，通过民众举报，知县屠乃勋率兵将匪首擒拿。屠乃勋随即重赏提供线索的民众，并严惩匪首，民心大快。袁世凯认为通过此法，可以使"奸民闻而知惧，良民不复从流"，不久，"境内当渐可敉平"。[①]

袁世凯寄出奏折后，想起众言官指责，心情依然低落。三天后，他提笔致书北京的徐世昌，大吐苦水，道："到任不过十数日，何至有许多劣迹被人一再参劾也。自必有居心倾排者在其内。"居心倾排者是谁，袁世凯并未指出，接着，他自嘲道："如能将弟援出苦海或放归田里，讵非大幸事，又何足计较，但行其在我而已。"[②]可以想见，袁世凯当时承受压力之大。好在

---

① 故宫博物院明清档案部编：《义和团档案史料》上册，北京：中华书局，1979年，第58页。

② 陈瑞芳、王会娟编辑：《袁世凯》卷1，天津市历史博物馆馆藏：《北洋军阀史料》，天津：天津古籍出版社，1992年，第318页。

慈禧太后阅过他的奏折后，对他提出的"治本、治标"二法予以肯定，并朱批"随时随地，认真办理，以辑人心，而消隐患"，同时，警告袁世凯"勿作纸上谈兵也"。[①]

就这样，袁世凯化解了一场政治风波。

但袁世敦就没那么好运了。在这场政治风波中，袁世敦被勒令解职回籍，两兄弟的感情也因此出现裂痕。后因袁世凯为生母归葬项城一事，两人再生嫌隙，从此不再往来。关于此事，袁世凯的三女袁静雪（本名袁叔祯）是这样记述的：

> 后来，我祖母刘氏死在天津。当时我父亲任直隶总督。他请了假，搬运灵柩回转项城安葬。但是我的大伯世敦，认为刘氏不过是一位庶母，所以不准埋入祖坟正穴，只准她附葬在坟所的地边。这本来是合乎那个时代的"礼仪"的。可是我父亲却和他争执了很多次，由于大伯坚决不答应，最后只得另买了新坟地安葬。从这以后，我父亲和大伯世敦就不再往来。[②]

即使在今天还能见到这件事情留下的阴影。2014年9月，笔者曾驱车专门到项城高寺镇"项城袁氏祖墓陵园"拜访。该墓园是由袁氏后裔集资兴建，于2012年清明节举行揭碑仪式。抵达陵园后，项城袁氏宗祠陵园管理委员会成员袁克明（克字辈，辈分极高）老先生给予了热情的接待并进行了详细的讲解。陵园内供奉着从袁氏五世祖持衡公到袁氏后代精英袁家骝等人的数十座精致的汉白玉冢墓。一个有趣的事情是，袁世凯生父袁保中的墓碑上刻着"民国首任大总统生父袁保中暨刘夫人之墓"，笔者便问："这是合葬了？"袁老先生答："你看看碑的后面。"转到墓碑后面，只见上面阴刻着"先大总统生父袁保中暨长夫人庶夫人之墓"，而且文字上有明显的涂抹迹象。原来，这背面的墓碑才是最初的文字！原来，袁世凯和袁世敦兄弟俩没

① 廖一中、罗真容整理：《袁世凯奏议》上册，天津：天津古籍出版社，1987年，第45页。

② 袁静雪：《我的父亲袁世凯》，吴长翼编：《八十三天皇帝梦》，北京：文史资料出版社，1983年，第2页。

有解开的心结，即使到了21世纪的今天，袁氏后代也未完全解开！

当然，袁氏后代无法否认的一点是：袁世凯是他们中最光宗耀祖的存在，即使他身上有着无法抹去的历史污点。但袁世凯在山东期间并无污点。不仅无污点，他还完美地处理了错综复杂的卜克斯案。

第三节　卜克斯案　各国称赞

就在袁世凯手忙脚乱地应付"御史参劾事件"之时，英国传教士卜克斯在山东肥城遇害，英国等国公使提出强烈抗议。御史们利用此事加紧了对袁世凯的弹劾，而袁世凯临危不乱，凭借自己多年的外交经验，不仅顺利地化解了危机，还令慈禧太后刮目相看。袁世凯是如何做到的呢？我们不妨先从卜克斯一案讲起。

1900年1月1日，袁世凯接到山东平阴县令梁石甫报告，称该县英国教会传教士卜克斯于两天前（即1899年12月30日）由泰安返回平阴途中，经肥城县张家店时，遇匪被劫，去向不明。

袁世凯闻讯后，立命候补知府曹启埠和正在济南公干的泰安知府潘民表前往调查，并令肥城县令金猷大设法营救。次日，金猷大报称卜克斯已经遇害。案情的经过是这样的：英国传教士卜克斯骑着一头小毛驴，带着简单的行李，正走在回平阴县教堂的路上。山东肥城县农民孟洸汶、吴方城、吴经明、李潼关、庞燕木等人看到卜克斯独自一人，联想到教民欺负平民，心生歹意。孟洸汶拔出一把刀，上前拦住卜克斯的去路。卜克斯见状，飞身下驴，夺下孟洸汶的刀。吴方城见此，也拔刀上前，扎伤卜克斯额角。孟洸汶抢下卜克斯手中的刀，扎伤其右肘。吴经明持刀扎伤卜克斯右膝和左肘，然后走掉。孟洸汶和吴方城用腰带将多处受伤的卜克斯捆住，牵至下井子地方。时已傍晚，卜克斯假意央求，伺机逃走。孟洸汶大怒，将卜克斯追回，与吴方城商议后，将卜克斯杀掉灭口。孟洸汶还将卜克斯头颅割下，把尸体弃于路边沟内。之后，孟洸汶卖掉了卜克斯的驴，扔掉了卜克斯的行李，然

后与吴方城道别，各自逃去。

得知卜克斯遇害后，袁世凯飞饬曹启埙、潘民表、梁石甫、金猷大等人"勒限缉犯，务获讯办"。另派候补知府方燕申赴泰安邀英国传教士白朗和马仁一起，"验尸妥恤"。同时，命州判彭运钊前去安慰英国教会的传教士，以免"该教士等张大其事，致酿巨衅"。①袁世凯的安排之中体现了中国官员过去处理类似事件时所缺少的人文关怀，不过，他的属下并不理解。据白朗和马仁的报告回忆，泰安知府（潘民表）甚至引证事实来污蔑马仁说："德国人在泰安杀死一个中国老百姓，你们外国领事一点不理这回事！"可见，属下的抵触情绪亦是袁世凯处理教案问题时的阻碍之一。当然，安慰传教士的工作得到了他们的肯定。白朗和马仁说："山东巡抚袁世凯对于卜克斯案很表同情，而且热心办理善后。"②

不仅英国传教士欣赏袁世凯，就连英国驻北京公使窦纳乐（Sir Claude Maxwell Macdonald）也非常看好他。卜克斯案发生不久，窦纳乐在一封致英国外交大臣索尔兹伯里的信中说：

> "关于今后山东北部的局势，我认为，最有希望的前景是挑选袁世凯充任巡抚。这位官员曾担任多年的中国驻朝鲜大臣的职务，并且最近统率驻天津附近受外国人训练的军队约八千人。他已经宣布，必须将全军随他调往该省。同时，他性格果断，而且在必要的时候立即使用武力，这是他一生中在各种危急形势下进行活动的特点，所以使人们可能期望，在他所管辖的省份中，他将顺利地迅速平定叛乱。"③

看来，英国人已经对袁世凯有过深入的了解。而对在朝鲜经历过大风大浪的袁世凯来说，处理卜克斯案实在是杀鸡用了牛刀。

卜克斯案发生后，袁世凯一边部署人手缉拿凶犯，一边向北京报告案

---

① 康立之、王守中编:《义和团资料丛编——山东教案史料》,济南:齐鲁书社,1980年,第359页。
② 康立之、王守中编:《义和团资料丛编——山东教案史料》,济南:齐鲁书社,1980年,第369页。
③ 胡滨译:《英国蓝皮书有关义和团运动资料选译》,北京：中华书局,1980年,第7页。

情。1900年1月4日，北京寄谕要求袁世凯"迅将疏防之该管各官，先行参处；一面勒限严缉凶犯，务获惩办，以靖地方而敦邻好"。[1]与此同时，英国驻北京公使窦纳乐亦获悉此事，并联合法国、美国、德国驻华公使向北京总理各国事务衙门提出强烈抗议。但无论怎样抗议，抓捕和惩办凶手都是第一要务。

很快，参与杀害卜克斯的孟洸汶、吴方城、吴经明、李潼关、庞燕木五人相继归案。经审讯，五人对罪行供认不讳。按律，杀人偿命，谁也不会有疑义，但袁世凯不这么认为。由于过去长期与外国人交涉，袁世凯颇了解洋人秉性，仅就本案来说，他指出"卜克斯案，本系会匪劫杀，按例不分首从处治，然与洋人交涉，自应酌留余步"。[2]袁世凯所说的"余步"也可理解为"谈判空间"，就是给自己留有讨价还价的余地。按照袁世凯的思路，在预审时，孟洸汶因故意杀人被判斩监候；吴方城参与谋杀致人死亡被罚杖一百、流三千里；吴经明动刀杀人被处杖八十、徒二年。怎么样？如此轻判应该让那些倾向"义和团"的言官闭口了吧？可是，袁世凯此举并非为其个人，而是为国家在后续的谈判中掌握主动权。

英国方面对这样的预审结果表示强烈反对，公使窦纳乐派驻上海副领事甘伯乐前往济南旁听审判。必须指出，甘伯乐能够抵达济南旁听，全赖袁世凯的一份电报。在正式审判前，袁世凯致电总理衙门，提醒其按照《1876年中英烟台条约》"凡遇内地各省地方或通商口岸有关系英人命盗案件，议由英国大臣派员前往该处观审"[3]的规定，英国方面须派一名领事亲临审判现场。袁世凯还建议："为节省时间起见，可以授权当地的一位传教士代替领事出席。"[4]总理衙门将这份电报的内容告知窦纳乐，他经过考虑才将甘伯乐派往济南。显然，如果袁世凯没有提醒，窦纳乐对此条约并不知情。由此可见，袁世凯对洋务之熟悉，绝非徒有虚名。

甘伯乐旁听审判后，强烈反对判决结果，要求将"下手三人均请拟

---

① 康立之、王守中编：《义和团资料丛编——山东教案史料》，济南：齐鲁书社，1980年，第364页。

② 故宫博物院明清档案部编：《义和团档案史料》上册，北京：中华书局，1979年，第65页。

③ 王铁崖编：《中外旧约章汇编》第1册，北京：生活·读书·新知三联书店，1957年，第348页。

④ 胡滨译：《英国蓝皮书有关义和团运动资料选译》，北京：中华书局，1980年，第7页。

斩"。袁世凯经过"再四磋磨，改照谋杀问拟"，将孟洸汶拟斩监候，吴方城拟绞监候，吴经明永远监禁，其余罪犯分别徒禁。袁世凯将首犯孟洸汶判处"斩监候"而不是"斩立决"，显然他仍在继续贯彻自己"酌留余步"的指导思想。甘伯乐对袁世凯的处理表示满意，对袁世凯本人的工作态度也非常欣赏，在致电公使窦纳乐汇报时，大赞袁世凯"表现精力充沛而且毫不犹豫"，认为其他官员"所采取的政策却是阻挠破坏"。甘伯乐的电报暗示，包括袁世凯在内的山东官员在孟洸汶等人的量刑问题上，存在严重分歧。这种分歧也许是袁世凯为"酌留余步"而导演的"红脸白脸之戏"，也许是清政府"剿"和"抚"两派势力的争夺，但从甘伯乐对袁世凯持肯定态度这一点上看，"酌留余步"的指导思想确实奏效了。

英国公使窦纳乐在接到甘伯乐的电报后，指示其要求山东官员将罪犯"提前办理，以期速结"。袁世凯经过权衡，认为"斩绞两犯均拟前办，似嫌较重"，就请旨将孟洸汶一人"前立决"。此外还赔偿纹银9000两，拨地5亩用于建设教堂。但英国方面对这样的判决和赔偿并不满意，他们将所有责任归罪于前任山东巡抚毓贤身上，要求将其和一些地方官员予以处分。虽然袁世凯也认为山东之乱"均实由前任酿成煽讽之"，[①]但其仅将肥城知县免职，对英国提出的处罚其他地方官员的要求，他"决拒之"。

甘伯乐在济南驻留月余，与当地教堂往来频繁，搜集了很多民教冲突的证据。袁世凯怕其横生枝节，电奏总理衙门，准备给英国方面一些甜头，以期速速结案。什么甜头呢？就是将吴方城与孟洸汶一并"提前立决"。有人会问，这不是向洋人低头吗？当然不是。不仅不是向洋人低头，而且还在与英国领事的讨价还价中取得了先手，可谓游刃有余。我们不妨看看袁世凯对此的解释：

> "英教士卜克斯被戕一案，本系匪徒聚众掠财杀人，照例固
> 应不分首从，一律斩决。唯因与洋人交涉案件，如株连太多，惩治
> 过重，诚恐后难为继，自不得不认真磋磨，为得尺则尺，得寸则寸

① 陈瑞芳、王会娟编辑：《袁世凯》卷1，天津市历史博物馆馆藏：《北洋军阀史料》，天津：天津古籍出版社，1992年，第319页。

之计，原难拘守常例。本拟只将孟洸汶一犯提前惩办，而英领事甘伯乐，颇为在东诸洋教士怂恿，迭请将绞犯吴方城一并提前立决。再三驳谕，几至决裂，声称须将全案另议。伏思此案已商议四旬之久，如再另生枝节，似非以大化小之道；且吴方城实系造谋纠合，亦为此案首犯，即斩首示众，亦属情真罪当。原拟绞监候罪名，系为教案起见，极力减轻，既经甘伯乐迭次争执，似未便一味坚持，因请旨将绞犯吴方城一并提前立决，以期结束。至甘伯乐在此月余，听信洋教士等簸弄，时常搜刮教民案件，节外生枝，此案似宜早日办结，俾速离省，以免纷扰。"①

慈禧太后对袁世凯的处理方案非常满意，朱批"著照所请"四字。卜克斯案办结情形是这样的：孟洸汶、吴方城被处以斩立决；吴经明永远监禁；李潼关暴死狱中；庞燕木判徒刑二年。赔偿教会纹银9000两，拨地5亩用于建设教堂。对袁世凯乃至清政府来说，这样的处理结果是一个胜利。与1897年巨野教案两名德国教士遇害，清政府割让青岛，赔款30余万，让出全省路矿权相比；与1899年两名德国教士在日照县被殴伤获赔数万金相比；与1899年山东沂州教民被掠获赔5.5万两白银相比，可以说，袁世凯在与英国人的谈判过程中，始终占据上风，无疑，他的"酌留余步"的指导思想起了作用。

机遇偏爱有准备的人。袁世凯对山东问题是有准备的，所以慈禧太后把机遇给了他。他一到山东，便遭遇了"御史参劾事件"，继而"卜克斯案"火上浇油，与此同时，"高密路案"亦悄然爆发。

---

① 故宫博物院明清档案部编：《义和团档案史料》上册，北京：中华书局，1979年，第68页。

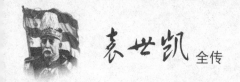

第四节　高密路案　德人交涉

　　这个大事件是在山东高密县发生的，史称"高密路案"。所谓"路"，指的是铁路。1898年，清政府与德国签订《中德胶澳租界条约》，将胶州湾租与德国，租期99年。该条约允许德国在山东境内修筑两条铁路线，并允许德国开采铁路沿线30公里内的矿产。高密县便位于待修的铁路线上。

　　1899年6月1日，德国政府成立山东铁路公司，正式开始筑路工作。由于《中德胶澳租界条约》关于修筑铁路的规定只是一个粗线条的条款，尚无具体细则，致使筑路过程中出现了不少问题，尤其是与当地居民利益上的矛盾冲突，缺乏条约律例的约束，令涉事各方疲于应对，甚至造成人员伤亡等恶性事件。

　　袁世凯早就注意到了铁路修筑过程中发生的矛盾冲突。山东铁路公司成立后，德国开始派人勘察铁路沿线，做开工前的准备工作。德国人所到之处，时常与当地人发生龃龉，甚至多次出现德国人被殴被抢事件，令当地政府头疼不已。当时，袁世凯正奉命率武卫右军驻扎在山东，闻知此事后，他想出一个对策，便上奏说：

　　　　"德夷由胶澳登岸，时有就近出入之人，一遇拦阻辄为口实。拟请饬山东抚臣选择该省营兵内素有纪律者，分驻附近胶州各县，及勘查铁路经过各处，并遴派统将往来搜查，每处或百人，或数十人为率，自亦无需过多，遇有洋夷出入经过，即派兵弁护送照料，并扼要屯驻数千人，以作各处之援应。德夷见我巡兵周密，重兵扼扎，即不得借口遣兵，尤不敢任意寻衅，是于保护之中隐寓钤制之术，先事预防，裨益良多。"①

　　① 宓汝成编：《近代中国铁路史料》中册，沈云龙主编：《近代中国史料丛刊续编第40辑》，中国台北：文海出版社，1977年，第385页。

　　袁世凯的对策，简单一句话，就是防患于未然。至于他说的"保护之中隐寓钤制之术"则有着深一层的含义，怎么讲呢？我们还是从袁世凯处理高密路案的手法中去了解吧。

　　1900年1月1日，高密县张家大庄农民担心修筑铁路会引发水灾，乃由李金榜率领200余人，扛着大旗，抬着自制土炮，杀奔铁路沿线，"拆毁铁（路）草窝铺数座，抢去粮物"。[①]由于当地政府早已按照袁世凯的"防患于未然"策略做了准备，于是，管带彭金山和县令季桂芬一面派兵保护铁路公司人员安全，一面命人追赶李金榜等。事后，铁路公司暂停筑路工作，并要求派潍坊之兵实施保护。

　　袁世凯接到管带彭金山等人的电报，仔细核对《中德胶澳租界条约》，见其中有"允许离胶澳海面潮平周遍一百里内……该地中派驻兵营，筹办兵法，仍归中国，先与德国会商办法"[②]之款，于是，当天复电要求管带彭金山等人"调潍坊全队弹压，须先照约商明德督"，同时，警告他们切实保护铁路公司员工，"切毋疏虞生衅，断不可任其抢掠"。[③]

　　地方上发生如此针对洋人的恶劣事件，袁世凯当天即向北京做了汇报。等了两天，北京传来谕旨，指示袁世凯："派兵弹压，虽照约应行咨明，究之权操自我。务须严饬派往营官，相机极力保护，毋任借滋口实。"[④]看来北京不愿节外生枝，于是，袁世凯更加小心翼翼。

　　这时，德国驻胶澳总督叶世克发来电报，其中"特准该营兵驰入胶澳百里外界高密之境，认真保护"[⑤]这句话引起了袁世凯的警惕。袁世凯想："界外何须知会，且界外又何能保护？"于是，他立即致电高密县令季桂芬询

---

　　① 中国第一历史档案馆编辑部编：《义和团档案史料续编》上册，北京：中华书局，1990年，第497页。

　　② 鲁子石编：《中国近代史上的不平等条约选编》，济南：山东人民出版社，1986年，第178页。

　　③ 中国第一历史档案馆编辑部编：《义和团档案史料续编》上册，北京：中华书局，1990年，第498页。

　　④ 中国第一历史档案馆编辑部编：《义和团档案史料续编》上册，北京：中华书局，1990年，第498页。

　　⑤ 中国第一历史档案馆编辑部编：《义和团档案史料续编》上册，北京：中华书局，1990年，第499页。

问。季桂芬复电解释："所谓百里外界，即边界在租界之外。"[1]看到这个说法并不违背约章，袁世凯才放下心来。但是，小心谨慎只能减少自己犯错误的可能性，却无法阻止别人的爆发。

1900年1月11日，铁路公司重新开工。闻听此讯，李金榜、孙文、孙成书各带数百人前去阻挠。管带彭金山未敢开枪驱散群众，德人颇不悦，欲调驻青岛德兵前来高密。袁世凯知道，如果德兵出现在租界外，事态必将难以控制。于是，他当机立断，安排了三件事。

第一件，命高密县令季桂芬晓谕群众。袁世凯向群众保证，如果真的因修筑铁路发生水灾，政府定会豁免各庄应缴钱粮，并积极抚恤，决不让农民流离失所。

第二件，命夏辛酉率队赴高密和潍坊。夏辛酉，山东郓城人，时年57岁，任武卫右军先锋营左翼翼长。夏辛酉的队伍是"国家队"，训练有素，不会像地方队伍那样瞻前顾后，错失机会，徒留后患。

第三件，命莱州知府曹榕严惩首犯李金榜。光绪三十一年以前，高密县属莱州府管辖。莱州知府曹榕是高密县令季桂芬的上级领导。袁世凯还电告曹榕、季桂芬、彭金山等人，采取悬赏的方法尽快将李金榜抓获，规定活捉者赏金1000，击毙者减半。

1900年1月28日，莱州知府曹榕电告袁世凯两个消息。一个是好消息：已将李金榜生擒活捉；另一个是坏消息：有德人在莱州府昌邑境内开枪重伤百姓。

对付本国暴民，清朝官府有着两千年的经验和各种各样的招数，但对付洋人戕害中国人，清朝官府一般都采取"大事化小，小事化了"的策略，很少有官员会同外国人据理力争。袁世凯就是那部分很少的官员之一。

袁世凯把李金榜作为"人质"，监禁狱中。同时，宣布李无生命危险，但"倘余党复闹，当先诛李"。[2]不过，后来地方多次闹事，袁世凯也未下令

---

① 中国第一历史档案馆编辑部编：《义和团档案史料续编》上册，北京：中华书局，1990年，第500页。

② 中国第一历史档案馆编辑部编：《义和团档案史料续编》上册，北京：中华书局，1990年，第522页。

杀李。

德国人枪击中国百姓一事，经查，乃德国人沙拉克偕翻译丁经斋，从博山煤矿返回青岛途经昌邑时，与该地方农民范希聪夫妇发生矛盾。德人开枪，范希聪重伤不治，其妇腿部受轻伤。此案从证据上看，对中方非常有利。于是，袁世凯根据条约规定，致电德国驻胶澳总督叶世克，请其派员与昌邑地方官共同办案。显然，袁世凯有意把此案变成与德交涉时一个有利于己方的筹码。因为在此之前，德方已经通过德国驻华公使向北京总理衙门告了山东地方官的御状，指"高密阻工案，系因地方官侵蚀地价，以致百姓寻衅滋闹"。①

此事如果属实，袁世凯在山东的外交工作定会变得非常被动，也令政府蒙羞。他当即致电莱州知府曹榕、山东候补道姚剑和高密县令季桂芬，询问事情真相。令袁世凯大舒一口气的是，曹榕、姚剑、季桂芬三人用事实证明，此事纯属德方恶人先告状。

原来，山东铁路公司经理德国人锡乐巴未按《中德胶澳租界条约》规定的路线修筑铁路，而是三次改道，致使铁路线延长，费用增加。依照条约，铁路沿线用地须由山东铁路公司拨付地价，每五里须付款一次；铁路沿线坟茔须迁移者亦由山东铁路公司负责补偿。然而，高密段铁路已经修筑30余里，可山东铁路公司却分文未付。不仅如此，迁坟补偿款原定每棺四两，后锡乐巴反悔，改为每冢四两，每增加一棺加付二两。由于担心农民吃亏，季桂芬主动出面垫付纹银484两。锡乐巴知道理亏，经交涉答应按原价付迁坟补偿款，但未见实际行动。

袁世凯弄清了事情原委，正欲与德方理论，不想高密县又出状况。事情是这样的：这天，铁路公司某洋人路经高密，地方派兵护送。当地农民以为是押解李金榜到省城受审，便一路尾随，准备伺机劫人。后经领队副将王来魁耐心解释，始散去。不想，该洋人到达目的地南流后，尾随者亦至，而且多达千余人。他们围住当地教堂，情况危急。教堂内的五名洋人见势不好，立即开枪放炮，夺路而逃。逃跑中，一名洋人受轻伤，而农民受伤两人，被

---

① 中国第一历史档案馆编辑部编：《义和团档案史料续编》上册，北京：中华书局，1990年，第521页。

枪击毙一人。事后查明，此次围攻教堂事件，乃孙文组织策划。

由于高密迭出事端，袁世凯对当地官员的能力产生了怀疑。1900年2月4日，这天正好是农历正月初五，袁世凯命山东海关道李希杰和烟防统领汉中镇总兵孙金彪赶赴高密，会同当地官员办理路案。

正月初八，李希杰和孙金彪抵达高密。他们前脚刚到，袁世凯的密电也到了。这封密电是袁世凯针对高密路案的工作指示，主要内容有两点：第一，须与德方商定详细章程后，方能造路开矿；第二，铁路公司须改回原道，以息事端。袁世凯在密电的最后说："如执意违约滋事，我辈不能任其咎。"①应该说，袁世凯抓到了德国人的软肋。

什么软肋呢？袁世凯初到山东就提出"按约章律例，持平办理"教案的方针。约章律例，中方要遵守，外方也要遵守。但在高密路案中，未遵守约章律例的恰恰是德方。他们未按《中德胶澳租界条约》的规定，与中方签订造路开矿的细则章程，便匆忙开工。更有甚者，还频繁改道，拖欠补偿，制造民怨。德方此举，明显理亏。袁世凯决定抓住这个软肋，向德方反击。

可没等袁世凯出手，高密又出状况。正月十二日，数百名农民齐聚鲁家庙铁路分局，拆毁工人窝棚四五座，砸烂木器。适值铁路停工，未有洋人受伤。不过，这个消息却被德国驻胶澳总督叶世克利用了。

正月十三日，德国驻胶澳总督叶世克致电袁世凯，称"高密乱民将各局次第拆毁，兹派兵队往胶州驻扎，如不迅速设法严为弹压，将迳行酌办"。②叶世克的话意思是说，如果你袁世凯管不了高密的事，我将派兵前去镇压。

这下轮到德国人抓住袁世凯的软肋了。袁世凯在甲午年曾经吃过日本派兵入朝鲜的亏，所以对外国人派兵的事情非常谨慎，甚至可以说是有些害怕。当然，袁世凯并非"害怕"自身安全受到威胁，而是担心民众的安全。他曾这样评价德国派兵："倘致德兵前来焚杀，良民何罪？官心何忍？"③

---

① 中国第一历史档案馆编辑部编：《义和团档案史料续编》上册，北京：中华书局，1990年，第532页。

② 中国第一历史档案馆编辑部编：《义和团档案史料续编》上册，北京：中华书局，1990年，第540页。

③ 中国第一历史档案馆编辑部编：《义和团档案史料续编》上册，北京：中华书局，1990年，第541页。

叶世克要派兵，袁世凯知道自己能力有限，阻止不了，只得求助北京总理衙门。可未等总理衙门回信，德兵已经来了。正月十五日，200名全副武装的德兵进入胶州境内，东距高密仅120里。

袁世凯闻讯非常生气，又毫无办法，便拿莱州府官员撒气。他以办事不力为名，将莱州知府曹榕记大过一次，将彭金山、王来魁、季桂芬三人每人记大过三次。

其实，处罚自己的属下，袁世凯也是出于无奈。他说：

> "我不缉办，德兵必来纵兵焚杀，多害无辜，妇孺良民均被殃及，能无痛心？而缉办又多系愚民，无知抵法，久抱不忍。然权其缓急轻重，实逼处此，不得不抵御拿办，以保良民。"①

此时的袁世凯上要维护国家利益，下要保护百姓权益，中间还得与德、英等国进行交涉沟通，可谓压力巨大。同时，每股压力都是那么直接、冷酷，稍不留神，便会给自己带来无法想象的后果。有办法突破这些压力吗？当然有，突破口就是袁世凯提出的与德方签订路矿详细章程。但现在高密百姓民怨沸腾，德国又派兵虎视眈眈，怎样才能使这两方尤其是德方能够低下高昂的头愿意坐下来谈判呢？

俗话说，无巧不成书。正在袁世凯愁眉不展之时，胶州传来噩耗：德兵枪毙中国百姓2人，重伤1人。此事件并无正式名称，姑且称为"胶州噩耗"吧。虽是噩耗，但对袁世凯而言，不啻是一个天大的好消息。为什么这么说呢？因为这又是一次抓住德国人软肋的机会。

1900年2月20日，袁世凯得知胶州噩耗后，立即致电胶州知州张承燮，不分青红皂白，训斥道：

> "顷闻德兵在东门外枪毙二人，伤一人云。该牧何未电知？殊属玩视民命。仰即约德员会验，填注伤格案情，文送驻胶德督派员

---

① 中国第一历史档案馆编辑部编：《义和团档案史料续编》上册，北京：中华书局，1990 年，第 546 页。

会办。一面嘱德员将凶手查拿，按律严惩。倘该牧不肯尽力为民伸冤，希图了事，焉用彼牧？务即妥商办结，毋视为寻常事。"①

这份电报的看点在最后六个字：毋视为寻常事。袁世凯担心地方官惧怕洋人，忽视民瘼，把这个能抓住德国人软肋的机会浪费掉了。

其实，袁世凯想多了。

胶州知州张承燮并非等闲之辈。此人有《孔孟志略》《益都县图志》等多部著作传世，其中《张公承燮家范》被称为"清代家训的里程碑"。"胶州噩耗"发生后，张承燮一刻未得闲。

"胶州噩耗"案发于1900年2月20日的凌晨四五点钟。张承燮得知后，立即派人调查核实案情，并致电德国驻胶澳总督叶世克派员会验，同时，还告示安民，以防民怨。当天下午，张承燮便电告袁世凯案发经过，并附上致叶世克的电文。应该说，张承燮并未耽误时间。但在致叶世克的电文中，张承燮说了这么一句话："若使无事处居民转交代有事处受祸，在贵大臣必所不忍。"②显然，张承燮治学作文是一把好手，但在外交方面，确实有白丁之嫌。这句话有什么问题呢？不妨来看看袁世凯是怎么说的吧。

袁世凯接到电报后，给张承燮挑了两处错。第一，伤亡人的姓名、事情的起因均未禀报；第二，也就是针对张承燮说的那句话，袁世凯斥责道：

> "该牧电叶件，亦多絮语。同是本国公事，何得分有事无事地方？意若驱德兵与高密滋事，殊属不知大体。"③

也就是说，地方官虽为一方父母官，负责管辖本地事务，但对外交涉时，地方官应有全局观念，即一个中国的观念。在这个问题上，袁世凯确实

---

① 中国第一历史档案馆编辑部编：《义和团档案史料续编》上册，北京：中华书局，1990年，第551页。

② 中国第一历史档案馆编辑部编：《义和团档案史料续编》上册，北京：中华书局，1990年，第552页。

③ 中国第一历史档案馆编辑部编：《义和团档案史料续编》上册，北京：中华书局，1990年，第553页。

高瞻远瞩，也体现了他异于常人的敏感的外交神经。

次日，张承燮与德国某军官共同查验遇害者遗体，检验出刀伤、炮伤若干。张承燮要求德方缉拿凶手，该德国军官以"尸妇未指认"为由婉拒。张承燮致电袁世凯报告此事时，指该军官"不无意存推脱"。[①]袁世凯接电后的反应用暴跳如雷来形容也不为过，他说：

> "德兵纪律，中外推重，如戕人而不能查出凶手，诿尸妇自
> 认，便即形同盗贼，定将溥告天下，并将电其政府。本部堂决不甘
> 休。"[②]

袁世凯是以其人之道，还治其人之身。你德国人讲约章，我和你就都按约章行事；你德国人讲人权，我就同你讲人权。由于袁世凯实行强硬和正确的对策，"胶州噩耗"一案得到了公正的处理，而他本人也成了令德国人尊敬的对手。

虽然袁世凯能获得德国人的尊敬，但他却无法平息高密农民的怨气。当地农民与铁路公司的冲突，此起彼伏，似无终止。但即使如此，他也不愿派兵剿民，而以"劝谕解散"为上策。可劝谕并不能阻止农民的反抗，农民的反抗又会给德国派兵平添借口，怎么办？袁世凯说：

> "为善后之计，唯有妥订章程，使彼此均有遵守。德人不至暴
> 横自恣，愚民亦不至疑忌生衅，庶足以渐杜纷纭。"[③]

要与德国人商订章程，相关人才是必不可少的，袁世凯想到一个人。谁呢？就是曾经留学德国的荫昌。荫昌与袁世凯同岁，回国后，曾任北洋武

[①] 中国第一历史档案馆编辑部编：《义和团档案史料续编》上册，北京：中华书局，1990年，第555页。

[②] 中国第一历史档案馆编辑部编：《义和团档案史料续编》上册，北京：中华书局，1990年，第556页。

[③] 中国第一历史档案馆编辑部编：《义和团档案史料续编》上册，北京：中华书局，1990年，第585页。

备学堂会办。荫昌抵达济南后，与德国驻胶澳总督叶世克代表布德乐和铁路公司总办锡乐巴就各个章程条款，百般磋商，屡议屡改。用袁世凯的话说就是："在我固不肯事事迁就，在彼亦断不能一一遵从。"[1]前后商讨近20天，终于议定《交涉章程》《煤矿章程》《铁路章程》三项章程，共计55款。

三项章程落定，袁世凯与德国人交涉便有了依据，高密路案以及类似的冲突也就"有法可依"了。所有这些，袁世凯要感谢一个人，那就是"为德人所敬服者"荫昌。此外，他还想到了一个熟悉洋务的人，那就是在朝鲜与其共事的唐绍仪。为此，袁世凯具折上奏，请求把"公忠亮直"的荫昌和"才识卓越"的唐绍仪调来山东。但慈禧只批准唐绍仪往济南，至于荫昌则只能在"遇有紧要交涉事件，准其随时奏请派往"。[2]

1900年3月9日，铁路公司重新开工。此时，高密路案的主要首领除孙文外，他人俱归案。次日，驻胶州德兵撤回青岛。事后，袁世凯以"未给德人兵费赔款，事遂结束"[3]自诩。当然，袁世凯是有资本自诩的。如果翻开当时的史料，您就会发现外兵伤人，我亦须赔款赔兵费的例子比比皆是。而像袁世凯这样能够与外国人据理力争，针锋相对，熟练运用约章且赢得对手尊重的官员，他的自诩隐约也有让我们自豪的成分。

第五节　东南互保　内阁智囊

慈禧太后见袁世凯处理各项工作游刃有余，卓有成效，即于1900年3月14日正式补授其山东巡抚一职。做了山东巡抚的袁世凯，又将注意力转移到练兵一事。4月6日，袁世凯向北京呈递《筹饷练兵酌拟办法》一折，请求将

---

①　中国第一历史档案馆编辑部编：《义和团档案史料续编》上册，北京：中华书局，1990年，第585页。

②　中国第一历史档案馆编辑部编：《义和团档案史料续编》上册，北京：中华书局，1990年，第589页。

③　中国第一历史档案馆编辑部编：《义和团档案史料续编》上册，北京：中华书局，1990年，第585页。

山东现有34营兵，"汰其疲羸，去其冗碎"，然后依照武卫军制，编练新兵20营。

袁世凯之奏恰与荣禄"请练马步20营"的请求，一后一前摆在慈禧太后案头。她认为袁世凯此奏是"为统筹全局起见"，朱批"著照所请"，并亲自命名该军为"武卫右军先锋队"。武卫右军先锋队设总统一名，由袁世凯亲任。下设督练处、粮饷局、军械局、军医局等部门。士兵分步兵、炮兵、骑兵三种。武卫右军先锋队就是后来的北洋新军第五镇。

当时，山东义和团运动正炽，袁世凯的军事实力得到增强后，仍欲剿灭"拳匪"，于是上奏北京，请"严禁拳会"。慈禧太后阅后，仅朱批"知道了"三字。袁世凯尚不知此时慈禧太后对义和团的态度已经从"剿"转"抚"，对义和团的称呼也从"拳民"变为"义民"。慈禧太后态度的转变，客观上助长了义和团势力在北京的发展。义和团在北京的发展，引起了驻京外交使团的恐惧，11国公使①于5月20日照会清政府要求严厉镇压义和团，并要求使馆驻军。而慈禧太后在经过四次御前会议后，决定利用义和团向八国联军宣战。

宣战后，北京与东南沿海各省的通信受阻，山东靠近京畿，成为当时南北联络的通信中转站。宣战当天，即1900年6月21日，军机处向各省督抚寄出慈禧太后谕旨，要求各省将义民"招集成团，借御外侮"。袁世凯将谕旨转达到东南各省，但不忘向李鸿章等表达自己对此谕的小小抵触。6月23日，袁世凯致电李鸿章、刘坤一、张之洞和盛宣怀，对北京局势非常悲观，称："是已大裂，从何收拾？"对"义民"，袁世凯则问："贵处有无此项义民，如何办法？"说到山东，袁世凯坦言："敝处尚未敢声张。"②袁世凯的态度，与东南诸帅不谋而合。盛宣怀赞曰："袁帅不声张，极是。"盛宣怀的夸奖显然是建立在"东南互保"这一思路上的。什么是"东南互保"呢？

庚子事变时，江苏、江西、安徽、湖北、湖南五省为"欲全东南，以保宗社"，于1900年6月26日，在盛宣怀的主持下，上海道余联沅与各国领事会议"东南互保"约章，目的是使"各省联络一气，以保疆土"。后来又有浙

---

① 英国、美国、俄国、德国、日本、奥匈帝国、法国、意大利、西班牙、荷兰、比利时共11国。
② 李鸿章：《李鸿章全集》11，长春：时代文艺出版社，1998年，第6445页。

江、福建、山东、广东四省加入，史称"东南互保"。

6月27日，袁世凯收到两江总督刘坤一、湖广总督张之洞发至山东的一封六百里加急公电，并遵嘱将其具折转奏慈禧太后，这份奏折即《时局危急合词沥陈折》。奏折称："北方已决裂至此，东南各省若再遭蹂躏，无一片干净土，饷源断绝，全局瓦解，不可收拾矣。唯有稳住各国，或可保全疆土……总之，能联络一气，长江以内尚可使外人无从逞志。"①实际上，刘坤一和张之洞通过此折将"东南互保"之事向慈禧太后做了汇报。

而袁世凯对慈禧太后的态度在"东南互保"之后也有了变化。半个月前，义和团还是慈禧太后口中的"拳匪"，袁世凯曾奉旨派武卫右军先锋队右翼翼长陕西汉中镇总兵孙金彪等率兵3000北上进京。当孙金彪走到直隶景州时，慈禧太后又以山东海防紧要为由，命袁世凯将部队召回。而仅仅过了五天，慈禧太后再令袁世凯派孙金彪北上赴津。这时，"东南互保"已现雏形，袁世凯在回奏时，也壮着胆子，婉拒了慈禧太后。袁世凯说："（孙金彪部）往返奔驰千数百里，又值此炎暑酷热之际，不免疲病相乘，如再折回援津，计程尚有八百余里，非一时所能骤到，即到亦疲惫不支，恐难得力。"②之后，袁世凯还说了一些诸如恐路遇拳会生出事端，德人窥伺潍坊亟须保护，武卫右军兵力有限不敷山东使用等理由。总之一句话，袁世凯不想派兵北上。慈禧太后没有理会袁世凯的种种借口，她说："前据该抚奏称，已派孙金彪统带三千人于五月二十三日（6月19日），由省城开拔北上，何以此时又称未能赴援？"③于是她命令袁世凯仍派孙金彪部兼程赴津，不得有误。袁世凯接旨后，以孙金彪现驻潍坊，防范德人为由，将登州镇总兵夏辛酉所部六营派往天津。

此时，义和团之势愈演愈烈，各国驻京使馆已被其围困，尤其是德国驻华公使克林德遇害后，北京形势已经失控。德国皇帝闻知此讯，即派兵舰四艘，兵两千来华保护。李鸿章等见此，商请袁世凯"率兵入都，救出各

① 廖一中、罗真容整理：《袁世凯奏议》上册，天津：天津古籍出版社，1987年，第147页。

② 廖一中、罗真容整理：《袁世凯奏议》上册，天津：天津古籍出版社，1987年，第150页。

③ 廖一中、罗真容整理：《袁世凯奏议》上册，天津：天津古籍出版社，1987年，第150页。

使"。^①袁世凯也没客气，以"擅率兵北上救各使，恐中途先自败，实难照办"^②为由，断然拒绝了曾经的老上级。

就在袁世凯拒绝李鸿章的同一天，荣禄奏请慈禧太后停止攻打使馆也同样被拒。第二天，即1900年7月8日，慈禧太后就将李鸿章调补直隶总督兼北洋大臣，并命其乘俄国信船，星夜海道北上。显然，慈禧太后想通过李鸿章，纠正外交政策的失误。

袁世凯见慈禧太后有缓和对外政策之举，于是致电李鸿章、刘坤一、张之洞、盛宣怀等人，提出"趁此再联名奏请剿匪，议和当可有济"。^③14日，由李鸿章领衔，刘坤一、张之洞、袁世凯等11位大吏列衔，联名上《时局危迫谨合词敬陈四事折》，请慈禧太后明降谕旨，保护各省洋商教士；致书德国皇帝对公使克林德遇害一事表达惋惜；抚恤被害洋人教士生命财产损失；剿办乱匪乱兵安谧京畿。当然，盛宣怀致电袁世凯，称"合肥老矣，旋乾转坤，中外推公"，^④对袁寄予厚望。这年，大清的四朝老臣李鸿章已77岁，确实老了。当天，湖广总督张之洞发现少写了最重要的一条——保护公使，请求补充入奏折，无奈奏折已然呈递，遂于次日，再具《合词密恳保护使臣以保危局折》，还是由李鸿章领衔，刘坤一、张之洞、袁世凯、盛宣怀等八位大臣列衔。

然而众督抚的期盼却遭遇一盆冷水。23日，慈禧太后上谕，称：

> "李鸿章等吁恳救护各国使臣折已悉。现在各国使臣均平安无恙，著李鸿章致电杨儒等转告各国外部勿念。该督即迅速兼程北上，毋再刻延。"^⑤

杨儒，时任出使俄国、奥地利、荷兰钦差大臣。当天，慈禧太后再谕，称：

---

① 李鸿章：《李鸿章全集》11，长春：时代文艺出版社，1998年，第6478页。
② 李鸿章：《李鸿章全集》11，长春：时代文艺出版社，1998年，第6481页。
③ 李鸿章：《李鸿章全集》11，长春：时代文艺出版社，1998年，第6487页。
④ 夏东元：《盛宣怀年谱长编》下册，上海：上海交通大学出版社，2004年，第689页。
⑤ （清）朱寿朋编：《光绪朝东华录》第4册，北京：中华书局，1984年，第4529页。

"恐各督抚误会意旨，以保使为议和之地，竟置战守事宜于不顾，是自弛藩篱，后患更何堪设想。著沿江沿海各督抚等振刷精神，于一切战守事宜赶紧次第筹办。倘竟漫无布置，万一疆土有失，定唯该督抚等是问。"①

　　"东南互保"诸大臣之所以视保护使节为第一要务，完全是从外交出发，为日后和解留有余地。此时天津已经被联军攻陷，北京危在旦夕，慈禧太后于是使出缓兵之计，向法、德、美三国寄出国书，请其"排忧解纷"。②美国很快对国书给予答复。由于通信中断，驻美公使伍廷芳将美国复书电至刘坤一处。刘坤一认为"美国复书，较各国最为和平，办法亦颇切实，尚未迫我所难，将来排难解纷，似须由美国入手。且在京各使，唯美使有电回国，美国亦即愿任调停。可见令各使电达各国一节，尤为要著"。③刘坤一请袁世凯于代奏美国复书时，将此议陈明。7月26日，袁世凯附片具奏，陈明刘坤一观点，并称"倘令各国使臣均发安电回国，则愿任调停者当不止一美国，或可渐就范围"。④

　　但袁世凯所见并未止于"调停"，而是看得更远。7月27日，袁世凯致电李鸿章、盛宣怀、刘坤一，称："为大局计，如我不能尽灭各国，而仍欲自存宗社，势必终归于和。"⑤怎么"和"？袁世凯的答案只有简单的两个字：剿匪。剿匪可以安谧京畿，可以阻止各国进兵。但李鸿章觉得剿匪阻进兵"似无把握"，正好俄国密电请其护送俄使馆人员至天津。29日，李鸿章认为"各国注意所在，与我辈愿望相同"，即在上海与盛宣怀拟定会奏稿，并请袁世凯转奏。当天，李鸿章还追加一电，叮嘱袁世凯会奏稿"请勿刻延，勿减一字，并下注鸿章主稿"。⑥于是，就有了《遵旨共筹补救电奏》⑦会奏

　　① 故宫博物院明清档案部编：《义和团档案史料》上册，北京：中华书局，1979 年，第 344 页。
　　② 故宫博物院明清档案部编：《义和团档案史料》上册，北京：中华书局，1979 年，第 329 页。
　　③ 李鸿章：《李鸿章全集》11，长春：时代文艺出版社，1998 年，第 6526 页。
　　④ 廖一中、罗真容整理：《袁世凯奏议》上册，天津：天津古籍出版社，1987 年，第 185 页。
　　⑤ 李鸿章：《李鸿章全集》11，长春：时代文艺出版社，1998 年，第 6527 页。
　　⑥ 李鸿章：《李鸿章全集》11，长春：时代文艺出版社，1998 年，第 6527 页。
　　⑦ 夏东元：《盛宣怀年谱长编》下册，上海：上海交通大学出版社，2004 年，第 692 页。

稿提出大计四端：护送各国使节赴津；保护各国洋商教士；剿办土匪乱民散勇；筹款赈济以赈为抚使良民各归本籍。会奏稿发出，让人们感兴趣的则是"共筹"二字。到底是与各国领事共筹，还是各督抚互保共筹？张之洞对此则不以为然，直言"有筹则筹，不在此一语也"。[①]

可是李鸿章等了一天，并未见袁世凯转发会奏稿的消息，就致电袁询问为何至今未发，并说："若尚迟疑或香帅有异词。即用鸿与岘帅两人会衔，由尊处代发声明。鸿主稿事关重大，万勿迟误。"当天，袁世凯复电李鸿章，称"总以婉转易入与事有济为主，如过激烈，恐反倒底拼与决裂，前功尽弃"。袁世凯知道此会奏稿乃盛宣怀执笔，称"杏翁稿痛快切要，但字句间或有过激及稍涉语病者，可否酌加润色，再行缮发。凯非敢顾忌，实期言之有益无损，庶裨大局"。[②]原来，袁世凯是怕会奏稿中的过激之词引起朝廷反感，恐于事无补。

7月31日，袁世凯将会奏稿即《遵旨共筹补救电奏》具折上奏，并在奏折最后特别写明"此折系臣鸿章主稿，电嘱臣世凯缮折由驿六百里加紧驰递"。[③]

李鸿章等人的苦心经营终于迎来回报。8月2日，慈禧太后下令，从李鸿章奏，派大学士荣禄护送各国使节赴津，并命各省督抚保护洋商教士教民。但这仅仅是迟到的纠错。3日，各国军事首领在天津会议，决定进兵北京。4日，日、俄、英、美、法、意、奥七国联军共18000人从天津出发，进攻北京。7日，德国皇帝宣布以德国元帅瓦德西为联军统帅，至此八国联军形成。14日，八国联军攻入北京。15日，慈禧太后偕光绪帝离京西狩。

当袁世凯得知两宫被迫出京消息时，慈禧太后和光绪帝已经抵达山西。袁世凯想到两宫"万众扈从，度支浩繁"，决定尽己所能，提供帮助。提供什么呢？袁世凯知道此刻两宫最需要的一是钱二是物。袁世凯先于山东藩库内凑集纹银10万两，又截存安徽、江苏运解京饷银共16.65万两，共计银26.65万两，一并派人护送至山西。钱送出去了，但袁世凯还觉得未尽心意。

① 李鸿章：《李鸿章全集》11，长春：时代文艺出版社，1998年，第6535页。

② 李鸿章：《李鸿章全集》11，长春：时代文艺出版社，1998年，第6538页。

③ 廖一中、罗真容整理：《袁世凯奏议》上册，天津：天津古籍出版社，1987年，第191页。

当时中秋将至，袁世凯又贴心地送去羊皮、凤尾菜、恩面等物，还"竭力采买"杂色绸缎160匹、袍褂料子40套，还一直道歉说："虽系丝染未能十分纯净，恐非御用所宜，若以之充备颁赏，或尚堪用。"袁世凯特别强调，这批绸缎都是自己私人进贡，没有动用公款。中秋过后，袁世凯又挪凑银21万两，并"谨购食物九品"①孝敬两宫。

当然，袁世凯的钱只会花在刀刃上，别人来要钱，他就张嘴哭穷了。直隶因战争，耗资巨大，就请求各省接济。户部命山东筹银10万两交给直隶。袁世凯立即上奏，陈述大量理由，请户部将此指标转给他省。可是，当慈禧太后向其要东西时，他却二话不说，一一照办。

10月23日，慈禧太后等移至西安，护卫军火缺乏，遂命袁世凯办理。袁世凯"竭力设法，筹拨接济"，②很快就备齐子弹100万发、火药5万斤、铜火帽50万颗，命人一路护送解往西安。

俗话说，付出总有回报。袁世凯一月之内送走47.65万两白银，山东省内的开支自然难逃捉襟见肘之窘，尤其是武卫右军之军饷更是不能耽搁。那么饷从何出呢？袁世凯盯上了山东海关洋税。但想动用此项税银，必须得慈禧太后亲自批准。于是，袁世凯恭恭敬敬将山东如何困难，库银支向何处，向慈禧太后做了详细说明，请求"挪款支放，以资弥补"。慈禧太后看后，仅说了四个字"著照所请"，让袁世凯得偿所愿。

不过，对一位封疆大吏来说，送钱送物给危难中的主子只能说明此人忠诚、体贴、细心，还不能体现其作为一名高官所应具备的远见和担当。当然，袁世凯不仅小事做得好，大事也应对有方。当时，"东南互保"诸大臣考虑最多的莫过于如何让两宫早日回銮一事。袁世凯认为"必须各国皆允退兵，始可议及回銮。至剿匪一节，似非含糊支吾所能了事"。③他将"剿匪"看作退兵和回銮的大前提，无疑是正确的。李鸿章也说，其到上海后，与各国领事晤谈，发现各国攻陷北京仍添兵不止的原因，是"始终未见剿办拳匪

---

① 廖一中、罗真容整理：《袁世凯奏议》上册，天津：天津古籍出版社，1987年，第213页。

② 廖一中、罗真容整理：《袁世凯奏议》上册，天津：天津古籍出版社，1987年，第226页。

③ 李鸿章：《李鸿章全集》11，长春：时代文艺出版社，1998年，第6628页。

之旨"。①这个"旨"怎么写合适呢？袁世凯提出要"声明拳匪胁制政府，挑衅友邦，围攻使馆，戕害使员，恣意焚杀，生灵涂炭。各罪迹饬各督抚调派营队分投剿办，冀复抹去前案，与各国开议有词"。②

9月15日，李鸿章、刘坤一、张之洞、袁世凯四位大臣密折奏陈，各国欲先惩办主持拳党之人，然后才可谈及退兵和回銮，并言："是知各国公愤所在，断难偏护。若迁延不办，恐各国变其宗旨，愈久愈不可收拾。"③

主持拳党之人是谁呢？9月25日，慈禧太后的上谕里有份名单，他们是被革去爵职的庄亲王载勋，怡亲王溥静，贝勒载濂、载滢；被撤职停俸交宗人府严加议处的载漪；被严加议处的辅国公载澜、都察院左都御史英年；交都察院吏部议处的协办大学士吏部尚书刚毅、刑部尚书赵舒翘。这样的名单、这样的处罚显然无法满足各国公使的要求，甚至连"东南互保"诸大臣的要求都无法满足。那么，各国公使的名单有哪些人呢？

10月27日，各国公使一致决定，要求惩治载漪、载勋、载澜、溥静、毓贤、李秉衡、董福祥、刚毅（已于当月病逝）、赵舒翘、英年等11人。此后，各国国书不断递至，均言"严惩祸首"。

就连袁世凯也致电荣禄，要求惩治毓贤和董福祥。表面上，袁世凯与毓贤有隙，此举有落井下石之嫌。实际上，"法德提督及英领事"在与刘坤一、张之洞会晤后，也坚持"毓贤、董福祥必置重典"。④奕劻、李鸿章致电荣禄，强调不办毓贤和董福祥，就无法与各国达成议和。

1901年2月21日，惩治祸首的方案最后确定：载勋赐自尽；毓贤正法；载漪、载澜斩监候，加恩发往新疆，永远监禁；英年、赵舒翘赐自尽；刚毅（已故）斩立决；徐桐（已故）、李秉衡（已故）斩监候。此后还惩处了已故直隶总督裕禄等几十位大臣。之后，奕劻、李鸿章作为全权大臣负责与各国沟通、谈判，而袁世凯依然在山东尽职。

此时，慈禧太后嘴上虽强调康有为之新法乃乱法，但她已经意识到"无

---

① 李鸿章：《李鸿章全集》11，长春：时代文艺出版社，1998年，第6625页。
② 李鸿章：《李鸿章全集》11，长春：时代文艺出版社，1998年，第6629页。
③ 故宫博物院明清档案部编：《义和团档案史料》上册，北京：中华书局，1979年，第591页。
④ 郭廷以：《近代中国史事日记》，北京：中华书局，1987年，第1113页。

一成不变之治法"，也意识到"积弊相仍，因循粉饰，以致酿成大衅"。①于是下诏命变法，并成立以庆亲王奕劻、大学士李鸿章等为督办政务大臣的督办政务处，同时限期两个月，要求各省督抚"于一切因革事宜，务当和衷商榷，悉心详议，次第奏闻"。②袁世凯的《遵旨敬抒管见上备甄择折》呈递之时，限期已过，但该折所述"十条"变法措施显然获得了慈禧太后的认可，其中"崇实学"一条更是促成山东大学堂的诞生。

经过深思熟虑，慈禧太后下旨，命将各省省城书院改设大学堂。山东省城济南有泺源书院，始建于1733年，是省内最大的书院。袁世凯拟定《山东省城试办大学堂暂行章程》，规定了学堂办法、学堂规则、学堂课程、学堂经费，同时任命周馥之子周学熙为总办，聘请美国人赫士为总教习。为什么选美国人做总教习呢？袁世凯的理由是"各国洋人，类多骄蹇不受钤制。唯美国人心地和平，其在华年久者，往往自立学会，传授生徒，多冀中国之振兴"。③山东大学堂后经不断发展成为今天的山东大学。

任职东抚的最后一年，即1901年6月16日，袁世凯生母刘氏去世，慈禧太后给假百日准其在抚署内穿孝服丁忧。袁世凯上奏请准回籍营葬。慈禧太后以大局未定，不可一日暂离，"一俟大局定后，再行赏假回籍营葬"。袁世凯任职山东巡抚后，即将生母刘氏接来奉养。不想未及两年，竟然母子永隔。袁世凯在上奏慈禧太后时，难掩悲伤之情，感叹：

"此后但有事君之日，永无为子之年。"④

痛别生母之后，袁世凯还将告别自己仕途引路人——李鸿章。9月7日，奕劻、李鸿章与德奥等11国签订《辛丑条约》，这是继《马关条约》之后，李鸿章再次见证屈辱，当天，他已经病入膏肓。17日，各国联军退出北京。25日，袁世凯丁忧百日假满，正式复职。10月6日，慈禧太后和光绪帝自西安

① （清）朱寿朋编：《光绪朝东华录》第4册，北京：中华书局，1984年，第4601页。
② （清）朱寿朋编：《光绪朝东华录》第4册，北京：中华书局，1984年，第4680页。
③ 廖一中、罗真容整理：《袁世凯奏议》上册，天津：天津古籍出版社，1987年，第340页。
④ 廖一中、罗真容整理：《袁世凯奏议》上册，天津：天津古籍出版社，1987年，第297页。

启行回京。11月7日，李鸿章病逝，享年79岁。当天，慈禧太后命袁世凯署理直隶总督兼北洋大臣，袁世凯正式位列疆臣之首。袁世凯能够获此高位，慈禧太后的垂青自不可少，然各国领事的支持亦是促成此事的关键。对外透露此消息的人正是湖广总督张之洞。

李鸿章去世前一日，德国驻华公使穆默自京抵鄂与张之洞密谈。其间，穆默谈及李鸿章病重，表示"愿袁抚到直隶"。张之洞特意加上按语，称："今年以来，所见各国提督、领事，大意皆盼袁抚为北洋大臣，众口一词，不仅穆一人也。"穆默问："假如袁调直隶，山东事有妥人接手否？"张之洞回答："不能意揣。但山东海面向归北洋，山东事朝廷亦可令袁遥为兼顾照料。"①穆默点头表示满意张的回答。那么，袁世凯为什么能获得各国领事的青睐呢？

原因是袁世凯不顾北京旨意，冒险护送山东教士安全离境，获得外交赞誉。庚子事变时期，义和团仰仗朝廷支持，肆意杀害外国教士和中国教民，原山东巡抚毓贤，时任山西巡抚竟然大开杀戒，致使各国教士人心惶惶，急于逃离中国。著名传教士、美国宾夕法尼亚州人郭显德（Hunter Corbett）28岁来到中国，在此生活56年，逝于山东烟台。他在回忆录《美国长老会中国山东传教工作记录1861—1913》中，谈到庚子事变时，特别强调要感谢两个人，一个是美国驻曲阜领事John Powler，另一个就是袁世凯。郭显德对此充满感激，他说：

> "袁世凯阁下，现任中华民国大总统，抵制来自北京的要求尽杀洋人的命令，派兵阻击拳匪，尽其所能保护外国人的安全。如果袁像他的前任、屠杀了很多传教士的毓贤那样，恐怕在山东的传教士很少有人能幸存下来。"

在袁世凯的保护下，除巨野教案遇害的德国教士能方济和韩立迦略以及英国教士卜克斯外，山东再无外国教士遭遇不幸。对袁世凯的保护，各国公

---

① 苑书义等主编：《张之洞全集》第10册，石家庄：河北人民出版社，1998年，第8640页。

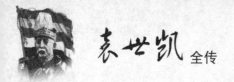

使当然愿意投李报桃，所以间接促成其荣任直隶总督兼北洋大臣。

袁世凯升职的速度是罕见的。从1880年袁世凯来到山东登州投奔吴长庆，到1901年署理直督，仅用21年时间。而其前任们做到这个职位，李鸿章用时23年；荣禄46年；王文韶34年；裕禄41年。可见，袁世凯之飞黄腾达，其个人能力不可小觑。那么，就任直督后，袁世凯又会展示哪些能力呢？

第六章　总督直隶

　　直隶，清顺治年间定为直隶省。省辖顺天等十二府、赤峰等七直隶州、张家口等口北三厅。该省北至内蒙古界，东到奉天宁远（今兴城），南接河南兰封县（今兰考附近），西达山西平定州（今盂县）。由于北京位于直隶省界内，因此，历任直隶总督的首要任务就是拱卫京师。从驻节朝鲜，到巡抚山东，再到总督直隶，袁世凯无论是自身权力还是其所处地理位置，都与政治中枢越来越近。所谓近水楼台先得月，这种"近"成就了袁世凯，令他得以有更多的机会去挥发热血，施展才干，从而收获赏识，赢得敬畏。

第一节　伺候谒陵　归籍营葬

　　有清一代，谒陵从来都是一件大事。谒陵还有一个更正式的说法，叫山陵躬祭。慈禧太后西狩回宫后，便有亲谒东陵告慰祖宗的想法。东陵位于直隶遵化（今河北遵化），葬有顺治、康熙、乾隆等清代皇帝。慈禧太后本人死后亦葬于此。除东陵外，直隶易县有西陵，是雍正、嘉庆、道光等清代皇帝的陵寝所在地。光绪皇帝死后葬于西陵。此外，宣统皇帝溥仪死后亦归葬于此处一民办墓园。

　　东陵西陵而外，今天的辽宁省尚有三处清代先帝先祖陵寝，它们分别是辽宁抚顺新宾永陵（葬有努尔哈赤祖父觉昌安、父亲塔克世等）、辽宁沈阳福陵（葬有清太祖努尔哈赤等）、辽宁沈阳昭陵（葬有清太宗皇太极等）。

这五处陵寝的祭祀典仪经历代清帝不断补充丰富，成为定制。如康熙帝为缅怀列祖列宗，定"四时大祭"，即每年清明、中元、冬至、岁暮四节必须祭祀各陵寝。平时，陵寝由守陵官负责维护清扫。遇大祭日或大事，皇帝或亲自谒陵或遣派王公代祭。慈禧太后此次亲谒东陵便选在大祭日——清明节期间。

光绪二十八年（1902）大年初三，慈禧太后发布懿旨，宣布将于三月初六日（4月13日）率光绪帝往谒东陵，要求袁世凯本着"力从简约"的精神办理相关事务，承诺地方相关开支准予报销。光绪帝亦警告袁世凯"不得丝毫扰累百姓"，[①]并禁止地方官员馈送食物酒水。

袁世凯接旨后，立即安排时任直隶布政使周馥全权负责此事。周馥得令后，先是"跑部进京"到户部请银20万两，然后与各衙门商减"驼马车辆浮费"。[②]返回保定后，周馥提议设立陵差局，以直隶按察使周浩、直隶通永道杨士骧等会办局务。同时，精选"执事官一百二十五员，每员由藩库支银一百六十两，夫马薪水不另给发"，保证"缮治桥道，供张车马及行在诸色供具，务杜浮取滥与"，实现"涓滴归公"。[③]

这时，出现了一个小插曲。有言官参奏周馥"昏耄营私，贻误地方"且"老迈龙钟，诸事废弛"，[④]慈禧太后和光绪帝下旨袁世凯彻查此事。

袁世凯当然了解周馥之为人与为官，但官样文章又不得不做。于是，在接旨后，袁世凯立即根据言官所参内容，亲书一札，向周馥询问相关问题。时年65周岁的周馥深忌参折内"两耳重听"一语，在禀复袁世凯札询的同时，提请"开缺回籍"，[⑤]告老还乡。

袁世凯哪里肯舍得周馥离开，于是，他立即上奏，称"遵查藩司周馥被参各款，均无实据，应请毋庸置议"。[⑥]得到慈禧太后和光绪皇帝首肯后，袁

① 《本馆接奉电旨》，《申报》1902 年 3 月 14 日，《申报影印本》70，上海：上海书店，1983 年影印，第 397 页。

② 下卷，《周悫慎公全集·年谱》第 36 集，1922 年秋浦周氏刻本，第 4 页。

③ 《大差述事》，《申报》1902 年 3 月 31 日，《申报影印本》70，上海：上海书店，1983 年影印，第 509 页。

④ 卷 496，《德宗景皇帝实录》7，《清实录》第 58 册，北京：中华书局，1987 年，第 546 页。

⑤ 下卷，《周悫慎公全集·年谱》第 36 集，1922 年秋浦周氏刻本，第 5 页。

⑥ 卷 496，《德宗景皇帝实录》7，《清实录》第 58 册，北京：中华书局，1987 年，第 546 页。

世凯马上命直隶按察使周浩和署清河道袁大化前往周府，通知周馥"参案已查明，全系诬捏，已经据实复奏"。周馥则以"未奉旨"①为由，拒绝履职。此时，已经离帝后谒陵之期越来越近了，袁世凯担心耽误大事，于是亲自出面相请。周馥碍于情面，只得重返工作岗位。

这段小插曲算是有惊无险地过去了，但让袁世凯头疼的事接踵而至。

原来，袁世凯在为帝后安排谒陵事宜的同时，心里面也在盘算着自己的家事。什么家事呢？就是回籍安葬生母刘氏。1901年6月16日，袁世凯生母刘氏过世。当时，袁世凯奏请开缺回籍守制营葬，未获俞允。如今，袁世凯看到帝后筹备谒陵，思亲之情再生。加之，河南项城寄来家书，告知家中拟于本年秋初为母营葬，于是，袁世凯决定再次具折向慈禧太后和光绪皇帝请假。

为获得帝后恩准，袁世凯精心构思撰写了一份奏折。奏折开篇，袁世凯以"但有为国尽瘁之心，从无瞻顾畏难之念"表明自己的大局观，但随后话锋一转，从忠孝名教角度，谈为子与为臣、事亲与事君的关系。继而以曾国藩江西征战中闻母丧抗疏求终制、李鸿章海防吃紧时两次奔丧回籍等事为例，暗示此事有先例可援。然后以"体素羸弱，忧患余生，益多疾病：气血亏损，肝脾两伤，头晕心悸，不时间作"为辞，大打同情牌。用他自己的话说就是"号泣上诉，不胜迫切待命之至"。②

如此声情并茂的一份"请假条"，并未打动慈禧太后和光绪皇帝。光绪二十八年二月初七日（1902年3月16日），上谕肯定了袁世凯"情词恳挚，具见孝思"，婉拒了其回籍营葬的申请，允诺"俟秋闲察看情形，再行赏假"。③其实，袁世凯对这样的结果是有心理准备的，毕竟帝后刚刚西狩回京，百废待兴，况且天津尚未收回，列强仍然驻兵。既然上俞允诺"秋闲"再议，那就等吧。转眼，帝后谒陵的日子到了。

光绪二十八年三月初六日（1902年4月13日），慈禧太后和光绪皇帝如期启銮。袁世凯和周馥等人已于两日前抵达通州，当天，两人在定福庄前迎驾并请安。是日，帝后驻跸燕郊行宫，并召见袁世凯和杨士骧。初七日，光绪

---

① 下卷，《周悫慎公全集·年谱》第36集，1922年秋浦周氏刻本，第5页。

② 《袁世凯奏折专辑》2，中国台北："国立故宫"博物院，第465页。

③ 卷495，《德宗景皇帝实录》7，《清实录》第58册，北京：中华书局，1987年，第541页。

帝驻跸白涧行宫（今天津蓟县），再次召见袁世凯和周馥。

两次召见，帝后与袁世凯之间有何奏对，史料并无记载，殊为可惜。值得庆幸的是，周馥本人记录下了初七日帝后对其所言。由于这段话与前面那个小插曲有关，故抄录如下："是晚，蒙召见，太后、皇上慰勉交至，且谓：'你办事向来认真，我俱知道。以后仍要任劳任怨，切勿懈志。旁人说闲话，无关紧要，有我作主。上年时事危急，无人办事。今太平了，说话人出来了，殊属无理。'"①可见，慈禧太后和光绪皇帝对周馥是认可的和信任的。当然，这个认可和信任是给周馥的，也是给袁世凯的，这是不言而喻的。

不过，中国官场的君臣之间、上下级之间，仅有认可和信任是不够的，还需要一些"亲近"。这种"亲近"具有宗法社会的特征，更有一种家庭般的温暖，因为它是双向的、互动的。谒陵作为一种祭祀活动，同时也是一种政治活动，正是实现这种双向互动"亲近"的好机会。

谒陵前，慈禧太后要求"力从简约"，光绪帝禁止官员馈送食物酒水。实际上，却是另一番景象。《申报》记载，袁世凯于三月十一日（4月18日）请安，并"呈进鸡鸭果品等贡"。②当天，周馥记载："余进活鲤二十尾、野鸡六只。"③其他官员亦有所贡，这里就不一一列举了。作为双向互动的"亲近"，只有袁世凯等人的进贡是不完整的，帝后必须有所表示。从周馥的记载看，帝后的恩赏要先于袁世凯等人的进贡，也就是说，帝后是主动"亲近"的一方。帝后的恩赏有菜、肉、点心、粥、银两等，可谓五花八门。恩赏时，数量都不大，一般是两盘肉、三盘菜、两罐粥，属于点到为止。但帝后的恩赏不在数量，而在内涵，在于其体现的"亲近"。

这种"亲近"是千金不换的，它能够换来的则是袁世凯等人官位的提升。是年，袁世凯实授直隶总督，周馥改任山东巡抚，杨士骧升任直隶按察使。这三项任命，为袁派势力在清末官场中的形成夯实了基础。所谓袁派势力，是指由袁世凯提拔推举的内政、外交、军事、学务、实业等方面的代表

---

① 下卷，《周悫慎公全集·年谱》第36集，1922年秋浦周氏刻本，第5页。

② 《行在宫门抄》，《申报》1902年5月1日，《申报影印本》71，上海：上海书店，1983年影印，第1页。

③ 下卷，《周悫慎公全集·年谱》第36集，1922年秋浦周氏刻本，第5页。

人物所形成的权力圈子。以往，人们提到袁世凯，便会给他戴上"北洋军阀集团头目"的帽子。细审袁世凯的从政经历和中国近代史，军阀只是袁派势力的一部分，"北洋军阀集团"这个名字无法完全概括其在晚清和民初对中国各项事业的影响。比如，近代中国铁路问题便与袁世凯密切相关，但把它与军阀联系起来未免太过牵强。

说到铁路，您知道吗？中国人自己建造的第一条铁路就是因为谒陵的需要。帝后恭谒东陵回銮后，向袁世凯等人透露准备明春拜谒西陵。西陵位于今河北易县梁各庄，袁世凯为免帝后舟车劳顿，便与胡燏棻、唐绍仪等人商议，计划修筑一条从北京到易县的铁路。这就是新易铁路。该路从高碑店的新城经涞水直达易县梁各庄，全长42.5公里。[1]这里需要指出的是，前述公里数与袁世凯所述有误差。袁世凯记载，该路"由高碑店至涞水二十七里，由涞水至易州三十四里，由易州至梁各庄十七里，各设车站一所，共计轨路线长七十八里"。[2]也就是说，新易铁路全长为39公里。

袁世凯等人将修路计划上报后，慈禧太后表示同意建造。于是，袁世凯迅速搭建新易铁路建设班子，以杨士琦总办铁路局务，梁如浩负责勘查，王仁宝办理土工，詹天佑承办料工。有文章说新易铁路是詹天佑修筑的，从史料上看，这种说法缺乏客观性。此外，袁世凯等预算修路需费银60万两，其中30万两向户部申请拨款，余下部分由唐绍仪从天津海关洋税项下挪补。

新易铁路原计划施工半年时间，实际仅用四个月，于1903年3月通车。3月25日，袁世凯亲自乘坐新易铁路，验收工程。对于该路的质量，袁世凯是这样评述的："地段一律坦平，木桥亦尚稳便。惟期限太迫，不及修建铁桥。且新造之路，土性较松，必须往复垫压，方能十分坚结。现在行车尚不敢过于遄速，此七十八里约行六刻钟之谱。"[3]以上就是新易铁路的修建经过。

修铁路解决的是谒陵过程中"行"的问题，至于"住"的问题，则需要行宫。行宫是古代帝王出行路上暂居的宫室。以往，恭谒西陵的路线是从北京出发，经过宛平、良乡、涿州、房山、涞水、易县，最后到梁各庄。一路

---

① 纪丽君、亢宾编著：《图说晚清铁路》，北京：中国铁道出版社，2011年，第49页。

② 《袁世凯奏折专辑》4，中国台北："国立故宫"博物院，第868页。

③ 《袁世凯奏折专辑》4，中国台北："国立故宫"博物院，第868页。

上有行宫四座，即黄新庄行宫、半壁店行宫、秋澜行宫、梁各庄行宫。由于交通工具的变化，本次谒陵将仅需用梁各庄行宫。不过，慈禧太后和光绪皇帝在谒陵后将赴保定视察，所以，袁世凯还须在保定新造一座行宫。这座行宫位于当时的保定南城，如今是保定市第二中学所在地。

修造行宫需要动迁当地住户。为尽快动工，袁世凯采用今天通行的货币补偿方式，核实房屋数量并估价，按估价的七折或八折予以补偿。据《申报》记载，每间房屋获得"京钱二百吊至四五十吊不等"，共发"京钱二万五千余吊"。《申报》最后还补充说："日来各房主已遵照具领矣。"①至于房主们是否满意，有没有钉子户，就不得而知了。

袁世凯在为帝后准备谒陵诸事的过程中，还办了一件大事——收回天津（见第六章第二节）。天津收回后，袁世凯的工作压力骤减，精神也轻松许多。这时，袁世凯再获家书，称母亲"葬期现已择定（光绪二十八年）十月十七日"。②此时是农历八月中旬，距离立秋已过月余，时间上完全符合慈禧太后的"俟秋闲察看情形，再行赏假"的允诺。于是，袁世凯第三次具折要求请假两个月回籍营葬生母。

这次，慈禧太后没再阻拦，但也并未痛快谕准。她先是恩赏袁世凯母亲刘氏正一品封典，然后在距离营葬期一个月的时候，即九月十七日，才降旨赏假。懿旨内有三个内容：第一是加恩赐祭一坛给袁世凯生母；第二是命河南巡抚张人骏派员前往致祭；第三是赏假四十日。时间虽然未如袁世凯所愿，但毕竟是准了，于是，他把应办各事向护理直隶总督兼北洋大臣吴重憙交代清楚后，便准备"克日束装，戴星就道"，③回奔家乡。

离津之前，袁世凯还有一件重要的事要办——请人速撰母亲祭文。袁世凯生母刘氏身后共有三份祭文传世：第一份是官方祭文；第二份是张之洞亲撰的祭文；第三份是堂叔袁保纯（袁重三之子）写的祭文。这三份祭文的分量，从重到轻，同它们的排序一样，因此袁世凯对这份官方祭文格外重视。

① 《缔造行宫》，《申报》1902年8月22日，《申报影印本》71，上海：上海书店，1983年影印，第771页。

② 《袁世凯奏折专辑》3，中国台北："国立故宫"博物院，第673页。

③ 《袁世凯奏折专辑》3，中国台北："国立故宫"博物院，第717页。

说到祭文，必须先说明赐祭是怎么一回事。赐祭是古代皇帝给予臣下的一种恩恤，有赐祭葬和赐祭一坛两种说法，其内容有赐祭品、读祭文、立墓碑、建牌坊等。查《清德宗实录》，能够获得赐祭一坛的基本都是位高权重之人，如大学士文祥、两江总督兼南洋大臣曾国荃等。李鸿章母亲病故后，慈禧亦恩赏赐祭一坛。而李鸿章本人身后获得赐祭一坛后，又获再赐祭一坛，已是格外恩宠了。按说，袁世凯生母刘氏作为一名普通家庭妇女，能够与李鸿章母亲一样，恩获赐祭一坛，已经可以光宗耀祖了。但慈禧太后觉得仅仅这样尚无法表达自己对袁世凯的肯定，她要赐予袁世凯生母顶级的殊荣——遣官致祭。可清朝的殊荣都是给爵秩崇高、战功卓著、原官致仕之臣下的，如何赐予一个普通家庭妇女这样的待遇呢？常言道，制度是死的，人是活的。《大清康熙会典》规定：加衔加级至一品二品者，各照品级造葬，遣官致祭一次。[①]于是，慈禧太后先是恩赏袁世凯生母刘氏正一品封典，使其具备致祭资格，然后赐祭一坛，颁祭葬银三千两，最后遣官致祭。这样，袁世凯生母刘氏得到的恩恤不仅超越了李鸿章母亲，而且成为袁氏家族继袁世凯曾祖母郭氏之后第二位获得致祭恩恤的女性，用张之洞的话说就是"荣遇则继美于郭大夫人"。[②]需要说明的是，郭氏是正室，而刘氏以偏室获此恩恤，实属罕见。致祭，必须有祭文和碑文。

碑文共两份，一份是袁世凯请张之洞写的。袁世凯生母刘氏的墓碑现已无存，但所幸碑文录于《项城袁氏历代谱系志》，碑文最后，张之洞写道："少保书来请表墓之文，援举其大者著于篇，以示后世。"[③]另一份碑文是袁世凯堂叔袁保纯所撰，同样，此碑现亦无存，同样，该碑文录于《项城袁氏历代谱系志》。袁保纯碑文中透露，慈禧太后还懿旨为刘氏"讽经设供"，赞此举为"殊恩异数，旷代所稀，甚盛典也"。[④]这两份碑文乃亲友所制，较易办理。而祭文是官方纂制，程序复杂，颇费时间，为此，袁世凯还得走走后门。

① 卷70，伊桑阿等纂修：《大清会典（康熙朝）》，《近代中国史料丛刊三编》第72辑，中国台北：文海出版社，1992年，第3571页。

② 袁晓林主编：《项城袁氏历代谱系志》，中国·项城袁氏宗祠藏版，2013年，第98页。

③ 袁晓林主编：《项城袁氏历代谱系志》，中国·项城袁氏宗祠藏版，2013年，第98页。

④ 袁晓林主编：《项城袁氏历代谱系志》，中国·项城袁氏宗祠藏版，2013年，第98页。

祭文的纂制流程是这样的：首先，由内阁把祭文纂制任务交给翰林院，其次，由翰林院选员负责撰写。完稿后，翰林院把祭文交给礼部。最后，由礼部负责发布。由于袁世凯此次回籍营葬仅有40天假期，其中预计在项城停留13天，所以时间非常紧迫。如果走官方流程，祭文可能会赶不上葬礼。袁世凯听说，李鸿章祭文是由署鸿胪寺少卿于式枚代笔，然后托人交给礼部发布，整个流程省去了翰林院这个环节，速度大大加快。于是，袁世凯在接到慈禧太后准假懿旨的次日，便提笔给自己的盟兄、翰林院编修徐世昌写了一封信，请求他恳请于式枚"照李文忠公办法，代为周旋"，希望能在月内，最晚也要在"下月初五日前必须发出"。同时，请求徐世昌"用电发汴寄安圃一份、舍下一份，以便葬前举行"。[1]安圃是河南巡抚张人骏的号。袁世凯安排好这件事后，便于光绪二十八年九月二十五日（1902年10月26日）从天津起程南下。十月八日（11月7日），袁世凯抵达家乡项城。

正如袁世凯所愿，祭文如期发布。十月十二日（11月11日），河南巡抚张人骏遣派河南按察使钟培前来项城致祭。袁世凯葬母时，袁家内部出现纠纷之事已在第五章第二节做过陈述，这里不再赘言。袁世凯生母无法与丈夫袁保中合葬，便移葬于项城东北50里洪冢洼茔域。从现存的照片看，刘氏墓园规模很大，有牌坊，有墓冢，有墓碑。可惜，如今这些建筑早已荡然无存。致祭时，首先由钟培宣读祭文，祭文内容都是些歌功颂德的陈词滥调。读祭文毕，钟培要"跪奠三爵，每奠一叩"。袁世凯等家人则跪拜还礼。礼毕，要把祭文烧掉。最后，袁世凯率家人"望阙谢恩，三跪九叩"。[2]钟培离开时，袁世凯须率家人于大门外跪送。这是完整的致祭礼仪。

营葬事毕后，袁世凯不敢耽搁，于十月二十一日（11月20日）匆匆挥别项城。此次衣锦回籍，袁世凯有荣耀，更有遗憾。从这天起，直到他1916年6月6日病死于北京，袁世凯再也没有回过项城，再也没有亲自为母亲的墓地祭扫过。

袁世凯返程走的路线与来时不同。他先是乘火车到汉口，汉黄德道岑馥

---

① 陈瑞芳、王会娟编辑：《袁世凯》卷1，天津市历史博物馆馆藏：《北洋军阀史料》，天津：天津古籍出版社，1992年，第363页。

② 赵尔巽等撰：《清史稿》10，北京：中华书局，1977年，第2719页。

庄观察"率同文武各员并汉防营员弁，鹄候码头上恭候宪旌"。①次日，袁世凯乘坐渡轮至武昌，拜会湖北巡抚兼署湖广总督端方。《申报》是这样报道的："鄂抚端午桥中丞设筵洗尘，并请各书院、各学堂、各军营。慰帅以假期迫促，不克稍留，即于二十七日辞行。二十八日清晨，乘某轮船东下。午帅以次均至文昌门恭送行旌。"②端方小袁世凯两岁，是清末重要政治家之一。他是袁世凯的盟弟，也是袁世凯五子袁克权的岳父。端方是袁派势力的重要一环，是袁世凯清末新政的坚定支持者。有关袁世凯与端方的故事，后面还会讲到。

袁世凯在武昌仅停留一日，便乘坐轮船招商局的"快利"号轮船东去，于十月二十八日（11月27日）抵达南京。湖广总督兼署两江总督张之洞设宴款待，袁世凯"不终席而行"，③赶赴上海。事实上，袁世凯"不终席而行"是因为"袁行之日，张饯之酒及半，张遽睡熟，久未醒。袁不及待而行"。张之洞醒来后，忙命人请袁回来。袁世凯"欲不返，幕僚劝之行"。袁世凯到后，张之洞命重开宴并谢罪，"欢饮而别"。④张之洞于会谈时睡觉，并不是新鲜事，其他史料亦有相关记载，因此，此举并非怠慢袁世凯的表现。二十九日零时，船过京口，"常备军、续备新兵、各营勇丁均在江干站队，鸣枪致敬。常镇通海道长久山观察以及文武各官齐赴码头迎迓，脚靴手版，忙碌异常"。袁世凯"旋即鼓轮赴申江"，"当舟过焦山时，象山炮台鸣炮恭送"。⑤由此可见，袁世凯一路上受到了极高的礼遇。

袁世凯于十月三十日（11月29日）午后3时30分抵达上海小东门外招商局金利源码头。"苏松太兵备道袁海观（袁树勋）观察以下文武各员均亲诣码

---

① 《节麾过汉》，《申报》1902年11月31日，《申报影印本》72，上海：上海书店，1983年影印，第631页。

② 《帅节过鄂》，《申报》1902年12月7日，《申报影印本》72，上海：上海书店，1983年影印，第681页。

③ 王云五主编、胡钧重编：《清张文襄公之洞年谱》，中国台北：台湾商务印书馆，1978年，第196页。

④ 《新民丛报汇编》癸卯年第3册，《晚清珍稀期刊汇编》14，北京：全国图书馆文献缩微复制中心，2009年，第9页。

⑤ 《帅节过润》，《申报》1902年12月7日，《申报影印本》72，上海：上海书店，1983年影印，第681页。

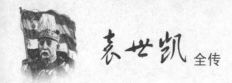

头迎迓。驻沪各防营统带则指挥部下鹄列江干"，袁世凯"既接见各员，即乘舆至北洋务局暂驻"。[①]在上海，袁世凯参观了江南机器制造局，会见了办理商约大臣吕海寰、会办商务大臣盛宣怀等官员。因为盛宣怀的父亲盛康刚刚于一个多月前病逝，袁世凯还专门前往盛宣怀府第祭奠。谁知，袁盛的这次会面竟成了两人交恶的开始，至于个中原因，无非是利益。

十一月初一日（11月30日），袁世凯乘坐"海天"号巡洋舰离沪。送行的场面非常壮观，自不必细说。这里额外说说"海天"号巡洋舰。该舰于1896年由英国阿摩士庄造船厂开始建造，1899年完工并交付中国。是舰排水量4300吨，仅次于"定远"号和"镇远"号，位居中国近代海军军舰排水吨位次席。1904年4月26日，管带刘冠雄指挥"海天"号赴江阴运送军火，不料在舟山鼎星岛触礁沉没。"海天"号的沉没令本来就江河日下的大清海军更加雪上加霜。

十一月初五日（12月4日），袁世凯返回天津。从起程到返津，袁世凯整整用了40天，而这40天正好是他的假期时长。人们一般会忽视这个细节，但它起码说明两个问题：一是袁世凯善于运筹，能够合理有效地管理时间；二是袁世凯对慈禧太后的懿旨能够做到完全遵守，不逾矩。细节决定成败，袁世凯能够在晚清政坛上大放异彩与他个人的很多鲜为人知的优点密不可分，这一点，应该引起学者们的关注。

回到天津，袁世凯便开始忙于帝后恭谒西陵事宜。光绪二十九年正月初二日（1903年1月30日），上谕恭谒西陵毕，帝后将巡幸保定。为谒陵之事，袁世凯为帝后准备了两个惊喜：一个是新易铁路；另一个是保定阅兵。

新易铁路的建造经过前面已经详述，那么，它的效果怎么样呢？一个字：快。慈禧太后和光绪皇帝于光绪二十九年三月八日（1903年4月5日）启銮，当天便驻跸梁各庄行宫。16年前，即光绪十三年，帝后也曾恭谒西陵。当时二人一路舟车劳顿，从北京启銮到驻跸梁各庄行宫，前后用了整整四天时间。可见，铁路确实带来了效率。为此，慈禧太后还专门发布懿旨，要求议叙建造新易铁路的相关人员。詹天佑因此脱颖而出，成为中国近代铁路建

---

① 《直督莅申》，《申报》1902年11月31日，《申报影印本》72，上海：上海书店，1983年影印，第631页。

设的代表人物。从这个角度看，詹天佑的成功与袁世凯的擢用密不可分，而铁路也是袁派势力的重要组成之一。

此次帝后恭谒西陵，袁世凯是全程陪同的。三月九日（4月6日），清明节，帝后乘舆先后恭谒泰陵（雍正帝）、泰西陵（雍正皇后）、昌陵（嘉庆帝）、昌东陵（嘉庆皇后）、慕陵（道光帝）、慕东陵（道光皇后）六座陵寝。王公大臣随行，袁世凯亦在其中。清西陵面积达800平方公里的这片土地，即使是驱车行驶在通畅的柏油路面上，游遍六座陵寝，也是一件令人颇感疲劳的旅程，不知素来多病缠身的袁世凯一路走下来是什么心情？当天，袁世凯、周浩、杨士骧、载润、荣庆等获恩伺候帝后。次日，袁世凯进贡鸡鸭等物并请安。随后，帝后启銮前往保定。

袁世凯在保定为帝后安排的惊喜是阅兵，不想情况突然有变。原来有外国使臣听说帝后要在保定阅兵，便照会清外务部申请观操。慈禧太后得知此事后，"踌躇再四"，认为"此事未免骇人听闻"，于是传旨，命外务部复以"两宫并无在保定搜军之意"，[1]因此帝后放弃阅兵，命肃亲王善耆代行。

三月十二日（4月9日）中午12时，肃亲王善耆在袁世凯的陪同下，于保定城东门外检阅北洋新军。帝后未能亲临观操，对袁世凯来说，确实非常遗憾。但能够有机会与肃亲王善耆这样颇具政治实力的王公接触，对袁世凯来说，又焉知非福？当天，袁世凯在保定行宫中获得帝后召见。

慈禧太后未能在保定亲阅新军，但她却给了袁世凯一个惊喜——视察保定直隶省城大学堂。学堂是袁世凯清末新政的一个重要成果，也是他引以为傲的成就之一。三月十六日（4月13日），慈禧太后"恩赏各学生银牌，惟将弁学生另赏金牌，以示优异。各教习则皆赏尺头一匹，蒙养教习加赏金牌"。此举是对袁世凯举办学堂工作的高度肯定。三月十八日（4月15日），帝后起程回京，"各处学堂中人跪送如礼"。[2]

回京路上，袁世凯亦随驾而行。帝后离开保定后，先是驻跸南苑新宫，

---

① 《恭代搜军》，《申报》1903 年 5 月 5 日，《申报影印本》74，上海：上海书店，1983 年影印，第 29 页。

② 《天恩优渥》，《申报》1903 年 5 月 4 日，《申报影印本》74，上海：上海书店，1983 年影印，第 23 页。

次抵团河行宫。团河行宫位于今北京市大兴区西红门镇。到了团河，袁世凯
的谒陵任务就全部完成了。三月二十三日（4月20日），袁世凯向帝后请训。
之后，返回天津。

您也许会问，直隶总督府不是在保定吗？袁世凯为什么不回保定，而返
天津呢？因为此时天津已经被袁世凯收回。那么，天津是如何收回的呢？袁
世凯在收回过程中遇到过哪些困难和阻碍呢？

第二节　接收天津　创办警察

袁世凯署理直隶总督时，直隶不是完整的直隶。由于庚子事变后，八
国联军占据天津，直隶总督被迫转移到保定办公，清政府失去了对天津的统
治权。《辛丑条约》签订后，八国联军撤出天津有了时间表，但撤出并非主
动，而是需要双方谈判。

清政府负责此事谈判的不是袁世凯，而是外务部诸大臣。牵头人是外务
部总理大臣、庆亲王奕劻，其他还有外务部会办大臣王文韶和瞿鸿禨，以及
直隶方面的代表——时任直隶布政使周馥等人。袁世凯也曾试图参与此事。
上任不久，他就委托天津海关道唐绍仪向都统衙门——由俄、英、日、德、
法、意六国各派委员一名组成的天津临时政府委员会递交了亲笔信函一封，
商讨天津接收问题。1902年2月3日，都统衙门命原北洋大学堂总教习、汉文
秘书丁家立复信袁世凯，称天津政权的移交问题"本委员会无权与他进行讨
论"。[1]他们的意思是此事须与各国政府协商。光绪二十八年（1902）正月
起，清政府开始就此事与列强驻华公使展开谈判。

谈判鲜有一帆风顺的。列强驻华公使虽然对归还天津一事勉强表态同
意，但在细节问题上又提出诸多苛刻条件。诸多苛刻条件中，袁世凯对"驻
兵"和"巡警"问题格外关注。

---

① 刘海岩等编：《八国联军占领实录：天津临时政府会议纪要》下，天津：天津社会科学院出版社，
2004年，第194页。

据当时《申报》所载列强拟定归还天津条款的第四条规定："距联军占领之天津街市三十基罗迈当（公里）以内，中国不得置守卫兵。"第五条规定："天津街市及督署所占境内，中国可设立警察兵，但不得过三千三百名之数。"[1]这两条与后来所签的正式条款稍有不同，正式条款的警察人数为2300名。袁世凯坚决反对第四条。据《申报》报道："西人交还天津，欲令天津城内不得驻守华兵，当道颇不以为然，力争不已。现由袁慰帅遍商各国使臣，务欲将此条删去，否则，慰帅当永驻保定，决不莅津。"[2]袁世凯如此叫板是有底气的，因为天津临时政府委员会的会议记录显示，该委员会认为："在临时政府移交当天，中国总督的出席是非常有益的。"[3]袁世凯也知道积弱的国家并无强大的话语权，他说："事在人为！目前即争改一二条亦无济于事。窃意能改固妙，不能改不妨听客所为，何必托词磋磨，徒延时日哉！"[4]显然，袁世凯是以主权为第一位的。为了主权，忽略细节，所谓抓大放小，不啻为中庸，但危机就此暗藏，假以时日便会爆发。不过，既然列强允许中国设立警察兵，何不就此充分准备？

警察这个名称，对当时的中国人来说，很新鲜也很陌生。为此，《申报》请人专门作文解释警察为何物。文章说：

> "今日泰西各国皆设警部，凡朝廷出一政，布一令，可以奉命而行；人民犯一法，触一禁，可以蹑踪而得。地方有阙失，风俗有败坏，警察吏皆可指摘其弊，匡救而整理之。盖所以辅地方有司之不及，与我古昔成周之法实相同也。日本自明治维新后，亦仿西法设立警察署。大抵巡逻城市者曰巡察；特遣侦探者曰检察；其职总

---

① 《还津近议》，《申报》1902 年 6 月 30 日，《申报影印本》71，上海：上海书店，1983 年影印，第 407 页。

② 《还津近议》，《申报》1902 年 5 月 24 日，《申报影印本》71，上海：上海书店，1983 年影印，第 161 页。

③ 刘海岩等编：《八国联军占领实录：天津临时政府会议纪要》下，天津：天津社会科学院出版社，2004 年，第 251 页。

④ 《还津近议》，《申报》1902 年 7 月 8 日，《申报影印本》71，上海：上海书店，1983 年影印，第 467 页。

以保护人民为要领。保护人民有四：一，去害；二，卫生；三，检非违；四，索罪犯。"①

这就是生活在那时的中国人对警察的理解。

1902年正是中国近代警察制度的开创之年。诚然，湖北曾于1898年出现过保卫局，但当时的慈禧太后认为其"迹近植党"，②所以这一新鲜事物便于当年旋起旋灭了。到了1902年，警察一事于"都城既由王大臣督同各员首先创办。此外，如保定等处亦渐次仿行，而湖北之武昌府尤办理认真不肯稍涉苟且"。③在都城北京办警察的代表人物是肃亲王善耆，在直隶保定的是袁世凯，在湖北武昌的是张之洞。袁世凯不是最早在中国创办警察的人，但他是最早使之制度化的人。他是怎么做到的呢？

四个字：拿来主义。按袁世凯本人的话说就是"仿照西法"。仿照到何种程度呢？别的不说，连最简单的警察指挥口令都是直接使用英语，并未汉化。为此，袁世凯起用了能够说流利英文的曹嘉祥为保定警务局总办。曹嘉祥，广东顺德人，早期赴美留学幼童。1885年，任北洋水师"镇远"舰枪炮大副。1911年8月，任清海军部参赞厅一等参谋，同时负责筹建浙江象山要塞。1915年5月，中华民国海军部次长兼总务厅厅长。1917年7月，任中华民国军务院参军府参军。之所以把曹嘉祥的履历说得这么详细，是因为此人后因经济问题被撤换。但好像经济问题并未影响他的仕途，甚至在袁世凯任中华民国大总统期间，曹嘉祥竟然成了国家的副部级干部，其中原因怕是只有这两位当事人能够说得清吧。当然，曹嘉祥的履历也显示了袁派势力在海军的影响。

不过，仅仅起用会说英语的人和照搬英语指挥口令并不能说明袁世凯对中国近代警察事业的贡献，他最大的贡献是制定了警务章程，从而使警察制

① 《论各省举行警察事》，《申报》1902年6月9日，《申报影印本》71，上海：上海书店，1983年影印，第269页。

② （清）朱寿朋编：《光绪朝东华录》第4册，北京：中华书局，1984年，第200页，总第4216页。

③ 《论各省举行警察事》，《申报》1902年6月9日，《申报影印本》71，上海：上海书店，1983年影印，第269页。

度化。该章程共五章，即招募、局制、职守、办法、赏罚。每章有若干节，共计85节。章程规定，除总局外，在城内"东西南北四街冲要地方各设一局，四关设一局"，形成一总局五分局的警务架构。袁世凯根据章程，于光绪二十八年四月（1902年5月）"挑选巡兵五百人，分布城厢内外"，两个月后，他看到"地方渐臻静谧，宵小不至横行"，认为"已颇有成效"。[1]

袁世凯是中国近代学堂的创始人，他知道办警察一事，后备人才最为关键，人才的培养也离不开学堂。为此，他在保定创办了中国第一家巡警学堂，并制定了警务学堂章程。该章程规定：凡警务官长必须学堂出身。[2]因此在学堂中，特设官学讲堂。学生课堂分初级、中级、高级三种课程，全部学完需七个月时间。袁世凯接收天津后，设立天津警务学堂，后与保定巡警学堂合并，成立北洋警务学堂，曾请日本人川岛浪速（川岛芳子之父）为监督。"到清末，天津有警察约5000人，专业消防队员120员，蒸汽消防车3台，人力消防车4台，运水搬运车10辆。"[3]

袁世凯把自己在直隶办警察的事情上奏后，慈禧太后非常重视，认为警察"于保卫地方一切，甚属妥善"，要求"各直省督抚仿照直隶章程，奏明办理，不准视为缓图，因循不办"。[4]由于慈禧太后的命令，各省纷纷仿效直隶办理警察和警务学堂，因此，也把袁世凯造就成了中国近代警察制度化第一人。

到1902年7月初，袁世凯的保定警务局已经训练巡警3000人。据《申报》透露，这3000人中，"袁慰帅拟以一千人留驻保定，尚有二千人，俟外人将天津如约交还。即当开往巡察"。[5]7月12日，各国公使照会清政府，同意将都统衙门裁撤并将天津交还，同时还附有29项条件。其中第四条规定："距联军占领之天津街市三十基罗迈当（公里）以内，中国不得置守卫兵。"第五条规定："天津街市及督署所占境内，中国可设立警察兵，但不得过

---

① 廖一中、罗真容整理：《袁世凯奏议》中册，天津：天津古籍出版社，1987年，第606页。

② 廖一中、罗真容整理：《袁世凯奏议》中册，天津：天津古籍出版社，1987年，第616页。

③ 罗澍伟主编：《近代天津城市史》，北京：中国社会科学出版社，1993年，第330页。

④ 卷505，《德宗景皇帝实录》7，《清实录》第58册，北京：中华书局，1987年，第674页。

⑤ 《保阳巡政》，《申报》1902年7月6日，《申报影印本》71，上海：上海书店，1983年影印，第453页。

二千三百名之数。"①这两条规定，等于是向清政府关上一扇门的同时，又打开了另一扇门。而这扇打开的门，恰好是袁世凯精心准备的。试想，如果不是袁世凯提前办理巡警，后来接收天津哪会那么顺利？

人有运筹帷幄之远见，不免要小小得意一番。在1902年7月14日致信徐世昌时，袁世凯说："天津应用巡警队早已预备，并募洋人七名亦在保静候。津郡八方十数里外之巡局员弁兵役，亦均筹备。盖接收最要事，唯在预备多项员弁，分头接管弹压，使地方安静，井井有条，彼族即无可借口矣。"②

袁世凯还为自己定下了"一往一不往"接收天津行事原则。"一往"即"届交还之期，凯或先一日或当日专车赴津，率同津郡文武各官分头接收，一律归我治理，凯必须到场，非他人所能代收也"；"一不往"即"未到期以前，总督未便先往，因该处仍归各国管辖，我之政令不得施行，且反须受人管理，遵守各国政令，殊损国体"。③有关接收天津的日程、仪式等细节问题，袁世凯派唐绍仪等六人具体办理。

袁世凯在接收天津之前，还做了一件事，那就是进京向帝后汇报工作，请示机宜。1902年8月9日，袁世凯进京。这次进京，袁世凯首先要向帝后谢恩。因为两个月前，袁世凯已经被实授直隶总督。这是袁世凯政治生涯的一件大事，象征他正式成为封疆之首。10日、11日连续两天，袁世凯获召见。12日，袁世凯请训，第三次获召见。获召见的次数，显示帝后对袁世凯的重视。

1902年8月15日上午11时，袁世凯抵达天津，天津城临时政府委员会五位在津委员全部前往车站迎接。12时，袁世凯抵达都统衙门，出席了委员会的第329次会议，即最后一次会议。委员会向袁世凯移交了《临时政府会议记录副本》《财务账目》《尚未执行的判决清册》《尚未完工的工程清册》《由本委员会签订，但尚未到期的各类合同清册》，以及一张"完成正在兴建中的工程所必需的款项"支票和一张"流动结余款项"支票。这两张支票"计

---

① 王铁崖：《中外旧约章汇编》第2册，北京：生活·读书·新知三联书店，1957年，第62页。

② 陈瑞芳、王会娟编辑：《袁世凯》卷1，天津市历史博物馆馆藏：《北洋军阀史料》，天津：天津古籍出版社，1992年，第352页。

③ 陈瑞芳、王会娟编辑：《袁世凯》卷1，天津市历史博物馆馆藏：《北洋军阀史料》，天津：天津古籍出版社，1992年，第351页。

实存银十八万五千余两，洋银四万余元"，①可见数额着实不小。会议由委员会秘书长美国人田夏礼主持。会后整理会议记录八份，由袁世凯与五位委员及田夏礼分别签字，其中一份会议记录由袁世凯保存。至此，天津接收工作正式完成。

会议结束后，五位委员在都统衙门宴请了袁世凯及其随行人员。出席午宴的中方随行人员共有16人，其中6人为接收天津有功之员，他们分别是天津海关道唐绍仪、天津道台张莲芬、长芦盐运使杨宗濂、天津知府凌福彭、天津知县章师程、天津巡警总局总办曹嘉祥。袁世凯对午宴的印象颇佳，认为五位委员"款劳如礼，致敬尽欢"。②

当晚7时30分，袁世凯即设宴回请五位委员及各司员。用袁世凯的话说，这顿晚宴的意义在于"雍容樽俎，借固邦交"。③晚宴结束，这出接收天津的大戏也唱完了。袁世凯接着要考虑的则是如何治理天津的问题了。

治天津，主要是治民；治民，主要是平息纠纷。于是，袁世凯发布公告，晓谕民众，称：

> "本大臣督部堂现已到津，所属民人如有冤抑难伸与在该管上司衙门控过未能伸理者，准三八日遵照状式来辕投递，听候委员接收，送内署核办。其银钱细故、户婚田产等案应仍候该管衙门审理，不得来辕越诉。内有关系人命、案情重大，亦准来辕呈控，不得罗织过多人及拦舆喊控，违则定行查究不贷。各宜凛遵切切。特示。"④

当然，平息纠纷，也少不了警察的参与。此次入津，袁世凯从保定调来1500名巡警，加上各国在租界的1000名华人巡捕，共计2500人。袁世凯将

---

① 廖一中、罗真容整理：《袁世凯奏议》中册，天津：天津古籍出版社，1987年，第621页。
② 廖一中、罗真容整理：《袁世凯奏议》中册，天津：天津古籍出版社，1987年，第621页。
③ 廖一中、罗真容整理：《袁世凯奏议》中册，天津：天津古籍出版社，1987年，第621页。
④ 《直督牌示》，《申报》1902年8月24日，《申报影印本》71，上海：上海书店，1983年影印，第785页。

这2500名巡警交予天津巡警总局总办曹嘉祥管理。曹嘉祥与唐绍仪既是广东同乡又是同期留美幼童,并同年回国,感情深厚。曹能够获得此任,全赖唐绍仪之引荐。接收天津后,袁世凯命曹嘉祥制定《巡警章程》,其中一条规定"夜间十二点钟以前无庸携灯,自十二点钟起,一律须手携灯笼,违者拘局,取保释放。如无妥保,罚令坐到天明"。[①]有了规章制度,警察的执行情况如何呢?为一探究竟,袁世凯决定微服私访。

一天深夜,袁世凯换上一身破旧的衣服,也不提灯,摸黑走到天津河北,时已过零点。一名警察喝止他,并将他拘捕。袁世凯掏出洋银一元,请这名警察高抬贵手。该警察拒绝道:"虽百元不受也。"袁世凯没有放弃,又提出很多诱惑。该警察不为所动,执意把他拘往警察局,并向袁世凯说明"一宵释放,并无他苦"。[②]到警察局大门时,看门的一个巡目曾经见过袁世凯,觉得被拘之人面熟,便问:"阁下是否袁大帅?"袁世凯知道不能再演下去了,便点头说:"正是。"巡目大惊,忙跪地请罪。袁世凯这时恢复了平日的威严,问过那名警察和巡目的姓名之后,在闻讯赶来的卫兵的保护下,乘轿返署。次日,袁世凯把曹嘉祥召入督署,向其说明昨夜情况,并指示曹嘉祥将那名警察和巡目各升一级。

这两名警察因忠于职守而获得升迁,但他们的总办曹嘉祥则没那么幸运。由于曹突居高职,无法自持,不数月即因腐败问题下了台。曹嘉祥下台后,袁世凯命赵秉钧继任,并将天津巡警总局改为天津南段巡警总局,管理"金汤桥西管自北运河迤南之界"。[③]成立天津北段巡警总局,由段芝贵任总办。

袁世凯起用赵秉钧,用的就是其"长于缉捕"之专长。赵秉钧曾在李鸿章手下任直隶保甲局总办,还曾任淮军前敌营务处兼统带巡捕三营。其为官政绩,用袁世凯的话说,就是"服官有年,屡以擒获巨盗,著称于时"。[④]袁

① 《巡警新章》,《申报》1902年8月30日,《申报影印本》71,上海:上海书店,1983年影印,第825页。

② 《巡兵执法》,《申报》1902年10月18日,《申报影印本》72,上海:上海书店,1983年影印,第323页。

③ 《北洋公牍类纂》(1),甘厚慈:《项城袁世凯有关资料汇刊》,中国台北:文海出版社,1967年,第557页。

④ 廖一中、罗真容整理:《袁世凯奏议》下册,天津:天津古籍出版社,1987年,第1193页。

世凯对赵秉钧的信任，使其在20年后得以荣膺中华民国国务总理之位。但过度的信任和勾结，也使赵秉钧在谋杀宋教仁一案中声名狼藉。

段芝贵和赵秉钧一样，也是袁派势力中的佼佼者。段属于小站班底，出身天津北洋武备学堂的他，可以说一生戎马，最高时曾任中华民国陆军总长一职。但此人最著名的事迹不是军事，而是人事——即令其名誉扫地的杨翠喜案。

这两位袁世凯一手提拔的天津巡警局总办，为何会"官司"缠身？这些"官司"又与袁世凯有怎样的关系？这些在后面章节会详细讲述。现在，我们还是把视线转回到一百多年前，看看袁世凯在接收天津后，是如何继续完善警察和司法等新政的。

警察维护社会治安，有两类人是他们的主要目标——游民和罪犯。游民，即盲流，是包括乞丐等无固定住所、无固定职业的人的统称，是社会不安定因素。1902年11月，天津成立教养局。关于此事，《申报》是这样报道的："直隶总督袁慰帅设立教养局以济穷民。本月某日总小某君函致巡警总局曹游戎，令通饬巡警兵，遇有无业游民即送入局中，以资教养。"①游民归教养局管理，罪犯则由习艺所感化。

1905年5月，清政府改革律例，对盗窃犯的惩罚从原来的笞杖改为强制工作一个月到数月不等，如应笞杖者，罚工作一个月；应笞杖六十者，罚工作两个月。同时，清政府要求各省举办习艺所，"按所犯年限，责令工作，限满释放"。②也就是说，习艺所是强制罪犯用劳动的方式赎罪的一种监狱形式。因此，袁世凯在保定建立了"专备轻罪人犯入局学习工艺"③的直隶习艺所。该所位于保定西大寺，原址是一座久废不用的仓库。袁世凯拨银26000两，把这里建成了一座可以容纳四百人的罪犯改造场所。因此，习艺所亦称罪犯习艺所。

---

① 《教养穷民》，《申报》1902年11月19日，《申报影印本》72，上海：上海书店，1983年影印，第551页。

② 《北洋公牍类纂》（1），甘厚慈：《项城袁世凯有关资料汇刊》，中国台北：文海出版社，1967年，第380页。

③ 《咨取教养局章程》，《申报》1905年4月17日，《申报影印本》79，上海：上海书店，1983年影印，第765页。

一年后，袁世凯以"创设罪犯习艺所成效可观"，决定在其旁空地上建设一座游民习艺所，要求"一切制度如建造房屋必期有益于卫生，而尤便于约束。其工艺一事则因材施教，分习专科"，以期"人有恒业，国无游民"。①由于经费掣肘，游民习艺所学习日本监狱经验，采用官商合办的方式，即商家采购原材料，制成品归商家出售。与游民习艺所合作的广育公司主要生产军服，为此，袁世凯督饬直隶兵备处、陆军粮饷局等部门"所应用军装衣物，均行分批来所定购"。②

当然，无论是教养局还是习艺所，都不可能替代监狱。当时的人把监狱分为两种，一种是"惩弊监"，即教养局和习艺所；另一种是"拘禁监"，即"军徒流罪犯、非常赦所不原者及犯事受罪已定监禁年限者一例收入"。③不过，拘禁监的卫生状况非常糟糕，住在里面的囚犯"几非人类，垢敝龌龊，腥秽逼人"，因此"疾疫疮癀，传染疾毙，报验结案，习为故常"。④有鉴于此，为改良监狱及其制度，袁世凯派遣天津知府凌福彭等前往日本考察大阪监狱。凌福彭虽长袁世凯三岁，但也是袁世凯一手提拔的人物，清末曾任直隶布政使。民国成立后，凌福彭曾任约法会议议员、参政院参政，可以说是袁派势力中议会方面的骨干。凌福彭回国后，把自己的所见所闻所感写成《考察日本监狱情形节略》，向袁世凯作以汇报。他的报告里有很多我们今天熟视无睹但当时闻所未闻的事物，比如囚服、高墙、监狱浴池、探监室、男女分监等。袁世凯认为此报告甚为详细，并饬天津道和天津南北巡警总局遵照办理。后来，南北巡警总局仿照日本监狱在天津西门外择地建造了一座可以容纳500人的监狱。

但是，再好的制度和设施，还得需要有能力肯负责的人来管理。光绪

① 《北洋公牍类纂》(1)，甘厚慈：《项城袁世凯有关资料汇刊》，中国台北：文海出版社，1967年，第429页。

② 《北洋公牍类纂》(1)，甘厚慈：《项城袁世凯有关资料汇刊》，中国台北：文海出版社，1967年，第436页。

③ 《北洋公牍类纂》(1)，甘厚慈：《项城袁世凯有关资料汇刊》，中国台北：文海出版社，1967年，第399页。

④ 《北洋公牍类纂》(1)，甘厚慈：《项城袁世凯有关资料汇刊》，中国台北：文海出版社，1967年，第377页。

三十年（1904）正月一天深夜，天津南路监狱囚犯关某越狱逃跑，狱卒担心被责罚，畏罪潜逃。司狱张承恩因管理不善，予以撤职处分，并交部从严议处。此案影响极大，为此，袁世凯会同顺天府尹徐会沣等专门具折上奏。不久，圣旨下，认为此案为"松刑贿案"，并非寻常越狱之案可比。著将张承恩革职拿问，"交袁世凯严行审讯，按律定拟"。而张承恩的上司南路同知黄璆也受到了"从严议处"①的处分。其实，袁世凯为培养监狱管理人才，还专门成立了看守学堂，负责培训教育典狱长和狱卒等管教人员。至于成果，则非常显著，因为在袁世凯任直隶总督期间，见诸报端和奏折的直隶越狱案，仅此一桩。

到1905年春，袁世凯办理巡警已经三年，其效果如何呢？《申报》评论认为效果一般。它说：

> "前直督袁宫保奏请通饬开办警察，章程均采用日本现行警察法规，乃各省所以不能实力仿办者，一则由于第示以警察上下应守之章程，而不与以应得之权；二由于不晓以警察之原理。积此二者，虽日办警察学堂，而警察必不能通行者，断可言也。"②

《申报》的评论偏向悲观，但北京却乐观其成。

光绪三十一年七月初五日（1905年8月5日），上谕外务部尚书、协办大学士那桐"推行巡警管理五城事宜"。七月十五日（8月15日），那桐借抵津与袁世凯会商外交诸事之际，特意前往习艺所视察。事后，那桐在其日记中感言："看其法良美意，有俾于政教者匪浅。"③那桐，满洲镶黄旗人，叶赫那拉氏，长袁世凯三岁，两人有盟兄弟之谊。那桐这样的高官并不属于袁派势力，但可将其视为袁世凯的政治同盟。

---

① 《本馆接奉电音》，《申报》1904 年 6 月 18 日，《申报影印本》77，上海：上海书店，1983 年影印，第 335 页。

② 《论中国办警察之误》，《申报》1905 年 3 月 3 日，《申报影印本》79，上海：上海书店，1983 年影印，第 379 页。

③ 北京市档案馆编：《那桐日记》上册，北京：新华出版社，2006 年，第 545 页。

政治同盟的作用在于对袁世凯新政的支持。那桐回到北京后，赴颐和园请安，蒙慈禧太后召见，并详询"造币厂、习艺所、巡警及东三省事，有二刻之久"。慈禧太后"甚为欣悦"，[①]赏那桐果品四大盒。可见，那桐一定是在慈禧太后面前说了不少袁世凯的好话。在北京，那桐与袁世凯的另一位盟兄徐世昌走动颇多，两人经常在一起聚餐。1905年的徐世昌已经升入军机，虽然其实际地位高于袁世凯，但他是不折不扣的袁派势力的代表性人物。

俗话说，朝中有人好做官。当然，朝中有人也好安排人做官。此时，北京欲设巡警部的消息已经见诸报端，但此事的真假外界无从考证。巧的是，袁世凯于光绪三十一年八月十二日（1905年9月10日）上奏《道员赵秉钧请饬交军机处存记片》，大赞赵秉钧办理巡警、交涉等新政的能力，向帝后推荐其人。实事求是地说，赵秉钧在天津南段巡警总局总办的位置上，确实政绩斐然。仅天津四乡办巡警一事，便为直隶全省乡村巡警的发展奠定了基础。一个月后，清政府成立巡警部，徐世昌任尚书，而官衔仅为直隶候补道的赵秉钧得赏三品京堂署理巡警部右侍郎。这是一次超擢。超擢的背后是那桐、徐世昌这样当朝高官的巧妙运作。而赵秉钧本人又极富头脑，于召见之前，把北京"内外城工巡局办理情形详细密查明确"。在召见之时，时任外城工巡局总办毫无准备，而赵秉钧则对答如流。慈禧太后遂起用赵，而"警部一切章程大半皆归赵一人主持"。[②]就这样，赵秉钧从一个地方官，一跃入龙门，成为副部级京官。同时，袁派势力在巡警部也站稳了脚跟。此后，袁世凯还把天津警务学堂毕业生保送到北京巡警部"充外城区官，俾食襄理"，[③]使其势力在北京生了根。

前面曾经提到《申报》对中国办警察的悲观态度，对中国警察的问题，袁世凯则有自己的看法。警察是新兴事物，在办警察之前，政府衙门中的马快、捕快、禁卒等差役担当着部分警察的职责。这些差役在编制上又有正式

① 北京市档案馆编：《那桐日记》上册，北京：新华出版社，2006年，第545页。

② 《赵侍郎主持警务》，《申报》1905年10月6日，《申报影印本》81，上海：上海书店，1983年影印，第468页。

③ 《袁宫保留意京师警务》，《申报》1906年5月9日，《申报影印本》83，上海：上海书店，1983年影印，第378页。

编制（正役或红名）、无编制临时工（白役）等区分。白役无编制亦无报酬，他们的收入完全来自案件当事人。遇到案件（时人称起数），白役头目"挡头"，先捐金作为"买起数"，也就是买断了这个案件。然后，挡头率差役到所犯之家左右寺庙空所"打椿"，"挡头设座"，差役"直入所犯之家，非刑拷掠"。①案件当事人被逼无奈，往往破财消灾，差役的投资也就有了回报。与此同时，政为之乱，民受其殃。

袁世凯注意到这个问题，便决定利用办理警察之机革除差役。1906年2月，袁世凯札饬直隶裁革差役，他说："差役之害，骚扰地面，鱼肉善良，比比皆是。现在扩充巡警，正为抽换差役之机。"如何抽换差役呢？他主张"先去其白役，而于红名中择用数名凡马快向能捕贼作线者，挑补巡警局暗巡，月给工食。重赏在前，峻法在后，其解勘之费，按照里数由官发给；传讯催粮之费，按照里数由民发给。各州县传呼出票必亲自酌判，不准家丁粘签卖票。按程限日标明旅费，人传到案，票随缴销。先问两造有无勒索，违者严惩。应由司明定章程，通饬各属"。至于裁革差役的安置，袁世凯提出"酌拨习艺，以广谋生之路，而免生事之虞"。最后，袁世凯还定下时间表，要求"巡警完全之日为差役革除之期"。②不过，这一年是袁世凯任职直隶总督的倒数第二年，他并没有等到巡警完备之日，甚至他的继任杨士骧也未亲见差役革除之期。

为更好地管理全省巡警，袁世凯于1906年设立直隶警务处。1907年，为司法与行政分立，袁世凯在天津开始试办审判一事。据《申报》报道："天津府县裁判所已于西三月一号奉袁督谕令开办两所，各分设民法、刑法两司。总办为天津府凌福彭，襄理各员皆系曾在日本留学法律之学生。此法先于天津创办，尚须逐渐推行于畿辅各境。"③他先是命人拟议章程，后于天津县成立地方审判厅，于天津府成立高等审判分厅，于天津四乡设乡谳局。

---

① （清）福格撰：《听雨丛谈》，北京：中华书局，1984年，第124页。

② 《直督札饬推广巡警裁革差役》，《申报》1906年2月22日，《申报影印本》82，上海：上海书店，1983年影印，第362页。

③ 《天津府县裁判所开办》，《申报》1907年3月8日，《申报影印本》87，上海：上海书店，1983年影印，第292页。

各厅局有司法警察负责搜查、逮捕等工作，以取代差役。为培养司法警察人才，在直隶警务处的努力下，经袁世凯批准，还成立了直隶司法警察学堂。司法警察学堂的学生乃于保定警务学堂中挑选，第一期培训120人。

袁世凯为接收天津，始在保定办警察。那时的警察多由绿营兵充当，这么做的好处是一方面警察队伍得以快速补充，另一方面使部分绿营兵在被裁之后有了归宿。绿营兵转警察是国家战略，目的是节饷练国家常备新军。袁世凯身为直隶总督兼北洋大臣，负有拱卫京畿之责，他是如何练常备新军的？他练的常备新军又如何呢？

第三节　练兵大臣　常备新军

袁世凯以署直隶总督兼北洋大臣的身份抵达保定时，他面对的是内忧外患双重压力。匪患民教之冲突是内忧；日俄列强之觊觎为外患。解决内忧，防止外患，拱卫京畿，则需军事的强大。那么，当时直隶的军事能力如何呢？

当时的直隶各军可谓名目繁多，有绿营、淮军、练军、武卫右军、自强军等。其中绿营有26000人，淮军有42个营，练军有31个营，武卫右军7000人，江南自强军11个营。按人数来说，这些军队是足以用来应对内忧外患的，但从军队装备和训练水平来看，它们中的多数与近代军事强国还有很大差距。怎么办？当然是改革。

改革首先是裁军。慈禧太后回銮之前，曾于1901年9月20日下旨，要求各省裁汰原有各营，选择精兵，另练"常备、续备、巡警等军"，并通过督办政务处，将各军营制饷章统一厘订。其中，"常备军优给饷项，扼要屯练；续备、巡警两军，饷数差减，分扎操巡"。①

改革不是一蹴而就的，裁汰营兵更非举手之劳。直隶有拱卫京畿的责任，这些营兵的存在为这份责任提供了保证。但同时，营兵的落后又令所谓

---

① 卷486，《德宗景皇帝实录》7，《清实录》第58册，北京：中华书局，1987年，第417页。

的保证看起来不那么踏实。袁世凯知道改革是势在必行的，但具体的落实他则有自己的见解——缓裁制兵，先募精壮，后去冗弱。

这个见解是袁世凯通过调查得出的。抵达直隶后，他发现在李鸿章任直隶总督前，直隶的淮军和练军共有120个营。李鸿章在直隶期间，因饷源枯竭，不得已裁去40多个营的部队。到光绪二十七年（1901）袁世凯接手时，淮练两军还有73个营的人马，慈禧太后要求裁汰的就是这部分军队。袁世凯经过考量，发现直隶淮练两军虽然有种种弊端，但鉴于当时天津和京畿的形势，还是做出了缓裁制兵的决定。为此，他上奏称：

> "以直隶大势而论，诚虑分布未能周密，况当洋兵甫退，水陆伏莽尚多，口外热河等处马贼亦未肃清，自未便轻议裁减。臣甫经到任，各营之强弱，未能周知。何营应裁，何营应留，实难一时核定。"[1]

袁世凯的理由是充分的，说的也是实情。比如奏折中所说的"水陆伏莽"，即指袁世凯任直督期间指挥军队打击剿灭的匪患和海盗。

缓裁制兵的举措稳定了军心和社会。当时，清政府并未实行兵役制，所以当兵不是国民的义务，而是为了生活。如果一旦遇到裁军，很多老弱病残士兵便会失去生活来源，进而给社会的稳定带来灾难。辛亥革命以及后来的北京兵变的起因中都含有裁兵因素。当然，缓裁制兵还是为了裁，只不过其步骤是先募后裁。如何征募精壮呢？

袁世凯的做法是先制定规章，使募兵有法可依。由于当时直隶新政多仿效日本，此次募兵，袁世凯也请来日本中佐立花小五郎为其操刀，制定了《北洋募练新军章程》。该章程共19条，规定了报名程序、士兵饷银（每月银4.2两，此钱直接交给家属，并给予收据。以后，每半年家属凭收据领取士兵饷银）、年龄（20—25岁）、身高（4.8尺以上）、力气（平举100斤以上）、跑步（每小时20里以上）以及处理逃兵方法等。

章程制定后，袁世凯选派王英楷和王士珍负责募兵事宜。二王同岁，同

---

[1] 《袁世凯奏折专辑》2，中国台北："国立故宫"博物院，第380页。

毕业于天津北洋武备学堂，同为袁世凯所倚重的军中肱股。王英楷是辽宁海城人，时任武卫右军执法营务处总办；王士珍是河北正定人，时任武卫右军参谋处总办。王英楷是后来的枭雄孙传芳的姐夫，要不是他短寿（1908年病逝），也许"北洋三杰"就得改为"北洋四杰"了。至于王士珍，虽然连袁世凯也曾把他的名字误写成"王世珍"，但历史证明这并不影响袁世凯对他的欣赏和任用。

王英楷和王士珍接到任务后，先后前往直隶正定、大名、广平、顺德、赵州、深州、冀州等地，精挑细选了6000人，计划加以训练，充实北洋防务，同时为裁汰制兵做准备。但凡事名正则言顺，为配合清政府办理常备、续备、巡警等军的要求，袁世凯把这6000人归入了常备军。对于常备军和续备军，袁世凯以外国为例，解释道：

> "各国兵制不由招募计丁抽练入伍当差，是为常备兵在营三年，遣回作为续备兵；又四年作为后补兵；又五年出伍为平民，不预征调。其营制大率步兵四队为一营，三营为一标，两标为一协，两协为一镇，两镇为一军。每军辅以炮队二标、马队二标、工程辎重各二营。平时，常备兵数计全军步队一万二千人、炮马工辎及各项兵丁七千余人。遇有战事，征调续备兵，加足一倍，为三万八千余人。"①

至于直隶的常备兵，袁世凯计划把这6000人"支给全饷在营三年；退为续备兵，月支饷银一两；又三年退为后备兵，月饷减半"，希望"三年后续备有人，遇有战事，即可征调，补足每营五百人者，补足可成千人。六七年后，续备后备均已有人，则以五千人之饷，可养二万候调之兵，永无仓促招募，乌合成军之弊"。①这可是一笔合算的买卖。不过，训练亦有困难存在，那就是各级军官的培养问题。当然，对善于办学的袁世凯来说，那都不是事儿。

袁世凯创立北洋将弁学堂。天津原有陆军武备学堂，那是中国第一所

---

① 《袁世凯奏折专辑》3，中国台北："国立故宫"博物院，第563页。

陆军军事学校，由时任直隶总督兼北洋大臣李鸿章始建于1885年。这所学堂为中国近代军事培养了很多高级将领，如冯国璋、段祺瑞、王士珍等，不幸的是，1900年八国联军的炮火结束了它的历史。袁世凯知道学堂对培养军事管理人才的重要性，但建设一个什么样性质的军事学堂却颇令其大伤脑筋。重建武备学堂？不是不可以。可"武备学术途径纷繁，须学习四年，始可毕业。既毕业后，又须入营历练二年，再入大学堂肆业三年，综计须八九年乃能成才"，时间太长了，国家等不起。怎么办？袁世凯决定在保定成立一所"肆习八个月"的将弁学堂，这就是北洋行营将弁学堂。

北洋行营将弁学堂，选址于保定东门外八蜡庙，宿舍位于火神庙。其首任总办是雷震春。雷震春出身于北洋陆军武备学堂，小站时期便跟随袁世凯，直至洪宪帝制，可谓忠心耿耿。该学堂总教习聘请日本步兵少佐多贺宗之担任，副总教习为日本工兵大尉井上一雄。1902年7月，北洋行营将弁学堂大门外贴出招生通知，文曰：

> "本总办议定六月二十六日考验，呈请入堂所有肆业各学员报名报到暨督宪札发各员弁，是日辰刻，携带笔砚，衣冠云集东门外八蜡庙学堂，听候考验是否合格。俟验取齐备，即行详谓督部堂派员考试，肆习至期，幸勿自悟。切切。特示。"①

光绪二十八年六月二十六日是1902年7月30日，也就是说，这天是北洋行营将弁学堂举行首届入学考试的日子。该学堂首批招生120人，教授车制、战法、击法、演练、实演、试击六门课程。为此，袁世凯还拟定《行营将弁学堂试办章程》，以期规范学堂管理并积累经验，向外省推广。

袁世凯在直隶的兵制改革未止于此，他向制度化迈出了关键一步。早在光绪初年，清廷就意识到了其兵制的落后，于是开始寻求改变。改变的目标锁定了德国，主要执行人是李鸿章。从那时起到袁世凯任直督之前，李鸿章和清政府做了很多尝试：仿照德国修筑炮台、购买德国兵舰和武器等。李鸿

---

① 《保定述新》，《申报》1902年8月4日，《申报影印本》71，上海：上海书店，1983年影印，第651页。

章开办著名的北洋陆军武备学堂伊始，便聘请德国军官为教习；而清廷也曾大手笔地派荫昌带领150人赴德国学习军事。不过，这些努力始终未触及制度层面。袁世凯看到了这一不足，他认为中国军政废弛"在于营制不一、操法不齐、器械参差、号令歧异"，而解决这一问题的办法则在于"先设军务总汇之所"——军政司。军政司为提纲挈领之总机关，其下设三处：兵备处、参谋处、教练处。每处下设若干股。

军政司督办由袁世凯本人兼任，足见其对军权的重视。兵备处总办为刘永庆。刘永庆小袁世凯三岁，两人同为河南项城人，是老乡。刘永庆曾随袁世凯赴朝鲜公干，最高担任过仁川商务委员。后来，他一路跟随袁世凯，从小站，到山东，再到直隶，可见袁世凯对其信任和器重。可惜，刘永庆英年早逝（1906年），无缘得见袁世凯最辉煌的阶段。参谋处总办为段祺瑞，教练处总办为冯国璋。1904年10月，军政司改为督练处，其下仍设三处，兵备处总办言敦源、参谋处总办段芝贵、教练处总办何宗莲。

袁世凯把直隶军政搞得有声有色，慈禧太后大为赞赏。与此同时，张之洞将湖北新军训练得也是有模有样，慈禧太后亦慈颜大悦。1902年底，她命河南、山东和山西三省派将弁前往直隶学习；江苏、安徽、江西和湖南四省派武员前往湖北学习，以期"整顿兵制，期归一律"。[1]为此，袁、张二人特拟定《训练各省将弁简易章程》18条，以期通过教授"战法、击法、军制、军器、图算并随时就地实演战击诸法"，[2]培养来自上述七省的1440名将弁。

北洋行营将弁学堂是袁世凯在直隶期间创办的第一所军事学堂，但这并非他创办的第一所军事学堂。早在武卫右军建立伊始，袁世凯便在军中仿造德制，开办了"德文、炮队、步队、马队四项随营武备学堂"，[3]学制两年。到光绪二十八年（1902），已经毕业三期学员。这些学员毕业后，有的被提拔，有的留在武卫右军效力，还有的分配到山西、陕西等省充当

---

①　卷507，《德宗景皇帝实录》7，《清实录》第58册，北京：中华书局，1987年，第701页。

②　《北洋大臣直隶总督袁慰亭署南洋大臣两江总督张香涛二宫保会奏拟定训练各省将弁简易章程》，《申报》1903年3月20日，《申报影印本》73，上海：上海书店，1983年影印，第441页。

③　《袁世凯奏折专辑》3，中国台北："国立故宫"博物院，第581页。

教习。1902年初，袁世凯还命武卫右军随营武备学堂总办段祺瑞选拔55名学员赴日本陆军学堂游学。3月11日，这批学员在监督赵理泰的带领下起程东渡。1904年，他们完成学业，返回天津，并受到练兵处的嘉奖。赵理泰是安徽合肥人，北洋武备学堂毕业。中华民国成立后，曾任保定陆军军官学校校长。

北洋行营将弁学堂办了两年，便被北洋陆军速成学堂取代了。1901年8月，清廷宣布停止武科，要求各省在省会建立武备学堂，以便为习武之人提供出路。当时，袁世凯正从山东调往直隶。1902年，袁世凯遵旨成立北洋行营将弁学堂，武备学堂一事又耽搁了下来。到1903年，各省纷纷宣布成立武备学堂，袁世凯当然不甘人后。他认为学堂分三等，即小学、中学、大学，学期需12年。他说：

> "现在中国风气初开，根底尚浅。中学、大学规模虽不可不备，而阶级断难以骤跻，只可从缓建立。为今之计，唯有赶紧兴办小学，以为造端之基，并拟别设速成学堂一区，以为救时之用。"[1]

就这样，北洋陆军速成学堂进入筹办阶段，袁世凯命直隶军政司教练处总办冯国璋负责此事。9月，冯国璋出示晓谕，称：

> "现值速成学堂开办在即……仰各地文武生童、世家子弟，一体知悉，无论土著、客籍，悉准赴考务，各遵照宪示，限定日期，取其家属族邻甘结保状，于八月二十日以前，到省城本处报名。逾期一概不收，毋得自悟。切切。特示。一年自十八岁至二十五岁；二相貌魁梧身体强壮文理通顺；三家有父兄，素行修饬，绝不沾染嗜好；四报考之时，必具家间甘结，邻族保状。"[2]

---

[1] 《袁世凯奏折专辑》4，中国台北："国立故宫"博物院，第851页。

[2] 《整军经武》，《申报》1903年10月11日，《申报影印本》75，上海：上海书店，1983年影印，第283页。

北洋陆军速成学堂就这样办起来了。后来的名将王承斌、孙岳、孙传芳、齐燮元、臧式毅、李景林等均毕业于该学堂。由于行营将弁学堂与速成学堂性质相似，加之各省已经自办武备学堂，1905年初，袁世凯宣布停办北洋行营将弁学堂。

与北洋陆军速成学堂同时诞生的，还有北洋常备新军。1903年7月，袁世凯正式宣布北洋编练完成左右两镇，其中左镇有步队12营、炮队3营、马队4营、工程1营、辎重1营，共21营；右镇马队一标四营。可以看出，左右两镇的兵力悬殊很大。后袁世凯把左镇改为北洋常备新军第一镇，又招兵买马补足右镇，将其改为北洋常备新军第二镇，然后，又添练一镇，成为北洋常备新军第三镇。1904年3月，北洋常备新军三镇练成。一年后，袁世凯又添三镇，北洋常备新军六镇编练完成。六镇的统制官和驻地见表3。

表3　袁世凯募练的北洋常备新军番号和统制官变动情况

原番号	统制官	1905年统一全国陆军番号后	统制官	驻地	继任统制官	继任统制官
京旗常备新军	凤山	陆军第一镇	凤山	原驻保定，1906年移到北京仰山洼	1907年何宗莲	
北洋常备新军第一镇	王英楷	陆军第二镇	王英楷	直隶迁安	1906年张怀芝	1911年马龙标
北洋常备新军第三镇	段祺瑞	陆军第三镇	段祺瑞	直隶保定	1907年曹锟	
北洋常备新军第二镇	吴长纯	陆军第四镇	吴凤岭	直隶马厂	1911年吴凤岭	
北洋常备新军第五镇	吴长纯	陆军第五镇	吴长纯	山东济南	张怀芝（短暂署理）	张永成（任命时间年限未知）
北洋常备新军第四镇		陆军第六镇	王士珍赵国贤（1905）	南苑	1909年段祺瑞	1910年吴禄贞

编练常备新军的同时，袁世凯从未忘记重建北洋海军。甲午中日海战后，北洋海军不仅失败了，而且清廷"复将海军衙门裁撤，于是中国遂不复有海军之名矣"。[①]就任直隶总督兼北洋大臣不久，袁世凯奏请"皇上饬北洋提督叶桐侯军门悉心训练，在烟台设立练营，俾全国水师于此植其基址"。[②]叶桐侯，即叶祖珪，是清末著名海军将领。袁世凯一手将其提拔到广东水师提督，期望叶祖珪能为海军谱写新章。可惜，叶祖珪不幸于1905年英年早逝，享年53岁。

不过，海军重建工作并未因此而耽误。袁世凯提拔和培养人才有个值得称道的方式，那就是梯队式人才挖掘和培养。具体说，就是不依赖于某个人，而是每个职位都有若干足以胜任的候选人，使在位者不敢有唯我独尊之优越感。同时，其下级官员也是由袁世凯本人提拔的，这样就不会造成一朝天子一朝臣的现象。比如表3提到的北洋六镇的统制官，他们虽在位，但他们自己包括时人心中都会有一批足以胜任统制官职位的名字，像姜桂题、张勋、冯国璋、王士珍、曹锟等，哪个不是佼佼者？重建海军时，袁世凯在培养和挖掘海军人才时用的也是这个方法。

1902年8月，袁世凯调叶祖珪办理天津各国联军撤兵交涉事务时，便将其遗留的北洋海军统领的空缺交给萨镇冰代理。萨镇冰，生于1859年，与袁世凯同岁。他毕业于英国格林尼茨海军学院，是中国最早的海归军事人才。回国后，他受聘于天津水师学堂任管轮教习，民国大总统黎元洪是其学生。他一生致力于中国海军建设，是晚清和民国的海军最高官员。他也是位政治家，一度曾代理中华民国国务总理一职。

此外，袁世凯还起用了由于甲午海战失败被革职的海军军官李鼎新，委任其办理山海关、秦皇岛、北戴河一带交涉巡防事宜。李鼎新与萨镇冰一样，都是福建闽侯人，都毕业于英国格林尼茨海军学院，都是中国海军的杰出将领。其他被袁世凯重新起用的海军军官还有蓝建枢、程璧光、何品璋、林文彬、林颖启、李和等。显然，袁世凯重新起用这些海军军官，是在为重

---

① 《论筹划海军》，《申报》1902 年 1 月 28 日，《申报影印本》70，上海：上海书店，1983 年影印，第 163 页。

② 《筹划海军》，《申报》1902 年 1 月 23 日，《申报影印本》70，上海：上海书店，1983 年影印，第 133 页。

建中国海军做人才上的准备。

您也许会问，此时的北洋海军还有哪些家底呢？萨镇冰接手后，曾做过调查。据统计，有"巡洋舰13艘、炮舰13艘、报信舰2艘、雷艇3艘、运船10艘"，①共计41艘。巡洋舰中的"海天""海圻""海容""海筹""海琛"等舰都是甲午海战后从国外订购的。

袁世凯起用萨镇冰可谓人尽其才，而萨镇冰也学到了袁世凯的作风。什么作风呢？就是办学堂。1903年3月，袁世凯请旨将萨镇冰破格擢用为水师总兵。随后，水师总兵萨镇冰南下视察江防，并在江阴建水雷营，营内设立南洋海军雷电学堂。是年冬，萨镇冰抵达烟台，在海军练营内设立烟台海军学校，以管带谢葆璋监理校务。

正当袁世凯和萨镇冰欲重振海军之际，一场重大事故突然发生了。1904年4月22日，"海天"舰奉袁世凯之命从烟台出发赴江阴运载军火。4月25日凌晨，"海天"舰不幸触礁。管带刘冠雄虽欲施救，但因情况复杂，无从下手，遂组织舰上人员撤离。救出船员348人，另有三名水手不幸牺牲。4月26日，"海天"舰沉没。事故发生后，袁世凯请将管带刘冠雄革职，但命其戴罪立功，继续办理打捞工作。刘冠雄也是福建闽侯人，亦曾留学英国格林尼茨海军学校。民国成立后，袁世凯对其颇为重用。这次事故后，本来就步履蹒跚的北洋海军几乎寸步难行了。

1905年1月，袁世凯与两江总督周馥就合并南北洋海军事宜，奏请以广东水师提督叶祖珪统率南北洋各兵舰和南洋水师学堂，以期整理兵舰，培养管带。半年后，叶祖珪病逝，经袁世凯提名，萨镇冰继任总理南北洋海军。

次年，经袁世凯和周馥商议筹划，经奏请慈禧太后俞允，命萨镇冰继续办理南北洋海军整合事务，并以"练习学生、水勇为急务"，提出"南北洋应在烟台合设水师中学堂一所，以便内地小学堂毕业学生升入教练"。②《申报》也就烟台水师学堂一事做过如下报道："直督袁慰帅近与练兵处商议，拟在芝罘创立水师学堂，并附设机械、水雷两科，三年卒业后派往日本

---

① 《兵舰实数》，《申报》1902年10月14日，《申报影印本》72，上海：上海书店，1983年影印，第295页。

② 张侠等合编：《清末海军史料》上册，北京：海洋出版社，1982年，第92页。

留学，以广见闻。"①此后，萨镇冰曾禀请袁世凯在上海设立水师实习学堂，"以备南北洋海军卒业学生选入实习舰队"。②

遗憾的是，袁世凯任北洋大臣期间，清廷未能重建海军官制。直到袁世凯被以足疾开去官职后，清政府才宣布命肃亲王善耆、镇国公载泽、尚书铁良、提督萨镇冰四人筹办海军。1909年7月，钦命贝勒载涛和提督萨镇冰为筹办海军大臣，中国海军开始在制度层面上重新起航了。

您也许会想，袁世凯在直隶练兵期间创办了不少学堂啊。确实，当时清朝从上到下举办新政，而理解新政是需要学习的，执行新政的人才也是需要培养的，这就是清末各类学堂如雨后春笋般涌现的原因。军事当然概莫能外。袁世凯主持直隶和北洋期间，还创办有参谋学堂（总办段祺瑞）、测绘学堂（总办段祺瑞）、军医学堂（总办徐清华）、军械学堂（总办罗开榜）、经理学堂（总办罗开榜）等军事类专业学堂。

开办军事学堂是为服务练兵的需要。我们已经了解到袁世凯在直隶期间，创办了北洋常备新军，还为中国海军重兴付出过努力。但很少有人知道，他还曾训练过一支特殊的军队，还因此提拔了一位清末著名政治军事人物。

袁世凯训练的这支军队名叫京旗兵，他提拔的人是铁良。光绪二十八年十一月初七日（1902年12月6日），慈禧太后命将优中选优的八旗兵丁3000人交予袁世凯"认真训练，期成劲旅"。③接到任务后，袁世凯知道自己孤掌难鸣，需要一个得力助手，他想到了铁良。

前面已经多次提到过铁良，但袁世凯于铁良有恩一节，就在这里说吧。铁良时任内阁学士，看起来与军事风马牛不相及，实则不然。铁良曾以军事才能入前任直隶总督荣禄幕府，渐渐在京中以"知兵"闻名。有一次，那桐因公出差，铁良便以大理寺少卿兼任左翼总兵官，可见清廷对其军事才能的肯定。此后，铁良还以内阁学士署理过镶蓝旗汉军副都统、正黄旗蒙古副都统，都是重要军职。

---

① 《直督拟在烟台设立水师学堂》，《申报》1905年5月14日，《申报影印本》80，上海：上海书店，1983年影印，第118页。

② 《南北洋电商筹办水师实习学堂》，《申报》1905年12月15日，《申报影印本》81，上海：上海书店，1983年影印，第902页。

③ 卷507，《德宗景皇帝实录》7，《清实录》第58册，北京：中华书局，1987年，第698页。

受史料所限，袁世凯与铁良相识于何时何地已无从得知，但可以肯定的是两人有个共同的恩人——荣禄，这就是袁、铁二人之交集。袁世凯对铁良军事才能的了解即便不是通过荣禄，也能从清廷的多次任命中略知一二。因此，袁世凯打算起用铁良，作为其训练京旗兵的助手。

12月24日，袁世凯上奏称：

> "惟是创办之初，头绪纷纭，必须有明练之员相助为理，方足
> 以资得力，而免贻误。查有内阁学士臣铁良才长心细、器识闳通，
> 于兵事尤能留心考究。可否仰恳天恩，将该员派为京旗练兵翼长，
> 俾得与臣协心同力，认真经理。" [1]

袁世凯的请求得到了慈禧太后的首肯。此外，袁世凯亦奏请派那晋和荫昌襄理京旗练兵事宜。那晋是那桐的叔伯兄弟，曾任职天津武备学堂。荫昌出使过德国，游学过日本，是旗人中的军事佼佼者。

至于京旗兵的训练亦值得一书。先是，铁良从3000名京旗兵中挑选1190名精兵，派赴保定操练。当时正值帝后谒西陵前期准备阶段，袁世凯验收新易铁路后，立即返回保定，检阅京旗兵。他看到的京旗兵"均属一律精壮规矩，亦颇整肃，步伐已有可观"。在检阅现场，袁世凯还发表讲话，告诫士兵"须先明忠爱大义，乃能专心致志，讲求武备操法，以期力图自强。万不可畏难苟安，自封故步"。此后，京旗兵改称京旗常备军。该军兵种也从单一的步队，变成了步队、马队、炮队、工程营齐备的军队，到1904年7月已经编练成协。1905年，练兵处命令京旗常备军再练一协，以期成镇。

由于练兵卓有成绩，袁世凯和铁良双双得到晋升。光绪二十九年十月十六日（1903年12月4日），清廷成立练兵处，以庆亲王奕劻为总理大臣、袁世凯为会办练兵大臣、铁良为襄办练兵大臣。1905年7月，铁良升授兵部尚书，这与袁世凯当初的提拔不无因果关系。1907年7月，已经升任陆军部尚书的铁良宣布京旗常备军已经成镇，它就是陆军第一镇。

---

① 《袁世凯奏折专辑》3，中国台北："国立故宫"博物院，第189页。

您也许会问，袁世凯训练军队、兴办军校很有成效，可是他任直督期间有过实战经历吗？从庚子事变后到袁世凯入值军机，也就是从1900年到1907年间，中国未曾身陷战争。唯一的一次战争机会是发生在东北的日俄战争，但当时在袁世凯的倡议下，中国选择了中立。因此，袁世凯在督直期间的实战经验仅剿匪而已。

袁世凯口中的"匪"名叫景廷宾。景廷宾，1861年生，直隶顺德府广宗县东召村人。33岁中武举人，被光绪帝的族叔用为护卫，后升任护从官。37岁时，因母亲去世，回籍守制。广宗县东邻是威县，该县义和团领袖赵三多曾把梅花拳改为义和拳，使威县成为义和团运动的发源地。回籍守制期间，景廷宾经常与当地梅花拳班在一起切磋拳法。《辛丑条约》签订后，清政府把部分赔偿款转嫁地方负担，致使民怨迭起。景廷宾就是在这样的背景下，带领当地民众起义的。

关于景廷宾起义的历史定位，学界一直以来以农民起义相称，但也有学者认为它是"义和团运动的延续和发展"，是一次"扫清灭洋的民众运动"，[①] 甚至有学者认为它是"民主革命高潮的前奏，为辛亥革命高潮的到来吹响了战斗的号角"。[②] 农民起义也好，民众运动也罢，都是正面的评价，何以在袁世凯口中景廷宾便成了"匪"呢？

1901年秋，广宗县署任县令魏祖德把该县庚子应摊赔款钱6000串分派各村负担，正在家乡东召村守制的景廷宾带头抵抗。是年冬，袁世凯到任，先是派出正定镇总兵董履高和顺德府知府如松前往东召村晓示安抚，并把魏祖德革职，再将应摊赔款一律免除，"附从良民多已解散"。但景廷宾不为所动，依旧"筑寨挖濠，私铸枪炮，遇见兵弁辄即劫缚"，专与官府作对。袁世凯查知广宗附近教民颇多，担心景廷宾"焚劫教堂，构生衅端"，立派董履高等人前往弹压，"设法缉拿首犯景廷宾"。[③]

光绪二十八年正月二十四日（1902年2月21日），董履高等人开往东召村，刚刚驻扎，便被景廷宾率部包抄，致使兵弁阵亡4人，伤45人。随后，官兵大举反击，景廷宾不支，逃遁，余党阵毙100多人，被俘67人。

---

① 陈振江：《简论清末景廷宾起义的历史定位》，《历史教学》2003年第2期，总第471期，第40页。

② 金文涛：《景廷宾起义100周年学术讨论会综述》，《东岳论丛》2003年第2期，第141页。

③ 《袁世凯奏折专辑》2，中国台北："国立故宫"博物院，第236页。

景廷宾逃到巨鹿县后，与和尚老慈即郝振邦联手，在厦头寺继续"扫清灭洋"。不久，他聚众2万余人，在广宗县件只村自称龙团大元帅，身穿黄马褂。义和团领袖赵三多则成为景廷宾手下主将。很快，景廷宾便摊上两件大事。

鲍贵卿被伤。当时，北洋正在直隶境内招募新军。这天，北洋常备新军左镇营官参将鲍贵卿带领新募士兵经过巨鹿县境内时，突遭景廷宾部围困。新募士兵手无寸铁，50余人遇害，哨官吕孝申等五人亦未能幸免。鲍贵卿身中刀伤，勉力逃出。鲍贵卿，辽宁海城人，后任黑龙江督军、陆军总长等职，是清末民初的重要政治军事人物之一。景廷宾一案可以视为鲍贵卿事业的起点。

洋教士被害。景廷宾自称龙团大元帅后，开始在周边攻打教堂，戕害教民，率众"灭洋"。光绪二十八年三月十九日（1902年4月26日），法国传教士罗泽普途经威县遇害，其首级则被"悬挂件只村门"。[①]罗泽普（1852—1902），1889年11月18日来华传教。"1900年任威县张家庄教堂本堂神父"。[②]

景廷宾的这两个举动彻底激怒了袁世凯。杀害新募士兵和哨官，对抗官军，破坏北洋常备新军建设，袁世凯本已忍无可忍；杀害外国传教士，引起外交争端，更是触及袁世凯的底线，令其目眦欲裂。加之慈禧太后和外务部一再要求严惩，于是，袁世凯派出以段祺瑞为首的武卫右军和张腾蛟率领的江南自强军等部共计2700人，围剿件只村。是役，景廷宾大败，再次逃遁。郝振邦因未在件只村，躲过一劫。

光绪二十八年六月十二日（1902年7月16日），武卫右军营务处道员倪嗣冲在成安县抓获景廷宾长子景绍汶。次日，又据线报在郭家小屯村将景廷宾擒获。倪嗣冲，安徽阜阳人，是袁世凯忠实部下。民国成立后，历任安徽省长、督军，是名震一时的大军阀。倪嗣冲在"接收天津"之前，擒获景廷宾父子，功劳不小。为此，袁世凯向清廷申请奖励倪嗣冲等人。

经袁世凯批示，景廷宾被凌迟处死，其子景绍汶被就地正法。同时，袁世凯还命人与教士金总铎商议罗泽普抚恤一事，后议定殓葬、修祠、立碑、赔银5000两。经唐绍仪与法国驻华公使沟通，对方无异议，此事遂息。光绪二十九年

---

① 中国第一历史档案馆编辑部编：《义和团档案史料续编》下册，北京：中华书局，1990年，第1407页。

② 贾熟村：《袁世凯与景廷宾起义》，《殷都学刊》2007年第1期，第73页。

三月四日（1903年4月1日），郝振邦亦被就地正法。至此，景廷宾一案终结。

对袁世凯处理景廷宾一案的手段，即使在当时，也有很强的反对声音。如大学士昆冈、御史高润生、御史乃澂等人便曾经为此参奏袁世凯。[1]但袁世凯不为所动，而且慈禧太后也站在他这边，是其坚定的后盾。100多年后，我们重新审视景廷宾起义，还会把杀害无辜新募士兵与"扫清"画等号吗？还会把杀害无辜传教士与"灭洋"画等号吗？我们评价的历史是不是掺入了过多的政治因素而忘记了正义的存在呢？

经过景廷宾一案，袁世凯的北洋常备新军脱颖而出。但荣升会办练兵大臣的他要考虑的，则不单单是直隶一省的军队，而是全国各地的武装。检验军队的最好办法就是演习。由于清末的军事演习选择在秋季举行，所以时称秋操。清末新政后，新军共进行过四次秋操：1905年河间秋操、1906年彰德秋操、1908年太湖秋操、1911年永平秋操。袁世凯是前两次秋操的阅兵大臣。

光绪三十一年八月十九日（1905年9月17日），总理练兵大臣庆亲王奕劻奏请"各镇协野操定丁九月二十四日……自二十五至二十七日，在河间一带会合大操，并拟于二十八日举行阅兵典礼"。[2]慈禧太后俞允，并命袁世凯、铁良认真校阅。

本来，慈禧太后和光绪皇帝有意亲临河间阅操，不过，由于出洋考察政治五大臣被炸事件的发生，北京风声鹤唳。袁世凯"查得革命党首领孙文派有党羽多人，密布于津京一带，思图非常之举"，于是"电奏力止"[3]两宫，防止意外。

为使阅操一事制度化，练兵处添设阅兵处，制定了《阅兵处办事条规》35条。此外，为管理报道阅兵的记者，还制定了《北洋秋季大操报馆随观员应守规则》9条。湖北、浙江、江苏、安徽等省还派遣文武官员前来观操，这是内宾。外宾则有驻华使馆官员和外国报纸记者等。

---

① 贾熟村：《袁世凯与景廷宾起义》，《殷都学刊》2007年第1期，第73页。

② 中国社会科学院近代史研究所中华民国史组编：《清末新军编练沿革》，《中华民国史资料丛稿·专业资料选辑》第2辑，北京：中华书局，1978年，第81页。

③ 《袁宫保奏止两宫阅操》，《申报》1905年10月6日，《申报影印本》81，上海：上海书店，1983年影印，第296页。

河间秋操分南北两军对阵。南军总统官为王英楷，北军总统官为段祺瑞。其他参与秋操的官员还有练兵处军政司正使王士珍、军学司正使兼河间秋操总参议冯国璋以及直隶督练处兵备处总办言敦源、参谋处总办鄂玉春、教练处总办田中玉等。

慈禧太后和光绪皇帝虽未能亲临阅操现场，但"于大操前日有电来询，并欲劳军以牛酒"。由于地处偏僻，无法购办，袁世凯和铁良决定给每协二千五百金为酬劳。光绪三十一年九月二十五日至二十七日（1905年10月23—25日），河间秋操顺利举行。二十七日（25日）南北两军演习结束时，由总参议冯国璋首先讲评。随后，袁世凯和铁良"各述其意并勉励诸人俾精益求精"。①事后，慈禧太后对河间秋操大为称赞，称赞袁、铁二人"于南北两军，部署之方，攻守之术，颇为完密"，并要求他们"督饬认真训练，协力同心，精益求精，毋忘申儆"。②

与河间秋操相比，1906年举办的彰德秋操规模要大得多。

彰德（今安阳），位于河南北部，是中国历史文化名城。对袁世凯来说，彰德非常重要，它不仅是袁世凯回籍养疴之地，而且也是袁世凯长眠之所。总理练兵大臣庆亲王奕劻之所以选择彰德为秋操地点，是因为该地靠近铁路，位置适中，便于军队调动。此次秋操依然分为南北两军。南军由湖北第八镇和河南第二十九混成协组成，北军由直隶、山东组成的第五混成镇以及京旗第一镇抽调的第一混成协组成。南北两军总人数共计33958人。袁世凯和铁良仍任阅兵大臣。

彰德秋操定于光绪三十二年九月五日至七日（1906年10月22—24日）举行。10月20日，袁世凯和铁良从北京乘京汉铁路南下，抵达彰德。当天，他们依据《彰德秋操教令》在彰德府城内设立阅兵处，"为驻扎办事之所"。③据《申报》报道，袁世凯和铁良所带随员包括阮忠枢、丁士源、张一麐等办事人员。与袁、铁二人同车到彰德的还有京旗陆军第一镇统制凤山、都护探访局杨

① 《河间观操日记》，《申报》1905年11月5日，《申报影印本》81，上海：上海书店，1983年影印，第556页。

② 卷550，《德宗景皇帝实录》8，《清实录》第59册，北京：中华书局，1987年，第302页。

③ 中国社会科学院近代史研究所中华民国史组编：《清末新军编练沿革》，《中华民国史资料丛稿·专业资料选辑》第2辑，北京：中华书局，1978年，第83页。

以德以及卫队百余人。还有一个重要人物值得一提，他就是袁世凯的大公子袁克定。袁世凯将其带在身边，看来已经对这个唯一嫡子的未来有所打算了。

次日，袁世凯接见各国观操人员487人。按照规定，此次秋操允许每个国家派三人前来观阅。美国、意大利、俄国、日本、比利时、荷兰、德国、奥地利、法国、英国均派员参加。至于外国人的接待住宿等事，袁世凯早命天津洋务局总办蔡绍基提前来到彰德办理。蔡绍基，首批留美幼童之一。曾任天津海关道、北洋大学堂总办，是袁世凯办理洋务的得力助手。

10月22日，彰德秋操如期举行。上午9时，袁世凯和铁良皆戎装佩军刀由彰德乘火车起程。9时30分，袁、铁二人抵达汤阴，随即换马，骑至阅操指挥处。河南巡抚张人骏早已等候多时。接着，秋操正式开始。从22日到24日，秋操连续举行三日，其内容大同小异，不必细说。但南军中有两个人物值得一提，他们是南军第八镇统制官黎元洪和正参谋官蓝天蔚。此二人都是辛亥革命中闪闪发光的人物，尤其是黎元洪更成为武昌起义的首义大都督，成为袁世凯的副总统。不过，此时此刻在彰德，黎元洪论军职（第二十一混成协协统），怕是连和袁世凯寒暄的机会都没有吧。真是时也，运也。[1]

彰德秋操结束后，袁世凯和铁良刊发训词，其中写道："本次四省集合操，本系初次创办，而军队联络似尚不无遗憾。以后尤须切实讨究，冀可改良求精。"[2]此外，袁世凯和铁良还以两宫的名义赏每镇白银5000两。

10月27日晨，袁世凯和铁良由彰德起节回京。慈禧太后急于听到彰德秋操的消息，当天，便召见了袁世凯和铁良，并要求二人汇报时"必须细求内容，不可徒事张扬"。[3]君臣之间的对答未见史料记载，但从袁、铁二人之后的奏折看，两人确实做到了实事求是。在评价湖北、河南、直隶、山东四省军队的短长时，袁、铁二人说：

---

① 欲详细了解黎元洪的一生，请参阅笔者与徐彻先生合著的由中国文史出版社出版发行的《黎元洪全传》。

② 《秋季大操阅兵大臣评判场训词》，《申报》1906年11月7日，《申报影印本》85，上海：上海书店，1983年影印，第324页。

③ 《记皇太后注重秋操事》，《申报》1906年11月1日，《申报影印本》85，上海：上海书店，1983年影印，第266页。

"就四省军队分析衡论，湖北一镇经督臣张之洞苦心孤诣，经营多年，军容强盛，士气健锐，步伐技艺，均已熟娴，在东南各省中，实堪首屈一指。其犹不无疵累者，则以越疆远出，地形生疏，故于作战应敌部署，未能悉当。河南一协，剽悍劲整，亦颇不示弱于人，但编练未久，一切措注究难则其完备。直隶、山东各镇协系就上年未经预操者抽编，虽能运掉自如，布置多合，而于战略战术亦尚时有疏漏。要而言之，小疵均在所不免，大致皆渐有可观。总期故步勿封，庶能日新月异。"①

前往彰德观操的外国记者评价不一，有说中国军队"将佐缺乏，士卒亦无完备之训练"的，也有夸奖"北军似较胜于南军"的。后者的评价令袁世凯"闻之尤喜"，而两宫于召见袁世凯时亦"颇嘉奖，谓其讲求练兵"。②

袁世凯练兵能得到慈禧太后的肯定，却得不到后世史学家的肯定。一直以来，袁世凯练兵实为"拥军自重，扩展权势"③之类的论调始终不绝于耳。事实果真如此吗？

非也。首先，袁世凯无拥军之实。就任直隶总督后，他选择了把武卫右军先锋队留在山东，这支部队就是后来的陆军第五镇（原北洋常备新军第五镇）。到直隶后，他把编练好的北洋常备新军第三镇派往东北，这支部队就是后来的陆军第三镇。其次，袁世凯无自重之迹。直督任内，袁世凯多次请求辞去各种兼差，其中就包括会办练兵大臣一职。倡议立宪后，他甚至失去了2/3的部队控制权，仅剩陆军第二镇和第四镇可资调遣训练。再次，袁世凯无僭越之嫌。编练各省常备军是慈禧太后自上而下的命令，而非袁世凯的自作主张。北洋常备新军编练完成后，身为会办练兵大臣的袁世凯主动把它们纳入全国陆军统一番号，使它们脱离北洋，成为国家军。最后，袁世凯有保国之举。袁世

① 《袁铁两大臣奏陈校阅大操详细情形折》，《申报》1906年11月14日，《申报影印本》85，上海：上海书店，1983年影印，第389页。

② 《两宫嘉奖直督之练兵》，《申报》1906年11月6日，《申报影印本》85，上海：上海书店，1983年影印，第314页。

③ 廖一中：《袁世凯与日俄战争》，《历史教学》1985年第2期，第11页。

凯就任直督兼北洋大臣期间，天津有八国联军占领，东北先后有俄日控制，山东有德国殖民，在在都需要中国自己的军队。不练兵行吗？不好好练兵行吗？不多多练兵行吗？答案都是：不行。所以，袁世凯把制兵编为巡警以接收天津，留武卫右军先锋队在山东以防御德国觊觎，练北洋常备新军以慑日俄守京畿，甚至在他仅剩陆军第二镇和第四镇时，仍抽调一协的兵力（协统王汝贤）支援东北，所有这些可以称为"拥军自重，扩展权势"吗？显然不能。

您也许已经注意到，本节开头便说"日俄列强之觊觎为外患"，这里又讲袁世凯练兵乃为"慑日俄守京畿"。为什么袁世凯对日俄之觊觎仅"慑"而不"打"呢？下面，就讲讲袁世凯在日俄战争期间提出的饱受百年争议的观点——"局外中立"。

第四节　日俄战争　局外中立

庚子事变后，八国联军入侵中国，俄国借机占领东北，垂涎朝鲜。日本担心朝鲜，企图东北，遂同盟英国，联合美德，对抗俄国。俄国无奈，与中国议约退兵东北。不久，德国因欧洲利益转而支持俄国，东北问题再生变故。日俄选择交涉，终因分歧太大，谈判破裂。1903年底，日俄战争一触即发，而战争的地点不是在日本，也不是在俄国，更不是在朝鲜，而是在中国东北。

光绪二十九年十一月四日（1903年12月22日），袁世凯突然接到驻日公使杨枢的急电，称传有18艘日舰从日本长崎的佐世保秘密开往旅顺，请袁派人就近打探。袁世凯不敢耽搁，立即致电外务部，称：

> "近日人密告，日俄协约难就，七八成将有战事，杨使此电似非无因。俄日果裂，我应照会俄日使，不许在华境构兵，伊必不肯听。即声明自守局外，但两大交讧，须防侵轶。现应密筹饷械，以便届时布置。祈预告留意。"[①]

---

① 卷179，王彦威纂辑：《清季外交史料》第3册，北京：书目文献出版社，1987年，第2页。

这是袁世凯第一次提出局外中立。

局外中立甫一提出，便遭到了一些封疆重臣的质疑。时任两江总督兼南洋大臣魏光焘密电袁世凯称"俄日有役，我居中固难，局外似亦不妥。两害取轻，愿闻其略"。为此，袁世凯于12月27日再次致电外务部，就局外中立一节做了明确解释。他说：

> "附俄，则日以海军扰我东南；附日，则俄分陆军扰我西北，不但中国立危，且恐牵动全球。日俄果决裂，我当守局外。如日船在各口购备战物，地方官应按局外公例，行文诘阻。如用兵强办，我亦无可如何，但不可由我接济及由我明许。至无论将来如何，必须先从局外入手。倘有不测，因势应付。至北洋各船不足当大敌，俄日交战后，或恐掠胁我船以相助，宜先深藏内港，相机调用。如泊口外，适足饵敌招衅。"①

这是袁世凯第二次提出局外中立。

也许有人会问，袁世凯何以能够知道"局外中立"这样一个对当时的多数中国人来说闻所未闻的概念呢？其实，袁世凯提出"局外中立"时，这个概念已经传入中国整整39年了。1864年冬，美国传教士丁韪良用中文翻译出版了美国国际法学家惠顿的名著《万国公法》。正是这本书，把"主权、人权、自由、民主"等观念介绍给了近代中国，使中国上下耳目一新。该书第四卷第三章《论战时局外之权》中，指"局外中立"有局外全权和局外半权之别。局外全权是指"凡自主之国遇他国交战，若无盟约限制，即可置身局外，不与其事"；如果"与战者早有盟约限制，致必遵行，即谓局外之半权"。②袁世凯所说的"局外中立"是"置身局外，不与其事"的局外全权。当然，以上只是介绍了当时的中国对"局外中立"的认识途径之一。袁世凯身边能人颇多，抑或有他途获知此概念。

---

① 卷179，王彦威纂辑：《清季外交史料》第3册，北京：书目文献出版社，1987年，第4-5页。

② 卷4，惠顿：《万国公法》，丁韪良译，同治三年（1864）岁在甲子孟冬月镌，京都崇实馆存版，第38页。

那么，袁世凯有权决定"局外中立"吗？显然不能。袁世凯当时的头衔是直隶总督兼北洋大臣，同时兼办练兵、商约、电政等事务，并无外交决定权。1903年11月初，外务部总理大臣是庆亲王奕劻，会办大臣是王文韶和瞿鸿禨。11月4日，那桐接替王文韶就任外务部尚书兼会办大臣，一般认为这是清政府亲日之举。令人觉得巧合的是，当天，袁世凯离京。户部尚书荣庆在其日记中写道："到车站送慰亭，已行。"[1]那桐在当天的日记中并未记载与袁世凯有过接触，不过那桐在10月20—22日曾到访天津，并受到袁世凯的热情接待。袁世凯到京，未见那桐，未见荣庆，他到北京干什么来了？与外交事务有关吗？

袁世凯是突然奉旨秘密进京的，与他一起被召入京的还有张之洞。1903年11月2日和3日，慈禧太后连续两天召见了袁世凯和张之洞。这两次召见把袁世凯卷入了外交事务，导致他提出"局外中立"的主张。那么，慈禧太后遇到了什么样的外交事务必须召见袁世凯和张之洞呢？

奉天传来盛京将军增祺遭俄军拘禁的凶讯。增祺，满洲镶白旗人，曾任闽浙总督、船政大臣等要职，1899年就任盛京将军。次年，俄国借口增祺支持义和团闹事，控制了东北，甚至解除了盛京军队，一度把增祺关押在民居内。从那时起，增祺成了一名在俄国统治下苟活在东北的清廷高级官员。1903年10月28日，本已遵照《中俄接收东北条约》撤退的俄军士兵千余人忽由其长官带领，荷枪实弹，返回奉天，致使电报中断，讯息无法为外人获知。据传，"奉天城内文武各官尽被俄人驱逐出境，唯羁留增祺帅以为要挟地步"。[2]

慈禧太后闻讯大惊，急召袁世凯和张之洞（张之洞此时正在北京会议商约）进宫议事。据《申报》报道："两帅大为愤怒，颇欲与俄相见以戎衣。"[3]能佐证此说的是，袁世凯离京之前，直隶提督马玉昆已经率兵1万人前往山海关驻扎了。中国真有实力与俄国开战吗？这个问题别人无法回答，但袁、张二人素以练兵著称，他俩最有资格回答，所以慈禧太后要向二人问

---

① 谢兴尧整理：《荣庆日记》，西安：西北大学出版社，1986年，第66页。

② 《东事日志》，《申报》1903年11月8日，《申报影印本》75，上海：上海书店，1983年影印，第479页。

③ 《东陲告急》，《申报》1903年11月5日，《申报影印本》75，上海：上海书店，1983年影印，第459页。

政，我们亦须从二人那里找到答案。

随后发生的事情表明清政府并无与俄开战之心。清政府为挽回增祺被羁留事件带来的恶劣影响，开始在《申报》发表否认增祺被羁留的辟谣报道，称此事是"杯弓蛇影，以讹传讹"。[1]俄国方面也很配合，旅顺的俄文报纸亦称"并未拘系盛京将军，亦无虐待华官之事"，甚至说"俄兵业已他去，民安堵无惊"。[2]这些做法的目的无非是要大事化小，小事化了。而马玉昆带兵前往山海关的目的也渐渐明确，那就是——防御。

事实上，俄兵去而复返，占据奉天，拘押增祺，均铁证如山，不容否认。那么，俄国既与清政府签订了条约，允诺撤兵，为何又出尔反尔呢？原来，俄国在议约撤兵之前，曾要求清外务部不要在东三省添设通商口岸，以期独占东北。袁世凯和张之洞得讯后，先后急电外务部要求坚拒此节。俄方在俄皇尼古拉二世的支持下，表面商议撤兵，实则更加明目张胆，甚至致电清外务部，要求东北开埠设领事须先征得俄国同意。此说与美国提出的门户开放政策相悖，正在与清政府会议商约的美国明确反对，美俄先后在北京和华盛顿会议满洲开埠事宜。表示反对俄国满洲政策的还有日本，与美国一样，日本当时也在一面同清政府会议商约，一面同俄国商讨满洲和朝鲜事宜，而新上台的桂太郎政府则是坚定的反俄派。10月8日，清政府与美国和日本议定商约，允在东北开埠。当天正是俄方允撤东北驻兵的第三期，因此俄国恼羞成怒，出尔反尔。对于拒不撤兵的真相，俄国报纸道出了真相。据《申报》引述俄国报纸报道：

> "中美所订商约第十二款准将奉天、安东作为通商口岸。俄国
> 《努维克来报》从而论之曰：各国通例，凡自主之国互相立约，他
> 国不得与闻。惟现在事势不同，此约实有损俄国满洲权利。夫满洲
> 虽向由中国自主，实则俄人占据已久，不能照中美所订之约而行。
> 再中国已允俄人在满洲建造铁路直至青泥洼并沿路通商，得资以偿

---

① 《俄事无忧》，《申报》1903 年 12 月 4 日，《申报影印本》75，上海：上海书店，1983 年影印，第 657 页。

② 《俄人之旨》，《申报》1903 年 12 月 3 日，《申报影印本》75，上海：上海书店，1983 年影印，第 649 页。

所费，并不许别国通商互市，以致满洲铁路所失良多。今者我俄所占之地，直讫辽河并推广至牛庄。此数处中如他国欲建桥梁，我俄决不能允。不知美国用何法迫令中国遽行立约。然此事无须追问，我等惟知奉天作为通商口岸，实于我俄大碍有所妨也。奉天与牛庄一水相通，倘奉天一旦开埠通商，则贸易之利必移往其间，而牛庄势将减色，即于东方铁路有碍利权。由此以观，则我俄驻守满洲之兵决不能退。满洲之兵不退，则中美虽有商约第十二款，必不能行。即照行，俄国亦尚不致大受损失也。"①

　　这就是俄国不退兵的理由。显然，俄国对美国还是有所顾忌，但对日本则显得颇为自信。

　　日俄经过多轮谈判，始终无法就东北问题达成一致。11月25日，素与美国交好的英国加入反对俄国独占东北的阵营。俄国仍不为所动，甚至拒绝了清政府驻俄公使胡惟德要求俄方撤兵的照会，继而拒绝了日本谈判满洲问题的要求。桂太郎政府见俄国不肯在谈判桌上解决问题，便开始暗中紧张备战。而清政府无论如何，也要对迫在眉睫的日俄战争表态，于是便有了袁世凯两次提出"局外中立"主张之事。

　　这一主张提出后，袁世凯即饱受争议，当年是，百年后亦是。当然，也有支持袁世凯的，当年有，百年后亦有。争议者多诟病其以屈辱卖国，支持者多赞以审时度势。其实，无论诟病还是支持都有瑕疵，他们诟未诟在点，赞未赞到位。说诟，袁世凯并不存在卖国行为。到1903年，东北已经被俄国霸占达四年之久，主权早就名存实亡，要卖国，轮不到袁世凯于四年后，必须找出始作俑者于四年前；说赞，什么审时度势，什么两害相权取其轻等，都是隔靴搔痒，袁世凯"局外中立"主张的最大贡献是为清政府为中国争回了东北的主权。这一成绩当然不能归袁世凯一个人所独享。因为从慈禧太后要求办理各国商约那天起，奕劻、袁世凯、张之洞、伍廷芳、吕海寰等当朝大员都在为商约成功而努力。而与美日商约的签订，正是通过外交手段把它们卷入东北问题

———————

　　① 《节译俄报论中美商约》，《申报》1903 年 11 月 27 日，《申报影印本》75，上海：上海书店，1983 年影印，第 611 页。

的关键一招。美日的进入，让中国在对俄问题上不再孤军奋战。这样的结果，令中国收回东北主权有了可能。直到袁世凯提出"局外中立"，清政府恍然大悟：原来不战不降，也可以得获黄雀之利——收回主权。那么，何乐不为？

此后，清政府开始紧锣密鼓筹备"局外中立"。1903年12月30日，清廷"电令各省，如日俄开战，严守局外中立"。此说见于郭廷以《近代中国史事日志》。不过，《清德宗景皇帝实录》《光绪朝东华录》未见记载。但下面这则新闻好像是它的佐证。次年1月10日，日本政府收到北京电称：

> "外务部领袖庆亲王严守局外中立之宗旨，但目前尚无力使俄人撤退满洲兵士。是以划定辽河右岸，直隶界限以南为局外之地，与战事各不相干。已飞檄直督袁慰帅设兵以备，使俄日不得越界交锋。并闻日前已奉有上谕，由电飞达各省督抚大员矣。"①

与此同时，日本政府也在积极运动清政府实行"局外中立"。1月7日，日本驻华公使内田康哉照会清外务部称日本愿中国严守中立。1月9日，清政府驻日公使杨枢电告国内称"如日俄决裂，日愿中国中立"。②

袁世凯第三次提中立。由于日俄战争危在旦夕，清军机处于1月15日致电南北洋大臣和各省督抚，要求他们"加意扼防，慎固封守"，尤其指出"奉直边要各地方应由北洋统筹布置，派兵严防"。③袁世凯接到任务后，立即把自己的兵力和俄国在东北的兵力做了对比，发现东北现有俄兵18.7万余人，而北洋的兵力只有3万人，相差悬殊。他认为守卫东北3000余里的边界需兵6万人，现在尚缺一半，但欲增兵，筹饷亦是大问题。加之《辛丑条约》后列强对中国实施武器禁运，所以武器也非常短缺。用袁世凯的话说，就是"饷绌械乏"。于是，1904年1月22日，袁世凯借筹饷练兵，再次重申"局外中立"的主张，指出：

---

① 《划地中立》，《申报》1904年1月17日，《申报影印本》75，上海：上海书店，1983年影印，第107页。

② 郭廷以：《近代中国史事日志》下，北京：中华书局，1987年，第1194页。

③ 《（4987）军机处拟致南北洋大臣及各督抚电信》，《清光绪朝中日交涉史料》卷67，北京：北平故宫博物院，1932年，第41页。

"俄之宗旨已变，自不肯轻易撤退。而日本举国鼎沸，又不能听俄所为。两不相下，战端难免。就我现在情势而论，不得不谨守局外。然公法局外之例，以遣兵防边，不许客兵借境为要义。防之不力，守局立毁。不但人之溃卒，我之土匪，必须认真防堵，而两大构兵逼处，堂奥变幻叵测，亦不得不预筹地步。"①

这一次，袁世凯提出以"防"为主的"局外中立"原则，遣兵防边，目的是防堵日俄战争的溃卒和战区内的土匪。

这一次，袁世凯的"局外中立"主张招来两广总督岑春煊的反对。岑春煊是慈禧太后亲信之人，说话很有分量。他预判日本战胜，反对中立，主张对俄强硬，逼俄撤兵，收回东北。2月10日，他上奏说："我若奋然一战，不独可免日人之责，亦可免日人他日之要求。"②

岑春煊的反对来得实在太晚了，就在他上奏的当天，日俄已经相互宣战，日俄战争正式爆发。

见战争已经无法逆转，袁世凯第四次提出"局外中立"。2月11日，日俄互相宣战次日，袁世凯致电外务部，提请"降旨宣守中立，并迅颁条规以定人心而资遵循"。③

2月12日，清廷正式宣布局外中立，同时公布中立条规34条。至此，"局外中立"经过提出、筹办、宣布三部曲，正式进入实施阶段。

实施阶段的主角依然是袁世凯。据《申报》记载，袁世凯于清廷宣布"局外中立"后，曾致书俄国远东总督阿莱克息夫，以"我华既已退居局外，则贵军列阵之地，自应界以辽河，毋许滥入内地。若强欲渡河前进，则本部堂必有以处之"④的强烈措辞，要求俄兵遵守中立条规。

日俄战争进行期间，有日俄公民通过直隶前往东北战区。为严守中立，

---

① 《袁世凯奏折专辑》5，中国台北："国立故宫"博物院，第 1205 页。

② 卷 181，王彦威纂辑：《清季外交史料》第 3 册，北京：书目文献出版社，1987 年，第 17 页。

③ 卷 181，王彦威纂辑：《清季外交史料》第 3 册，北京：书目文献出版社，1987 年，第 18 页。

④ 《实行中立》，《申报》1904 年 3 月 25 日，《申报影印本》76，上海：上海书店，1983 年影印，第 479 页。

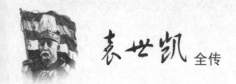

杜人口实，袁世凯发布公示，称：

> "嗣后凡战国人由本境前往战地，经过关卡，均须严密盘查。
> 如有形迹可疑之人或携有备战器物，一经查确，先将该人扣留，一
> 面报官请示，分别发落。倘有容留疏忽，定当严究不贷。务各懔遵
> 毋违。特示。"①

不过，饶是袁世凯小心谨慎，违反中立的嫌疑事件仍时有发生，美国政府甚至照会清外务部要求就此做出解释。外务部则把这项工作交给了袁世凯。

1905年1月22日，袁世凯发表《通过各国声辩中国严守中立照会》，就俄国所指责的胡匪等涉嫌违反中立的问题一一作出了解释。

关于日本招募胡匪为兵的问题，他说："查三省胡匪，俄官马大力多夫等先经招募编队与日军攻击。如谓受日本粮饷、日本人统带，即是战国自行雇佣。且战界内中国兵力不及，势难偏禁。至胡匪有时窜入中立境内，地方官屡经查拿惩办。公法，中立国人民或退职员弁，私往助战国，本国可不担其责。"

关于中国军队和政府聘用日本教习问题，他说："查北方练军并无日本员弁掺入，惟保定学堂有日本人充翻译，事在未战以前。后又具结不预战事，与各处学堂海关聘用俄人一律。中立国用战国人，公法不禁，战国不当干涉。"

关于日本借用庙岛（又称长山列岛，位于山东烟台），他说："查本年海圻、海琛、海容等船，时巡庙岛，登州守令加派海保稽查，毫无日本人及军舰踪迹，更无准其借用之事。"

关于烟台有人运送违禁物品到战区，他说："查战时禁货前，通饬不准运往战地。烟台并无一船运往该湾，海关亦无发给准单事。"

关于汉阳官方卖铁矿石给日本，他说："查大冶矿产系商运与汉阳铁政局有别。二十六年九月该商与日商订改合同，均在未战以前，张督不预闻盛使。矿商代表非官家，不经国家批准。公法生铁不在禁例，此系未经熔化之矿石，未成生铁，更不得指为有关军用，材料照常贸易并无不合。"

---

① 《实行中立》，《申报》1904年5月16日，《申报影印本》77，上海：上海书店，1983年影印，第107页。

关于中国练兵为参战事，他说："练兵为绥靖地方内政，五洲大国，何国不然？何得疑中国有附入战场之意？"

关于俄舰烟台失事，他说："查此案事出意外。萨镇冰拦阻不及，并无纵使情事。业将萨镇冰议处，并照日使索艇。案虽未结，实已尽力办理。"

袁世凯还列举了数条俄国违反中立事件，他说："且俄屡犯中立，姑述数条。一、俄人在辽西结桥屯兵；二、俄人在示库伦、新民屯一带，勒买牲畜粮食，私运军需；三、北戴河、张家口、丰台查获俄人，多数枪炮弹系暗藏货包内私运；四、送至上海之俄艇，船主在吴淞口潜逃。"

最后，袁世凯说："此皆中国为难实情。中国严守中立，坚定不移。地方官恪守条规，民情均甚安靖，久为各大国共谅。战国凭空吹求，自应切实声辩。美政府洞察情形，必能主持公道。不独中国之幸，亦全球之福也。"[①]

袁世凯义正词严地辩驳，在外交上或许可以稍占上风，但在史实上却颇多可疑之处。这里不是贬低袁世凯的诚信，恰恰相反，虚虚实实才是外交本身的魅力。如果外交中的袁世凯选择做诚实的"小孩"，那么围观的人看到穿新装的一定不是那个"皇帝"。比如袁世凯承认聘用日本人为军队和政府教习或翻译，但强调聘用发生在战争之前，不违公法。可他没有承认的是，日本人还负责为其搜集东北等地的俄方情报。事情是这样的：

1902年2月，袁世凯在保定会见了日本参谋次长田村怡与造等人，双方决定共同监视俄国在东北的动向。6月28日，驻烟台日本军官守田利远大尉抵达保定，拜会袁世凯，在座的还有袁世凯的日本顾问立花小一郎和日本驻华公使馆武官梶川重太郎。双方秘密协定：

1. 袁直隶总督在满洲及山东之侦察工作，全部委托于守田大尉，派遣在上述各地之中国侦探将校，受在芝罘之守田大尉指挥。

2. 驻在满洲及山东各地中国将校所获得之情报，一旦搜集于守田大尉之手后，由守田加以综合，分送日本参谋本部及中国之直隶总督。

3. 派遣至满洲及山东省各地将校之驻扎地点，由守田大尉决定之，暂时规定如下：在芝罘、奉天、哈尔滨、富拉尔基、珲春及青岛等地，各驻中国

---

① 《直督袁宫保电述外部通告各国声辩中国严守中立照会》，《申报》1905年1月24日，《申报影印本》79，上海：上海书店，1983年影印，第139页。

中尉一名，如有必要，可移动至铁岭及海拉尔等。

4.袁直隶总督、立花小一郎少佐，北京日使馆武官室及守田大尉之间，设置特设之电报密码，以资互相联络沟通。①

此事秘密交给北洋督练公使参谋处办理。该处总办段芝贵挑选吴佩孚等人办理，这是吴氏在北洋的起点。俄国渐露独占东北之意后，日本加紧了情报工作。

1903年10月，袁世凯与日本军事顾问青木宣纯就谍报和动用马贼（冯麟阁、金寿山）等事达成秘密协议。此后，袁世凯获得的俄方情报，立即由日本顾问坂西少佐译成日文，送往日本驻天津屯军司令官仙波少将，再由仙波电达日本大本营。

日俄战争爆发后，段芝贵挑选吴佩孚、孟恩远、王怀庆等16位武备学堂毕业生加入"倭人侦探队"，前往山东烟台受训。训练由驻烟台日本军官守田利远大尉负责。训练完毕后，吴佩孚等人化装成普通小贩模样前往东北从事情报搜集工作。

显然，袁世凯并未如自己在照会中声辩的那样严守中立，但这种行为在战争中比比皆是，不足为奇。即便在今天，间谍行为也是国与国之间心照不宣的秘密，且目的都是保护国家利益。可以看出，袁世凯提出"局外中立"，但并未固守之，而是如一个狡猾的外交家，一面公开抗议日本招收土匪冯麟阁和金寿山，一面暗中支持日本，以期从俄国手中夺回东北的主权。无论站在外交还是政治立场上，袁世凯的做法都是值得肯定的。

1905年5月末，日俄战争进入尾声，两国均已疲惫不堪。胜算在握的日本首先请求美国总统西奥多·罗斯福出面为日俄讲和。经过西奥多·罗斯福总统的努力，俄国也表示了和解的意愿。6月8日，罗斯福总统邀请日俄派全权代表赴美和谈。

清外务部及时照会美日俄三国驻华公使，声明日俄和约内涉及中国条款中未经中国同意者，中国政府一概不予承认，三国对此予以高度重视。9月5日，日俄两国在美国新罕布什尔州的朴茨茅斯签订和约。

---

① ［日］东亚同文会编：《对华回忆录》，北京：商务印书馆，1959年，第282-283页。

袁世凯曾致信两江总督周馥，向其通报日俄和约有关中国的内容。其第三款规定日俄将撤出除辽东半岛外的所有军队，把东北交给中国自行治理。"俄国政府兹声言，俄国并不享有在满洲地方损碍中国主权或违背平等取益宗旨之一切占据土地之利权"。其第五款规定："俄国政府俟承中国政府允准，将租界旅顺口、大连湾以及附近领地领海之权并索连租约，或属租约所订之各项利权优权以及允让好处，一律交日本政府接受。至有关于前开租界领土内所有公家建造各物以及各项产业，亦一律交日本政府接受。日俄两国彼此允约前段所言承中国政府允准一节，须向中国政府邀允。"[①]可见，中国将从俄国手中收回东北主权，但遗憾的是，虽然声称"须向中国政府邀允"，但显然日本政府已将辽东半岛视为囊中物。此后，清政府派出奕劻、瞿鸿禨、袁世凯等人与日本议约，虽百般努力，亦无法改变辽东半岛被日本强租的事实。也就是说，"局外中立"以及日本的胜利使中国收回了东北大部分领土的主权，但中国仍摆脱不了被宰割的命运。走了俄国，来了日本，究其原因，唯国力不强耳！

怎么办？

袁世凯向清政府提出了两大主张：第一是发展学堂，废止科举；第二是立宪。

第五节　倡办学堂　奏停科举

袁世凯是近代中国大学堂的首创人，这是毫无疑问的。在任山东巡抚期间，他于济南成立了山东大学堂，这是近代中国的第一所大学堂。山东大学堂的成功创办得到了慈禧太后的认可，于是，谕令全国仿效，这样，北京才有了京师大学堂。值得注意的是，京师大学堂总教习吴汝纶和副总教习张鹤龄都是袁世凯保奏的。

袁世凯任职直隶总督的第一年，便下令保定创办了省城大学堂。他札饬直

①　《直督致江督电》，《申报》1905年10月28日，《申报影印本》81，上海：上海书店，1983年影印，第487页。

隶布政使周馥"从速创设学堂并厘定课程，以资遵守"。周馥接到命令后，以畿辅学堂为基础，"每月加课卷，归畿辅学堂校阅"，[①]办起了大学堂。至于生源，则是通过考试从举贡监生员中择优录取。光绪二十八年正月，省城大学堂举办了首次入学考试，考试的题目有"汉武帝修文学论、诸葛武侯自比管乐论、唐府兵论"等，甚至还有一道国际问题，即"问昔德受创于法，至今全国中年及七岁必须入学肄业，其意若何？试申言之"。[②]可见，大学堂是有新意的。在开办直隶省城大学堂的同时，袁世凯还以"育才莫先于兴学，兴学莫重于得师"[③]为理念，兴办了直隶师范学堂暨小学堂。直隶师范学堂位于保定城北金线胡同，亦采取考试入学的方式。同年，袁世凯还在直隶各府设立中学堂一所，"各直隶州所属较少，或就近附于各府或两州各设一处，即以各该守该直牧等为该学堂总办"。[④]至此，袁世凯在直隶完成了大、中、小三级学堂的布局。

光绪二十八年四月十八日（1902年5月25日），直隶省城大学堂正式开学，首批学生120人，学堂总办是马廷亮、帮办是陈恩焘。西学则由美国人丁家立充任总教习。马廷亮和陈恩焘均为早期留学归国人员，后虽为袁世凯所用，但地位一般。丁家立原是天津大学堂总教习，曾任天津都统衙门的汉文秘书。开学典礼上，学生们先是在袁世凯的带领下参拜孔子圣像，然后学生们再向袁世凯等官员行一跪三叩礼。

办学堂，经费是最大的问题。袁世凯筹措经费的办法有，第一节流，鉴于"省城各处义学有名无实，不免经费虚糜"，他下令于光绪二十八年四月底，把它们"一律裁撤"，[⑤]只保留武备学堂、教授英法文的学堂20余所。第二分担，由于直隶省城大学堂和师范学堂招收的学生都是公费生，费用需要政府负担，于是，袁世凯命原籍地方官将学生常年经费筹集解省，"每名月须六金，

①《保阳兴学》，《申报》1902年2月25日，《申报影印本》70，上海：上海书店，1983年影印，第293页。

②《方伯程才》，《申报》1902年3月13日，《申报影印本》70，上海：上海书店，1983年影印，第391页。

③《袁世凯奏折专辑》3，中国台北："国立故宫"博物院，第641页。

④《袁世凯奏折专辑》3，中国台北："国立故宫"博物院，第641页。

⑤《清苑延冻》，《申报》1902年7月17日，《申报影印本》71，上海：上海书店，1983年影印，第526页。

每邑至少四人，每人每年费至七十二金，合共三百金"。时人叹道："若多至八九名，则须五六百金矣，年复一年，不知地方官果有此力量否？"①第三捐资，地方办理小学经费不足，便劝谕绅董捐助。同知王承三慷慨解囊3000两，袁世凯为其申请在家乡开州建"乐善好施"牌坊，以资鼓励。严复为天津县学堂捐助3000两，袁世凯为其申请五品卿衔。虽然经费紧张，筹措困难，但直隶的各级学堂还是蹒跚上路了。第一步走出去了，袁世凯开始思考下一步。

袁世凯回籍营葬母亲之前，曾赴京觐见帝后。帝后向其垂问学堂事，袁世凯如实敬谨回答后，提出了一个惊人的建议。据《申报》报道："宫保奏称学堂为培养人才之地，必先永停科举，专意诵兹，始有真才可得也。"②消息一出，整个中国社会都被震惊了。

《申报》就此发表社论，称"变通科举之议，昔人已屡有言之者，而请停科举之说则未尝闻焉"，社论最后说："宫保之见可谓高人一筹；宫保之奏可谓紧人一着。"③"见"肯定有，至于"奏"却等到次年春才始现庐山真面目。

"永停科举"之奏实为"递减科举中额"之折。中额，即录取人数。1903年初，袁世凯把《递减科举中额奏折》样稿电寄南京，与湖广总督兼署两江总督张之洞商讨。正月二十五日（2月22日），张之洞回电称："寄电示分科减额疏稿，详尽宏裁。请台端迅即电商各省，有同志者附入，总须多有数省为佳，即由尊处契衔缮发。"④也就是说，张之洞赞同袁世凯"递减科举中额"的新政措施，并建议袁世凯牵头，邀请其他志同道合的督抚共同列名上奏。据说，赞同并列名此折的还有四川总督锡良、湖北巡抚端方、山东巡抚周馥等。光绪二十九年二月十四日（1903年3月12日），袁世凯上《请递减科举中额专注学校折》。

这份奏折可以视作袁世凯改革近代中国教育制度的宣言，是其倡导新政期间的第二大贡献。第一大贡献是立宪，后面会专门讲述。袁世凯的这份

---

① 《保定述新》，《申报》1902 年 8 月 4 日，《申报影印本》71，上海：上海书店，1983 年影印，第 652 页。

② 《请停科举》，《申报》1902 年 9 月 1 日，《申报影印本》71，上海：上海书店，1983 年影印，第 1 页。

③ 《论请停科举之善》，《申报》1902 年 9 月 2 日，《申报影印本》71，上海：上海书店，1983 年影印，第 9 页。

④ 苑书义等主编：《张之洞全集》第 11 册，石家庄：河北人民出版社，1998 年，第 9012 页。

奏折很长，约2500字左右。篇首，袁世凯即以"时艰急需人才，科举阻碍学校"开宗明义。人才、科举、学校是这份奏折的三个关键词。什么是人才？袁世凯认为"人才者，国家之元气，治道之根本"。人才从何而来？袁世凯举三代"庠序之制"以及东西洋各国经验，提出"人才必出于学校"的论断。紧接着，他以"普立学堂"事在各省遇到"观望迁延""敷衍塞责"为据，指出掣肘学校推广的"实莫甚于科举"。

至于学校、科举和人才三者的关系，袁世凯用"学校所以培才，科举所以抡才"12字予以概括。培才，即培养教育人才；抡才，是选择人才。由于学校和科举的着眼点不同，所以，袁世凯认为"使科举与学校一贯，则学校将不劝自兴，使学校与科举分途，则学校终有名无实"。也就是说，只有学校成为育才、培才、选才的地方，学校才能得以顺利推广。由此，袁世凯大呼"科举一日不废，即学校一日不能大兴，学校不能大兴，将士子永远无实在之学问，国家永远无救时之人才，中国永远不能进于富强，即永远不能争衡于各国"。

但是，袁世凯知道"科举之为害，关系尤重"，"不能骤废"，于是，提出了"酌量变通"的"分科递减之一法"。也就是，把各项考试"取中之额，预计匀分，按年递减"。然后，"以科场递减之额，酌量移作学堂取中之额"。科举的口子堵住了，"天下士子，舍学堂一途，别无进身之阶"，之后，学校可以兴，人才可以得。

对于现有的举贡生员，袁世凯提出按年龄分配法。即30岁以下者，入学校；30—50岁者，入仕学师范、速成学校；50—60岁者，宽筹出路；60岁以上者，酌给衔职。这种做法比起某些"一刀切"的规定，显然具有人文关怀，更利于缓和社会矛盾。

由此，袁世凯请帝后明降诏旨，递减中额，"有阻挠者，予以严谴"，"务期科举逐渐而尽废，学校栉比而林立"，使中国"上以革数百年相沿之弊政，下以培亿兆有用质人才"。但是，袁世凯的奏折不仅大胆，而且违例。

违什么例呢？原来，清代有"科场年份例不应条陈科场事务"的成例，而光绪二十九年正是癸卯恩科会试之年。精明的袁世凯明知有此成例，却还依然选择了大胆，选择了违例。他说：

"或谓科场年份例不应条陈科场事务，今当朝廷锐意求治，变通庶政之时，似可不拘成例。或又谓诏举恩科，更不应奏请减额，然臣等所请减额者，不过预筹办法，固非敢指恩科言之，原以俟夫恩科举行之后。"

就这样，袁世凯利用"恩科举行之后"这个时间点，巧妙地化解了违例的风险。

两天后，即二月十六日（3月14日），朱批：下政务处会同礼部妥议。①也就是说，帝后已经认可了袁世凯的建议，命政务处和礼部商讨具体实施办法。

圣旨一出，社会反响很大。有担心，如《申报》社论说："然废科举而为学校之经费则易筹乎？师范即易求乎？"②有怀疑，如《申报》社论《与客论学堂》提出"学堂果为今日之急务乎"③这一问题。有失望，如《新民丛报》时评《废科举问题》主张一步到位，废止科举，认为"学堂既兴，科举愈成赘疣。苟不废止，徒以分学生之精神，而炫惑其耳目"。④有建议，《申报》提出《科举学堂合而为一论》。

社会反响大，朝廷内部也有意见。给事中潘庆澜就《请递减中额折》，参奏袁世凯等"措辞失当"，⑤要求对袁等严加惩处。这份参奏折交到政务处后，如石沉大海，不见踪迹。当时的政务处共有11位大员，他们是庆亲王奕劻、军机大臣荣禄、文渊阁大学士昆冈、军机大臣王文韶、户部尚书兼军机大臣鹿传霖、外务部尚书兼军机大臣瞿鸿禨、户部尚书兼军机大臣荣庆、体仁阁大学士孙家鼐、吏部尚书兼管学大臣张百熙，以及参与政务处事宜张之洞和袁世凯。这11人中，张之洞和袁世凯不会自己反对自己，其他9人必然

---

① 廖一中、罗真容整理：《袁世凯奏议》中册，天津：天津古籍出版社，1987年，第735-739页。

② 《请停科举》，《申报》1903年3月28日，《申报影印本》73，上海：上海书店，1983年影印，第495页。

③ 《与客论学堂》，《申报》1903年4月10日，《申报影印本》73，上海：上海书店，1983年影印，第585页。

④ 《新民丛报汇编》癸卯年第3册，《晚清珍稀期刊汇编》14，北京：全国图书馆文献缩微复制中心，2009年，第25页。

⑤ 卷512，《德宗景皇帝实录》7，《清实录》第58册，北京：中华书局，1987年，第767页。

会有不同的声音。据《新民丛报》记载，"南北洋大臣联衔请废科举，内阁会议，政府诸公咸赞成之。独王文韶慷慨力争，期期以为不可"。他对僚属说："科举安可废！若会议，吾必不与议。诸公虽决议，吾亦必力争。吾老矣，今日力争此举，即吾之所以报国也。"①可见，王文韶属于反对的一方。

反对和赞同永远是共存的，有人站在前者一边，就必会有人选择后者。等了九个月后，政务处终于有人说话了。谁呢？他们是张百熙、荣庆和张之洞。光绪二十九年十一月二十六日（1904年1月13日），他们三人联名上《奏请递减科举注重学堂折》。与袁世凯的那份奏折一样，他们再次要求渐停科举，振兴学堂。史料显示，帝后在当天便给予了答复。谕旨曰：

> 著自丙午科为始，将乡会试中额及各省学额，按照所陈，逐科递减。俟各省学堂一律办齐，确著成效，再将科举学额，分别停止。以后均归学堂考取，届时候旨遵行。即著各该督抚赶紧督饬各府厅州县建设学堂，并善为劝导地方，逐渐推广。无论官立民立皆当恪遵列圣训士之规，谨守范围，端正趋向，不准沾染习气，误入奇衺。一切课程，尤在认真讲求，毋得徒事皮毛，有名无实。务期教学相长，成德达材，体用兼赅，以备国家任使。有厚望焉。将此通谕知之。②

光绪二十九年是癸卯年（1903），丙午年是光绪三十二年（1906）。三年的缓冲时间，对一项重大改革来说，是必须的，也是可以理解的，更是紧张的。但对袁世凯来说，三年时间则稍显漫长，其间尤易滋生变故。

担心的事情总是会发生。1905年初，政务处受命讨论重修北京贡院一事。贡院是会试的考场，亦是科举的标志。由于兴办学堂，各地贡院或被学校占据，或荒废不用，北京贡院属于后者。议修贡院，表面上是修缮建筑，实则为科举。张之洞听到这个消息，立即致电张百熙称："闻近有修复京师

----

① 《新民丛报汇编》癸卯年第3册，《晚清珍稀期刊汇编》14，北京：全国图书馆文献缩微复制中心，2009年，第234页。

② 卷523，《德宗景皇帝实录》7，《清实录》第58册，北京：中华书局，1987年，第927页。

贡院之议，忧焦万状。如此则天下学堂不必办矣。自强永无望矣。"①可见，修复京师贡院一事影响之大。政务处调查六部九卿各堂官对此事的意见，发现"主修者居十之五六"，②主不修的仅有"外务部各堂官"③以及孙家鼐、张百熙、京师大学堂总监督张亨嘉等人，为数仅占"十分之二"。④这个数据也说明了废科举一事在清政府高层的阻力，尤其是两位军机大臣王文韶和瞿鸿禨甚至上奏，说："学堂三年后未必果有效验，不如仍修贡院，按年限乡会试。俟学堂收效后，再行奏请停废。"⑤政务处大臣中间终于出现了不同的声音，它亦足以令袁世凯前功尽弃。不过，多亏清政府财政吃紧，筹款无着，修缮北京贡院一事遂罢议。

水中遇到阻力，就得学会逆水行舟；事业陷入困境，就得善于借水推船。就在政府高层为科举停废之事举棋不定之际，光绪三十一年四月二十四日（1905年5月27日），京师大学堂举办了第一届运动会，这也是中国学校举办的第一次运动会。运动会的项目有掷铁槌、100米跑、200米跑、400米跑、600米跑、800米跑、提灯赛跑、一足竞走、跳远、跳高、掩目拾球赛跑等。可以看出，项目设置的宗旨是竞技和娱乐相结合。袁世凯还特意"送军乐一队，以壮观瞻"。⑥这就是袁世凯的借水推船。因为京师大学堂的总监督是张百熙，作为管学大臣，张也是废除科举的主张者。张举办的运动会使国人耳目一新，也使国人更直观地了解学堂为何物。袁世凯利用这个机会送上军乐队助兴，不仅是对学堂推广的锦上添花，而且是对科举停废的推波助澜。

---

① 苑书义、孙华锋、李秉新主编：《张之洞全集》第11册，石家庄：河北人民出版社，1998年，第9309页。

② 《定议捐款重修贡院》，《申报》1905年3月25日，《申报影印本》79，上海：上海书店，1983年影印，第562页。

③ 《政务处第一次会议修复贡院之调查表》，《申报》1905年4月13日，《申报影印本》79，上海：上海书店，1983年影印，第726页。

④ 《定议捐款重修贡院》，《申报》1905年3月25日，《申报影印本》79，上海：上海书店，1983年影印，第562页。

⑤ 《王瞿两枢臣保全科举》，《申报》1905年3月25日，《申报影印本》79，上海：上海书店，1983年影印，第562页。

⑥ 《京师大学堂第一次运动会》，《申报》1905年6月5日，《申报影印本》80，上海：上海书店，1983年影印，第321页。

张百熙显然是领会了袁世凯的用意，两个多月后，作为回报，他以视学名义来到天津。面对天津学界，张百熙在训辞中，赞扬袁世凯首先成立山东大学堂，"为各省倡"。同时，坦言自己作为管学大臣在两次厘定学堂章程时，"大都不出山东试办章程之本意"。借海内舆论，称赞"学务者以湖广直隶并称，洵非虚誉"。他说："即以天津论，学生已多至数千人，而北洋大学堂学科之备、程度之高，允为各行省冠。此固本大臣所最钦迟喜慰者也。"①回到北京，张百熙于太后召见时，仍对袁世凯赞不绝口，"因此袁督颇蒙两宫嘉奖"。②

两人的一唱一和，自然在慈禧太后那里获得了不少印象分。接下来袁世凯要做的，就是趁热打铁。1905年是中国近代史上非常重要的一年。这一年，孙中山在日本成立同盟会，开始为清政府的最后灭亡进行倒计时。这一年，袁世凯奏请实行立宪政体，清政府命五大臣出洋考察政治。显然，清政府也在积重难返的路上寻求改革之法。光绪三十一年八月二日（1905年8月31日），袁世凯联合盛京将军赵尔巽、湖广总督张之洞、署两江总督周馥、两广总督岑春煊、湖南巡抚端方，联名上奏，请立停科举，推广学校。八月四日（9月2日），慈禧太后诏准自明年丙午科开始，所有乡会试一律停止，各省岁科考试亦即停止。至此，存在了一千多年的中国科举制度终于画上了句号。

慈禧太后为什么会如此痛快地同意袁世凯等封疆大吏立停科举的要求呢？答案就在立停科举的谕旨里，即四个字："普及教育。"③也就是说，多建学校的目的是为了开启民智，使"人人受普通教育"。之所以实行普通教育，其"目的在制造国民，使人人自知有国民责任，以为立国之地"。④普及教育，无论是采取强制制度还是义务制度，即使在百年后的今天，也是一国政府孜孜以求的目标。由此可见，当时清政府的领导层用高瞻远瞩来形容亦不为过。不过，普及教育需要巨额资金投入，这笔钱从何而来呢？

---

① 《学务大臣张尚书天津视学训辞》，《申报》1905年8月27日，《申报影印本》80，上海：上海书店，1983年影印，第997页。

② 《廷寄嘉奖袁宫保》，《申报》1905年8月28日，《申报影印本》80，上海：上海书店，1983年影印，第1004页。

③ 卷548，《德宗景皇帝实录》8，《清实录》第59册，北京：中华书局，1987年，第273页。

④ 《会奏立停科举推广学堂折书后》，《申报》1905年9月12日，《申报影印本》81，上海：上海书店，1983年影印，第95页。

以直隶为例，承担普及教育重任的初等小学堂分官立、公立、私立三种。入读官立的学生，学费全免；入读公立和私立的学生，须缴学费。三种之中，公立初等小学堂的经费需要直隶地方政府负责筹集。怎么筹集呢？袁世凯说："本督部堂之意谓绅民岁入在制钱三百千以上者，岁抽其百分之十或五，为公立小学之费。有不遵者，除命盗重案外，所有本户财产之讼立案不行，著为新例。"这个办法则面临"岁入"如何界定和统计的问题。袁世凯说："或谓美国营业产税一切听民自占，民自无欺，但吾华人民程度能否及之？此公费之待商者。"说到美国，袁世凯想到美国大学生能在博览会推车赚学费，还可以务农赚学费，他联想到中国学生，不禁感叹："若语之吾华学生，必岸然不屑。然彼国人格之高，国力之厚，即由于此。"至于"岁入"为零或贫困之家，袁世凯主张"照西国贫民学校之例以教之"。[①]这是袁世凯解决"普及教育"经费的思路。

"普及教育"的经费很重要，但人才更重要。为解决初等小学堂师资紧缺的问题，袁世凯要求直隶每州县必设一所初级师范学堂，校址"即以原有之考棚及传习所等所暨校士馆分别改修增拓，务令合法可容一百五十人之数"。经费从"历届办考供给例费"等提充。[②]此外，袁世凯命学务处暨保定省城师范学堂大幅增加学生名额，计划招收一年制的初级简易科学生500人，两年制的优级选科生200人，五个月制的体操专修科学生100人。优级选科生分历史地理、理化、博物、算学四科，每科40人，毕业后分配到各府立师范学堂或中学堂为教习；体操专修科学生学习体操、游戏、教育、生理等课，毕业后分配到初等小学堂任教习。

直隶的教习有自己培养的，有留学归国的，还有从国外聘请的。由于学堂等新政仿照日本，故国外聘请的教习以日本人居多。这些日本人良莠不齐、品性不一，因此常常在中国惹出事端。1906年2月25日，星期日，上午，几位来自保定各学堂的日本教习相约到城内平守胡同唐翻译家聚会。不想，

---

① 《直督饬学务处妥议各堂学生公费自费章程札》，《申报》1905年9月25日，《申报影印本》81，上海：上海书店，1983年影印，第206页。

② 《直督通饬从速筹款添设初级师范学堂札》，《申报》1905年10月7日，《申报影印本》81，上海：上海书店，1983年影印，第304页。

人生地不熟，错入胜司马公馆，且直奔内宅。胜司马公馆伙夫听到喧哗，开门诘问，竟被几位日本教习殴打并将发辫扯落。胜司马"闻声出门，见此情形，急吹号哨"报警。谁知，巡警到后，几位日本教习"仍不服约束，直将弁兵打散，扬长回寓"。袁世凯得知此事后，大骂："该教员等均受文明教育，何以举动如此野蛮，殊不足以资表率！"[1]袁世凯当年在朝鲜的时候曾经处理过一个中国人打败若干日本人的案子，何等扬眉吐气。如今自己的官升了，可是中国人却挨日本人打了，心中不免憋屈。于是，他立即照会日本驻津领事馆，要求严惩肇事者。后来，几位日本教习向直隶工巡局赔礼道歉，并赔款300元给胜司马公馆的伙夫做医药费，此案才得以了结。

或许就是此案的发生，促使袁世凯开始思考直隶乃至全国各省学堂管理的问题。中国自明英宗正统元年（1436）正月起，创设学政一职，为各省管理科举考试的专员。如今科举已废，各省学政的作用也随之名存实亡，但各省却无管理学堂等教育事务的专职官员。为此，袁世凯奏请"改各省学政为司官，归督抚节制，专派翰林充当"。[2]所谓司官，就是主管之官，如管司法的是按察使司，管财政的是布政使司。袁世凯这一奏等于在官制上彻底消灭了科举再生的希望，可以说是把科举的最后一根救命稻草也连根拔去了。

光绪三十二年四月二日（1906年4月25日），上谕：

> 各省改设提学使司提学使一员，统辖全省学务，归督抚节制。一切详细官制及办事权限章程，仍由学部筹议具奏。所有各省学政一律裁撤，均著回京供职。[3]

首位直隶提学使卢靖（本名卢木斋），是著名教育家，捐建有木斋中学（今天津市第二十四中学）、南开大学木斋图书馆（毁于日军炮火）等。卢

---

① 《洋教习殴人被罚》，《申报》1906年3月24日，《申报影印本》82，上海：上海书店，1983年影印，第650页。

② 《袁宫保奏陈学务事宜》，《申报》1906年4月11日，《申报影印本》83，上海：上海书店，1983年影印，第102页。

③ 卷558，《德宗景皇帝实录》8，《清实录》第59册，北京：中华书局，1987年，第389页。

靖曾在袁世凯札饬下，在直隶开办字母学堂，教授拼音。

袁世凯办学堂、停科举等新政，对晚清中国甚至现代中国教育事业的影响都是有目共睹的，但这些都比不过他对近代中国的第一大贡献——倡立宪。

第六节　倡议立宪　步入军机

光绪三十一年五月三十日（1905年7月2日），袁世凯、张之洞、周馥联名上奏，请于十二年后实行立宪政体。这是中国近代史上的一件破天荒的头等大事，因为袁世凯等人要求改变的不是别的，而是大清帝国的政治制度。那么，什么是立宪政体呢？

袁世凯所谓的立宪政体，实际上就是立宪君主制，是一种以君主为国家元首和国家主权统一的象征，国家由一个以民选的议会为基础的政府来治理，君主的权力受宪法限制的政治制度。它也可以称为君主立宪制、有限君主制。[①]按政治学的说法，立宪君主制并非政体范畴，而是国体。它有一元君主制和二元君主制两种政体形式。前者的代表是英国，后者的代表是当时的德国和日本。

英国于1689年确立立宪君主政体。1868年，日本实行明治维新，政治上步其后尘。30年后，康有为于戊戌变法中提出制定宪法，试图为中国政治制度指明方向。可惜，变法旋起旋灭，六君子被杀，康梁远走异国。这是康梁时运不济，难以怨天尤人，因为改革是当权者的专利。1898年的清政府虽屡经外侮，但仍自信可与列强抗衡，岂肯理会几个读书人？循此思维，清政府遂用义和团灭洋，于是，八国联军入京，慈禧光绪西狩。辛丑之辱，令清政府狼狈不堪。回京后，慈禧太后始关注新政。由是，警察、学堂、工艺等新政迭出，气象更新。然专制制度下的新政恰如陷入沼泽中的双腿，举步维艰。1905年，美国禁止华工条约的羞辱令中国大地充斥抵制美货的抗议声，举国上下力求寻找强国途径。与此同时，日俄战争中节节告退的俄国和所向披靡的日本，教科书般地告知了国人宪政的力量。这样，立宪之声逐渐响起。时运到了，主张改革的人才不会因为其主张而蒙难，因为改革从来都是

---

① 朱光磊：《政治学概要》，天津：天津人民出版社，2008年，第124页。

自上而下的，而自下而上的变革则或是革命或是政变。对此，袁世凯洞若观火，一清二楚，因此，他曾婉拒张謇关于立宪的请求。

事情是这样的。1904年6月，袁世凯收到一封从江苏南通寄来的信，寄信人是张謇。看到这个名字，袁世凯立即回想起20年前两人绝交的一幕。往事不堪回首，当年的袁世凯和张謇都是为生活和前途奔波之年轻人，处事不免冲动。如今，袁世凯已是封疆首吏，张謇也刚刚被提拔为商部头等顾问官，授三品衔。可以说，两人的事业正如日中天，政治主张颇为相似，客观上，也有合作共赢的内在动力。那么，张謇主动来信所为何事呢？

原来，戊戌变法和庚子事变后，尤其是日俄战争爆发后，"立宪"已经成为慈禧太后等上层统治者不得不考虑之事。当时，张謇正为张之洞等草拟《请立宪奏稿》。此稿经"七易，磨刊经四五人"方成。但张之洞还是不放心，就请张謇致函袁世凯，名曰"先商北洋"。张謇本人对何时与袁世凯断交非常清楚，信寄出去后，他在《啬翁自订年谱》中说："余自金州归后，与袁世凯不通问者二十年，至是始一与书。"①袁世凯收到信后，作何反应呢？据张謇回忆，袁世凯的回复中有六个字："尚须缓以俟时。"

身为立宪急先锋的袁世凯此时为何主"缓"呢？经历过戊戌变法后，袁世凯知道自下而上的改革无法实现，他在等待慈禧太后的自觉，完成一次自上而下的变革。一年后，机会终于来了。

日俄战争以日本战胜结束，这次胜利被清政府高层人士看作宪政战胜了专制，立宪君主制获得推崇。在国外，康有为的保皇会和梁启超的政闻社也在积极鼓动立宪君主制。不过，以孙中山为领袖的革命派却明确反对立宪君主制，激进的光复会成员则秘密筹备暗杀清政府要员以阻止立宪。当慈禧太后得知实行立宪君主制可以保证"皇上世袭罔替"②后，也对此颇为动心。袁世凯、张之洞、周馥等人趁热打铁，于1905年7月2日"奏请于十二年后实行立宪政体"。③这里需要说明的是，目前为止，尚无人拜读过此奏折原文。那么，此事可信吗？

---

① 张謇：《啬翁自订年谱》，张謇研究中心等编：《张謇全集》第6卷《日记》，南京：江苏古籍出版社，1994年，第866页。

② 张玉法：《清季的立宪团体》，中国台北："中央近代史"研究所，1971年，第312页。

③ 郭廷以：《近代中国史事日志》下，北京：中华书局，1987年，第1231页。

当然可信。其理由有二：第一，时间点符合。6月30日，徐世昌入军机。7月1日，命徐为政务处大臣，袁世凯盟兄正式进入清政府权力核心。7月2日，袁、张、周联名上奏请立宪。两天后，即7月4日，《荣庆日记》记载："入值，邸商派员考察政治事。"[①]邸，指庆亲王奕劻。此次"入值"，奕劻、荣庆、徐世昌都在。7月16日，命镇国公载泽、户部侍郎戴鸿慈、兵部侍郎徐世昌、湖南巡抚端方分赴东西洋各国，考求一切政治。可以看出，袁、张、周上奏后，政府才有商派考察政治事，才定大臣出国事。如果上奏为谣传，只能说它的时间点掌握得太准确了，太不可思议了。第二，上奏内容符合。立宪年限的提出与后来预备立宪提出时间相同，不同的是年限时长。

1905年7月16日，慈禧太后谕命镇国公载泽、户部侍郎戴鸿慈、兵部侍郎徐世昌、湖南巡抚端方等"分赴东西洋各国考求一切政治，以期择善而从"。[②]后加入商部右丞绍英，共五大臣出洋考察。慈禧太后因何忽有此举，对此，目前为止最值得信服的判断出自张謇：立宪之机动于铁、徐之入政府，端之入朝，振贝子又助之陈于两宫。慈圣大悟，乃有五大臣考察政治之命。[③]铁即铁良；徐是徐世昌；端乃端方；振贝子为载振。五大臣有各自的随从人员。有意思的是，端方的随从名单中有袁世凯的大公子袁克定，可见，袁世凯本人对立宪一事的重视。不过，袁克定后来并未出洋，而是随赵尔巽到了奉天，由于"奉省内政外交办理不易"，[④]乃于1906年4月间返回天津。袁克定没去出洋考察，可以说是躲过了一劫——因为五大臣遇刺了。

1905年9月24日，五大臣登上火车，准备出洋考察。可是，光复会会员吴樾的一枚炸弹迫使整个计划暂时搁浅。当天，袁世凯接到报案后，立即派"津海关道梁敦彦、天津巡警总办道员赵秉钧、北洋医政总办道员徐华清等分带干捕、密探、医生共乘专车，驰往查办"。经查，吴樾当场被炸身亡，绍英受伤。袁世凯

---

① 谢兴尧整理：《荣庆日记》，西安：西北大学出版社，1986年，第84页。

② （清）朱寿朋编：《光绪朝东华录》第5册，北京：中华书局，1984年，第5364页。

③ 张謇：《日记》，张謇研究中心等编：《张謇全集》第6卷《日记》，南京：江苏古籍出版社，1994年，第564页。

④ 《袁观察驰回天津禀承庭训》，《申报》1906年4月15日，《申报影印本》83，上海：上海书店，1983年影印，第145页。

认为"此案情节重大，恐有党伙，并悬重赏访缉"。①此案发生后，慈禧太后提高了安全意识，甚至命令将颐和园的围墙加高，以防贼人进入。同时，她还谕令成立巡警部，以徐世昌为尚书，毓朗为左侍郎，赵秉钧为右侍郎。

虽经突发意外，慈禧太后并未放弃立宪之想法。10月26日，命以山东布政使尚其亨和顺天府丞李盛铎取代徐世昌和绍英，随同载泽、戴鸿慈、端方前往各国考察政治（12月起程）。11月25日，又命督办政务处大臣设立考察政治馆，"延揽通才，择各国政治与中国体制相宜者，斟酌损益，纂订成书，随时进呈，候旨裁定"。②

五大臣出洋考察期间，袁世凯并未停止对立宪的推动。据《申报》报道，1906年4月间，袁世凯曾奏请预备立宪。同样，这个奏折亦未见于袁世凯奏折相关史料。可幸的是，《申报》做了一个草草的记录，请看：

> "日前，直督袁制军上折条陈预备立宪，略言现在急图补救之法，当以开通民智为第一要义。民智果开，教案自消。开通民智之策，固当以普受教育为根本。然究其根本所在，则急当先以亲民之州县官，除去私心，涤尽傲气，汰其顽固，振其因循。先从内治入手，然后遍及外交之事。州县官职虽小，而与民间多直接之影响，盖其为一方民人之首领表率，较州府更为重要。臣有鉴于此，特创议所有候补州县均须赴日本游历三月，方可到差，此即重视州县官之意也。可否筹议妥章，通饬各省一律照办。苟上司认真办理，三年后自可兴举宪政，不必虑民间程度不能合格。"③

袁世凯曾于一年前上奏请派官绅赴日本游历，并得到批准。一年后，袁世凯旧事重提，并与立宪结合，非常合时宜。

前面曾录有袁世凯十二年立宪之说，这里袁世凯又说三年可兴举宪政，哪

---

① 廖一中、罗真容整理：《袁世凯奏议》下册，天津：天津古籍出版社，1987年，第1197页。

② 郭廷以：《近代中国史事日志》下，北京：中华书局，1987年，第1243页。

③ 《直督奏请预备立宪》，《申报》1906年4月28日，《申报影印本》83，上海：上海书店，1983年影印，第272页。

个是袁世凯真正的想法呢？不仅我们一头雾水，可能连当时的直隶官员也无所适从。1906年6月，直隶官员章绍洙向袁世凯禀告立宪事，袁世凯在回复中提到了立宪期限。他说："宪法期限各节，俟考察政治大臣回国后，自有办法，目前无从预计。"①自此，袁世凯关于立宪期限有了三种说法：十二年说、三年说、无从预计说。既然无从预计，那么，还是等五大臣回国后再说吧。

1906年7月21日，端方、戴鸿慈回到上海。8月1日，二人致电各省总督，商讨立宪期限。袁世凯阅电后，受到鼓舞，于众督抚中，首倡立宪预备，提出"中央五品以上官吏参与政务，为上议院基础，使各州县名望绅商参与地方政务，为地方自治基础"。②端方、戴鸿慈回京后，慈禧太后连续召见三次。端方和戴鸿慈上《请定国是以安大计折》，提出"约于十五年至二十年颁布宪法"③的立宪期限。

8月26日，袁世凯抵达北京，与醇亲王载沣、军机大臣、政务处大臣、大学士等一起，会议考察政治大臣条陈奏折。次日，他面奏慈禧太后，主张立宪从改革官制入手，组织内阁为先。当天，众大臣会议讨论载泽、端方、戴鸿慈的立宪奏折。众大臣先是传阅奏折，由于奏折内容非常多，传阅到天黑，有的大臣还未读到，不得已散会。

28日，众大臣继续会议并展开讨论。会上，庆亲王奕劻首先发言，表示应从速宣布立宪。文渊阁大学士孙家鼐则认为目前国势衰弱，骤然立宪，"恐有骚然不靖之象"，主张等到"政体清明，以渐变更，似亦未迟"。已任军机大臣兼巡警部尚书的徐世昌起而反驳孙的"逐渐变更之法"，认为"国民之观念不变，则其精神亦无由变。是则唯大变之，乃所以发起全国之精神也"。孙家鼐则以绝大多数民众对立宪毫无认识回击。政务处大臣张百熙则表示与其等待国民程度提高，不如现在就预备立宪，然后徐徐劝导，使国民的认识符合立宪要求。协办大学士学部尚书荣庆主张应先整饬纲纪，然后徐图立宪。协办大学士外务部尚书瞿鸿禨赞同预备立宪。这时，军机大臣铁良站起发言。

---

① 《直督袁宫保批章令绍洙议立宪禀》，《申报》1906年6月6日，《申报影印本》83，上海：上海书店，1983年影印，第657页。

② 郭廷以：《近代中国史事日志》下，北京：中华书局，1987年，第1257页。

③ 端方：《端敏忠公奏稿》，中国台北：文海出版社，1980年，第717页。

铁良说："吾闻各国之立宪，皆由国民要求，甚至暴动。日本虽不至暴动，而要求则甚力。夫彼能要求，固深知立宪之善，即知为国家分担义务也。今未经国民要求，而辄授之以权，彼不知事之为幸，而反以分担义务为苦，将若之何？"铁良担心的是这种自上而下的立宪改革，民众是否能够接受。针对铁良的疑问，袁世凯起而对之。

他说："天下事势，何常之有？昔欧洲之民，积受压力，复有爱国思想，故出于暴动以求权利。我国则不然。朝廷既崇宽大，又无外力之相迫，故民相处于不识不知之天，而绝不知有当兵纳税之义务。是以各国之立宪，因民之有知识而使民有权。而我国则使民以有权之故而知有当尽之义务。其事之顺逆不同，则预备之法亦不同。而以使民知识渐开，不迷所向，为吾辈莫大之责任，则吾辈所当共勉也。"袁世凯认为无论是自上而下还是自下而上的立宪，只是预备之法不同。当官之人的责任就是开民智，使其理解自己的权利和义务。

铁良说："如是，则宣布立宪后，宜设立内阁，厘定官制，明定权限，整理种种机关。且须以全力开国民之知识，普及普通教育，派人分至各地演说，使各处绅士商民，知识略相平等，乃可为也。"

袁世凯说："岂特如是而已。夫以数千年未大变更之政体，一旦欲大变其面目，则各种问题，皆当相连而及。譬之老屋，当未议修改之时，任其飘摇，亦若尚可支持。逮至修改，则一经拆卸，而朽腐之梁柱，摧坏之粉壁，纷纷发现，致多费工作。改政之道，亦如是矣。今即以所知者言之，则如京城各省之措置也，蒙古西藏之统辖也，钱币之划一也，赋税之改正也，漕运之停止也，其事皆极委曲繁重，宜于立宪以前逐渐办妥。诚哉日不暇给矣。"

铁良说："吾又有疑焉。今地方官所严惩者有四，劣绅也，劣衿也，土豪也，讼棍也。凡百州县，几为若辈盘踞，无复有起而与之争者。今若预备立宪，则必先讲求自治，而此辈且公然握地方之命脉，则事殆矣。"

袁世凯说："此必须多选循良之吏为地方官，专以扶植善类为事，使公直者得各伸其志，奸慝者无由施其技。如是，始可为地方自治之基础也。"①

显然，袁世凯与铁良之间的对话围绕着立宪前政府之所为。对话中，未见

---

① 《立宪纪闻》，《东方杂志临时增刊》1906 年第 3 卷，第 4 页。

两人之间有明显的冲突，反而给人一种为预备立宪而集思广益的印象。很多书都说袁世凯与铁良有矛盾，但并未见有任何史料佐证。铁良小袁世凯四岁，是满洲镶白旗人，历任署兵部尚书、户部右侍郎、政务大臣、军机大臣、户部尚书等职，是清政府中炙手可热的军事和政治人才。他与袁世凯曾在督办练兵处共事，一个是襄办，一个是会办，亦曾共同办理京旗练兵事宜，还曾共同校阅光绪三十一年河间秋操。可以说，两人之间的接触和了解的机会是很多的。

那么，两人之间的关系到底如何？不妨听听铁良身边人怎么说吧。李述之曾是铁良在陆军部时的部下，与其有过面对面的接触。据他讲，"铁良同袁世凯相处很厚"。至于后来传言铁良策划放逐袁世凯，李述之更是直言："这完全是不明真相的人，妄加揣测。"①二次国难后，袁世凯被以足疾遣回原籍后，铁良亦自称"患口疾，不良于言"②而辞职，这是难兄难弟之间的共同进退，还是落井下石后的殃及池鱼呢？这个问题很难回答。不过，袁世凯在洹上养疴三年间，铁良每年致书一封，袁世凯亦回信三封，且每封信的落款都是"如兄世凯"。很明显，铁良和袁世凯有结拜之谊。两人的这层关系往往被史学界忽略。而考虑到这层关系，那么李述之所说的"铁良同袁世凯相处很厚"就不难理解了。

袁世凯到京后，先后于8月27日和28日两天获慈禧太后召见，8月29日更得以跻身御前会议，讨论立宪事宜。这次御前会议，"两宫垂询良久，军机大臣均极赞成，遂决议先颁宣示立宪之谕"。③

9月1日，清廷宣布预备立宪。次日，派载泽、世续、那桐、荣庆、载振、奎俊、铁良、张百熙、戴鸿慈、葛宝华、徐世昌、陆润庠、寿耆、袁世凯14人为编纂官制大臣；庆亲王奕劻、文渊阁大学士孙家鼐、协办大学士外务部尚书瞿鸿禨为总司核定大臣。6日，官制编纂馆成立。

官制改革牵扯各方利益，因此矛盾迭出。此次官制改革亦涉及内务府，尤其是太监的去留。对此，镇国公载泽强调"阉官之制列强均所未见，独中

---

① 李述之：《我所知道的铁良》，《文史资料选辑》第20辑总第120辑，北京：中国文史出版社，1990年，第113页。

② 李述之：《我所知道的铁良》，《文史资料选辑》第20辑总第120辑，北京：中国文史出版社，1990年，第113页。

③ 《纪御前会议立宪事》，《申报》1906年9月5日，《申报影印本》84，上海：上海书店，1983年影印，第650页。

国有之，亟宜改革"，①主张裁罢内监。不过，这个看来非常符合近代人权思潮的提议却遭到了袁世凯的反对，至于原因，则不得而知。后来，载泽因在此问题上的主张，遭到大太监们的忌恨。他们多次在两宫面前诋毁载泽，使其仕途难有起色。然而，编纂官制大臣之间的矛盾不止于此。

据《申报》报道，载泽、戴鸿慈、袁世凯等对官制改革持"全体改定名目，各归专责，裨补政治"的态度，而世续、铁良、张百熙则主张"渐次更张，以存体制，而裨治理"。②两种意见的分歧，甚至演化成了个人恩怨。

所谓的个人矛盾，指的是袁世凯与醇亲王载沣之间的矛盾。一直以来，人们都在纠结载沣做了摄政王之后为何要把袁世凯贬到彰德养疴，其实，两人的恩怨始于立宪。1906年9月27日，《申报》报道："北京专电云，日前会议官制，某亲王与直督袁宫保意见不合，大起冲突。由庆邸劝止。"参与官制改革会议的亲王只有两位，即庆亲王奕劻和醇亲王载沣。既然奕劻是劝止人，显然载沣便是与袁世凯冲突的那个人。两人不合的消息传到慈禧太后耳朵里，她老人家还特谕他们要"和衷共济，勿以意见误大局"。③但冲突并未因此而止。10月5日，《申报》再报"某亲王某大军机与袁宫保意见不合，大起冲突"。④显然，与袁世凯有矛盾的不止载沣一个人。

不靠谱的记载也有。有人还说袁世凯在改革官制之时，曾被醇亲王载沣用枪指头威胁，很多学者亦在自己的书里引用此故事。必须郑重指出：这是一个杜撰的故事，毫无史料价值。此故事出自所谓的袁世凯的《与兄世勋书》，其中竟然有"弟本已兼协办大学士入赞军机"⑤之句，而事实上，袁世凯入赞军机则是改革官制一年后的事了。更为荒谬的是，袁世凯本人直到清朝灭亡也没

---

① 《奏请裁罢内监》，《申报》1906年9月17日，《申报影印本》84，上海：上海书店，1983年影印，第768页。

② 《诸大臣改订官制之意见》，《申报》1906年9月22日，《申报影印本》84，上海：上海书店，1983年影印，第816页。

③ 《本馆接某亲王与直督冲突专电》，《申报》1906年9月27日，《申报影印本》84，上海：上海书店，1983年影印，第862页。

④ 《官制因意见不合缓议》，《申报》1906年10月5日，《申报影印本》85，上海：上海书店，1983年影印，第41页。

⑤ 李金旺主编：《袁世凯家书》，北京：外文出版社，2012年，第170页。

有获得过"协办大学士"之衔。可见此故事之作伪，竟是毫不考虑基本史实。

议定官制的过程也是谣言四起的过程。据传，中央官制由内阁总理全国一切政务，设总理大臣一名，副大臣四名，其总理大臣人选便是袁世凯。同时，也有传言指某御史"以疆臣揽权等语奏参袁督"，[①]致使慈禧太后对官制一事犹豫不决。

就在慈禧太后犹豫不决之际，醇亲王载沣又与端方传出不合，几至冲突的消息。而载沣本人甚至"自称年轻，阅历尚浅"，[②]力辞参与官制改革事宜。这让慈禧太后更加迟疑，同时，也令从来主张速定官制的袁世凯焦急万分。

常言道，祸不单行，坊间又传出袁世凯不获内用的消息。据《申报》报道：

> "两宫倚重直隶总督袁慰帅，有内用之议。嗣因会议官制屡有冲突，两宫恐遽留内用，翻多窒碍。且举行试办地方自治、整顿海军，须与南洋大臣筹划联络办法，未便为易生手，是以暂作罢论。庆邸虽极力推荐，俾资臂助，亦未必能邀两宫俞允。"[③]

也就是说，庆亲王奕劻虽然青睐袁世凯，但两宫在袁和载沣之间，则更偏重后者。因为载沣当年喜获麟子，而两宫在为其子起名时，也许已经有了为光绪皇帝立嗣的打算。这种血缘传承显然要超越君臣之间的忠诚，即便面对的是能干的袁世凯。由于命运掌握在两宫，尤其是慈禧太后手里，袁世凯也不知道自己何去何从。恰在这时，他获得了三次召见的机会。

10月18日，袁世凯获得两宫召见。慈禧太后和光绪皇帝向其垂询官制事，袁世凯说："近日大员中对于改订官制一事间有一二称为不便者，诚恐日久必生阻力，请将厘定官制大纲速行宣布，其中一切细目逐渐再为详酌，以定人心。"两

---

① 《本馆接更改官制事尚须周密会议专电》，《申报》1906 年 10 月 2 日，《申报影印本》85，上海：上海书店，1983 年影印，第 10 页。

② 《醇邸力辞参议官制》，《申报》1906 年 10 月 19 日，《申报影印本》85，上海：上海书店，1983 年影印，第 152 页。

③ 《袁督不复内用之原因》，《申报》1906 年 10 月 14 日，《申报影印本》85，上海：上海书店，1983 年影印，第 110 页。

宫谕："权操自上，事在必行，务须详慎核办。"①10月27日和11月2日，袁世凯又获两次召见。召见后，袁世凯于11月2日当天请训，并返回天津。这两次召见是否谈了官制问题，不得而知，但也许袁世凯是带着遗憾离开北京的。

就在袁世凯返回天津四天后，11月6日，慈禧太后下《厘定官制》懿旨，宣布设立陆军部等11部、资政院等4院及军谘府共16个中央部门。遗憾的是，内阁规制依旧，并未设总理大臣一职。也许袁世凯早已知晓这一切，就是带着遗憾离开北京的。更令其遗憾的是，练兵处纳入了新成立的陆军部。由于陆军部之设，袁世凯还得向中央交出大部分军权。

中央官制确定12天后，袁世凯向慈禧太后提出辞去参与政务、会办练兵事务、办理京旗练兵、督办电政、督办山海关内外铁路、督办津镇铁路、督办京汉铁路、会议商约八项兼差。同时，袁世凯还以"直境幅员辽阔，控制弹压，须赖重兵"为由，奏请将陆军第二、第四两镇仍归其统辖。但令袁世凯始料不及的是，慈禧太后以"现在各军均应归陆军部管辖"为由，仅答应将第二、第四两镇由其"调遣、训练"。②这种安排等于彻底剥夺了袁世凯的军权，时人叹道："设非主上生疑，何至如此？"③慈禧太后怀疑袁世凯什么呢？前述"时人"乃盛宣怀在京密探陶潜，据他讲，袁世凯在获召见时，由于回答草率，让慈禧太后顿生怀疑。不过，如果站在官制改革的角度上看，慈禧太后的处理并无不妥，反倒维护了新陆军部的权力尊严。同理，如果慈禧太后此时就开始怀疑，那么以后袁世凯何以能入军机？

这次官制改革，袁世凯未捞取一席之地。甚至有人说袁当初就是奔着内阁副大臣之位而来，他的空手而归就是一次政治斗争的失败。真的是这样吗？此说值得商榷。先不说此事缺乏史料佐证，单说有清之季，是否有人向皇帝要官成功过？别说本人要官，就是某部尚书某地总督想要给手下安排个小官，也要上奏获得皇帝钦允方可。乾隆年间大学士张廷玉何等风光，请求

① 《袁督又奏请速行宣布官制》，《申报》1906年10月30日，《申报影印本》85，上海：上海书店，1983年影印，第248页。

② 卷565，《德宗景皇帝实录》8，《清实录》第59册，北京：中华书局，1987年，第480页。

③ 陈旭麓等主编：《辛亥革命前后——盛宣怀档案资料选辑之一》，上海：上海人民出版社，1979年，第34页。

其子张若霭世袭三等伯爵，因与制度不合被乾隆皇帝否决。后张因致仕归乡要求仍配享太庙事与乾隆发生矛盾，不仅被乾隆削去伯爵之衔，还罢其配享太庙之荣，仅以大学士原官还乡。1755年张廷玉死后，乾隆还是以皇考雍正生前谕准为辞，允许其配享太庙，算是给张廷玉及其后人一些薄面。这件事影响非常大，乾隆在晚年时仍念念不忘。公元1779年（乾隆四十四年），时年69岁的乾隆曾就60年归政有过一次长谈，他说："若朕必以六十年邀求上帝，不几如张廷玉之以配享太庙，向朕邀求乎？朕既知张廷玉之非礼，又安肯效其所为乎？"可见，张廷玉这一非礼之举给乾隆留下多么深的烙印，24年后仍念念不忘。这件事清楚地说明，向皇帝要官要荣誉，是不可行的，也是非常危险的——因为你要的不仅是官位，还有对此官位的支配权，而这个支配权在专制政体下天然仅归皇帝所有，不容他人染指。

辞去八项兼差的袁世凯理应轻松许多，然而外界看到的则是他的孤立。这是因为原本须与袁世凯会商的诸多事务，现在"一律庆王、瞿鸿機专理，不复电商袁世凯"[1]了。对于袁世凯的孤立，他手下的北洋四镇官兵"咸抱不平"，足见其"深得士心"。[2]但是，"孤立"并未阻挡袁世凯推动立宪的决心。

回到天津后，袁世凯开始着手地方官制（外省官制）的改革。中央官制改革后，地方官制须做相应调整和改变。怎么改？以庆亲王奕劻为首的官制大臣们先是本着"文牍简一机关灵通"和"专责成而清权限"[3]两层办法，弄出一个蓝本，然后致电各省督抚，请他们出谋划策。在各省督抚中，作为封疆首吏的直隶总督的意见自然是最有分量的。袁世凯提出的地方官制改革内容共12条：（一）裁撤各省巡道；（二）留各省关道以便办理交涉事宜；（三）留知府直隶州及外县知县；（四）裁撤同知、通判、县丞等缺；（五）设立议事会，以便商议各县应办之事；（六）于省会地方设立省裁判所，于府县设立府县裁判所；（七）设立度支司，专管财政，各省原有之布政司专管民政、农工

---

① 《袁世凯之孤立》，《申报》1906年12月6日，《申报影印本》85，上海：上海书店，1983年影印，第582页。

② 《袁督兵权再任之风闻》，《申报》1906年12月15日，《申报影印本》85，上海：上海书店，1983年影印，第666页。

③ 苑书义等主编：《张之洞全集》第11册，石家庄：河北人民出版社，1998年，第9565页。

商、实业；（八）每县设一视学官；（九）各省设立办理警察、盐务、军政之局所；（十）所有知府、直隶州外县知县遇事可通禀督抚、将军，受直接之训条，不必沿用向例，由藩臬司道转详；（十一）各省设立巡警司；（十二）各省官员应厚其廉俸，使得自给，庶将来有犯婪案得贿情罪者，可照例重惩。①

袁世凯之外，其他如张之洞等亦就地方官制提出了自己的主张。厘定官制大臣经过讨论，决定"置鄂督张宫保之条议于不用，而采用直督袁世凯所拟之办法"。②此事说明，庆亲王奕劻依然是袁世凯坚定的后盾，而袁世凯本人及其幕僚的专业和智慧亦是奕劻支持袁的最大理由。

1907年6月27日，上谕各省官制，由东三省先行开办；直隶和江苏，择地先行试办，并限期15年在全国通行。此时的东三省总督是徐世昌，两江总督是端方，两人都是袁世凯的盟兄弟，可见，袁派势力赢得了地方官制的改革权。

经过半年多的"孤立"，袁世凯又迎来了春天。1907年8月24日，慈禧太后召袁世凯入京。在此之前，清廷已经发布了成立内阁的懿旨。因此，袁世凯入京被认为是就任内阁总理之位的，而同样被召见的张之洞则有就任内阁协理之说。可是，人们再次大跌眼镜。

8月30日，袁世凯抵京，入住工部公所。下午申正时分，荣庆、世续、那桐三人前来拜访，酉正始散。此时，张之洞还在来京的路上，而宫门抄连日未见袁世凯消息，于是谣言四起。事实上，袁世凯抵京当日，"即泥首宫门，召对越三时之久。廿三四（8月31日和9月1日）亦迭次召见。由军机处传谕苏拉，不准登载邸抄，以示秘密"。③

9月4日，谜底终于揭开。当天，上谕袁世凯为外务部尚书，张之洞为体仁阁大学士，两人均补授军机大臣。张之洞长袁世凯22岁。袁世凯第一次随吴长庆赴朝鲜时，张之洞已任山西巡抚。25年后，袁世凯竟然能与张之洞平起平坐，同入军机，可见其能力之不凡。

① 《袁督拟改外省官制之计划》，《申报》1906年12月18日，《申报影印本》85，上海：上海书店，1983年影印，第691页。

② 《西报纪中国厘定外省官制之办法》，《申报》1907年2月26日，《申报影印本》86，上海：上海书店，1983年影印，第490页。

③ 《京事小言》，《申报》1907年9月11日，《申报影印本》90，上海：上海书店，1983年影印，第122页。

第七章 外部尚书

对于外交，袁世凯可谓无师自通。从朝鲜、到山东、再到直隶，他的工作几乎都与外交有关，而他可能也是清政府在西方外交圈中口碑最好的外交官之一。能够做到外部尚书并兼任军机，在汉官中已经是第一人了。但福兮祸之所伏，他的好日子不久就被画上了休止符。

第一节 英国无涉 苏杭甬路

外务部居清政府各部之首，位置非常重要。该部"一把手"称作总理大臣，由军机首辅、庆亲王奕劻担任；"二把手"名会办大臣，由东阁大学士、步军统领那桐担任。袁世凯为"三把手"，官衔为会办大臣兼尚书。

袁世凯与庆亲王奕劻无论公私，关系都非常密切。那桐与袁更是磕头的如兄弟，私交深厚。袁世凯到部后，奕劻和那桐便召集部中所有大小官员开会，向众人交代，"嗣后部中，事无大小，皆取决于袁尚书。若袁尚书未看之公事，不必呈回我们，违者记过"。两位满族权臣竟然甘心放权于袁世凯，可见其人当时之威望！

袁世凯威望如此之大，下官不免战战兢兢，生怕工作出错被其责骂。很多司员不敢上堂回事，以至于部务积压甚多。外务部右丞梁敦彦乃袁世凯亲手提拔之人，待人亲和。所以部中司员遇事多先与梁商议，确定袁可接受后，方去进禀。这是袁世凯在外务部的逸事。当然，袁世凯主要考虑的是关

乎外交全局的大事。

袁世凯到部不久，便遇到一件与英国交涉的棘手事，即"苏杭甬铁路案"。欲了解"苏杭甬铁路案"的来龙去脉，须从10年前说起。

1898年10月15日，清督办铁路大臣盛宣怀奉总理各国事务衙门允准，与英商怡和洋行签订《苏杭甬铁路草约》（下简称《草约》）。在《草约》中，怡和洋行是代表汇丰银行，并与汇丰银行一起代表英国银公司（British&Chinese Corporation，亦称英国中英公司）与盛宣怀签约的。需要说明的是，当时英国与清政府共签订五条铁路（广九、津镇、浦信、道清、苏杭甬）的合同，史称"五路承筑权"。《草约》签订后，直到1903年，怡和洋行也未开工。1903年5月24日，时任会办商约大臣盛宣怀致函怡和洋行，声明自本日起六个月内再不勘路估价，则所有关于苏杭甬铁路合同及往来信函一律作废。也就是说，《苏杭甬铁路草约》将于1903年11月16日废除，前提是怡和洋行如果到时还未动工的话。怡和洋行还是没有任何动静。两年后，即1905年，商部因浙绅商恳请，饬盛宣怀等妥筹收回《苏杭甬铁路草约》，归江浙两省人民自办。此事"奉有谕旨"，是经过清政府官方允许的。英国银公司见《苏杭甬铁路草约》作废，才提出复议。江浙人民以"草约系英商逾限自废"，断然拒绝，并开始"自款自办"。苏浙人民的意见，清政府很重视，派人与英使多次商议，对方均以"奉有本国皇帝之命，前约不可废，坚持不肯通融"。外交部右侍郎汪大燮等以"英人迭次执言，自未可一味拒绝，尽废前议，致贻人口实"为辞，与英国人商议将借款和造路分为两事，认为"权自我操，较原议已多补救"。

袁世凯接管外部后，仔细梳理此案原委，以期权衡兼顾，妥善解决。当时，英国方面主要条件有三：一是中国须借款150万英镑；二是筑路须聘用英国工程师；三是英国须派查账员。这些条件引起江浙人民不满，他们成立拒款会等组织反对政府与英国妥协，并积极募股，充实建设资金。在这种情况下，袁世凯的决策必须非常谨慎。他既要考虑舆情，又得平衡与英国的外交关系。他明知江浙两省绅商主废约，募股金，但思来想去，他还是提出了"非借不可"的理由。他具折上奏，说："究之此事系属国际交涉，臣等熟权利害，势不能不兼筹并顾，以副朝廷慎重邦交之意。唯有仍本自办主义，与英公司开议，力争主权。"他还说："拟分办路、借款为两事，路由中国自造，除华商原有股本，尽数备用，不使稍有亏损外，约仍需款英金一百五十万镑，即向英公司筹借，另指的款为抵押，使公司不能借口干预路务。其余有关利权事权之处，仍当切实磋商。一俟商议就绪，即与订立合同。"①这是袁世凯处理"苏杭甬铁路案"的基本思路。1907年11月5日，袁世凯据此思路，在外务部会晤了英国驻华公使朱尔典。

朱尔典说："苏杭甬铁路合同，请与津镇合同同时画押。""五路"中，道清基本竣工；广九于1907年3月7日签订借款合同；浦信因"多经僻地，恐无利图"，得以缓行。津镇因位置重要，故朱尔典催促甚紧。

袁世凯答："津镇合同草稿，我尚未详细阅看。俟看好先行签押。苏杭甬合同，暂行从缓。"

朱尔典不解，问："津镇合同内条款字义，与苏杭甬合同内所载毫无异同，何以先签津镇合同，而苏杭甬反为落后？于英国面子不甚好看。"

袁世凯答："津镇铁路系奉旨特派我与张中堂（张之洞）专办此事，至苏杭甬铁路系外务部办理，情形各不相同。"

朱尔典说："苏杭甬铁路亦系奉旨派大员办理，看来情形亦是一律。我们看津镇铁路不甚紧要，着重在苏杭甬铁路。如先签津镇合同，而苏杭甬从缓，岂非于英国面子大不好看？"

袁世凯答："津镇铁路本有英股，即与英公司无异。只要英国有一两银子股份，即为股东，于面子上并无不好看。你们看津镇不甚要紧，我们却看得极重。"

朱尔典说："五六月间我见过王爷（庆亲王奕劻）、中堂，俱答应津镇、苏杭甬两路合同可以同时画押，我已电达政府。现在如

① 宓汝成编：《近代中国铁路史料》中册，沈云龙主编：《近代中国史料丛刊续编第40辑》，中国台北：文海出版社，1977年，第855页。

273

不照办，政府必不答应。"①

这是袁世凯与朱尔典关于"苏杭甬铁路案"的第一次对话。朱尔典强调两路同时签订合同，透露出英方的急迫心态。反观袁世凯则不紧不慢，很好地把握了谈判的节奏。但袁世凯执意借款的态度，引起江浙两省人民的不满，甚至发生了邬刚、汤绪以死殉路事件。

11月12日，浙江巡抚信勤上奏，言人心浮动，恐有变端。两宫阅奏大为震动，要求"总以不借（款）为是"，命军机大臣仔细研究。退值后，枢臣展开讨论。

> 醇亲王载沣曰："路权所到之处，即以后彼国势力范围所到之处。事前不可不慎。此路彼既先自迟误，又经奉旨改归自办，应坚持到底，不可迁就现在。所以允其借款之请者，因为慎重邦交起见，而人心固结，猝起暴动，后患滋扰，转非所以慎重邦交？"
>
> 张之洞说："借款一事，我原说不能应允。粤汉铁路尚且争回，此路彼先违约，尚何约之可言？"
>
> 鹿传霖说："可再竭力与英使商酌。若民情反对，谅亦非彼国所愿。"
>
> 袁世凯说："利源所在，极愿收回。无奈国势太弱，处处践信，尚恐生事。此路虽经旨著盛宣怀设法废约，彼实未曾签字，而草约则执在彼处。近半年来，一再磋商，终未就范。现在另议借款，已是万不得已之通融办法。汪伯堂（汪大燮）办理此事，亦已舌敝唇焦。我亦初次到部，更无能为力。"
>
> 张之洞说："总之，事在人为，主意必须打定。"②

① 宓汝成编：《近代中国铁路史料》中册，沈云龙主编：《近代中国史料丛刊续编第40辑》，中国台北：文海出版社，1977年，第856页。

② 《路款要闻》，《申报》1907年11月13日，《申报影印本》91，上海：上海书店，1983年影印，第160页。

枢臣的秘密谈话，很快见诸报端。据《申报》援引《字林西报》报道：

> "外部各大臣中唯袁世凯主张借款，其故因此事不独可以定中英之友谊，且可得信实之美名，后此不致使外人谓中国办事之反复。且既得借款，此路即可速建，沪宁铁路可以为证。况中国经济拮据，江浙人民欲筹一千五百万之巨款，殊为艰难之事。袁世凯对于借款之政见，以为中国苟欲振兴路矿，而管理之权操之于中国人之手，则洋债亦不足为害。且外国之资本家只于公司盈余中支取利息，与华人一律，而京中满汉各大员咸不欲外人投资以兴中国之实业，故袁之意卒不见信于众。"[①]

袁世凯为什么要坚持借款呢？有人会说其卑躬屈膝，卖国求荣。且慢，不妨先来听听袁世凯自己的说法。1907年11月29日，袁世凯以外务部名义上《议复江浙官绅请拒借款折》，驳斥了盛宣怀和江浙民间有关此案的几个说法。其一，此案乃国际交涉；其二，英商未曾默认；其三，英商无废约权。袁世凯将矛头指向盛宣怀，称："盛宣怀与英商议废，既未得人承认，英使在京催诘，始终未稍松动，何能指为业经废约之定案？"袁世凯将责任推给盛宣怀后，又表示在"不能再事延宕"的情况下，只好派汪大燮与英国银公司改商借款办法，一再磋商，始办到"不以路作抵，并不以英人管理路务"。袁世凯认为"自造自管"，英国银公司无权干涉，江浙"亦何至有损失之虑"？[②]

为争取更多的谈判时间，也为融洽舆情，袁世凯致电两江总督和江浙巡抚，请派当地素有乡望之人进京，共同商议此案。当时，原武英殿大学士王文韶致仕杭州，苏路公司请其为代表；国民拒款会任其为会长，公推其主持此事。王文韶在杭州与浙抚冯汝骙言：如万不能拒绝，只有"部借部还"之一法。因其与铁路不涉，且与江浙不涉。"部借部还"，顾名思义就是由政

---

① 《西报纪借款事》，《申报》1907年11月28日，《申报影印本》91，上海：上海书店，1983年影印，第354页。

② 宓汝成编：《近代中国铁路史料》中册，沈云龙主编：《近代中国史料丛刊续编第40辑》，中国台北：文海出版社，1977年，第861页。

府某部主张借得此款，并由该部负责偿还。王文韶的这个办法为处于困境中的军机大臣和外务部打开了一扇门。王文韶将此办法上奏，慈禧阅后大喜，特召奕劻和袁世凯入对，曰："王文韶措辞正当，速与英使磋商。"谁去与英使磋商呢？俗语道：原汤化原食。清政府想起了在上海的盛宣怀。

12月1日，度支部尚书载泽于召见时，面奏两宫，请起用盛宣怀为邮传部尚书，处理苏杭甬铁路问题。慈禧太后召见军机大臣奕劻和鹿传霖时，谈及盛宣怀。奕劻极力赞成。慈禧太后当日即降旨命盛宣怀来京陛见。奕劻和鹿传霖退朝后，在公所与醇亲王载沣、袁世凯、张之洞私议。

> 袁世凯谓："看此情形，即盛宣怀与之磋商，亦恐未易就范。"
> 张之洞说："无论能否变通，现在京外各处，纷议抗拒。如置诸不问，必定有失民心。此举决不可少。"
> 醇亲王载沣谓："总以极力与之磋商为是。"

虽然袁世凯对盛宣怀并不抱信心，但其他军机大臣众口一词，愿意一试，遂决定召盛宣怀来京，会同汪大燮与英国银公司总理濮兰德磋商，以期将合同销废。

盛宣怀到京后，即获召见，慈禧太后说："百姓如此固结，总须稍为变通。此路原委，尔知之最详，可与袁世凯仔细斟酌，想一两全之法。总之，民情不可不稍顺，以顾东南大局。"[1]慈禧太后命盛宣怀先至外务部会议，再与英使磋商，务期"邦交民情两不妨碍"。

盛宣怀经过仔细研究，上奏称"如无此次借款之旨或可就范"。[2]显然，盛宣怀在与袁世凯暗中较量。奏折呈至军机处，袁世凯阅后大为不悦，当召见时，面辞外部尚书职，两宫未准。袁世凯又向奕劻请求调缺。奕劻答以

---

① 《盛宫保召对详纪》，《申报》1907年12月19日，《申报影印本》91，上海：上海书店，1983年影印，第608页。

② 《盛宫保上折后之影响》，《申报》1907年12月27日，《申报影印本》91，上海：上海书店，1983年影印，第704页。

"外交棘手，不第铁路一事，诸事正赖襄助，岂可遽萌退志"？①经奕劻一再挽留。袁世凯乃暂时打消辞职之意。

12月16日，奕劻、袁世凯、那桐三人拜会英使朱尔典，称拟改为"部借部还"或以他省实业及关税作抵。这是清外务部首次向英国公使提出"部借部还"这个思路。不过，朱尔典仍坚持草约，并云无论如何通融，不能离开江浙两省之物作抵。

鉴于朱尔典的坚持，奕劻、袁世凯决定邀请前江苏巡抚陆元鼎和盛宣怀到部商议"苏杭甬铁路案"。17日下午2时，袁世凯、盛宣怀先后莅止外务部，奕劻和陆元鼎随后到。

> 奕劻首先发言："现在江浙官绅纷争拒款，人心固结，异口同声，两宫又屡屡谕询，主转圜。鄙意无论英使如何坚持，总须磋磨变通。万不得已，或以此款办他处之路，亦是变通两全之法。"
>
> 袁世凯："前日英使之言何尝稍肯变通？江浙之人既云草约可废，现在代表由南到京，可带同各代表往商英使，成则更妙；不成亦可令其略知前此万不得已之苦衷。"
>
> 盛宣怀："总以大部主持为正办。鄙人自奉诏之后，即日力疾来京，生死荣辱，尚在所不惜，岂肯稍自推诿？实因既有借款之议，现欲将造路借款分为两事，此项借款无论移作何处之用，总须由部中担任之故。"
>
> 奕劻："慈宫谕及王夔帅（王文韶）之言甚是，或者即从部借部还之法入手，亦是调停之计。"②

看来，"部借部还"这个办法已经被上层认可。袁世凯也没有异议，遂命邮传部铁路总局局长梁士诒开出"部借部还"条件。条件规定：借款合同

---

① 《路款要闻》，《申报》1907 年 12 月 28 日，《申报影印本》91，上海：上海书店，1983 年影印，第 716 页。

② 《路款要闻》，《申报》1907 年 12 月 29 日，《申报影印本》91，上海：上海书店，1983 年影印，第 728 页。

由邮传部与银公司订立，此次借款由部担保作为邮部资助；苏路和浙路公司用英国工程师一人；公司用款按月报部由部派一查账人；借款还清以20年为度；公司如购洋料须向英国购买。江浙代表见此条件，无不忧形于色。袁世凯知道江浙接受这个条件有些难度，便主动与其代表沟通。

1908年1月7日下午2时，袁世凯在外务部会见江浙代表张元济等，袁说："路事委曲，诸君如有办法，必须邦交民心两面兼顾。现在英使固执，若将此款改为邮部承借，别筹顾全商办之法，或较易收束。"又曰："诸君如有磋商事宜，可与梁燕翁（梁士诒，字燕孙）再议。"①

梁士诒会见江浙代表时，云："部借部还大纲现已确定，此外各节之关系较轻者，尽可代向部中商量。唯另派英国工程师一层，外务部与英使磋议，英使不肯退让。"代表认为既然筑路借款分为两事，工程师一层当由江浙公司自行选聘，即使有须用洋人之处，亦当由公司自择，且亦不能限定英人。

正当"苏杭甬铁路案"紧张运作之时，津镇铁路的谈判顺利完成。1月13日，津浦铁路签约。签约时，津镇路已改为经安徽到达江苏浦口，故称《津浦铁路借款合同》。由于苏杭甬并未能如愿与津镇同时签约，英国公使朱尔典非常生气。他照会外务部称："奉本国政府命令，请中政府以中英交谊之关系，速将江浙人民争执之事了结。此次借款，约较之前此中国与他国所订之约获益已多，对于中国主权亦无所损，故两省人民更无可以争执之理。即英国亦断不能因中国之要求，而再有退让也。试观他国之在中国揽筑铁路者，均用强逼手段。今英国不然，而中政府反不允照合同行事，是不欲我英国以和平相待矣。故请从速了结，勿再延迟。否则将来如有他变，均唯中政府是问。"②中国驻英公使李经方亦致电外务部，称英国外相格雷托其转请清政府速行议结此案。至此，英国方面不再坚持末节，只盼借款成立。

津浦铁路签约后，外务部即派右丞胡惟德、右参议高同谦等与英国银公司代表濮兰德磋商细节。争执月余，始行定议。3月6日，胡惟德、高同谦等

———————
① 《路款要闻》，《申报》1908年1月16日，《申报影印本》92，上海：上海书店，1983年影印，第182页。
② 《紧要新闻》，《申报》1908年2月15日，《申报影印本》92，上海：上海书店，1983年影印，第458页。

与银公司代表濮兰德决定，该路起点改为上海，路名易为国家沪杭甬铁路，经邮部借定150万，实交93，息5厘，以30年为期，不用抵押，亦不查账。选聘总工程师，听总办节制，路权悉归国有，与英毫无干涉。购洋料用废等及余利，言明共3.5万镑，款存邮部，由商领用。如再不敷，由关内外筹拨。

至此，"苏杭甬铁路案"全部议定。江浙代表虽对借款数额有些不满，但工程师和查账员两节已经删除，亦算获得胜利。后来，沪杭甬铁路因为技术原因，还是聘请了英国人毛耳为工程师。当然，路权我有，工程师仅是工程师。可以说，以袁世凯为主导的"苏杭甬铁路案"交涉是成功的。不过，袁世凯此时想的却是自己的政敌——盛宣怀。

"苏杭甬铁路案"后，3月9日，慈禧太后命盛宣怀为邮传部右侍郎。任命下达后，袁世凯怂恿奕劻欲将盛撵出北京。两天后，3月11日，慈禧太后命盛宣怀仍充会办商务大臣，返回上海经理。盛宣怀陛辞时，据说慈禧太后惊问："何故又要离京？"当然，慈禧太后只是故作姿态罢了，因为盛宣怀这等品秩的官员，其升迁都是她一手决定的。当然，这一次，奕劻和袁世凯肯定是起了反作用。

"苏杭甬铁路案"结束后，慈禧心情大好。她在召见军机时，面询张之洞、袁世凯子女人数和年龄。二人详告后，慈禧太后甚至欲为袁张两家指婚。人谓汉员指婚，绝无仅有。几个月后，慈禧命袁世凯长子袁克定在内阁行走。可见，慈禧太后对袁世凯的宠眷。

与英国交涉，袁世凯尚能游刃有余。可是碰到日本，他就有些力不从心了。

第二节　日本无理　间岛谈判

就任外务部尚书兼会办大臣后，"对抗日本、结盟德美"成为袁世凯外交思路的两条主线。"对抗日本"是明线；"结盟德美"是暗线。明线是公开的，暗线是秘密的。袁世凯是如何驾驭这两条主线的呢？不如就从"对抗

日本"这条明线说起吧。

光绪三十三年十一月初三日（1907年12月7日），清东阁大学士、外务部会办大臣那桐在日记中写道："未刻在袁宫保处与日使会议间岛事。"①袁宫保是指袁世凯，日使指日本驻华公使林权助，间岛事是指由日本挑起的中朝边境领土问题。间岛问题是袁世凯任外务部尚书期间处理的唯一一件领土纠纷，也是对后世影响较大的一场边界纠纷。

所谓间岛，本指吉林省图们江光霁峪前假江之滩地，该地长10里，宽1里，面积达2000余亩。因长白山一带是清朝发祥之地，禁止人民移居，故该地在间岛问题发生前，并无官定地名。同治年间，朝鲜钟城受灾，饥民遂迁居此地越垦谋生，并向地方政府纳租。此地遂被朝鲜人称为"间岛"。甲午战争清政府失败后，朝鲜部分官员曾借机制造过间岛事件，企图掠夺中国领土。后经中朝双方谈判，于1904年签订《新定划界边防条约》，明确了中朝两国以图们江为界的事实，双方还同意"古间岛即光霁峪假江地，向准钟城韩民租种，今仍旧"。②《条约》签订后，中朝边界问题逐渐偃旗息鼓。

《日韩新协约》签订后，朝鲜一切外交事务由日本外务省监理，在外国的朝鲜侨民由日本外务省及其驻在国领事保护，朝鲜变成保护国。日本在朝鲜布局后，转身西向，决定以"间岛问题"为突破口，蚕食中国领土。1907年7月，日本驻华临时代理公使阿部守太郎照会清政府外务部，称："间岛为中国领土，抑为韩国领土，久未解决。该处韩民十万余受马贼及无赖凌虐，拟即由统监派员至间岛保护。"③接到日本照会，外务部立即致电东三省总督徐世昌和吉林巡抚陈昭常（后为勘界大臣，由朱家宝署吉林巡抚），要求他们将吉林省有关档案详加稽核，并严密监视日本人动作。

日本方面在提出"间岛问题"后，即有朝鲜统监伊藤博文派斋藤季治郎中佐带兵前来实施所谓的"保护"。清政府通过外务部、驻日公使、驻朝总领事等多种渠道要求日本两件事，即撤兵和勘界，但日本政府置之不理。就

① 北京市档案馆编：《那桐日记》下，北京：新华出版社，2006年，第617页。

② 王铁崖：《中外旧约章汇编》第2册，北京：生活·读书·新知三联书店，1951年，第281页。

③ 《（5275）发东三省总督徐世昌吉林巡抚陈昭常电》，《清光绪朝中日交涉史料》卷71，北京：北平故宫博物院，1932年，第10页。

在日本政府觊觎中国领土之时，日本当地发生严重水灾，导致粮食减产。日本驻华代理公使阿部守太郎厚颜无耻地请求中国援助，清政府不计前嫌，千方百计地为日本凑足60万石大米，并运往日本。

袁世凯就任外务部尚书之时，"间岛问题"出现曙光。伊藤博文在会见驻韩总领事马廷亮时，提到"与庆亲王、袁宫保有旧交"，[①]并主张由双方政府处理边界事。清政府外务部决定利用伊藤博文的谈话迅速与日本商讨边界事宜。在此期间，发生了天宝山银矿案和华民被越垦韩民杀害案，但清外务部不想节外生枝，选择息事宁人，以便集中精力办理"间岛问题"。不想日本方面得寸进尺，斋藤更是准备在间岛地区设立行政机构。日本的这种行为在徐世昌眼里"与甲午以前对付韩国手段同出一辙"。他更提出"美法皆言间岛在泰西地图均属中国"，[②]并准备上诉到海牙国际法庭，用公理抵抗日本的强权和无理取闹。

1907年12月9日，袁世凯、那桐等清外务部大员再次与日本公使林权助谈判界务问题。双方唇枪舌剑达两个小时之久，中方出示多种证据据理力争，林权助无言以对，只云将会谈内容转告日本政府。当袁等向其索要朝鲜方面的证据时，林权助则以"尚未寄到"为由搪塞。

1908年农历新年期间，斋藤季治郎突然不告而别。法学士篆田受命代理。双方同意维持现状，此后表面上虽无波澜起伏，但暗地里小冲突不断。就在袁世凯等外务部官员忙于北方"间岛问题"之时，南方广东九洲湾发生了日本"二辰丸"号私运军火事件。

"二辰丸"（亦名"第二辰丸"）货轮，隶属日本鸣尾辰马商会，长350尺，载重3143吨。该轮于1908年1月30日从日本九州北部的门司港出发，前往澳门。所运货物价值30万元，其中有洋枪90箱、弹药40箱。据说此项军火的货主曾向日本税关和警察署请得许可证。2月5日，"二辰丸"号货轮驶至中国广东九洲湾水域欲卸货，被闻讯而来的广东水师扣押。理由是该货轮在无

① 《（5343）驻韩总领事马廷亮呈外务部电》，《清光绪朝中日交涉史料》卷71，北京：北平故宫博物院，1932年，第30页。

② 《（5384）东三省总督徐世昌奉天巡抚唐绍仪致外务部电》，《清光绪朝中日交涉史料》卷72，北京：北平故宫博物院，1932年，第11页。

中国护照的情况下，在中国海域私运军火。由于有葡萄牙兵船阻挠，广东水师官兵虑及"本国士兵不得在他国旗下开仗"之国际法，遂将"二辰丸"号悬挂的日本国旗降下，换上大清龙旗。之后，将其泊于虎门。

"二辰丸"事件发生后，日本驻华公使林权助和临时代理公使阿部守太郎抓住中方降下日本国旗一事，一改面对"间岛问题"时默不作声的态度，先后六次与清政府外务部谈判。会办大臣那桐在1908年3月4日的日记中记载："申刻日林使、袁宫保、梁侍郎来会议第二辰丸事，酉刻散。"①9日下午3时，林权助和阿部守太郎同赴清政府外务部，与那桐等外务部官员举行第六次谈判。是次谈判，袁世凯称病并未参与。由于外交的软弱，加之英国从旁劝说，清政府在这场本应占据有利形势的谈判中败给日本。清政府不仅无条件释放"二辰丸"号货轮，而且还耗资21000元买下船上军火。为道歉更换日本国旗事，清政府外务部答应在释放"二辰丸"号时，令中国兵轮鸣炮21响。

外交失败的消息一经传出，广东人民忍无可忍，召开"国耻大纪念"会，并因此发起了中国近代史上第一次抵制日货运动。"二辰丸"号事件余波未平，斋藤季治郎去而复还，并在图们江沿岸兴建渡口。袁世凯等外务部大员得到消息后，正式照会日本临时代理公使阿部守太郎，并转电韩国统监伊藤博文，请其严饬斋藤季治郎勿在图们江沿岸设渡。哪知伊藤博文竟说斋藤季治郎此举是根据《新定划界边防条约》第六条"沿江桥船，从今撤桥设船"②的规定。看到日方态度强硬，袁世凯等清政府外务部大员却打了退堂鼓。1908年7月7日，外务部致电徐世昌，称："此事内外坚持许久，彼仍不肯让步，我既无完全之理由，自应早谋结束之法，以免激成事故，损失更多……如能于江北领地主权无碍，复能限彼不得肆意自由，似亦维持现状保护权利之道。"③

然而软弱的外交换来的却是日方的得寸进尺。不久，日本增兵间岛。且在未通知清政府的情况下，允许日本高级军官村田、明石两位中将偕参谋来

---

① 北京市档案馆编：《那桐日记》下，北京：新华出版社，2006年，第625页。

② 王铁崖：《中外旧约章汇编》第2册，北京：生活·读书·新知三联书店，1957年，第282页。

③ 《（5494）发东三省总督徐世昌电1》，《清光绪朝中日交涉史料》卷73，北京：北平故宫博物院，1932年，第28页。

延吉游历。同时，日方还准备设间岛宪兵司令官，并扩大间岛的地理范围。面对日本的步步紧逼，清政府的态度却始终软弱退让。这种软弱固然是清政府的腐败无能所致，但究其原因也与日、法、俄、英等国形成的外交同盟有关。清政府为打破外交困局，必须找到自己的同盟，袁世凯对此非常清楚。现在就来说说袁世凯秘密进行的暗线——结盟德美。

日英等国结成的瓜分中国的同盟将德国和美国排除在外，而维持中国的完整是德美利益所在，这是中国可以结盟德美的基础。同时，德国对与中国和美国结盟一事抱有极大兴趣，但其也预见"中德美三国协约因为美国参议院的原因不可能实现"。①不久，这句谶语不幸应验。

早在袁世凯进京赴任之时，有些消息灵通的报纸就曾报道过其向皇帝建议与德美结盟之事。1907年11月30日，袁世凯命外务部右侍郎梁敦彦拜访德国驻北京公使雷克斯伯爵，问德国是否并在什么基础上可能愿与中国进入比较更密切的关系。梁敦彦同时强调，虽然这个步骤出于袁世凯，但是，其他一切要人都赞成此举。也就是说，清政府内部已经为此达成共识。1908年2月28日，清政府内另一位要人张之洞与德国驻华公使雷克斯伯爵会谈。张担心三国协定会引起其他列强的恶感，所以必须保密。并透露中国将派梁敦彦或唐绍仪赴华盛顿，先与美国总统西奥多·罗斯福沟通。6月1日，德国驻华公使雷克斯伯爵拜访袁世凯。

> 袁世凯问："美、德、中三国谅解即足够对付英、法、日？"
> 雷克斯答："如果美、德决定帮助中国这个事实就足能阻止这些国家的侵略行为。"②

袁世凯是谨慎的，他担心三国结盟会给中国带来新的纠纷。他没有向雷克斯伯爵透露清政府的下一步计划，虽然对方已经通过张之洞掌握了情况。不过，雷克斯伯爵显然对袁世凯非常欣赏，他说："凡与袁世凯在大的问题

---

① 孙瑞芹译：《德国外交文件有关中国交涉史料选译》第3卷，北京：商务印书馆，1960年，第42页。
② 孙瑞芹译：《德国外交文件有关中国交涉史料选译》第3卷，北京：商务印书馆，1960年，第47页。

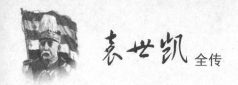

上有公事来往的人都能给他这个赞美，即他总是维持他的诺言。"①所谓诺言，即清政府将与德美结盟。

袁世凯没有向雷克斯伯爵透露计划，是因为自己的计划尚未成熟。他要为派员赴美寻找一个日本等国可以接受并且不会引起警觉的借口。很快，机会来了。6月23日，美国国会通过退还清政府庚子赔款案。7月20日，清廷批准唐绍仪以专使大臣之名，"前往美国致谢"。②名为致谢，实则欲与美国暗订同盟。

然而清政府还是晚了一步。日本鉴于清政府与美国关系的热络，决定先发制人，主动与美国联络沟通。11月30日，就在唐绍仪抵达华盛顿的当天，日本与美国签订《罗脱—高平换文》，在公开承认中国主权和领土完整的背后，依然无法掩盖列强瓜分中国的本性。

第三节　载沣无情　政坛暂别

就在唐绍仪所乘坐的轮船驶往美国之时，即1908年11月14日、15日，光绪帝和慈禧太后相继薨逝，是为"二次国恤"。太后懿旨，命载沣之子溥仪为嗣皇帝，国号"宣统"。还命载沣为监国摄政王，嗣后所有军政大事，均由其裁定。宣统皇帝溥仪时年3岁，其父载沣26岁。

"二次国恤"后，即12月28日，中日双方就"间岛问题"展开第一次面对面的谈判，中方由外务部尚书、军机大臣袁世凯主事，外务部会办大臣那桐、外务部左侍郎联芳、右侍郎梁敦彦为中方代表。遗憾的是，此次会谈无果而终。更为遗憾的是，五天后，监国摄政王载沣以"足疾养疴"为名把袁世凯开缺回籍。

这个借口未免牵强。时人以《京城盛行足疾》为题，作文曰：

---

① 孙瑞芹译：《德国外交文件有关中国交涉史料选译》第3卷，北京：商务印书馆，1960年，第48页。

② 《德宗景皇帝实录》8，《清实录》第59册，北京：中华书局，1987年，第840页。

"江南人多软脚疾，地气使然。不谓近年以来，北方行营高燥地亦时时以足疾著闻。法部戴尚书今年忽患足疾，请假调理，至数月而病瘥销假，可称吉人天相。乃入冬以后，以炙手可热之袁军机忽患足疾而开缺回籍；以王公领袖之庆亲王亦患足疾而续展请假。虽庆邸之足疾未知于袁公何重？然初九退朝，两人扶掖，果如京电云，恐将步袁公之后尘。呜呼！一足疾之故而牵动政界，波澜掀起，岂南方之软脚疾今已转移于北方耶？抑捷足不已，终必有类蹶之日耶？"①

可见，足疾这个说法在当时也是令人狐疑的。政治上的小事都是大事，尤其是利害相关的两位重臣突然得了莫名其妙相同的病。据《申报》记载，摄政王载沣惩处袁世凯全因某御史的参奏。1908年12月28日，载沣特召庆亲王奕劻入宫，密商严办袁世凯。奕劻"竭力斡旋，事遂中止"。12月30日，载沣再召奕劻，旧事重提，并出示某御史参奏原折，表示要派人彻查。奕劻百般请求，载沣"但允不予深究，仍须降旨开缺"。奕劻说："不如令其自行告病。"载沣没有同意，说："我亦深知其才可用，无如其居心实不可问。"②奕劻见事已至此，无可挽回，便于1909年1月1日以足疾告假。巧的是，次日，袁世凯被以足疾开缺回籍，不免令人联想。后来，《申报》曾辟谣，指"庆之当时请假实因足疾与袁事无关"。③

1909年1月2日早7时，袁世凯入内。事先，他对即将到来的变故一无所知，及至看到摄政王蓝笔批过的谕旨，才明白自己已经走到仕途的终点。他面色大变，匆匆退出，径归寓所。次日散朝，众官前来拜谒，袁世凯一概不见。所谓一石激起千层浪，这个消息很快传遍京城，也传到了各国驻华公使那里。

---

① 《京师盛行足疾》，《申报》1909 年 1 月 5 日，《申报影印本》98，上海：上海书店，1983 年影印，第 58 页。

② 《志庆袁两公之友谊》，《申报》1909 年 1 月 15 日，《申报影印本》98，上海：上海书店，1983 年影印，第 172 页。

③ 《京师近事》，《申报》1909 年 1 月 7 日，《申报影印本》98，上海：上海书店，1983 年影印，第 197 页。

据《申报》报道："外间传说英使朱尔典向中政府诘问袁世凯开缺之事实属子虚,唯英美德三国或将联合行文向中政府陈述时局,以尽友谊。"又报:"日俄两国对于袁世凯开缺一事并无不悦,而尤以日本为甚。盖袁氏为日本满洲政策最著之巨敌。"①

那么,载沣为何要将袁世凯赶出京城呢?

在阐述此事的缘由之前,有必要对载沣的个人情况予以简要介绍。载沣生于1883年,其父是醇亲王奕譞。奕譞的嫡福晋是慈禧太后的妹妹,也是光绪帝的生母。奕譞去世后,载沣世袭罔替成为新一代醇亲王。其嫡福晋瓜尔佳氏是文华殿大学士、太傅荣禄之女。荣禄的夫人也是慈禧太后的妹妹,瓜尔佳氏就是慈禧太后的外甥女,载沣则是慈禧太后的外甥女婿(也是外甥)。瓜尔佳氏育有二子,长子即宣统帝溥仪,次子溥杰。载沣与光绪帝载湉是同父异母的兄弟,载湉行二,载沣是老五。所以有慈禧太后"两择嗣统,皆归醇邸"②之说。

醇亲王家族的地位如此显赫,载沣成为监国摄政王之后,其一举一动自然都会成为舆论焦点。1909年1月2日,载沣在事先并无任何征兆的情况下,突发谕旨,将袁世凯"开缺回籍养疴"。此举宛若晴天霹雳,令清政府官员、外国使节乃至普罗大众颇为不解,随后各种猜测蜂起,至今仍为悬案。此事也成了袁世凯一生中最大的劫难。为更好地了解袁世凯为何遭此劫难,不妨先从那道命其开缺回籍养疴的谕旨说起。谕旨仅76字,全文如下:

> "谕内阁,军机大臣、外务部尚书袁世凯夙承先朝屡加擢用。朕御极后,复予懋赏。正以其才可用,俾效驰驱。不意袁世凯现患足疾,步履维艰,难胜职任。袁世凯著即开缺回籍养疴,以示体恤之至意。"③

① 《西报续纪袁世凯开缺事》,《申报》1909年1月10日,《申报影印本》98,上海:上海书店,1983年影印,第121页。

② 金梁:《光宣小记》,上海:上海书店出版社,1998年,第86页。

③ 卷4,《宣统纪政》,《清实录》第60册,北京:中华书局,1987年,第74页。

谕旨是以宣统皇帝的口吻所写，但实际的下令人则是其父——监国摄政王载沣。谕旨所说的"懋赏"确有其事。就在1908年12月19日，袁世凯还被加封太子太保衔。至于足疾也确有其事，当时袁世凯上朝是需要人搀扶的。不过，仅以"足疾"就将一位可以说是政府不可或缺的大臣打发回家显然也不合情理。那么，真相到底如何呢？

该事件真相目前为止有如下几种说法：

光绪遗诏说。清末内务府大臣载润在《隆裕与载沣之矛盾》中透露："光绪故后，隆裕在他的砚台盒内，发现有光绪亲用朱笔，写的'必杀袁世凯'手谕，即交载沣处理。载沣犹豫不能决，乃商于奕劻、那桐等人；而奕、那等则力主保全，让袁世凯自行称疾辞职，袁乃有辞职之举。"①类似内容的遗诏还出现在濮兰德的《慈禧统治下的大清帝国》中："我过去十年悲惨的日子都是袁世凯一人造成，另一个人（第二个名字非常模糊），我希望有一天袁世凯会被立刻枭首。"②濮兰德是当时英国《泰晤士报》的记者，他在描述此事时，特意强调该遗诏字迹模糊，"几乎不可读"，给人的感觉是其亲眼见过这份遗诏。不过，载沣的七弟郡王载涛对此说法予以否认。他说："至于传闻之说，如光绪临危拉着载沣的手，叫他杀袁世凯，又如隆裕面谕载沣杀袁给先帝报仇等等，载沣生前并没有向我说过，或许是他保密的缘故。因此，是否真有其事，我也无从判断了。"③可是，载涛否定了光绪遗诏说。

亲贵怂恿说。载涛透露，促成载沣罢免袁世凯之事的是"肃亲王善耆和镇国公载泽"。肃亲王善耆是清政府民政部尚书，是清末创建巡警制度的功臣。善耆与日本浪人川岛浪速是把兄弟，并将女儿过继给川岛。这个女儿就是后来大名鼎鼎的川岛芳子。载泽是嘉庆皇帝第五弟的嗣子，载沣呼其为大哥。载泽的夫人是慈禧太后弟弟桂祥的女儿，隆裕太后的妹妹。善耆和载泽都是名副其实的皇亲国戚。据载涛说："他两人向载沣秘密进言，此时若不

---

① 载润：《隆裕与载沣之矛盾》，中国人民政治协商会议全国委员会文史资料研究委员会编：《晚清宫廷生活见闻》，北京：文史资料出版社，1982年，第77页。

② ［英］濮兰德、贝克豪斯：《慈禧统治下的大清帝国》，天津：天津人民出版社，2008年，第289页。

③ 载涛：《载沣与袁世凯的矛盾》，《辛亥革命回忆录》第6集，北京：中华书局，1963年，第323页。

速作处置，则内外军政方面，皆是袁之党羽……善耆主张非严办不可。"所谓严办就是置袁世凯于死地。然而，载沣"无统驭办事之才"，自己不敢定夺。他询问奕劻的意见，奕劻谓"此事关系重大，请王爷再加审度"；他征求张之洞的看法，张称"主少国疑，不可轻于诛戮大臣"。①就这样，袁世凯逃过一死。

康梁鼓动说。"二次国恤"不久，康有为和梁启超即在国外发表通电，直言慈禧太后和光绪帝之死，罪魁祸首是袁世凯，"乞诛贼臣，伸公愤"。②当时，康有为身在马来西亚槟榔屿；梁启超居住在日本。两人虽有心倒袁，但他们的话会有人听吗？要知道康、梁实乃清政府的通缉犯，而且是政治犯，高层官员避之唯恐不及，谁会冒险与他们联系？诚然，梁启超在此期间确实曾数次致函肃亲王善耆，但其作用有多大，善耆是否收到信，或曾否复信，都是未知。

外交失败说。部分中外学者认为，如果唐绍仪赴美外交成功，袁世凯则会"暂保他的官职"。但是由于"日本急忙利用《罗脱—高平换文》来证明唐绍仪的谈判失败，从而暗地里伤害袁世凯，造成他的免职"。③著名学者马勇也持相同观点，他说："对于清政府来说，外交失败实在是一个说不出的苦果。袁世凯由此承担责任请求辞职，也是应该政治家负责任的表示，只是这个外交失败的理由实在拿不上台面，所以在袁世凯在朝廷只能心照不宣。"④

虽然众说纷纭，但该事件本身则暴露了载沣与袁世凯之间无法调和的矛盾，甚至可以说是暴露了满族亲贵和汉族官僚之间早已存在的信任危机。

1908年1月3日，袁世凯由京抵津，外间因此谣传他要逃亡英国。当晚，袁世凯返回北京，外间又谣传他是被追回来的。也有人说袁世凯在天津欲见直隶总督陈夔龙，结果吃了闭门羹。真是人红是非多，袁世凯的影响力可见一斑。1月5日下午5时，袁世凯乘火车由北京南下回籍。《字林西报》报道：

---

① 载涛：《载沣与袁世凯的矛盾》，《辛亥革命回忆录》第6集，北京：中华书局，1963年，第323页。

② 郭廷以：《近代中国史事日志》，北京：中华书局，1987年，第1318页。

③ ［美］李约翰：《清帝逊位与列强》，孙瑞芹、陈泽宪译，北京：中华书局，1982年，第25页。

④ 马勇：《袁世凯罢官归隐说》，《史学集刊》2011年第4期，第110页。

"袁氏启行时，并不秘密，亦不铺张，其妻妾亦均同行去。"该报还说：
"袁氏之行，政界全未祖饯，送至车站者寥寥数人。前任德使孙宝琦亦在其
内。袁氏足疾并未形诸步履。"[1]前来送行的还有严修，也许还有杨度。据
说，袁世凯临行时，留下这么一句话："看他去办就是了。彼时再叫我办，
我亦不出矣。"[2]他，显然是指载沣。如果此说为真，那么袁世凯的无奈和愤
怒可谓溢于言表。

1月6日，袁世凯乘京汉铁路列车抵达河南卫辉府，并以"沿途劳顿，拟
在卫辉府暂寓"致电军机处。摄政王载沣接电后，同意其"暂为憩息"，故
军机处复电袁世凯，嘱其"加意调养"。[3]

袁世凯开缺回籍后，其遗缺由梁敦彦接任。当时盛行"袁党"一说，人
们避之唯恐不及。可梁敦彦乃由袁世凯提拔至天津海关道，此后一路青云，
要说"袁党"，梁当之无愧。因此，摄政王载沣的这项任命令人颇为不解。
更令人不解的是，载沣对袁世凯及其"袁党"也并非要赶尽杀绝，尤其表现
在御史江春霖参劾奕劻和袁世凯一事上。

宣统二年正月十六日（1910年2月25日），御史江春霖参奏袁世凯，称：
"戊戌变政全局，为前军机大臣袁世凯一人所坏。世凯因得罪先帝，乃结庆
亲王奕劻为奥援，排斥异己，遍树私人，包藏祸心，觊觎非望。幸而瞿鸿禨
退，先朝起监国摄政王以镇之。世凯进，先朝又召阁臣张之洞以参之，天与
人归，谋不得逞。及我皇上御极，首罢世凯，奕劻恭顺以听，而其党亦栗栗
危惧。中外相庆，以为指日可致太平矣。既而窥见朝廷意主安静，异派无所
登庸，要津仍各盘踞。而农工商侍郎杨士琦、署邮传部侍郎沈云霈，复为策
划，污名嫁与他人而已，阴收其利。被劾则力为弥缝，见缺又荐引填补。就
众所指目而言，江苏巡抚宝棻、陕西巡抚恩寿、山东巡抚孙宝琦则其亲家；
山西布政使志森则其侄婿；浙江盐运使衡吉则其邸内旧人；直隶总督陈夔龙

---

[1] 《袁世凯出京》，《申报》1909 年 1 月 7 日，《申报影印本》98，上海：上海书店，1983 年影印，
第 85 页。

[2] 《外人于袁世凯之感情》，《申报》1909 年 1 月 27 日，《申报影印本》98，上海：上海书店，
1983 年影印，第 243 页。

[3] 《京师近事》，《申报》1909 年 1 月 15 日，《申报影印本》98，上海：上海书店，1983 年影印，
第 173 页。

则其干女婿；安徽巡抚朱家宝之子朱纶则其子载振之干儿。邮传部尚书徐世昌则为世凯所荐；两江总督张人骏、江西巡抚冯汝骙则世凯之戚，亦缘世凯以附奕劻。而阴相结纳者，尚不在此数。"又称："臣在先朝劾奕劻父子及世凯者，疏凡八上。皇上临御以来，亦屡有言，均未荷蒙鉴纳。"

摄政王载沣阅过御史江春霖的奏折后，谕：

> "朝廷虚衷纳谏，博采群言，然必指陈确实，方足以明是非。该御史所奏直隶总督陈夔龙为奕劻之干女婿、安徽巡抚朱家宝之子朱纶为载振之干儿各节，果何所据而言？著江春霖明白回奏。"

次日，御史江春霖回奏，曰：

> "臣原奏宝棻、恩寿、孙宝琦为奕劻亲家；志森为奕劻侄婿；衡吉为奕劻邸内旧人；徐世昌为袁世凯所荐；张人骏、冯汝骙为袁世凯之戚，皆缘世凯以附奕劻各节，陛下均置不理，独提陈夔龙、朱纶二事，著臣明白回奏。是臣所参八款皆实，疑此二事，尚近暧昧，请据所闻，明白陈之。陈夔龙继妻，为前军机大臣许庚身庶妹，称四姑奶，曾拜奕劻福晋为义母。许宅寓苏州娄门内，王府致馈，皆用黄匣。苏人言之啧啧。夔龙赴川督任，畏道难，逗留汉口，旋调两湖，实奕劻助力。朱纶拜载振为义父，系由袁世凯引进。光绪三十四年二月，朱纶曾到其父吉抚署内，购备貂褂、人参、珍珠、补服等件送礼。朱家宝每于大庭广众夸子之能，不以此事为讳。现犹不时往来邸第，难掩众人耳目，并非任意捏造。皇天后土，实式临之。且光绪三十四年九月初九日，臣劾载振与袁世凯结拜弟兄，疏请语如涉虚，甘坐诬谤。时奕劻、袁世凯同在军机，竟不敢辨。前之得实，即可证后之不虚。"

摄政王载沣览奏后，曰：

"前据御史江春霖奏参庆亲王奕劻一折，牵涉琐事，罗织多人，朝廷早鉴其诬妄。其中谓陈夔龙为奕劻之干女婿；朱家宝之子朱纶为载振之干儿，尤属荒诞不经，当即谕令明白回奏。兹据复奏，率以数十年前捕风捉影之事，及攻讦阴私之言，皆属毫无确据，恣意牵扯，谬妄已极。国家设立言官，原冀其指陈得失，有裨政治。若如该御史两次所奏，实属莠言乱政，有妨大局。亲贵重臣，固不应任意诋诬，即内外大臣名誉所关，亦不当轻于污蔑。似此信口雌黄，意在沽名，实不称言官之职。江春霖著回原衙门行走，以示薄惩。"①

之所以把江春霖的奏折和载沣的上谕完全抄录下来，目的是让您清楚知道江春霖的说法是否属实，是否有根据，是否站得住脚。相信看过江的奏折，您也会得出与载沣一样的结论：捕风捉影。同时可见载沣是个明白人。那么，这个明白人为何要把袁世凯开缺回籍，而又拒绝落井下石呢？真相恐怕永无水落石出之日。

不过，这一切暂时与袁世凯无关了。从1909年1月2日奉旨"开缺回籍养疴"起，至1911年10月14日授任湖广总督止，袁世凯体验了长达1016天的下野生活。

---

① 卷30，《宣统纪政》，《清实录》第60册，第537—542页。

第八章　养疴洹上

洹上三年，是袁世凯一生中最悠闲的时光。表面上，他垂钓、作诗，寄情山水之间；实际上，他并未中断与故知旧好之联络。如果用卧薪尝胆形容这一时期的袁世凯，恐怕再合适不过。当然，他并非每日里杀气腾腾地准备复仇，而是怡然自得地等待下一个机会的到来。

第一节　病躯有治　山参丸药

1909年农历新年之前，袁世凯携家带口来到河南卫辉府。袁家的新居位于卫辉马市街，原本是一座当铺。住下不久，袁世凯发现此宅年久失修，怕其雨季坍塌，加之市井喧闹，不利静养，于是想到搬家。

正好其亲家公、袁世凯三子袁克端岳父、天津盐商何炳莹在彰德北有空宅一处，可供袁家使用。袁世凯遂决定将此宅装修后，举家迁往彰德。在装修期间，袁世凯命家眷仍留马市街，其本人则独居在位于西距卫辉60里的辉县西北部的苏门百泉。此地山清水秀，袁世凯每日"引泉灌竹，拄杖看云"，[①]倒也自得其乐。既然说到"拄杖"，就得说说袁世凯的足疾。

袁世凯是以"现患足疾，步履维艰，难胜职任"这个理由被开缺回籍的，那么他真的患有足疾吗？千真万确，他确实患有此病。何以证明？此事可从袁

---

① 全国公共图书馆古籍文献编委会编著：《袁世凯未刊书信稿》上，北京：中华全国图书馆文献缩微复制中心，1998年，第101页。

世凯书信中找到答案。袁世凯初到卫辉时与山东巡抚袁树勋、两广总督张人骏、浙江巡抚增韫、江西巡抚冯汝骙、安徽巡抚朱家宝等人的通信中，都有这样一段相同的话：去秋忽患腿疼，不良于行。曾经请假两旬，只以枢桓职任繁重，不得不销假，力疾从公。入直必须人扶掖。腊月疾益增剧。仰蒙朝廷体恤，放归养疴。要知道，与袁世凯通信的5位都是封疆大吏，他们在京中在朝中均有耳目，袁世凯的每一句话，他们都可以通过其耳目得到证实或否定。尤其是"入直必须人扶掖"这样的细节，考证起来更是非常容易。

当然，仅靠这点还不能完全证明其患有足疾。有病总得吃药吧，袁世凯吃什么药呢？首先是营养药——俄罗斯山参。早在袁世凯赴河南之前，他就曾委托驻俄罗斯海参崴总领事桂芳代购参枝12两，1909年4月，这批参枝寄到河南。收到参枝后，袁世凯立即委托梁如浩代汇5000金，向桂芳支付这笔货款。梁如浩（1863—1931），字孟亭，与唐绍仪同为第三批赴美幼童，与袁世凯相识于朝鲜，时任外务部右丞兼奉天右参赞。8月，袁世凯再次致信桂芳，请其代购山参数十枝，并要求寄至北京袁克定处。不久，山参寄到。可是袁世凯及其家属在服用后，发现这批山参含糖量较高，药力明显不如前次所购者。这批山参不仅药力差，而且价格还高，桂芳本人还为此垫付了几百卢布。为此，袁世凯在回信致谢桂芳的同时，特意汇上1000卢布，偿还其垫款，并嘱咐用所剩之款，再买些与第一批同质的山参。直到1911年，桂芳为袁世凯代购山参之事还在继续。

1911年3月6日，袁世凯在致信桂芳时，说："惠寄参枝，刻下京寓尚未收到。时逾两月，当系中途有延滞也。"在《袁世凯未刊书信稿》中，袁世凯主动致信他人的信件所占比例较少。如果不是俄罗斯山参确实有助于自己的病体康复，袁世凯也不会为此等邮件拖延之类的小事特意致函一个小小的总领事。虽然开缺下野，但袁世凯强大的气场仍在。就在写这封信的前几天，桂芳的兄长来到彰德洹上村，袁世凯并未接见。在致信桂芳时，袁世凯向其表示歉意，但给出的解释仅有12个字：适值抱病，时已入夜，不可以风。①由此可见袁世凯的官威犹在，桂芳这样的小官正求之不得能有机会为其

---

① 全国公共图书馆古籍文献编委会编著：《袁世凯未刊书信稿》下，北京：中华全国图书馆文献缩微复制中心，1998年，第1185页。

效力，而且还心甘情愿地为此搭钱。何以见得呢？

1911年8月，桂芳来函询问是否需要继续购参。袁世凯回信说："承示购参一节，自不妨待至秋间。唯必须函告价目，以便照缴，否则万不敢领。吾弟差况瘠苦，讵忍以此相累。"①信中内容显示，桂芳为其购参有时并未函告价格，等于他自己主动孝敬袁世凯了。至于袁世凯所说的"讵忍以此相累"，也是他的心里话，这点后面还会讲到。

武昌起义前夕，桂芳升任科布多办事大臣，袁世凯还致信叮嘱其"科藩地居编部，逼处强邻，正赖长才经营筹划"，同时，还鼓励道："旌麾西上，必大有造于蒙疆，可为预贺。"②后来外蒙独立，桂芳被委任为库伦查办大臣，这是其在清朝的最后一个官衔。

有人会问，民国成立后桂芳的际遇如何呢？民国成立后，桂芳由旗籍改为汉籍，又给自己加了个姓，从此桂芳变成了毕桂芳。由于与袁世凯有私交，加之对俄外交经验丰富，毕桂芳曾两度获任黑龙江省督军兼省长一职，可谓飞黄腾达。而毕桂芳获就如此封疆高位，竟源自当初桂芳之俄罗斯山参，可见仕途漫漫，机遇为重，把握机遇，才能成为赢家。

说完山参，再说说袁世凯私家秘制丸药活络丹。1910年10月，署两广总督袁树勋因病开缺，与袁世凯成为难兄难弟。袁世凯得知此事后，既为好友的仕途感到惋惜，又对其病情充满关心。在回信中，袁世凯说："小疾偶婴，遽尔乞退，长才未竟，致为可惜。迩日贵体如何？服何方药？是否延洋医诊治？似可施用电气，③当有效验。"此外，袁世凯还向袁树勋推荐了一味药："敝处自制活络丹，颇与治此等病证相宜。兄服之，良有效。"④这是袁世凯第一次向外界提到自己正在服用自制的活络丹，而且

---

① 全国公共图书馆古籍文献编委会编著：《袁世凯未刊书信稿》下，北京：中华全国图书馆文献缩微复制中心，1998年，第1407页。

② 全国公共图书馆古籍文献编委会编著：《袁世凯未刊书信稿》下，北京：中华全国图书馆文献缩微复制中心，1998年，第1525页。

③ 所谓电气，是当时一种先进的西医疗法。当时重病中的袁世凯三哥袁世廉正在采用此法治疗，很有效，故袁世凯向袁树勋推荐。

④ 全国公共图书馆古籍文献编委会编著：《袁世凯未刊书信稿》中，北京：中华全国图书馆文献缩微复制中心，1998年，第921页。

"良有效"，同时还慷慨地赠送给袁树勋20丸。那么，此药是治疗足疾之症的吗？肯定是。为什么？

事有凑巧，半个月后，段祺瑞突发腿疼，不良于行。袁世凯闻讯后，忙致信慰问："尊腿偶感寒疾，闻之至深系念。兄处有自制活络丸，治风湿甚有效验。兄亦常服之。"这就是说，袁世凯的所谓足疾，其实就是风湿。为治疗此病，袁世凯常服一种自制的活络丹，而且"甚有效验"。袁世凯对段祺瑞更加大方，寄去30丸让其试服。

从以上叙述可以得知，袁世凯患有足疾是事实，并不是传说中的"装病"。从袁世凯在与人通信中常常提及的"不可以风"判断，他的足疾可能就是风湿性关节炎。这种病人一旦遇雨受风，真是痛不欲生。除足疾外，袁世凯的身体素质在年轻时就很差。

还记得袁世凯当年首赴朝鲜时与金允植的对话吗？当时金允植非常诧异袁世凯的满头白发，袁世凯解释说是"偶得失血之症，以致早白"。27年后，袁世凯的满头白发再次惊呆了一个人——他就是王锡彤。

王锡彤（1866—1938），字筱汀，河南汲县人。汲县是卫辉府属的9县之一，故袁世凯到卫辉后，王锡彤为向这位"平素所崇敬之人"一尽"乡邻之谊"和"地主之敬"，故于1909年的大年初四前去拜访袁世凯。后来，王锡彤在《抑斋自述》里这样描述了当天的会面："袁公方五十一，须发尽白，俨然六七十岁人，知其忧国者深矣。唯两目炯炯，精光射人，英雄气概自不能掩。且正在国恤期内，彼此均不剃发，故益觉黯然。"[1]这一天是王锡彤与袁世凯相交的开始。后来王成为袁世凯的幕宾，也是其非常信任的人。袁在书信里称呼王为"小汀"。

也许是出于尊重，小汀除提及袁世凯族弟、太医院御医袁勉堂以"通医术"，随侍袁世凯外，并无一字谈及袁世凯的病情。不过，小汀向我们展示了袁世凯的另一面——极强的家庭观念。

---

① 王锡彤：《抑斋自述》，郑州：河南大学出版社，第144页。

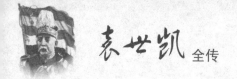

第二节 家庭有爱 子女兄弟

事情是这样的：小汀奉袁世凯之命在京津两地出差半年多，于1910年1月26日与袁克定同返彰德，准备参加五天后举行的袁世凯长女袁伯祯的婚礼。次日，小汀谒见袁世凯，袁世凯的第一句话就问："北行半年矣，归里省亲乎？老人倚闾望久矣。"①袁世凯知小汀事母至孝，故有此问。

小汀回答说等过了"女公子喜期当归里"。小汀家在卫辉府的汲县，离彰德仅一个小时的火车车程。袁世凯劝其先"归里一视"，并讲了一件自己的小事：袁世凯当年从朝鲜归国后，什么都不顾，第一件事就是急匆匆地回家看母亲。此事被李鸿章得知后，笑骂袁是"王八肚中一根枪，归（龟同音）心似箭"。②讲完故事，袁世凯命左右准备珍食等物，送给小汀之母。小汀感动非常，也理解了袁世凯"能体贴人心至此"，难怪可以"收揽英雄，人人乐为效死"。联系到前述袁世凯送给袁树勋、段祺瑞自制活络丹事，其驭人之术确实已炉火纯青。但这种炉火纯青，既是政治需要又体现其人性至诚的一面。一个人人性的至诚和美好，不在于朋友间的所谓义气的推杯换盏，而在于其对待家人的平平淡淡、细水长流般的爱。袁世凯给予其三家兄袁世廉等兄弟和众子女的爱正是这种。

袁世廉是袁世凯的三哥，曾任徐州府兵备道，1909年夏因风痹病退居河南开封府青云街休养。风痹病，就是人们俗称的中风。不久，袁世廉夫人去世，袁世凯便将三哥接至彰德养病，"老年手足借得聚首"。③同时，袁世凯还请屈永秋派遣名医到洹上为三哥诊病。屈永秋（1862—1953），字桂庭，时任天津卫生局总办，曾是光绪帝的第一位西医，亦曾为庆亲王奕劻、李鸿章、张之洞、世续、袁世凯等名臣诊病。中华民国成立后，还曾是大总统黎元洪的医生。

① 王锡彤：《抑斋自述》，郑州：河南大学出版社，第150页。
② 王锡彤：《抑斋自述》，郑州：河南大学出版社，第151页。
③ 全国公共图书馆古籍文献编委会编著：《袁世凯未刊书信稿》上，北京：中华全国图书馆文献缩微复制中心，1998年，第196页。

屈永秋派来了天津北洋医学堂首席教授、法国医生梅尼。[①]梅尼医术高明，对袁世廉"治以电气，颇见功效"。经过两个月左右的治疗，袁世廉"起居一切已较灵便"。[②]由于健康好转，袁世凯、袁世廉弟兄二人每日垂钓吟诗，悠闲快乐地度过了一年半左右的时光。1910年12月31日，袁世廉病情再度反复，医治无效去世。袁世廉死后不到一个月，梅尼医生在东北参与防治鼠疫时，不幸染疾，病逝于哈尔滨。袁世凯闻讯后，特发唁电向梅尼夫人致哀，并赠奠仪银币500元。其后，袁世凯还委托屈永秋帮助安排，以便梅尼夫人早日回国。袁世凯对朋友有情有义，有始有终，对自己的三哥更是情深义重，甚至不惜动用大量官场人脉关系为其建祠。

清代祠堂有四种，即昭忠祠、贤良祠、功臣专祠和宗室家庙。其中，昭忠祠供奉的是阵亡将帅，如曾国藩、左宗棠；贤良祠祭祀的是名臣硕辅，如李鸿章、张之洞；功臣专祠纪念的是功勋卓著的官员，如杭州西湖有徐用仪、许景澄、袁昶"三忠祠"；宗室家庙是为宗室封王者而建。各类祠堂均须上奏皇帝得到俞允后，方可建设。如袁世凯曾经上奏请为李鸿章在天津建祠。

袁世廉生前曾任徐州兵备道，在当地赈荒捕匪，颇有贡献。他去世后，徐州地方绅士群请为其建功臣专祠，以缅怀其对当地的贡献。徐州众绅撰写完袁世廉事迹后，先将初稿寄至袁世凯处。袁世凯亲自斧凿，几易其稿，力求完美。此外，袁世凯为确保成功，还亲邀段祺瑞领衔此事。申请建功臣专祠一般要经过三步，即地方官收到申请并审核通过后，转送上级部门；上级部门即各省督抚审理通过后，上奏皇帝；皇帝廷议。由于袁世凯熟悉官场运作方法，知道建功臣专祠只需大吏会奏请恤，如无人反对即可顺利通过。袁世凯便一步步地打通关节，甚至不惜屈尊与当地父母官同知高莹、徐州道林开謩直接通信联系。当地方官审核通过后，袁世凯致信自己的结拜二哥、亲家公、两江总督张人骏，请其"垂念旧属，据情早为出奏"。[③]可以说，袁世凯为其三哥的后

---

① Mesny，也译为梅斯尼。

② 全国公共图书馆古籍文献编委会编著：《袁世凯未刊书信稿》上，北京：中华全国图书馆文献缩微复制中心，1998年，第322页。

③ 全国公共图书馆古籍文献编委会编著：《袁世凯未刊书信稿》下，北京：中华全国图书馆文献缩微复制中心，1998年，第1446页。

事，劳神苦多。不过，由于辛亥革命爆发，此事也就没了下文。

袁世凯对三哥情真意切，对五弟和六弟同样关怀备至。五弟袁世辅在袁世凯的安排下，先是于1910年11月下旬在两江总督张人骏手下谋得一份差事。三哥袁世廉去世后，袁世辅辞去差事，搬来洹上与四哥同住，那张著名的袁世凯垂钓图就是那段时间拍摄的，照片左侧站立撑船者即为袁世辅。半年后，袁世凯又为其在直隶总督陈夔龙手下的北洋官银局内谋得一份差事。辛亥革命前，袁世辅又回到张人骏麾下，而且在江南巡警路工局内做了个小官，当然，这些都靠袁世凯运作之功。安排了五弟，还有六弟。六弟袁世彤的报捐为官事，也是袁世凯一手操办的。除对兄弟体贴照顾外，袁世凯对子女的教育和婚嫁也非常尽心，可以说是一个相当合格的父亲。

举家迁居彰德后，袁世凯把子女的教育安排得井井有条。洹上设有女塾，专门为袁世凯的女儿们讲授学问。特聘的女教师有史济道、杨令莆、周砥等。袁世凯曾有《和江都史济道女史月下游养寿园》七律一首，是专为"曾来此地作劳人"的史济道而作。杨令莆的父亲杨春灏曾在北京邮传部供职，工于诗文，江苏无锡梅园招鹤亭至今仍悬挂着他的对联：使有粟帛盈天下；长于湖山作主人。杨令莆本人是著名画家，后半生定居美国，享年91岁。著名国画大师刘海粟题诗"寿享期颐，诗画清流"，赞其一生成就。周砥更是传奇人物，后经袁家撮合，嫁与冯国璋为夫人。袁世凯更是要求各房以嫁女之礼为周砥准备嫁妆，一时传为佳话。此外，洹上还有子希、景泉等男塾师为众公子授课。和天下所有的父母一样，袁世凯也一心想为子女创造最好的学习环境。1910年7月，袁世凯委托小汀在天津与严修商筹几个适龄儿子入学事，严修非常热心，提出可以插班入读南开中学堂。但袁世凯不愿儿子们插班，就推说明年入学。这期间，袁世凯还与老朋友、北洋兵备处总办张士钰谈论过繁华的天津是否适合孩子学习的问题。张士钰持反对态度，袁世凯虽然表面附和，但初衷不改，只是将儿子们就读的学校换为英国人赫立德开办的天津新学书院。1911年夏，袁世凯将年纪相仿的四子克端、五子克权、六子克桓、七子克齐、外甥张德恩等儿辈送往天津新学书院学习，并委托当地官员帮忙照看。除教育外，袁世凯在众子女的婚嫁事宜上更是一手掌控。

　　袁世凯隐居洹上的第二年，袁世凯为长女袁伯祯操办了婚事。袁伯祯的生母是袁世凯的二姨太朝鲜人白氏，婆家是其父盟兄、两江总督张人骏。袁伯祯嫁的是张人骏的十二子张允亮。事后，袁世凯致信张人骏夸赞这个大女婿道："十二令郎来彰毕姻，气宇雍容，英英露爽，实乃德门千里之驹。"[1]张允亮，字庾楼，民国藏书家，与袁世凯次子袁克文兴趣相投，两人之间常有藏品交流。1910年1月31日，袁世凯长女袁伯祯与张人骏十二子张允亮在洹上村完姻。

　　长女的婚事操办完毕后，袁世凯又马不停蹄地忙活起儿子们的事情。1910年10月20日，袁世凯三子袁克良与已故邮传部尚书张百熙之女完婚。由于父亲已经离世，按照长兄为父的古训，张百熙长子张振镛亲自将妹妹送来洹上村。袁世凯不想增加张家负担，提出"可不事虚文，以归简便"[2]的办事原则，袁张两家的婚事就这样顺利完成了。一个多月后，山东巡抚孙宝琦委托天津津浦铁路购地总局即补道张广达做媒，向袁世凯提亲。孙、袁二人本是盟兄弟，如此亲上加亲的美事，袁世凯自然乐盼其成。11月30日，袁世凯在请人合过八字后，亲书求婚函一封，请孙宝琦将五女许配给自己的七子袁克齐。客观地说，孙宝琦能在袁世凯虎落平阳之时，主动提出与袁家结亲，是需要一定勇气和胆量的。当然，这种政治联姻正是袁世凯梦寐以求的。他需要通过这种关系来维持自己在地方甚至北京的人脉，可以说，在洹上村的三年期间，每次家有红白喜事，都是他与各级官员沟通的一波高潮。不过，这种沟通往往是单向的，就是说袁世凯都是被动的一方。即使是面对庆亲王奕劻，他也是有来才有往，从不主动联系对方。当然，袁世凯也有一次主动的时候，甚至是主动给对方送礼的时候，那么，这个能让袁世凯主动的人是谁呢？

---

　　① 全国公共图书馆古籍文献编委会编著：《袁世凯未刊书信稿》上，北京：中华全国图书馆文献缩微复制中心，1998年，第513页。

　　② 全国公共图书馆古籍文献编委会编著：《袁世凯未刊书信稿》中，北京：中华全国图书馆文献缩微复制中心，1998年，第620页。

第三节 朋友有恩 严修杨度

他就是严修。袁世凯任直隶总督期间，兴办学务，但因经费难筹，风气未开，推行困难。恰在此时，严修捐资白银3000两，于数月间，在天津成立学堂11处。袁世凯得知严修所为后，感动其"以培养人才为己任"[①]之志，上奏北京，为其请奖。不久，严修破格获赏五品卿衔。两个月后，袁世凯爱才心切，委任严修为直隶学校司督办，将其纳入麾下。自此，两人开始了上下级的关系，而且工作配合默契。袁世凯曾说："吾治直隶之政策，曰练兵，曰兴学。兵事我自任之，学则听严先生之所为，吾供指挥而已。"[②]

袁世凯被开缺回籍养疴后，严修做了两件让其一生难忘的事。第一件是上疏请留袁世凯外务部尚书任，可以说，严修这个举动在当时的政治环境下，是有生命危险和政治风险的，但其竟全然不顾，真有"士为知己者死"之气概。时论严修"为国惜才"，[③]此言不虚也。第二件是袁世凯离京时，严修亲赴车站相送。当时的袁世凯已经失势，京中各官避之唯恐不及。少数与袁世凯平日关系非常好的，只是私下到袁府告别而已，能够不计后果公开前往车站相送的只有严修等少数几人而已。这两件事让袁世凯非常感动，甚至半年后在与严修通信时，仍记忆犹新。1910年7月11日，袁世凯在复信严修时说："枉驾车站相送，桃潭情重，感激至今。"袁世凯借用"桃花潭水深千尺，不及汪伦送我情"的诗句为典，表达自己对严修的感激。袁世凯接着说："猥承垂谅区区之愚，独持侃侃之论。虽于鄙人不无偏好，然风义笃厚，要当于古贤中求之耳，敬佩敬佩。"[④]这段话说的就是严修上疏恳请留任袁世凯之事。

---

① 廖一中整理：《袁世凯奏议》中册，天津：天津古籍出版社，1987年，第909页。

② 熊宗仁：《严修》，《清代人物传稿》下编第8卷，沈阳：辽宁人民出版社，1992年，第100页。

③ 卢弼：《清故光禄大夫学部左侍郎严公墓碑》，卞孝萱等：《民国人物碑传集》卷5，北京：团结出版社，1995年，第340页。

④ 全国公共图书馆古籍文献编委会编著：《袁世凯未刊书信稿》上，北京：中华全国图书馆文献缩微复制中心，1998年，第140页。

不久，北京有人来洹上村拜访，言谈中提及严修患病在身。袁世凯闻知非常着急，忙主动致信严修，劝其为国珍摄，并送上彰德土产四种。年底，袁世凯又主动致信严修问安，并送上北宋司马光的《司马文正传家集》和元初元好问的《元遗山中州集》两部珍贵的古籍善本。严修是藏书大家，其藏书之所名"蟫香馆"，袁世凯此举正是投其所好，也是对其表达感激和尊重。经过几年的交往，袁世凯对严修的人品和学问都相当信赖，甚至后来还请其陪同儿辈出国游学，足见两人友谊之深厚。除严修外，还有一个文人与袁世凯的交往也值得一提，他就是杨度。

杨度（1875—1931），字晳子，湖南湘潭人。杨度主张君主立宪，并因此被袁世凯推荐，成为颐和园宪政堂讲师。由于与袁世凯走得近，杨度被认为曾经与严修同赴车站为袁送行，此事值得商榷。在1910年8月16日复杨度的信中，袁世凯仅说"都门一别，迅已两年"。前面提到袁世凯在复严修的信中，是明确提到"车站相送"一节的，而在回复杨度时，仅提"都门一别"，显然是有所考虑的。要知道，袁世凯在处理信件时，每次都是思前想后，字斟句酌。反复修改后，才交手下缮写寄出。基于以上原因，可见杨度曾赴车站送别袁世凯之事值得商榷。

当然，无论杨度是否车站送别，袁世凯对其的态度始终充满尊重和关心。尊重，指的是其政治主张；关心，说的是其个人仕途。当时，杨度任宪政公会常务员长，提出"粤汉铁路官商合办，民间资本不足时，可借官款"的主张。这一主张遭到以张伯烈为首的湖北铁路协会等拒款派的强烈反对。1910年夏，杨度湖南省亲完毕，途经湖北时，险被张伯烈等袭击，幸得英国巡捕保护，才安全脱身。经此一事，杨度心灰意冷，打算退出政坛，并致函袁世凯寻求意见。

袁世凯回信时，首先肯定杨度的主张是"公论"，只是"不见谅于人"。不过袁世凯认为世界上永远有那么一伙人，总是盲目附和"偏激之徒"的倡议，至于"事之成败，言之践否，在所不计"。对此，连袁世凯也无奈道："社会现状如此，可为慨叹。"袁世凯还对杨度"退出政坛"的想法给予了驳斥："环顾时局，挽回补救，终赖才俊。愿益宏所蓄，以待时会，灰心思退，似觉未可。"为安慰杨度，袁世凯甚至主动邀请其秋凉时来洹上村一住："故人鸡黍，不妨一领略田家风味也。"[1]袁世凯引用唐代孟浩然诗作《过故人庄》中"故人具鸡黍，邀我至田家"之句，也许是向杨度含蓄地表达了自己"待到重阳日，还来就菊花"的志向。后来杨度成为袁世凯称帝时的重要辅臣，与两人早期这种牢固的友谊基础是密不可分的。

细心的您应该已经发现，袁世凯在与严修和杨度通信时，都使用了古诗句作典故，给人的感觉是他喜欢和善用古诗。没错。袁世凯不仅喜欢古诗，而且还喜欢作诗，他有10首诗被辑入《道咸同光四朝诗史》（下称《四朝诗史》）一书中。

说起袁世凯的10首诗入选《四朝诗史》，还有一则逸事。《四朝诗史》的主编名孙雄，时任文科大学监督、吏部主政，其人还是藏书家和文学家。1910年夏，孙雄致信袁世凯，表示要将其诗作编入《四朝诗史》。袁世凯在洹上村养病之余，常与亲朋吟诗作赋，积累了一些诗作。见孙雄来信，袁世凯心中大喜，但嘴上依然谦虚客气，称自己的作品"不过山野之间，自适其乐，未敢出以示人"。谦虚归谦虚，诗稿则通过亲家公周馥（字玉山）交给了孙雄。袁世凯本人则在回信时寄上白银200两，"聊助剞劂之费"。因《四朝诗史》的刊印乃众人集股而成，每股需银50两，共发50股。故袁世凯的200两银，相当于4股。但袁世凯还提出一个条件："《略例》中，断断不必登布也。"[2]意思是叮嘱孙雄在编写《四朝诗史》的《拟刊印道咸同光四朝诗史预约集股略例》（简称《略例》）时，不要提及袁的资助，也就是说袁世凯仅资助孙雄印书，但不在《略例》中留名。

袁世凯不愿在《略例》中留名，但他的诗作却实实在在地流传了下来。诗作有10首，碍于篇幅所限，无法一一介绍，就挑一首与袁世凯洹上养疴密切相关的《病足》吧。

① 全国公共图书馆古籍文献编委会编著：《袁世凯未刊书信稿》中，北京：中华全国图书馆文献缩微复制中心，1998年，第668页。

② 全国公共图书馆古籍文献编委会编著：《袁世凯未刊书信稿》中，北京：中华全国图书馆文献缩微复制中心，1998年，第666页。

病足

采药入名山，愧予非健步。

良医不可求，莫使庸夫误。

袁世凯洹上养疴近三年，在他的口中，"病足"始终未痊愈。同样未愈的而且注定无法痊愈的还有大清国的病体。1911年注定是中国近代史上最重要的一年。8月，四川保路运动爆发。10月10日，湖北武昌起义。很快，消息传到洹上村。袁世凯慨叹："川事未靖，鄂变方兴，怅望西南，杞忧奕极。"[1]袁世凯忧心忡忡，洹上人则认为袁东山再起的机会来了。

第四节　宦途有喜　钦差大臣

1911年10月14日，阮忠枢秘密到访洹上村。阮忠枢时任奕劻内阁参议，奕劻知其与袁世凯有深交，故派其来洹上村执行一项秘密任务——邀请袁世凯出山。

阮忠枢此行不仅带来了奕劻对袁世凯的问候，还随身携有一份监国摄政王载沣的密谕。密谕原文内容，如今已不可考。但从袁世凯10月15日《上庆邸书》中所说"承传监国摄政王密谕各节，感悚涕零，即捐弃顶踵，亦不足云报称万一"，以及"现赶加医治，一面料理筹备，一俟稍可支撑，即力疾就道"[2]等语分析，载沣密谕实际就是一份命令袁世凯出山的指示。

那么，当初不遗余力将袁世凯开缺回籍的载沣，此时为何会突然回心转意呢？时任内阁协理大臣徐世昌说："四川争路风潮扩大，庆邸及余（徐自谓）等自揣才力不胜，那相曾密推项城。"[3]那相即那桐。徐世昌所言不虚，

---

① 全国公共图书馆古籍文献编委会编著：《袁世凯未刊书信稿》下，北京：中华全国图书馆文献缩微复制中心，1998年，第1446页。

② 全国公共图书馆古籍文献编委会编著：《袁世凯未刊书信稿》下，北京：中华全国图书馆文献缩微复制中心，1998年，第1559页。

③ 张国淦：《辛亥革命史料》，北京：龙门联合书局，1958年，第269页。

庆亲王奕劻确曾于9月29日以"精力难胜"提出辞去内阁总理大臣等职。据时任军谘大臣、载沣七弟载涛回忆："那、徐两人均说,自己才力短拙,从前罢免之袁世凯,其才胜臣等十倍,若蒙特予起用,必可宏济艰难。"载涛还大为不解为何监国摄政王载沣对此"居然未加斥责"。显然,时局的动荡,以及皇族内阁①之不得人心,已经让载沣束手无策。武昌起义爆发后,盛宣怀、载泽等亦加入游说袁世凯出山之阵营。直隶总督陈夔龙处,亦有人前来游说,虽被其"严词拒之",②但可以想见当时确有一股力量在为袁世凯出山奔忙。还有一个迫使监国摄政王载沣回心转意的重要原因,那就是清廷捉襟见肘的财政状况,无法应付战争军饷的开支。而如果清廷想获得英德美法四国银行团的借款,则须听从他们的意见,如"请一个强有力的人(像袁世凯)出来协助"。③最后,北洋六镇④为袁世凯训练而成,唯其马首是瞻。以上诸因导致监国摄政王载沣回心转意,决定重新起用袁世凯。而洹上村内,对此却产生了两种意见。

袁克定、王锡彤(小汀)、杨度、阮忠枢等人主张拒绝此项任命。杨度说:"革命初起,袁公督师必一鼓平之,清之改善殆无希望。"小汀则言:"乱事一平,袁公有性命之忧。"此时,袁世凯已暗自决定复出,面对众人劝说,他怫然不悦,道:"余不能为革命党,余子孙亦不愿其为革命党。"⑤虽然信誓旦旦,但当清廷湖广总督的任命下来后,袁世凯却并不急于就任。

10月15日,袁世凯分别致信庆亲王奕劻和内阁总协理大臣,先是感谢湖广总督之任命,然后强调"唯所患旧恙,既未大痊,日来骤感秋寒,痰喘作烧,头眩心悸,精神恍惚,颇形委顿。现下赶紧调治,一面安筹布置,一俟

---

① 1911年5月8日,清廷颁布内阁官制,设立责任内阁。命奕劻为总理大臣、那桐和徐世昌为协理大臣、梁敦彦为外务大臣、善耆为民政大臣、载泽为度支大臣、唐景崇为学务大臣、荫昌为陆军大臣、载洵为海军大臣、绍昌为司法大臣、溥伦为农工商大臣、盛宣怀为邮传大臣、寿耆为理藩大臣。13位内阁成员中有9位满族,5位皇族,故奕劻内阁亦被揶揄为"皇族内阁"。

② 陈夔龙:《梦蕉亭杂记》,北京:中华书局,2007年,第116页。

③ [美]李约翰:《清帝逊位与列强》,孙瑞芹、陈泽宪译,北京:中华书局,1982年,第271页。

④ 武昌起义前,第一镇统制官何宗莲、第二镇统制官马龙标、第三镇统制官曹锟、第四镇统制官吴凤岭、第五镇统制官张永成、第六镇统制官吴禄贞(吴禄贞遇刺身亡后,李纯接任)。

⑤ 王锡彤:《抑斋自述》,郑州:河南大学出版社,第172页。

稍可支持，即当兼程南发。"①

在局势如此严峻之时，袁世凯为何会止步不前呢？一个重要原因就是湖广总督这个职务不仅难与其身份匹配，而且该职务还有职无权。清廷在发布上谕时，命袁世凯节制湖北军队。可湖北的军队多数已经归于黎元洪为都督的革命军政府，这一任命显然就是空头支票。上谕还命袁世凯会同陆军大臣荫昌、海军提督萨镇冰调遣水陆各军，这一命令显然将袁世凯置于从属地位，并没有给予其全权。袁世凯在与第二军总统冯国璋通信时，直言："至北去各军，均归荫帅统辖。兄仅有会同调遣之权……兄先拟请增调北洋续备军，编练应用。倘蒙部允，即须力疾督饬，迅速成营。彼时武汉果已光复，分防地面，亦必不可少之预备。"②显然，袁世凯等待的是可以独自调遣军队的权力。

袁世凯不仅等待，而且还积极争取。10月18日，清廷再命袁世凯"迅速调治，力疾就道"。③

同日，袁世凯具折谢恩，并提出《节略八条》，"大意谓无兵无饷，赤手空拳，何能办事？拟就直隶续备后备军，调集万余人，编练成军二十四五营，带往湖北，以备剿抚之用。又拟请度支部先筹拨三四百万两金，备作军饷及各项急需。并请军谘府军部，不可绳以文法，遥为牵制等语。"袁世凯为什么要提出《节略八条》？当时，武昌前线统帅是陆军大臣荫昌。袁世凯与荫昌虽然私交很好，荫昌在南下途中还特意到访彰德与其会晤。但袁世凯此时官仅湖广总督，地位在荫昌之下，还无军权。据他自己说是"仅有会同调遣之权，恐多推诿"。④这是袁世凯提出《节略八条》的主要原因。《节略八条》是袁世凯与张镇芳通信时明确提出并交张承办之事，白纸黑字，当为信史。还有一种说法，指10月20日徐世昌曾微服私访洹上村，密会袁世凯，

① 全国公共图书馆古籍文献编委会编著：《袁世凯未刊书信稿》下，北京：中华全国图书馆文献缩微复制中心，1998年，第1561页。

② 全国公共图书馆古籍文献编委会编著：《袁世凯未刊书信稿》下，北京：中华全国图书馆文献缩微复制中心，1998年，第1572页。

③ 《宣统政纪》，《清实录》第60册，北京：中华书局，1987年，第1112页。

④ 全国公共图书馆古籍文献编委会编著：《袁世凯未刊书信稿》下，北京：中华全国图书馆文献缩微复制中心，1998年，第1579页。

袁向其提出"袁六条",即开国会,组织责任内阁,宽容武昌事变人员,解除党禁,总揽兵权,宽予军费。①不过此说经徐世昌后人考证后,认为不实。您如果感兴趣,可以翻阅《读辛亥前后的徐世昌日记》一书,深入了解此事。

此时,对于清廷来说,武昌局势进一步恶化。也是在18日,驻汉口各国领事发布公告,给予湖北革命军政府交战团体地位,并宣布中立。何谓交战团体?交战团体是指一个国家内从事武装战争,控制部分地区,并且得到国际社会的承认,享有与交战国同样的外交权利,承担同样的国际义务。驻汉口各国领事的这份公告,在客观上支援了武昌起义,但对清廷来说,不啻于当头一棒。面对现实,清廷很快答应了袁世凯的《节略八条》的部分条件。

21日,清廷发布上谕,允许袁世凯在直隶、山东、河南等省招募壮丁12500人,依照武卫左军营制编为25营,作为湖北巡防军。并命度支部拨给银400万两为军饷。同时,还依袁世凯所请,调王士珍襄办湖北军务;令冯国璋迅赴彰德,筹商一切;命张锡銮、倪嗣冲、段芝贵、陆锦、张士钰、袁乃宽等悉归袁世凯调遣。

可以说,清廷已经将赌注全部押在了袁世凯的身上。袁世凯的要求得到满足后,即坐镇洹上,指挥调度。他先是将段祺瑞调赴湖北前线,协商军事;又命拨江宁新军快炮36尊和所有子弹解往鄂豫皖三省通衢——河南信阳。接着,袁世凯派冯国璋为第一军总统,开赴武昌前线;命段祺瑞为第二军总统,陆续开拔。此外,袁世凯还从奉天、直隶调拨13000杆枪和54尊火炮。不过,积极的军事布置并不能反映袁世凯当时内心的真实想法。10月23日,袁世凯曾对小汀说:"余甚稳健,对于革命党决不虐视,请公放心。"②袁世凯此言意味深长,引人联想。

---

① 郭廷以:《近代中国史事日志》,北京:中华书局,1987年,第1410页。
② 王锡彤:《抑斋自述》,郑州:河南大学出版社,第173页。

第九章　总理内阁

　　辛亥革命改变了中国，也改变了袁世凯的命运。从洹上出来，他不再是原来那个对清政府忠心耿耿的袁世凯，而是一个有了自己目的的袁世凯。他要做的事，几千年来有无数人做过——推翻前朝统治，但都没有达到他的高度，一个文明的高度——权力和平移交。

第一节　信使暗往　南北和谈

　　可是，调兵遣将之后，袁世凯本人依然坐镇洹上村，没有南下之意。这是为什么呢？时人一针见血地说道："夫今日项城之所以不行不止，亦行亦止，于用行之时而预定舍藏之约者，无他焉，以兵权之不划一也。兵权不划一，则天下笑。此项城之所以阴怀退志也。"①恰在此时，荫昌遇刺，袁世凯划一兵权的想法得以实现。

　　10月27日，清廷谕旨，授袁世凯为钦差大臣，所有赴武昌前线的水陆各军均归其调遣节制，并令军谘府和陆军部不得遥为牵制。至此，袁世凯《节略八条》全部得到满足，他也取代荫昌，成为武昌前线的最高统帅。

　　当天，袁世凯电报内阁将不日起程。同时他还叮嘱内阁，"请务镇静，

---

① 《论鄂中之兵权不一》，《申报》1911 年 10 月 30 日，《申报影印本》114，上海：上海书店，1983 年影印，第 1040 页。

毋使根本动摇，而后兵力方有可用"；"前敌不可轻举，以虚糜子药"。^①

次日，袁世凯开始与各省督抚通气。他先是致电东南各省督抚，称：

> "世凯现将力疾就道，尚祈遇事指示，以匡不逮。昨奉命节调沿江各军，而各处伏莽颇多，须统筹全局，不敢顾此失彼。尊处军队想足备弹压地方之用。"

然后通电各省督抚，称：

> "世凯此次奉命督鄂，正当武昌汉阳失陷，大局震动。时事阽危，何敢以病体固辞？现定日内誓师抵汉，先后承诸公分兵筹饷，共扶大局，甚感。特病衰如世凯，未悉能救时艰于万一否耳，还望诸帅远筹荩略，以匡不逮。抵汉后军事如何，容分别电陈，以慰荩念。"^②

袁世凯在洹上村除进行军事调度外，还派人前往武昌，主动与黎元洪沟通。袁世凯所派之人乃其幕僚刘承恩。刘承恩，字浩春，湖北襄阳人，北洋武备学堂出身，曾任湖北武建左旗第一营管带。袁世凯建立的这个沟通渠道非常重要，它不仅是袁、黎二人最初的交集，而且也是袁世凯和平解决武昌问题的一次尝试。刘承恩接到任务后，曾两次致书黎元洪。可惜的是，已无法找到这两封信的原文。此事《申报》亦做报道，称"闻有某大员派幕友持函密商黎元洪，询其改革中国之政见。黎定即日大集文武各员会议如何答复之法。外间盛传政府与革军议和或即因此。"^③

与革命军取得联系后，袁世凯对革命和善后做了一番思考，并向北京电寄

---

① 许恪儒整理：《许宝蘅日记》第1册，北京：中华书局，2010年，第371页。

② 《袁世凯以曾文正自居》，《申报》1911年10月26日，《申报影印本》114，上海：上海书店，1983年影印，第973页。

③ 《专电》，《申报》1911年10月29日，《申报影印本》114，上海：上海书店，1983年影印，第1024页。

一份密折。他写道："今日之危局不专在湖北一隅，亟宜顾全大局。目前之定乱商易，将来之善后最难。俟鄂事粗定，即望朝廷实行宪政，化除满汉界限，即如铁路国有政策亦宜暂缓，以顺人心，而安大局。"①其实，袁世凯说的这些清廷都在办理。比如主张铁路国有的邮传部尚书盛宣怀已被革职，至于实行宪政更是在资政院辩论得热火朝天，而内阁总理则风闻虚位以待袁世凯。

10月30日，袁世凯起程南下。当天，清政府发布一道"也许是中国历代朝廷发布的谕旨中最为屈辱的"②谕旨，俗称"罪己诏"。"罪己诏"称：

> "朕缵承大统，于今三载。兢兢业业，期与士庶同登上理。
> 而用人无方，施治寡术……区夏腾沸，人心动摇。九庙神灵，不安
> 歆飨。无限蒸庶，涂炭可虞。此皆朕一人之咎也。兹特布告天下，
> 誓与我国军民维新更始，实行宪政。凡法制之损益，利病之兴革，
> 皆博采舆论，定其从违。以前旧制旧法，有不合于宪法者，悉皆除
> 罢。"③

"罪己诏"既然坦诚"用人无方"，那么，最应改变的就是"皇族内阁"。果然，两天后，即11月1日，清廷分别开去奕劻、那桐、徐世昌的内阁总理及协理大臣职务，批准载泽、载洵、溥伦、善耆等的辞职请求。同时任命袁世凯为内阁总理大臣，要求袁在武昌前线略为布置后，即返京组织完全内阁，迅即筹划改良政治一切事宜。在此期间，仍由奕劻等办理内阁事务，袁世凯仍为武昌前线最高军事统帅。

这样的结果令时人大跌眼镜，有人论说：

> "袁世凯者，以前政府视为野心家者也，与现今之政府积不
> 相能，因而罢职蛰居。人均逆料，有现政府决不有袁世凯，有袁世

---

① 《要闻》，《申报》1911年10月30日，《申报影印本》114，上海：上海书店，1983年影印，第1042页。

② 胡滨译：《英国蓝皮书有关辛亥革命资料选译》上，北京：中华书局，1984年，第84页。

③ 《宣统政纪》，《清实录》第60册，北京：中华书局，1987年，第1151页。

凯，决不有现政府。不意今乃现政府以全权奉托袁世凯，而袁世凯亦以全力保卫现政府。"①

当天，袁世凯抵达湖北孝感。据《申报》报道，此日，袁世凯收到黎元洪复函。函称："公能以师来归，誓奉为临时大总统。如不能，则吾党今后之政策未便为公前告。"②显然，革命军不卑不亢的口吻中透露出对袁世凯个人的尊重，且"临时大总统"这一名号不久竟真的戴在了袁世凯的头上。

鉴于清廷做出重大让步，袁世凯命刘承恩第三次致信黎元洪，希望和平了结武昌之事。不久，黎元洪回信拒绝，称"元洪与诸将士均不敢奉命"。③黎元洪的拒绝并未让袁世凯放弃和平解决之努力。

11月2日，袁嘱刘承恩和张彪"致函黎元洪，招其归顺，使洋人送往"。④不久，收到黎元洪复函，"称现开会议，一二日定局再告"。袁世凯觉得黎元洪"语气尚恭顺，然匪心叵测，战备仍不敢懈"。⑤袁世凯始终贯彻清廷"剿抚并进"的政策，但"抚"这方面的进展甚微，连朱尔典也认为虽然"袁世凯与起义军首领之间交换了信件，但起义军首领表现出不乐于答复他提出的建议"。⑥

当天，清廷任命王士珍为湖广总督，命袁世凯回京。但袁世凯则令各军停止前进，向民军宣布朝廷德意。甚至派段芝贵为议和委员，前往武昌面见黎元洪，"许其弃甲罢战，当予以中国海陆军全权大臣，全国军政统归节制"，据说，"黎都督笑而却之"。⑦还有一说，指袁世凯派人议和，出具四

① 《意想以外之时局》，《申报》1911年11月4日，《申报影印本》115，上海：上海书店，1983年影印，第49页。

② 《专电》，《申报》1911年11月3日，《申报影印本》115，上海：上海书店，1983年影印，第34页。

③ 渤海寿臣：《实行立宪汇编》，沈云龙主编：《近代中国史料丛刊第42辑》，中国台北：文海出版社，1969年，第168页。

④ 卞孝萱辑：《闵尔昌旧存有关武昌起义的函电》，中国科学院历史研究所第三所：《近代史资料》第1期，北京：科学出版社，1954年，第67页。

⑤ 卞孝萱辑：《闵尔昌旧存有关武昌起义的函电》，中国科学院历史研究所第三所：《近代史资料》第1期，北京：科学出版社，1954年，第67页。

⑥ 胡滨译：《英国蓝皮书有关辛亥革命资料选译》上，北京：中华书局，1984年，第84页。

⑦ 《专电》，《申报》1911年11月8日，《申报影印本》115，上海：上海书店，1983年影印，第112页。

条件，即实行立宪、资政院内满人不操大权、各军兵士一例赦罪、革党领袖暂行赦罪。据说，黎元洪"阅毕大笑，掷之于地"。然后，作书复袁，称："我军直抵北京后与公议和未迟。"①

7日，刘承恩的侦探王洪胜获准渡江与黎元洪面谈。会谈后，黎元洪邀请刘承恩来武昌与其会谈，这表示黎元洪的和解之门已经打开。8日，黎元洪致书袁世凯，劝其赞助革命，并拥护其为总统。黎元洪以其人之道，还治其人之身，想将袁世凯拉入革命阵营。袁世凯对此不屑一顾。

武昌前线需要袁世凯，北京更离不开他。就在袁世凯与革命军相持之际，北京多次要求其返京就任内阁总理大臣一职，遭其婉拒。8日，资政院根据新编宪法，投票选举内阁总理大臣，共92张选票，袁世凯获得78张。候选人黄兴、岑春煊、王人文各得2张；那桐和铁良各得1张。②9日，清廷重新任命袁世凯为内阁总理大臣。当天，袁世凯起程北上。

袁世凯虽然赴京，但他的和平了结的政策依然在执行。11日，刘承恩和海军部军制司司长蔡廷干来到武昌与黎元洪进行和谈。会谈后，黎元洪致书袁世凯一封，令刘、蔡二人赍回。信中，黎元洪首先痛斥满人奴役汉人，声明即使实行立宪也不容满人参与；其次忠告袁世凯要心系汉族，知有汉人，对清廷反戈一击；最后为袁世凯献计两条，阻其回京。整封信没有丝毫准备和解的意思。

黎元洪口中的种族革命，袁世凯早有警惕，他曾电奏"请将政治革命及种族革命分析清楚"。③11日，清廷降旨，称"匪众炮攻不绝，坚守种族革命，毫无顾忌各节，若如所奏，实属军民公敌，难予姑容"，并"传谕王士珍、冯国璋乘此军心忠愤，相机还攻，以期扫除军民公敌"。13日，清廷再下谕旨，称"持种族革命之说者，意在离间满汉，激成仇衅。祸变相寻，必使大局糜烂，而后快其私心，势不至同归于尽不止，实与改革政治，力谋国

---

① 《要闻》，《申报》1911年11月12日，《申报影印本》115，上海：上海书店，1983年影印，第171页。

② 《译电》，《申报》1911年11月10日，《申报影印本》115，上海：上海书店，1983年影印，第142页。

③ 许恪儒整理：《许宝蘅日记》第1册，北京：中华书局，2010年，第375页。

利民福者，用意迥殊，判然两事"。①可以看出，清廷乃至袁世凯已经找到合适的借口攻打民军了。

袁世凯回京之路并不顺畅。由于战争原因，京汉铁路部分路段遭到破坏。邮传部闻讯立即命令各地站长妥善保护桥梁山洞，保证袁世凯顺利进京。13日下午5时20分，袁世凯到京。前往车站迎接的是外务部邹嘉来等。次日，隆裕太后召见袁世凯，劝其就任内阁总理大臣一职。随后，摄政王载沣召见袁世凯。这是袁世凯1908年"回籍养疴"后，第一次与载沣见面。见面时，载沣夸袁为中国的"俾斯麦"。如此恭维，显见清廷欲依仗袁世凯一人矣。

15日，袁世凯会见英国公使朱尔典，表示将"用武力促使双方妥协"。②此时，黄兴已在武昌登坛拜印，就任战时总司令。可惜的是，由于缺乏军事经验，加之武器装备落后，黄兴一败汉口，二败汉阳，于11月27日离开武昌东去。

攻下汉阳后，冯国璋想乘胜追击，进攻武昌，却被袁世凯从北京打来长途电话叫停了。原来，英国公使朱尔典出面，提议南北双方停战，讨论和局。11月31日，袁世凯致电冯国璋，称："我军既未渡江，英使领现出调停，按公理未可拒绝。"那么，事情真如袁世凯所说吗？其实不然。袁主动接受议和，其实另有目的。

第二节　精卫暗交　思想摇摆

如果说袁世凯之前主动派人沟通黎元洪劝降是贯彻清廷"剿抚并进"的政策的话，进京之后，他的思想却发生了变化——本来主张君主立宪的袁世凯，现在已经开始对君主立宪和民主立宪如何选择产生犹豫和摇摆。为什么这样说呢？因为袁世凯11月13日抵京，15日杨度和汪精卫即宣布成立"国事共济会"。可以说，汪精卫的出现是造成袁世凯思想摇摆的始因，"国事共济会"

---

①　《宣统政纪》，《清实录》第60册，北京：中华书局，1987年，第1186页。

②　李丹阳译注：《英国外交档案摘译：武昌起义后袁世凯父子与英国公使的密谈》，《档案与史学》2004年第3期，第65页。

则是袁世凯思想摇摆的表现。故，先说汪精卫，再谈"国事共济会"。

汪精卫（1883—1944），本名汪兆铭，广东三水人。精卫是其在同盟会机关报《民报》上使用的笔名之一。汪精卫是当时著名的革命党人，他追随孙中山先生，参与同盟会的成立工作，是同盟会章程的起草人之一，也是孙中山亲自任命的同盟会评议部部长。1910年3月，汪精卫等人密谋暗杀监国摄政王载沣，事不成，被捕入狱。幸得肃亲王善耆的保护得免一死。1911年10月30日，清廷发布"罪己诏"后，政治犯得以赦免，汪精卫出狱。出狱后，汪精卫与袁克定结识，[①]得以觐见袁世凯并为其讲解民主立宪的本质。据时任统计局副局长、著名历史学家张国淦回忆："汪每晚饭后七八时谒袁，十一二时辞出，初只言共和学理，谈至三夜，渐近事实。"此后，汪精卫还推荐同盟会会员魏宸组为袁世凯进行深入讲解，"袁渐渐不坚持君主，最后不言君主，但言中国办到共和不易"。汪、魏二人对袁说："中国非办共和不可，共和非公促成不可，且非公担任不可。"汪、魏对张国淦说："袁最初推让，后亦半推半就矣。"[②]正是在汪精卫的讲解之下，袁世凯才对民主立宪从不知到粗知再到赞助"国事共济会"的成立。

再说"国事共济会"。该会的发起人杨度和汪精卫曾是东京政法大学速科班的同学，但两人的政治思想迥异。杨度是君主立宪制的狂热拥趸。在东京时，孙中山慕其名，曾与其长谈三天三夜，都无法撼动其君主立宪的梦想。作为同学，汪精卫则主张民主立宪制。两人不同的政治思想，恰是当时中国社会思想矛盾的反映。《国事共济会宣言》即说："中国自有立宪问题发生，国中遂分为君主立宪、民主立宪两党。"这点正是"国事共济会"成立的社会基础。"国事共济会"主张成立国民大会，将两党不同的政见，诉诸民意，"不以兵力解决，而以和平解决"。[③]可见，"国事共济会"是以和平为号召，来解决中国的问题。虽然它仅存在20天（1911年12月5日该会宣布解散），但却为南北停战和谈，甚至为袁世凯日后当选临时大总统，都做了很多工作。其中，尤以朱芾煌一事最为典型。

---

① 一说是袁世凯命袁克定接汪精卫出狱，袁克定和汪精卫还结拜为异姓兄弟。

② 沈云龙：《民国史事与人物论丛》，中国台北：台湾传记文学出版社，1981年，第6页。

③ 刘晴波编：《杨度集》，长沙：湖南人民出版社，1986年，第538页。

1911年11月29日，革命党人朱芾煌奉袁世凯之命[1]来到武昌，会见湖北军政府大都督黎元洪，并向其递交汪精卫密函。汪函内书有三事，即南北联合、清帝逊位、推举袁世凯为临时大总统。黎元洪召集众人开会讨论，"佥谓如袁公实行南北联合，推倒满清政府，我等愿举袁公为大总统"。[2]当时，南北两军正在交战，朱芾煌亲自前往北军统帅冯国璋处，声称自己是袁世凯所派联合南北两军代表，要求其停战。冯国璋对朱芾煌的身份非常怀疑，便将其专车押往北京。朱到京第二天，即11月31日，袁世凯电令冯国璋停止进攻武昌。12月1日，朱芾煌自京返鄂。

当时还在美国读书的胡适先生对朱芾煌的事迹赞赏不已。胡适先生在其日记中说：

> "读《朱芾煌日记》，知南北之统一，清廷之退位，孙之逊位，袁之被选，数十万生灵之得免于涂炭，其最大之功臣，乃一无名之英雄朱芾煌也。"[3]

此后，南北双方经过一轮沟通，于12月6日达成停战五条件，并约定以唐绍仪为袁世凯的代表，与黎元洪本人或其代表讨论议和事宜。当天，隆裕太后批准监国摄政王载沣辞职，以醇亲王归邸，不再参与政治。革命的力量将载沣赶下了台，替袁世凯报了三年前之仇。不过，袁世凯的目标远大于此。他要的不仅是载沣的下台，他还要整个清王朝的倒台，然后由他本人来做说一不二的大总统。当然，凡事要一步一步地向前走。与南方议和能否成功，是其能否当上大总统的关键一环。且看他如何布置，运筹帷幄。

就在载沣下台的第二天，清廷任命袁世凯为议和全权大臣，他也成为清朝268年历史上权力最大的汉官。当天，隆裕太后对袁世凯说："余一切不能深知，以后专任于尔。"[4]袁世凯就任后，即按事先约定委托唐绍仪为全权大

---

[1] 一说系奉袁克定之命。

[2] 李国镛：《李国镛自述》，《近代史资料》总25号，北京：中华书局，1961年，第507页。

[3] 胡适：《胡适留学日记》，上海：上海书店，1947年，第129页。

[4] 许恪儒整理：《许宝蘅日记》第1册，北京：中华书局，2010年，第382页。

臣总代表，严修、杨士琦为代表（严修未就是职）；汪精卫、魏宸组、杨度为参赞。袁世凯的议和代表团仅有五人，却有两人是同盟会高层。当然，汪精卫虽在北方，却与南方的黄兴等人保持书信联系。

9日，黄兴复电汪精卫，明确表示倘袁世凯与民军一致行动，迅速推倒满清政府，"中华民国大总统一位断举项城无疑"。[1]显然，在黄兴眼里，汪精卫是民军与袁世凯沟通的中间人。但富有戏剧性的一幕是，南北和谈开始后，汪精卫却成为北方总代表伍廷芳手下的四名参议之一。

不过，凡事都是一波三折，南北和谈自然概莫能外。当唐绍仪一行抵达汉口时，伍廷芳却表示在上海无法脱身，并通过美国使领馆电告袁世凯，请唐绍仪来沪进行和谈。14日，唐绍仪一行离汉赴沪。唐绍仪前脚刚走，一个神秘人物后脚也来到了汉口。他的出现为段祺瑞成为"一造共和"的功臣，甚至为保证袁世凯当选中华民国临时大总统都起到具有决定意义的作用。他就是廖宇春。

第三节　黄段暗通　共和倾向

廖宇春，生于1870年，字少游，江苏松江人（今上海人）。廖早年留学日本，回国后，分别辅佐冯国璋、段祺瑞办理北洋军校前后达10年之久，官至直隶陆军学堂总办。廖鉴于当时南北形势，乃与云南总参议靳云鹏、保定陆军预备大学堂总办张鸿逵密商，以国利民福为前提，游说于两方面。廖亲自拟定和议四条件，即保存皇室之尊荣；组织共和政体，公举袁项城为临时总统；优待战时之将士；恢复各省之秩序。[2]商议妥当后，靳云鹏先往汉口会晤段祺瑞。廖与张赴京与云南临元镇总兵孔庆塘、京师红十字会会员夏清贻密会磋商，认为和议四条件需"北洋三杰"王士珍、冯国璋、段祺瑞赞成方可。时王士珍在京，冯、段在汉，于是决定孔庆塘即赴汉口为靳云鹏后援；

---

　　① 李新总编：《中华民国大事记》第1册，北京：中国文史出版社，1997年，第168页。

　　② 廖少游：《新中国武装解决和平记》，中国社会科学院近代史研究所近代史资料编辑组：《近代史资料专刊——辛亥革命资料类编》，北京：中国社会科学出版社，1981年，第352页。

张鸿逵留在北京、保定游说军界；廖、夏先赴汉口，再往上海。

唐绍仪14日离汉赴沪，廖、夏、孔三人于15日一早抵达汉口。说来也巧，当天正好是冯国璋卸任第一军总统一职北上之期，也是段祺瑞正式以湖广总督兼任第一军总统之时。很多人都以为这是袁世凯主持的一次正常人事调动，其实不然，内中大有玄机。

什么玄机呢？表面上看，撤回冯国璋是因其有火烧汉口之举，如果此时仍让其镇守汉口，恐南方会认为北方缺少诚意，导致和谈失败。这个借口冠冕堂皇，冯国璋也能体谅。但冯国璋不知道的是，早在他将朱芾煌押回北京之时，也许袁世凯就已经动了撤换他的念头。请注意，在这里用的是"也许"，因为这个结论只是历史学家的猜测，尚无史料佐证之。当然，这个猜测非常符合接下来的历史轨迹，故在此提及。

撤冯国璋北上，留段祺瑞总统第一军，是袁世凯下得最关键的一步棋。因为在冯和段之间，袁世凯与段更为亲近，也更信任。举例来说，袁世凯在洹上村养疴三年，冯国璋仅与其通过二封信，一次是冯夫人和母亲相继去世；另一次就是袁世凯接到出山命令之后，可以说，两人之间的交往还停留在应酬范围。反观段祺瑞，袁世凯养疴三年中，与其通信八次，涉及的多是家务事，比如委托段牵头办理袁世廉祠堂事等。由于段祺瑞与袁走得近，所以袁的所思所想，他也能够准确把握。

15日，廖宇春会晤段祺瑞密陈和议四条件。由于有靳云鹏的事先说明，所以段祺瑞很快就点头同意。第二天，廖、夏二人便乘船前往上海。20日，廖、夏与黄兴代表顾忠琛晤谈。顾忠琛出示黄兴委任状一封，上书"兹委任顾忠琛君与廖宇春君商订一切"，落款处书"十一月初一日"和"黄兴"签名，并在签名之下盖"黄兴之印"章。

顾忠琛还向廖、夏转达了黄兴的态度："前次各省推举某为临时总统，某所以坚辞不受者，正虚席以待项城耳"。顾忠琛还说："前黄公致汪精卫书，颇主推袁。"之后，廖、夏向顾提出条件四款，其中有"组织共和政体，公举袁项城为大总统"一语。双方就此展开讨论，认为"决议袁项城一层，无须明言"。最后，确定条件五款：确定共和政体；优待清帝；先推翻清政府者为大总统；南北满汉出力将士，各享其应得之优待，并不负战时害敌之责任；同时组织临时议会，恢复各省秩序。[1]双方签字画押后，就此告别。廖嘱夏留沪处理未尽事宜，自己则火速赶回汉口。

12月23日，廖宇春谒见段祺瑞于汉口第一军司令部。听过廖的叙述，段问："项城焉肯出此？"廖答："项城只可居于被动地位，而主动者，即在公耳。"据廖描述："段公意甚动，然犹阳以军人不便干预政治为词。"显然，段祺瑞态度审慎，并未透露出其政治倾向。廖宇春颇感扫兴。第二天，他先是上书给段，叙说整个事情原委。当晚，又密会段于寝室。段说："所言甚善。但项城立于最危险之境，不可不慎耳。"廖说："只要我公居于主动地位，项城之危，不难解也。"段祺瑞表示同意。廖也非常高兴，当下致电留沪的夏清贻，表示"议订条件，段公极满意"。[2]此时，靳云鹏出差未回，廖宇春拟等待一二日后，北上进京。

可以说，廖宇春等人运动段祺瑞襄赞共和是成功的，也是袁世凯后来得以获任中华民国临时大总统的关键一步，也是清帝逊位的一个重要因素。廖宇春运动段祺瑞取得重大突破，那么唐绍仪在上海的和谈进行得如何呢？

第四节　先培暗杀　清帝逊位

由于南方总代表伍廷芳坚持"承认共和政体"为双方和谈前提，谈判陷入停顿状态。唐绍仪内心倾向共和，但身为北方总代表还无法越俎代庖替清廷做主，为此他连续五次致电内阁，希望北京方面尽快作出决定。当然，唐绍仪也在想办法。24日夜，唐绍仪邀请汪精卫、魏宸组、张国淦等人密会，商讨解决办法。张国淦提出召开国民大会进行公决。唐绍仪认为是个好办法，遂告知伍廷芳。伍表示同意。于是，唐密电袁世凯，"袁复电同意，故

---

① 廖少游：《新中国武装解决和平记》，中国社会科学院近代史研究所近代史资料编辑组编：《近代史资料专刊——辛亥革命资料类编》，北京：中国社会科学出版社，1981年，第366页。

② 廖少游：《新中国武装解决和平记》，中国社会科学院近代史研究所近代史资料编辑组编：《近代史资料专刊——辛亥革命资料类编》，北京：中国社会科学出版社，1981年，第369页。

有初八日（12月27日）召集临时国会之电"。①张国淦在这里的记述有误，召集临时国会之隆裕太后懿旨是宣统三年十一月初九日（12月28日）所发。

29日，各省都督府代表联合会投票选举孙中山为中华民国临时大总统。30日，该会委托伍廷芳答复唐绍仪，"因已选举临时大总统，已足见国民多数赞成共和"，②毋庸再开国民大会。不过，这个插曲并未影响南北和谈的进行。

30日，伍、唐议定国民会议产生办法4条，是为南北和谈第四次会议。次日，举行第五次会议，议定开会地点为上海。袁世凯极力反对第四、五次会议决议，并将内阁所拟的选举法九条电沪，还明确表示开会地点必须在北京。31日，唐绍仪等议和代表联名辞职。

1912年1月2日，袁世凯入对。隆裕太后说："我现在已退让到极步，唐绍仪并不能办事。"袁世凯说："唐已有电来辞代表。"隆裕太后说："可令其回京，有事由你直接办。"③当天，袁世凯批准唐绍仪的辞呈，并电告伍廷芳，嗣后将与其直接磋商和谈事宜。不过，唐绍仪并未立即北还，他依然留在上海充当双方沟通的桥梁。

说了这么多，肯定有读者要问：袁世凯本人到底主张何种政体？对袁世凯这样的权力崇拜者来说，只有能帮助他达到权力顶峰的政体，才是他所需要的。此时南方坚持共和，还选了孙中山为临时大总统，但孙知晓黄兴与袁世凯有关总统一职的约定，并向参议院声明，政体解决，立即逊位。南方有承诺，北方怎么办呢？

别忘了，与廖宇春一起到汉口运动段祺瑞的还有一人——靳云鹏。1月7日，靳云鹏抵京，代表第一军，要求共和。次日，靳云鹏谒见袁世凯。袁世凯初反对，进而询问段祺瑞的态度。靳云鹏据实以答，袁大惊："军心胡一变至此，将置余于何地，若欲使余欺侮孤儿寡妇，为万世所唾骂，余不为也。"④嘴上虽说"不为也"，但袁世凯并未阻止靳云鹏前去说服极力主战的

① 张国淦：《辛亥革命史料》，北京：龙门联合书局，1958年，第292页。

② 李新总编：《中华民国大事记》第1册，北京：中国文史出版社，1997年，第172页。

③ 许恪儒整理：《许宝蘅日记》第1册，北京：中华书局，2010年，第387页。

④ 廖少游：《新中国武装解决和平记》，中国社会科学院近代史研究所近代史资料编辑组编：《近代史资料专刊——辛亥革命资料类编》，北京：中国社会科学出版社，1981年，第377页。

王士珍、冯国璋等人。可以这么说，有了段祺瑞在前线支持共和，袁世凯到时既可顺水推舟，还不会留下欺侮孤儿寡妇的名声。

不过，袁世凯在政体问题上的暧昧举动引起了两方面人士的不满。一方面是宗社党。北京的宗室良弼、载涛等人为挽救清廷的统治，反对共和政体，于1月12日，成立"宗社党"。他们专门针对袁世凯，在北京酝酿暴动；另一方面是革命党人。1月16日，袁世凯在紫禁城入对后，出东华门外丁字路口时，遇到革命党人杨禹昌、黄之萌、张先培等的炸弹袭击，袁卫兵当场死亡三人，伤数人。杨、黄、张等被捕死难。

袁世凯遇袭后，京中反对共和的势力更加猖獗。宗社党甚至上书袁世凯，称"欲将我朝天下断送汉人，我辈决不容忍，愿与阁下同归澌灭"。[①]宗社党人并非仅是言语恐吓，他们联络禁卫军步军统领游缉队，准备以武力谋袁。时袁世凯卫队仅一标二营，人数不足3000，与宗社党相比，势力稍弱。

廖宇春见此，颇觉危险，即与袁世凯的军事参议傅良佐密商，准备向驻滦州的第三镇统制曹锟求援。曹锟是袁世凯的忠实部下，而且善于揣摩袁之所想所需。袁世凯在洹上村养疴三年，需要山参进补，时常委托驻海参崴总领事桂芳购买，非常麻烦。虽然逢年过节袁世凯收到的各种山珍土货很多，但唯有曹锟一人送过"梅花鹿两只，山参三匣"。以往，袁世凯对贵重礼物一概拒绝不收，但这次对曹锟却例外。袁世凯收下心仪的礼物后，非常高兴，回信称："唯是此等珍异之物，受之心实不安。嗣后千万不可再施，是所切嘱。"[②]由此可见，曹锟虽然是布贩出身的武将，但其心思细腻，情商很高，后来成为直系军阀之首、中华民国总统也非偶然。当然，通过这件小事，也可管窥曹锟与袁世凯非同一般的私人关系，这也是廖宇春滦州一行能够成功的主要因素。

1月26日，廖宇春携带傅良佐密函抵达滦州，面晤曹锟，尽述项城之危，并出示傅良佐函。曹锟阅罢，点头允诺，但他粗中有细，当着廖宇春的面致电内阁，称："锟闻西匪猖獗，拟即统兵入卫。"深夜，内阁复电，允曹锟

----

① 廖少游：《新中国武装解决和平记》，中国社会科学院近代史研究所近代史资料编辑组编：《近代史资料专刊——辛亥革命资料类编》，北京：中国社会科学出版社，1981年，第383页。

② 全国公共图书馆古籍文献编委会编著：《袁世凯未刊书信稿》中，北京：中华全国图书馆文献缩微复制中心，1998年，第605页。

带一标入京，驻扎天坛附近。其实，曹锟在等内阁复电时，已经命部队准备出发，当廖宇春得知此节后，大为赞赏。曹锟却说："余实不知宫保之意主张共和，若早知之，我进兵娘子关何为哉！"①②所谓进兵娘子关，乃指武昌起义后，曹奉命开赴娘子关镇压革命之事。曹锟答允出兵入卫，对袁世凯身处的险境来说，不啻于一件天大的喜事。

当天，对袁世凯来说，还有另外一件喜事。宗社党主要负责人良弼在自宅内，被同盟会会员彭家珍投掷炸弹，重伤腿部，二日后身亡。京中王公宗室闻讯后，纷纷出京，四处躲避。而袁世凯方面的声势，则因彼消己长，在27日达到一个高潮。

27日夜，曹锟率部入京，给袁世凯吃了一颗定心丸。与这颗定心丸相比，段祺瑞当天则向清廷下发了病危通知书。段祺瑞以第一军总统的名义，联合各军共14万人，电奏北京，要求共和，列名的北洋将领达46人。从此，段祺瑞有了"一造共和"的美名。王士珍怀疑段之奏折乃其左右青年人伪造，询之袁世凯。袁派人致电段，"段不答，始信之"。③

段祺瑞的奏折加速了清政府灭亡的步伐。除段外，袁树勋、岑春煊、陆徵祥等也曾上奏请速定共和。2月3日，隆裕太后授袁世凯全权，与南京临时政府研究清帝退位条件。经过一番讨价还价，双方终于就退位条件达成一致。2月12日，清宣统帝溥仪退位。当天，隆裕太后发布退位诏，内称"袁世凯前经资政院选为总理大臣，当兹新旧代谢之际，宜有南北统一之方，即由袁世凯以全权组织临时共和政府，与民军协商统一办法"。④

翌日，身在南京的孙中山兑现诺言，向临时参议院提出辞呈，并推荐袁世凯继任临时总统。2月15日，南京临时参议院选举袁世凯为第二任临时大总统。但当上大总统的袁世凯并不轻松，他面临的第一个大问题就是"定都之争"。

---

① 廖少游：《新中国武装解决和平记》，中国社会科学院近代史研究所近代史资料编辑组编：《近代史资料专刊——辛亥革命资料类编》，北京：中国社会科学出版社，1981年，第386页。

② 曹锟的第三镇本主张东北长春，辛亥革命爆发后，袁世凯调其赴娘子关镇压革命，曹锟遂驻滦县。

③ 廖少游：《新中国武装解决和平记》，中国社会科学院近代史研究所近代史资料编辑组编：《近代史资料专刊——辛亥革命资料类编》，北京：中国社会科学出版社，1981年，第388页。

④ 《宣统政纪》，《清实录》第60册，北京：中华书局，1987年，第1293页。

第十章　总统民国

从一朝臣子到一国元首，如此重大的身份转变似乎并未能令袁世凯兴奋许久。很快，他便面对了作为国家元首应该面对的所有问题：外交、民生、金融、军事、政治、政党等。怎么办？是向前走还是走回头路，他需要一个答案。

第一节　定都之争　北京兵变

清帝退位后，孙中山即践前约辞职，让大总统位于袁世凯。1912年2月13日，孙中山在《咨参议院辞临时大总统职文》里提出三个附加条件，即：

1.临时政府地点设于南京，为各省代表所议定，不能更改；

2.辞职后，俟参议院举定新总统亲到南京受任之时，大总统及国务各员乃行辞职；

3.临时政府约法为参议院所制定，新总统必须遵守颁布之一切法制章程。①

那么，孙中山为何要求袁世凯必须在南京就任临时大总统呢？原来，孙中山对清帝"退位诏书"中"由袁世凯以全权组织临时共和政府"一句非

---

① 《咨参议院辞临时大总统职文（1912 年 2 月 13 日）》，广东省社会科学院历史研究室、中国社会科学院近代史研究所中华民国史研究室、中山大学历史系孙中山研究室合编：《孙中山全集》第 2 卷，北京：中华书局，1982 年，第 84 页。

常反对，称"众不乐闻"，认为清政府已失去合法性，袁世凯之权力应该从合法的南京临时政府手中取得，所以孙中山特别强调"临时政府地点设于南京"。简单地说，这是孙中山欲通过袁世凯南下就职，确定南京临时政府的合法地位。

谁知袁世凯的反馈未至，南京临时参议院的当头棒喝先到。2月14日，南京临时参议院开会选定临时政府地点问题，28票中有20票赞成将临时政府设于北京，而赞成南京者仅有5票。这个结果不仅让孙中山等人大失所望，更体现出南京临时政府与临时参议院之间的矛盾。次日，经孙中山咨请临时参议院再次表决，终于确定南京为临时政府地点。当天，临时参议院还选举袁世凯为中华民国第二任临时大总统。孙中山得到临时参议院的报告后，立即致电祝贺袁世凯，并称"现派专使奉请我公来宁接事"。①

请注意，孙中山是将南京作为临时政府所在地，而非国都。正如孙中山对反对定都南京的章太炎所说："公等所持大都系永久之说，此自可俟将来国民会议之。"②可见，孙中山主张将来由国民会议确定首都问题。不过，当时各界显然已将临时政府地点和首都画为等号，似乎无人注意到孙中山的"临时"和"永久"之别，于是"迎袁南下"演变成一场"定都之争"。

袁世凯不愿南下，加之北京外交团亦反对其南下，其内心自然多了一份底气。对于"迎袁专使"，袁世凯表现得非常热情，准备与专使们"面商一切"，并询问"专使何人，何日启程"。③"迎袁专使"共九人，即欢迎专使、教育总长蔡元培，以及欢迎员八人，他们是外交次长魏宸组、海军顾问刘冠雄、参谋次长钮永建、法制局局长宋教仁、陆军部军需局局长曾昭文、步兵第三十一团团长黄恺元、湖北外交次长王正廷、前议和参赞汪兆铭。陪

① 《致袁世凯电二件（1912年2月15日）》，广东省社会科学院历史研究室、中国社会科学院近代史研究所中华民国史研究室、中山大学历史系孙中山研究室合编：《孙中山全集》第2卷，北京：中华书局，1982年，第98页。

② 《复章太炎函（1912年2月22日）》，广东省社会科学院历史研究室、中国社会科学院近代史研究所中华民国史研究室、中山大学历史系孙中山研究室合编：《孙中山全集》第2卷，北京：中华书局，1982年，第121页。

③ 《南京临时政府公报》，中国科学院近代史研究所史料组编辑：《近代史资料》总25号，北京：中华书局，1961年，第162页。

同九人北上的是前北方议和总代表唐绍仪。

27日中午12时30分，蔡元培偕众欢迎员抵京，袁世凯命开曾经专为清帝出入的正阳门，供欢迎专使通行，并派赵秉钧等13人作为招待欢迎专使人员，可谓礼遇优崇。下午2时，袁世凯着军礼服亲自会见蔡元培一行，并表示一旦北方情形稍为平定，即前往南京。次日，袁世凯开茶话会，款待蔡元培一行，再次表达南下愿望。表面上看，迎袁专使的工作非常顺利，实则危机暗伏。

29日夜，驻扎在北京的曹锟所部陆军第三镇第九标炮营和辎重营突然兵变，他们肆意开枪放炮，沿途挨户强抢，金店首饰店银楼十室九空。甚至蔡元培等人的驻地也未能幸免，遭到了持枪士兵的强行闯入，行李文件等物颇有损失，甚至有个别欢迎员走失。蔡元培一行于次日晨移驻六国饭店，以防不测。就连袁世凯本人当晚也是惊慌失措。

原来，兵变发生后，负责袁世凯保卫的第三镇第十标一营的士兵响应变兵，就在石大人胡同袁世凯公署附近放起枪来。当时，袁世凯的内政秘书许宝衡正在打电话查询兵变原因，忽听枪声近在咫尺，"遂与总统避入地穴内"。①直到枪声远去，袁世凯等人才从地下室内出来。是晚发生的兵变，史称"北京兵变"。事实上，此次兵变发起于北京，但很快波及天津、保定甚至苏州。至于此次兵变的起因，有减饷说、剪发说等，但舆论多认为这是一场袁世凯为拒绝南下而导演的一场闹剧。唐绍仪甚至亲耳听到了袁世凯与曹锟关于兵变的对话。

唐绍仪说："当时兵变发生，南代表束手无策，促予黎明访袁。予坐门侧，袁则当门而坐，曹锟戎装革履，推门而入，见袁请一安。曰：报告大总统，昨夜奉大总统密令，兵变之事，已办到矣。侧身见予，亦请一安。袁曰：胡说，滚出去。予始知大总统下令之谣不诬。"②此说为刘成禺所记，流传很广，但真伪尚待考证。不过，考证此说真伪及考证北京兵变到底何人为幕后指使，是个大题目，碍于篇幅所限，这里不能赘述。

兵变发生的次日，袁世凯即致电南京向孙中山做了情况说明。他说：

---

① 许恪儒整理：《许宝衡日记》第2册，北京：中华书局，2010年，第398页。

② 刘成禺：《世载堂杂忆》，北京：中华书局，1997年，第171页。

"昨夕三时,第三镇驻城内两营因误听谣言哗变,抢掠城内外街市,继以放火。旋经弹压,秩序业已回复。蔡专使所驻法政学堂,适在闹事左近,亦被抢掠;蔡公及同行诸君均分途避出,幸各无恙,今晨移寓六国饭店。事出仓促,又在夜间,防范不周,至为歉疚。除派员妥为照料,并严惩乱兵外,特先电闻,希转知各省,勿听谣言。"①当天,蔡元培致电南京等处,报告所有欢迎员均平安无恙。

北京的局势让外国公使们感到恐慌,为保证安全,他们纷纷调兵入京。3月3日,英、美、法等国从天津租界各调200人入京;德国不甘落后,亦从青岛调来100人;英国更是调来1000人。外国武装士兵出现在北京街道上,客观上阻止了兵变的进一步扩大,同时,也为阻止袁世凯南下增加了又一个砝码。于是,袁世凯就致电孙中山,要求请在武昌的临时副总统黎元洪代其赴南京就职。

蔡元培见事态发展至此,遂致电孙中山,说:"连日袁君内抚各处军民,外应多国驻使,恢复秩序,镇定人心,其不能遽离北京,不特北方人民同声呼吁,即南方闻之,亦当具有同情。"②同时,蔡元培还以袁委托黎元洪代赴南京受职为由,请求返回南京,面陈各项事宜。

蔡元培致电之时,远在南京的孙中山也已获悉北方局势突变。北京兵变发生后,孙中山颇为体谅袁世凯,在3月5日回答《字林西报》记者问时,孙说:

> "前此北省之事不与南省涉者,今则不然。深信袁大总统有弹压办法,外间虽有恐慌谣言,不足以阻信任。民国政府必设法维持北方秩序,保护外人生命财产。南省现正筹备协助袁大总统,此次之事非袁无弹压之力,实因叛兵勾结土匪而起,北方军士暨人民皆忠向共和。"③

---

① 《南京临时政府公报》,中国科学院近代史研究所史料组编辑:《近代史资料》总25号,北京:中华书局,1961年,第236页。

② 《南京临时政府公报》,中国科学院近代史研究所史料组编辑:《近代史资料》总25号,北京:中华书局,1961年,第258页。

③ 《在南京答〈字林西报〉记者问(1912年3月6日)》,广东省社会科学院历史研究室、中国社会科学院近代史研究所中华民国史研究室、中山大学历史系孙中山研究室合编:《孙中山全集》第2卷,第188页。

当天，孙中山还向南京临时参议院提议，请求允许袁世凯在京就职。您也许会问，孙中山的态度为何转变如此之快？

其实，除北京兵变外，还有一个重要因素导致了孙中山态度的转变——临时副总统黎元洪选择支持袁世凯。黎元洪虽然号称首义都督，但其人并非革命党人，而且手握8万重兵，坐镇长江中游，是孙中山和袁世凯都在积极争取的一方势力。"南下之议"初期，黎元洪曾一度要求定都武昌，甚至南京临时参议院二次就临时政府地点投票，武昌每次都获得二票支持。蔡元培等迎袁专使抵达北京之时，湖北武昌"群英会"发动二次革命，搜捕首义元勋孙武，此事对黎元洪触动很大，让其对革命胜利后如何进行建设等问题进行思考。北京兵变后，黎元洪一改往日主张，断言"舍南京，不至乱；舍北京，必至亡"，[1]力挺袁世凯，建都北京。黎元洪态度的转变，打破了南北势力均衡的局面，迫使孙中山面对现实，接受北京为临时政府地点。

3月6日，袁世凯致电孙中山，表示无法南来，应请黎元洪副总统代赴南京受职。由于当天南京临时参议院已经批准《统一政府组织办法六条》，允许袁世凯在北京就职，"黎元洪代赴南京受职"一说已无必要。7日，孙中山复电袁世凯，告知其可以在北京就职，并请其早定内阁名单，速遣人来宁接收临时政府。8日，袁世凯将《大总统誓词》电达南京临时参议院，表示拟派唐绍仪为国务总理，并定10日举行受职礼。

10日午后3时，袁世凯受职礼在石大人胡同公署二楼举行。前来观礼的中外来宾达百数十人，会上，袁世凯宣读《大总统誓词》：

> "民国建设造端，百凡待治。世凯深愿竭其能力，发扬共和之精神，涤荡专制之瑕秽，谨守宪法，依国民之愿望，蕲达国家于安全强固之域。俾五大民族，同臻乐利。凡兹志愿，率履勿渝！俟召集国会，选定第一期大总统，世凯即行解职。谨掬诚悃，誓告同胞。"[2]

---

[1] 《黎元洪为请早定国都致南京孙大总统等电》，辛亥革命武昌起义纪念馆、政协湖北省委员会文史资料研究委员会合编：《湖北军政府文献资料汇编》，武汉：武汉大学出版社，1986年，第219页。

[2] 卷首，陆纯编：《袁大总统书牍汇编》，沈云龙主编：《袁世凯史料汇刊续集》11，中国台北：文海出版社，1971年，第1页。

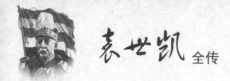
4时，礼毕。

袁世凯虽然已经就职临时大总统一职，但南京的孙中山尚未解职，中国出现一南一北两个大总统的政治奇观。而孙中山为防止袁世凯背叛共和，于3月11日在南京公布了《中华民国临时约法》。按孙中山自己的话说："余奉《临时约法》而使之服从《临时约法》为服从民国之证据"。[1]《临时约法》主张责任内阁制，限制大总统的权力，这无异于套在袁世凯头上的紧箍咒，从此，袁世凯与孙中山等革命党人的矛盾日益深化。

第二节　政党之争　绍仪辞职

民初，各种政党如雨后春笋出现在中国政治舞台上。其中，规模较大的且影响力较强的有：孙中山、黄兴等人的同盟会；章太炎、程德全、张謇等人的统一党；黎元洪的民社；汤化龙、林长民的共和建设讨论会；孙洪伊的共和统一党；康有为、梁启超的保皇党；谷钟秀、吴景濂的统一共和党等。后统一党与民社等合并，组成共和党，以黎元洪为理事长，旨在对抗同盟会。不久，章太炎退出共和党，仍维持统一党。同盟会经宋教仁策划，与统一共和党等四党合并，组成国民党，由孙中山、黄兴、宋教仁、王芝祥、吴景濂、王宠惠等人为理事。此外，共和建设讨论会和共和统一党等合并，成为民主党。国民党、共和党、统一党、民主党为民初的四大政党。

别看民初政党如此热闹，但袁世凯并未加入其中任何一个。不仅他未加入，他身边最重要的军政要员亦未加入。不过，这种状态却被唐绍仪打破了。

唐绍仪当选首届内阁总理后，于3月25日抵达南京，与孙中山等商讨内阁成员名单和接收南京临时政府事宜。29日，南京临时参议院通过内阁成员名单，批准陆徵祥为外交总长、赵秉钧为内务总长、段祺瑞为陆军总长、刘

---

① 罗刚编著：《中华民国国父实录》第3册，中国台北：财团法人罗刚先生三民主义奖学金基金会，1988年，第1816页。

冠雄为海军总长、熊希龄为财政总长、王宠惠为司法总长、蔡元培为教育总长、宋教仁为农林总长、陈其美为工商总长。唯一落选的是交通总长提名人梁如浩，遂暂由唐绍仪兼任是职，后袁任命施肇基担当此任。

一众国务员中，王、蔡、宋、陈均为同盟会高层，这也使同盟会成为首届内阁的最大政党。不过，孙中山等人还想更上层楼。3月30日，孙中山等在南京临时总统府举行宴会欢迎唐绍仪。会上，蔡元培向唐致辞，并邀请其加入同盟会。黄兴也在一旁相劝，与会同盟会诸人更是鼓掌激励。唐绍仪在南北和谈时，已经与孙、黄等同盟会诸人惺惺相惜，见此情形，即点头应允。居正连忙将《同盟会入会志愿书》呈上，唐绍仪签字。"蔡、黄作介绍人，国父主盟，唐起立宣誓加入同盟会"。①

袁世凯对唐绍仪加入同盟会一事并未公开表示不满，但两人之间的矛盾逐渐公开化。甚至有人听到袁世凯曾对唐说过这样的话："少川，吾老矣，子其为总统。"②"王芝祥督直事件"发生后，袁唐矛盾总爆发。

王芝祥，直隶通县人，清末任广西布政使。辛亥革命后，任广西军政府副都督，南京临时政府陆军部高等顾问，第三军军长。国民党成立后，与孙中山、黄兴等九人同为理事，可见其在该党内的地位。③

那么，"王芝祥督直事件"是怎么一回事呢？早在1912年2月17日，南京临时参议院通过《接收北方统治权办法》，规定东三省、直隶、河南、山东、甘肃、新疆等北方省份，要统一设都督，以整齐划一；各省人民公举都督；各省谘议局改为省议会，公举都督。同盟会高层打算利用允许"各省人民公举都督"的机会，在直隶安插一个自己人，以巩固革命成果，同时控制北京。很快，袁世凯在北京就任临时大总统，孙中山为制约袁世凯还急忙签署了《中华民国临时约法》，可同盟会的直隶总督还是没有选出。不过其他省份已经开始推举都督了。唐继尧被推举为贵州都督；李烈钧被推举为江西都督；黄钺被推举为甘肃都督。各省公举都督一事引

---

① 罗刚编著：《中华民国国父实录》第3册，中国台北：财团法人罗刚先生三民主义奖学金基金会，1988年，第1855页。

② 沃丘仲子：《段祺瑞》，中国台北：广文书局，1952年，第26页。

③ 阎锡山、李烈钧、于右任、张继等为参议；唐绍仪、胡汉民等民国要人仅为国民党备补参议。

起了袁世凯的警惕。

3月19日，袁世凯下令，要求各省在官制未公布前，维持现状，勿再推举都督。袁世凯发布此令还是非常理直气壮的，因为他看到《临时约法》赋予了临时大总统任免官吏的权力。巧的是，就在同一天，直隶谘议局公举王芝祥为直隶都督。可以说，直隶谘议局此举带有明显的与袁世凯作对的意图，因为就在三天前，袁已经任命张锡銮署直隶总督。张锡銮本是杭州人，却在奉天发迹。清末任会办奉天防务、东三省边务大臣。他与袁世凯过从较密，据说是袁的义兄。袁世凯洹上养疴期间，张锡銮曾于袁长女出嫁时送过"鹿尾两盘"。而在养疴期间绝少为外人办事的袁世凯，还曾应张锡銮请求，为其子在端方手下谋得一个职位，可见两人关系确实不一般。张锡銮获得署直隶总督的委任后，急忙就任，并于18日发出致袁世凯、孙中山、陆军总长、参议院、黎元洪、各部首领、各省都督的公电，称"奉令署理直隶都督，已于三月十八号任事"。①很明显，袁世凯、张锡銮就是抢在直隶谘议局和同盟会前面，将直隶总督之位坐实。

直隶谘议局的吴景濂、谷钟秀等人见事情出现麻烦，忙致电孙中山请其敦促袁世凯按照《接收北方统治权办法》办理，使王芝祥早日就位。3月20日，孙中山将吴景濂等人的电文转致袁世凯，向其施加压力。

袁世凯并未放松布局直隶的脚步。4月7日，袁任命曹锟之弟曹锐为直隶布政使。布政使亦称"藩司"，掌管地方财政、税赋，级别与巡抚相同，相当于现在主管财政的副省长。这样，袁世凯通过安插亲信将直隶的军权、民政、财权都掌控在自己的手里。当然，袁世凯这么做也无可厚非，毕竟《临时约法》赋予了临时大总统任免官吏的权力。而辞职后的孙中山急于守住革命重镇广东，于4月27日在广东省议会演讲，并推举胡汉民为都督。次日，广东省议会按照孙中山的要求选举胡汉民为都督。这次选举显然与袁世凯3月19日的命令相违背，是孙中山不顾《临时约法》，还是袁世凯无视《接收北方统治权办法》，双方各执一词。

待到唐绍仪回京，王芝祥亦至京，而督直之命仍未下，直隶地方遂有

---

① 《临时政府公报》第3辑，南京：江苏人民出版社，1981年，第99页。

"速任王君芝祥为直督"的呼声，当地媒体亦推波助澜。不过，伴随这种呼声的却是来自冯国璋、段祺瑞发表的《北洋军界公启》、直隶各镇军人和直隶全省保卫局的反对声。他们强调"王君虽系直人，久官南省，并非陆军专门人才，且于北方军队素不相习。又以北人而言，北伐双方解决之时，犹有带兵北来之请，似全以意气用事，于保卫桑梓之义似有未孚……如都督不得其人，即此一隅，亦将溃变，此则本省所万不敢承认"。①

对于欢迎王芝祥督直的呼声，袁世凯通过国务院回应："查都督统辖文武，责任重大，任免之权，操自中央。即使将来官制稍有变通，人民得参与其事，然亦必有法定机关以为代表。若听本省人民随意迎拒，至各树党援。彼此残贼，祸乱相寻，靡所底止。言念及此，能无寒心？"②显然，袁世凯在坚持《临时约法》赋予大总统的任免权，而将直隶谘议局选举王芝祥督直的结果称为"随意迎拒"，视为非法。对于反对王芝祥督直的声音，袁世凯则以"不许军人干预政治"为辞，一概驳回。

不过，军人的反对声起到了决定作用。于是，袁世凯命王芝祥赴南方遣散军队。可国务总理唐绍仪认为此举失信于直隶人民，拒绝副署袁世凯的任命。而袁世凯也没给唐绍仪留面子，"径以唐未副署之委任状交王芝祥受领"。③唐绍仪知道后非常气愤，留下辞呈，出走天津。

6月17日，北京政府发表唐绍仪请假呈文，称唐"因感受风热，牵动旧疾，恳请给假五日，赴津调治。唯总理职务关系重要，不容一日旷废，并乞大总统于国务员中简派一员暂行代理"。④同日，袁世凯发布"临时大总统令"，宣布唐绍仪给假五日，并命外交总长陆徵祥暂代国务总理。

唐绍仪离京后，袁世凯曾即命总统府秘书长梁士诒前往天津，劝唐回任。不过当事人都明白，这是袁世凯的表面文章而已。唐绍仪与梁士诒是广东老乡，私交很厚。唐对梁说：

---

① 《政府公报》第 2 册，1912 年 6 月，上海：上海书店，1988 年，第 166 页。

② 《政府公报》第 2 册，1912 年 6 月，上海：上海书店，1988 年，第 165 页。

③ 岑学吕：《三水梁燕孙（士诒）先生年谱》，沈云龙主编：《近代中国史料丛刊第 75 辑》，中国台北：文海出版社，1972 年，第 121 页。

④ 《政府公报》第 2 册，1912 年 6 月，上海：上海书店，1988 年，第 345 页。

"我与项城交谊，君所深知。但观察今日国家大势，统一中国，非项城莫办；而欲治理中国，非项城诚心与国民党①合作不可。然三月以来，审机度势，恐将来终于事与愿违，故不如及早为计也。国家大事，我又何能以私交徇公义哉！"②

从唐绍仪的谈话可以看出，此时他致力于促进袁世凯与同盟会的合作。而王芝祥督直之失败，以及在袁唐合作期间所发生的华比银行借款案、张勋军饷案等事件之发生，不仅让唐绍仪感到失望，作为一名同盟会会员，他更认识到袁与其党之矛盾已经无法调和，只好称病离职。

对于唐绍仪的出走，同盟会非常关注。19日夜，同盟会国务员宋教仁、蔡元培、王宠惠、陈其美等决议全体辞职，与唐绍仪共进退。6月20日下午2时，在京同盟会参议员张耀曾等四人前往总统府，向袁世凯表示唐绍仪等同盟会国务员均将辞职，同时还表达同盟会对于第二届内阁的组织意见，即只能组织超然内阁或政党内阁，如再组织第一届内阁这样的混成内阁，同盟会将不再加入。

袁世凯听罢张耀曾等人代表同盟会的表态，也没客气，当场表示唐绍仪之假期未满，如肯回任，自无问题，否则总理改派自不容缓。接着，袁世凯直言"诸君所说之超然内阁及政党内阁，余均不能赞成"，他的理由是"人才之缺乏"，"今如专取共和党或同盟会或超然无党之人组织内阁，无论何方面均不能得许多人才"，他的意见是"非联合数党及无党之人共得组织，则断不能成一美满之内阁"。

接着，袁世凯提出他的主义乃"在于得人但问其才与不才，无论其党与不党"。继而提出他的宗旨乃"在于建设民国，诸君如热心建设者，余皆引为同志，否则余亦不能强人所难"。对于第二届内阁，袁世凯的态度是"可一切任用旧人，唯总理及一二国务员必不肯留者，略为更动可耳"。他劝告张耀曾等"当放大眼光，从中国全局着眼，从世界大势着眼，断不可沾沾于

---

① 同盟会于1912年8月改组为国民党，故此处还应使用同盟会之名。

② 岑学吕：《三水梁燕孙（士诒）先生年谱》，沈云龙主编：《近代中国史料丛刊第75辑》，中国台北：文海出版社，1972年，第121页。

一党之关系"。

最后，袁世凯谈到责任内阁问题，称：

> "《临时约法》特设总理，大总统不负责任。以予观之，所谓不负责任者，亦有大小之区别。譬之商店，国民如东家也，大总统如领东（董事长）也，国务员犹掌柜也。商业之计划布置、银钱货物之经理出入，固掌柜之责任，然苟掌柜不得其人，驯至商业失败，濒于破产，则领东不能不负其责，东家亦不能为领东宽。现在国务员当行政之要冲，一国政务罔不赖其筹划。政务之得失，自属国务员之责，然苟国务员之失职，驯至国随以亡，或虽不亡而至于不可救药，则大总统究能不负责任否？国民能不责备大总统否？"[1]

这是袁世凯第一次公开表达自己对责任内阁制的看法。显然，他对此是有意见的。而这种意见的起源还须追溯到《临时约法》的立法初衷。简单地说，在《临时约法》立法之初，孙中山为反对宋教仁提出的责任内阁制（限制了临时大总统孙中山的权力），而主张实行总统制。南北议和成功后，临时大总统的权力将转移到袁世凯手中，孙中山为限制其权力，又改为实行责任内阁制。民国法学家潘东藩先生将这种立法方式称为"对人立法"，[2]非常恰当。

袁世凯当然感受到了"对人立法"带来的压力，他想要改变。改变就需要有强大的政治同盟做后盾，唐绍仪虽然可以沟通南北，但论政治军事实力，并非上好人选。这时，袁世凯注意到一个人——临时副总统黎元洪。此人论政治势力，官居临时副总统、湖北都督、参谋总长；论军事实力，他手握8万重兵，坐镇长江中游，也是除直隶外，当时中国境内最大的军事力量。巧的是，袁世凯的橄榄枝尚未抛出，黎元洪却自己找上门来了。

---

① 《政府公报》第2册，1912年6月，上海：上海书店，1988年，第431页。

② 潘东藩：《中华民国宪法史》，北京：商务印书馆，1935年，第20页。

第三节　是非之争　振武被杀

北京政府成立后，首义都督黎元洪所在的湖北却始终无法安定下来。黎元洪虽然手握8万重兵，但每年1483万元的兵饷开支却压得他喘不过气来。为此，他决定将湖北八镇军队，裁去一半。而这个决定使得湖北各军人心惶惶，更有军人向海潜等组织群英会，发动湖北"二次革命"，造成社会动荡。黎元洪痛定思痛，于4月12日发出"军民分治"通电，将都督和民政长的职权明晰，让都督负责军事，民政长负责行政。军民分治的一个重要结果就是裁军，这也当时中国的一个突出社会问题。袁世凯当天接电后就表示赞同军民分治，他复电黎元洪，谓"今有我公以身作则，祸机之息，新邦之固，其可决矣"。①袁世凯的复电表明，临时大总统和临时副总统在裁军问题上达成共识。

然而，改革不会是一帆风顺的。军民分治一出，武昌城里就开始传言要"第三次革命"，目标是改革政治，推翻军民两府。同盟会会员祝制六、江光国、滕亚纲等秘密联络，组织"改良政治团"。在6月末黎元洪召开的军事会议上，同盟会会员王宪章、杨玉如被指要危害黎元洪，推翻政府。7月1日起，武昌城内戒严，黎元洪将王宪章、杨玉如、祝制六军职免除。17日，黎元洪将祝制六、江光国、滕亚纲三人正法。而此案还涉及一个湖北军界重要人物——军务部副部长张振武。

黎元洪不敢在湖北处置张振武，于是电请袁世凯任张为总统府顾问。袁慨然应允，立即签发委任状，并召张振武入京。1912年8月9日，张振武、方维等受袁世凯之邀来到北京。黎元洪调虎离山，实际上另有目的。11日，黎元洪真电致袁世凯："伏乞将张振武立予正法。其随行方维，系属同恶相济，并乞一律处决。"

此电的意思十分明显，就是黎元洪要求袁世凯在北京替他除掉张振武和

---

① 《附大总统覆电二》，万仁元、方庆秋主编：《中华民国史史料长编（民国元年）》，南京：南京大学出版社，1993年，第327页。

方维。黎元洪说："元洪爱既不能，忍又不敢，回肠荡气，仁智俱穷。"张振武已经成为黎元洪的一个心病。如何处理他，黎元洪已经"仁智俱穷"，毫无办法，只得请求袁世凯帮忙了。

袁世凯是一个敢作敢为之人，但人命关天，他要确认此事的真伪。据说，袁世凯接到真电后，即复电黎元洪询问真电是否其亲发，黎元洪回电称是。于是袁世凯即命陆军部部署惩办张振武一事。

8月15日晚6时，京师军警督察处副处长王天纵宴请张振武等湖北人士和北方将士。晚8点宴毕，张振武尚未尽兴，复作东宴请北方诸将于六国饭店。段芝贵借口离席不归，其他人等"纷纷以事离席，精神已异常离奇"。[①]晚10时，张振武乘马车回寓所，途中"忽枪声隆隆，兵勇如蚁，将张马车围住，打碎车窗，群向捆缚"。[②]众士兵将其解至西单牌楼玉皇阁军政法处，时方维亦从金台馆解至。陆建章宣读黎元洪电文。张振武大声喊："张振武早就该死，然未想葬身于北京，请借我笔纸一用。"于是自书函一通（文未详）交陆建章，请转交刘某某、邓玉麟。陆接过，张又云："可否容我见袁总统一面，再将我枪毙？"陆云："军法所在，予不敢当。"于是推至西单牌楼枪毙矣。[③]

张案发生后，舆论大哗，矛头纷纷指向黎元洪。黎元洪于是在8月19日致电袁世凯，解释杀张的理由，这就是著名的张振武"十罪文"。简而言之，张振武的十罪是：一罪靡费公款，购腐烂枪支；二罪自募军队，强索饷需；三罪兼充军统，私夜横行；四罪抢夺兵站，劫其枪米；五罪强占铁路，私立轮船；六罪鼓动义勇，联络领事；七罪纳良为妾，串通报馆；八罪私立公校，信口雌黄；九罪讹索学款，挟之以兵；十罪分设机关，密谋起事。21日，黎元洪再次致电袁世凯，张振武的罪行也增加到14个。这些罪状中最主要的是两个：一是购枪吞款；二是组织谋逆。可以说，张振武案是证据确

---

① 黄远庸：《黄远生遗著》，王有立主编：《中华文史丛书之38》，中国台北：华文书局，1968年，第217页。

② 《关于张振武案》，《中华民国公报》，湖北革命实录馆：《武昌起义档案资料选编》上卷，武汉：湖北人民出版社，1981年，第439页。

③ 《关于张振武案》，《中华民国公报》，湖北革命实录馆：《武昌起义档案资料选编》上卷，武汉：湖北人民出版社，1981年，第439页。

凿，并非滥杀革命元勋。就连孙中山都认为"张、方不得谓无罪"，他只是不同意黎元洪将此事"假手于中央"，而"中央政府当日应将张、方拿获，解去武昌为上策"。①

黄兴对于张振武案颇为反对，认为袁黎此举甚至不如清政府对待汪精卫。为此，袁世凯复电反驳黄兴，曰：

> "张、方以民国军人结党破坏民国，与精卫之二三志士犯涉国事未可同年而语……执事深思此案情形，当知办理此案者之苦衷，设身其间，念及大局，则涣然冰释，当无复间然。"②

袁世凯甚至表示自负责任。张振武案发生后，有湖北要人谒见袁世凯，袁说：

> "余接黎副总统电，置在案头，两日踌躇审虑，迄未肯发表。旋思余受四万万人委托，张君举动事前已有所闻，若果任其倡第二次革命，不止湖北一省受害，影响所及，将达全国。中国处此危局，何堪再事破坏？此事如办理不善，余一人任咎，黎副总统无涉。"③

袁世凯如此仗义，黎元洪自然感激不尽，但其始终无以为报。直到宋教仁案发生，黎元洪才找到报答袁世凯的机会。

宋教仁（1882—1913），字遯（遁）初，号渔父，湖南桃源人。同盟会改组为国民党的策划人，民初政党内阁制的主要推动者。1913年3月20日夜10点21分，"黄克强、宋教仁两君趁夜半赴宁。在车站内宋被人连放三枪，中

---

① 《与〈亚细亚日报〉记者的谈话（1912年8月28日）》，广东省社会科学院历史研究室、中国社会科学院近代史研究所中华民国史研究室、中山大学历史系孙中山研究室合编：《孙中山全集》第2卷，北京：中华书局，1982年，第418页。

② 《盛京时报》1912年8月27日。

③ 《盛京时报》1912年8月27日。

及要害"。[①]22日凌晨4时47分，不治身亡。

听到宋教仁被杀，袁世凯假惺惺地怒斥道："何物狂徒，施此毒手！"还电饬江苏都督程德全："穷究主名，务得确情，按法严办。""主名"，即当事人或为首者的姓名。

其实，随着调查的深入，宋教仁案的幕后"主名"直指袁世凯。宋教仁是政党内阁制的积极倡导者、理想主义者。袁世凯送给他50万元交通银行支票，他原封退还。此事让袁世凯认识到，他"非高官厚禄所能收买，乃暗萌杀意，密令心腹赵秉钧谋之。赵又委其走狗洪述祖、程克二人主其事"。洪述祖和程克命上海流氓头子应桂馨负责执行，应桂馨则物色原清军军官武士英充当杀手。

孙中山在与日本政界元老井上馨的通信中，更直指"袁、赵诸人确为主名"。[②]孙中山明确指出，宋教仁案的当事人就是袁世凯及国务总理赵秉钧等人。

时论嚣嚣，袁世凯陷于舆论围剿之中。袁世凯疲于招架国民党关于宋案的指责，引起武昌黎元洪的注意。

起初，即5月9日，黎元洪致电谭延闿、李烈钧、柏文蔚、胡汉民四都督及黄兴，希望宋案法律解决。他认为："（宋案）当然由法庭主持办理，政府有无罪犯，司法独立，自有特权"；"今者法庭未有正式裁判之确期，议会未有正式否认之成案，似不能遽为政府罪。共和国家既特设此立法、司法两大机关，人民自当以全权付托。我辈唯有各守秩序，静候法庭、议院之解决，以免举国纷扰。如其尚有疑猜之黑幕，元洪不难联合各都督，全力担保永守共和之责任，以取信于国民，而息无量之愤忾。"[③]这是说，起初黎元洪赞成宋案由法庭主持办理，听候法律裁决。然而随着局势的变化，黎元洪的法律解决主张发生了变化。黎元洪表态无论如何要力挺袁世凯。1913年5月下

---

① 《黄兴程德全报告宋教仁遇刺电（三件）（1913年3月）》，朱宗震、杨光辉主编：《民初政争与二次革命》，上海：上海人民出版社，1980年，第232页。

② 《致井上馨函》，广东省社会科学院历史研究室、中国社会科学院近代史研究所中华民国史研究室、中山大学历史系孙中山研究室合编：《孙中山全集》第3卷，第60页。

③ 《黎元洪主张和平办理宋案借款电（1913年5月9日）》，朱宗震、杨光辉主编：《民初政争与二次革命》，上海：上海人民出版社，1980年，第341页。

旬，黎元洪接受某国记者采访，即表示了这个态度。

> 记者问：副总统表同意于国民党乎？
>
> 元洪答：余绝不表同意于彼党，因彼党近日举动甚谬，亦甚愚。如谓宋案与政府有关，此其谬也；又彼等绝无势力而欲推翻政府，此其愚也……余此时有军四镇，即第一、第二、第三、第六等镇。将来如不幸以宋案、借款酿成南北战争，余必力助袁总统。[①]

这是黎元洪第一次明确提出力助袁，这消息对国民党来说如晴天霹雳。也意味着孙中山等人酝酿的二次革命还未开始，在军事上的力量平衡已经被打破。

第四节　执政之争　革命再起

提到孙中山，就不得不提孙袁的"蜜月期"，那是一段国民党与袁世凯之间"看起来很美"的时光。

张振武案后第三日，孙中山应袁世凯邀请从上海起程，乘"安平轮"北上赴京，一路有"海琛"号军舰护送，礼遇颇高。黄兴本拟同往，但因张振武案决定缓行。1912年8月24日，孙中山一行抵京，受到梁士诒、周学熙、段祺瑞、赵秉钧、许世英、刘冠雄、陈振先等内阁成员迎接。孙中山此次北京之行，停留约一个月时间，与袁世凯会晤13次。"每次谈话自午后四时至晚十时或十二时，亦有谈至次晨二时者，梁士诒皆在侧（梁与孙为广东同乡，可为翻译）。所谈皆国家大事、中外情形，包括铁路、实业、外交、军事各

---

① 《黎元洪表示"极端拥袁"五则》，武汉大学历史系中国近代史教研室：《辛亥革命在湖北史料选辑》，武汉：湖北人民出版社，1981年，第684页。

问题。国父是时虽察袁有野心，然仍予推崇，俾安其心。"①孙中山在京大谈兴办铁路、利用外资，还电促黄兴迅速北上。黄兴等抵京之前，袁世凯授孙中山筹划全国铁路全权。

1912年9月11日，黄兴、陈其美一行抵京，同样受到赵秉钧等国务员的欢迎。16日，孙中山偕同黄兴与袁世凯协商著名的《内政大纲八条》，并电询临时副总统黎元洪，得其同意后，由总统府秘书厅于25日发表。《内政大纲八条》的内容为：立国取统一制度；主持是非善恶之真公道，以正民俗；暂时收束武备，先储备海、陆军人才；开放门户，输入外资，兴办铁路矿山，建置钢铁工厂，以厚民生；提倡资助国民实业，先着手于农林工商；军事、外交、财政、司法、交通皆取中央集权主义，其余斟酌各省情形，兼采地方分权主义；迅速整理财政；竭力调和党见，维持秩序，为承认之根本。②《内政大纲八条》的发表，标志国民党与袁世凯政府已就国家内政方针达成共识。

10月4日，黄兴在京举行告别宴会，招待国务员、国民党议员、记者等。席间，黄兴宣布"经商请袁世凯赞同，全体国务员加入国民党"。而已经抵达上海的孙中山也表示"余信袁之为人"，"嗣后国民党同志，当以全力赞助政府"。③可见，国民党与袁世凯政府的"蜜月期"是相当甜蜜的，用黄兴在京期间给湖广会馆的题字"南北一家"来形容，也不过分。

1913年3月宋案发生，4月善后大借款案再起波澜，袁世凯政府与国民党的矛盾公开化。善后大借款案，即北京正式参议院选举正副议长次日（4月26日）夜，国务总理赵秉钧、财政总长周学熙、外交总长陆徵祥与英、法、德、俄、日五国银行团签订总金额2500万英镑的《中国政府1913年善后5厘金币借款》，以全部盐税和关税余额作担保。当天，参议院议长张继、副议长王正廷以善后大借款未交院议，认为政府违法，通电全国表示反对。其后，

① 罗刚编著：《中华民国国父实录》第3册，中国台北：财团法人罗刚先生三民主义奖学金基金会，1988年，第1969页。

② 罗刚编著：《中华民国国父实录》第3册，中国台北：财团法人罗刚先生三民主义奖学金基金会，1988年，第2002页。

③ 李新总编：《中华民国大事记》第1册，北京：中国文史出版社，1997年，第221页。

袁世凯政府以该案曾交临时参议院秘议为辞予以反击。但由于国民党系想以此案摧毁袁世凯声誉，迫其下台，故对政府的申辩并不认可。在国民党内部，就如何解决宋案和善后大借款案产生两种主要观点，一种是以孙中山为代表的武力派，主张用军事力量推倒袁世凯政府；另一种是以黄兴为代表的法律派，考虑到南北军力悬殊，主张用法律迫使袁世凯下台。国民党高层一文一武的倒袁态度既反映了其内部矛盾，也蕴含着二次革命失败的因素。而反观袁世凯政府，可谓是兵来将挡，行动一致，步步紧逼。下面就双方在二次革命爆发前的相关布置做个比较说明：

军事准备对比。早在宋案发生后第五日，袁世凯就任命胡万泰为安徽陆军第一师师长，黎天才为江南留鄂陆军第一师师长，开始在长江一带进行军事布局。5月，调李纯率所部第六师开赴湖北武昌，并加封其为陆军上将。同月，袁世凯还于总统府召开秘密会议，部署对湖南、江西、安徽、江苏作战的方略。同样是在5月，孙中山可谓步履维艰。孙先是派李根源和李书城前往南京劝说第八师师长陈之骥，陈犹豫不决。陈炯明继任广东都督后，孙中山对其寄予厚望，商之其在沪代表覃天泉，对方的表现与陈之骥如出一辙。孙想在上海率先宣布独立，黄兴和陈其美则强烈反对。

各省态度对比。孙中山的铁杆拥趸只有江西都督李烈钧、安徽都督柏文蔚、广东都督胡汉民、湖南都督谭延闿四督。四督曾于5月5日发布联名通电，反对政府违法借款。8日，袁世凯通过国务院警告四督，称"胡汉民僻处海疆或有误会，至柏文蔚、李烈钧身处近省，岂于此事始末懵无所知？似此张皇宣告，荧惑人心，国事更将何赖？殊非本大总统平日意料所及也"。[1]月底，由黎元洪领衔，直隶都督冯国璋、奉天都督张锡銮、吉林都督陈昭常、黑龙江都督宋小濂、江苏都督程德全、浙江都督朱瑞、福建都督孙道仁、山东都督周自齐、河南都督张镇芳、山西都督阎锡山、陕西都督张凤翙、甘肃护理都督张炳华、四川护理都督胡景伊、广西都督陆荣廷、云南都督蔡锷、贵州都督唐继尧、热河都统熊希龄、湖北署民政长夏寿康、江苏民政长应德闳、云南民政长罗佩金等23人发表联名通电，支持善后大借款。此外，驻奉

① 《国务院致武昌黎副总统各省都督民政长电》，《政府公报》1913年5月10日第362号，第13册，北京：中华书局，1961年，第221页。

天陆军第二十七师师长张作霖亦通电支持大借款，提出惩戒黄兴、李烈钧。

舆论掌控对比。在此问题上，孙中山的国民党虽然使出浑身解数，但袁世凯政府随手一招就能将其努力化为乌有。宋案和善后大借款案发生后，国民党系的上海《中华民报》、汕头《大风日报》、北京的《国风日报》《国光新闻》《新中国报》、山东的《齐鲁民报》、天津《新春秋报》《民意报》等都曾刊登抗议和反对文章，质疑袁世凯政府。全国国民反对借款联合大会还曾在北京以散发传单的方式宣传自己的主张。面对舆论压力，袁世凯初时还能耐心地见招拆招，亦通过自己御用的《国报》散布黄兴等造反的消息。后来就通过总统府秘书厅出面，请内务部警告报纸上的过激言论。最后干脆自己出马，发布临时大总统令，称"刑事案件应候司法机关判决；外债事件确经前参议院赞同，岂容散布浮言，坐贻实祸"？[①]各地秉承袁世凯之命，开始对各报馆下手。如天津警察厅长杨以德查封《新春秋报》，捣毁《民意报》报馆，查封禁书《照妖镜中的袁世凯》；京师警察厅逮捕《国风日报》协理和编辑等人，迫使其停刊；浙江杭州警察厅强令《浙报》停版三星期；汉口搜查《汉口民国日报》报馆，逮捕编辑等。6月3日，司法总长许世英发布限制新闻自由通令，称"有闻必录虽为报界之通例，然传闻失实最足以淆乱是非。查《临时约法》第六条第四款人民有言论、著作、刊行之自由。第15条复有依法律限制之规定。且报律、刑律均有应遵守之范围，是言论自由仍须以法律为标准"。[②]袁世凯政府以合法政府的身份，将反动派的言论归为传言加以口诛笔伐，这种做法连国父孙中山面对也无可奈何。

此外，双方还都向对方特定目标实施过暗杀行动。安徽都督柏文蔚遇刺，未受伤；前镇江都督、国民党名誉理事林述庆赴梁士诒宴后，疑似毒发，七窍流血而死。国民党派人将驻扬州第二军军长徐宝山炸死；黄兴组织血光党，密谋暗杀北京要人，其杀手周予儆变节，该组织损失巨大。

双方剑拔弩张之时，袁世凯老友张謇出面进行调解。6月9日，袁世凯下令免去李烈钧江西都督，遗缺由黎元洪兼任。此时，刚刚回国的汪精卫拟

---

① 《临时大总统命令》，《政府公报》1913年5月4日第356号，第13册，北京：中华书局，1961年，第70页。

② 《命令》，《政府公报》1913年6月4日第387号，第14册，北京：中华书局，1961年，第66页。

定"与袁世凯沟通三条件",即选举袁为正式总统;军人不得干政,临时政府时期内各省都督暂不撤换;宋案罪至洪述祖、应夔丞为止。据说此三条件乃汪精卫、蔡元培、孙中山、黄兴四人当面通过,且李烈钧被免职消息曝出后,也未做改动。13日,张謇致函袁世凯告知"三条件",并说:"謇意总统既不成问题,则技术之问题解决较易。"①显然,张謇和汪精卫等人均认为袁世凯的种种举动意在争当正式大总统。张謇信函寄出的次日,袁世凯下令免去胡汉民广东都督和兼民政长一职,命陈炯明继任粤督、陈昭常任粤民政长。这样,四督已去其二。16日,袁世凯复电张謇,称:"倘伟人(指孙中山、黄兴)果肯真心息兵,我又何求不得。如佯谋下台,实则猛进;人非至愚,谁肯受此?"其中,"佯谋下台,实则猛进"一语被国民党方面解读为"项城推诚,肯于说透",②意思是袁世凯说出了自己要当正式大总统的心声。其实,袁世凯之志何止于此?他更想通过剿灭二次革命,将国民党的核心人物和核心力量一网打尽,为下一步取缔该党创造条件。正因袁世凯有如此想法,张謇的调和注定失败。6月30日,袁世凯再免柏文蔚皖督兼民政长一职。国民党四督已去其三,生存空间几无,二次革命如箭在弦,不得不发。

7月12日,李烈钧在江西湖口起兵,被举为江西讨袁军总司令,二次革命爆发。其实,为阻止李烈钧举事,袁世凯也曾派人赴赣与其沟通,邀其"赴北京与袁世凯一晤,当以二百万元为筹并晋给勋一位",③无奈李不为所动。袁世凯得报后,命李纯署九江镇守使,并褫夺李烈钧陆军中将和上将军衔,令李纯等设法将其拿办。

李烈钧起兵后,黄兴立即在南京响应。15日,江苏都督程德全迫于黄兴压力,宣布独立,并委任黄为江苏讨袁军总司令,委任陈其美为驻沪讨袁军总司令。次日,黄兴和柏文蔚在南京举岑春煊为各省讨袁军大元帅。17日,安徽宣布独立,举柏文蔚为安徽讨袁军总司令。18日,陈其美宣布上海独

---

① 罗刚编著:《中华民国国父实录》第3册,中国台北:财团法人罗刚先生三民主义奖学金基金会,1988年,第2181页。

② 罗刚编著:《中华民国国父实录》第3册,中国台北:财团法人罗刚先生三民主义奖学金基金会,1988年,第2182页。

③ 李烈钧:《李烈钧将军自传》,三户图书社,1944年,第23页。

立；陈炯明宣布广东独立，并自任广东讨袁军总司令。20日，孙道仁、许崇智在福建宣布独立，孙任闽督，许任福建讨袁军总司令（8月8日，孙道仁取消独立）。25日，谭延闿在湖南宣布独立。不过，仅仅不到20天，谭延闿即取消独立。

面对"二次革命"全面爆发，袁世凯一面发布平叛通令，行使《临时约法》赋予其的"用兵定乱"的统治权，一是调兵遣将，命冯国璋、张勋出兵剿办；二是运动外交，取缔国民党领袖租界居住权；三是褫夺孙中山、黄兴、陈其美、柏文蔚、许崇智、陈炯明等的职位和荣典，悬赏拿办诸人。很快，国民党的"二次革命"就露出败象。

7月28日，黄兴在南京不敌冯国璋、张勋的进攻，弃宁赴沪，后亡命日本。同日，岑春煊离沪赴粤。31日，许崇智离闽，后经澳门赴南洋。8月2日，孙中山离沪，取道台湾赴日。8月底，柏文蔚离沪赴日。9月初，李烈钧亦由沪赴日。后，陈其美等均逃亡日本。

9月1日，冯国璋、张勋部攻陷南京，"二次革命"失败。

第五节　权力之争　国会解散

正当"二次革命"发生之际，民国议会也在进行着一场"战争"。1913年，民国议会要完成两件大事，一是制定宪法；二是选举正式大总统。两件事孰先孰后亦是议会内各政党争论的焦点，由于国民党在议会中占优势地位，于是决定先制定宪法，再选举总统。为制定宪法，参众两院于6月30日召开宪法会议，决定各选出30人，成立宪法起草委员会。由于国民党当时是议会第一政党，他们在宪法起草委员会中亦占多数，达28席，进步党占19席。

7月19日，宪法起草委员会在北京天坛祈年殿开会，选举国民党汤漪为委员长，进步党王家襄为副委员长，中华民国第一部正式宪法的制定工作走向正轨。但随着"二次革命"的深入，在京的国民党议员有的被捕，有的被迫出逃，宪法起草委员会的到会委员常常不足规定的40席，无法进行表决，致使宪法起草工作进展缓慢。当国民党的"二次革命"失败、高层人物流亡海外后，中华民国第一任正式大总统的竞争对袁世凯来说已经变得非常简单，于是选举总统变成首要任务。经进步党议员提案，决定先选总统，后定宪法。国民党议员担心袁世凯解散议会，加之"二次革命"失败，并未有足够的力量予以反对，就这样，提案顺利获得通过。

9月5日，众议院议决先定《大总统选举法》，于选举总统后再定宪法。次日，此案咨送参议院。此时，原国民党籍参议长张继已经辞职赴日，进步党籍王家襄继任参议长。9月8日，参议院顺利通过此案。

一个月后，宪法会议议决并公布《大总统选举法》，规定"中华民国公民完全享有公权，年满四十岁以上并住居国内满十年以上者，得被选举为大总统""大总统任期五年，如再被选，得连任一次"。①请注意，袁世凯在此留了一手。留了一手什么呢？就是袁世凯对宪法会议"公布"《大总统选举法》一事，默不作声，只等顺利当选大总统后再行发作，与宪法会议争夺法律"公布权"。

10月6日，国会正式选举大总统。当天，参加大总统选举投票的议员共703人，按照《大总统选举法》的规定："选举以选举人总数三分二以上之列席，用无记名投票行之。得票满投票人数四分三者为当选。但两次投票无人当选时，就第二次得票较多者二名决选之，得票过投票人数之半者为当选。"袁世凯当天的选举恰恰与《大总统选举法》所说情况一致，真是无巧不成书。为使选举能于一日内完成，袁世凯不仅遣军人到会，名曰维持秩序，实则限制议员自由，而且还在会场外安排"公民团"包围选举会场，不准议员踏出会场一步。选举从早8时起，共进行三次。前两次袁世凯未能达到法定票数，第三次与黎元洪进行决选，终于以507票当选中华民国第一任正式大总统。次日，黎元洪经过选举当选为中华民国第一任正式副总统。

袁世凯当选大总统后，心情大好，决定于10月10日国庆日当天举行大总统就职礼。为此，袁世凯还邀请远在武昌的副总统黎元洪进京与其一起就职。黎元洪当时尚须处理湖北军政诸事，无法脱身，故婉言谢绝。不过，黎

---

① 《命令》，《政府公报》1913年10月6日第511号，第18册，北京：中华书局，1961年，第155页。

元洪的缺席并未影响袁世凯的心情。

10月10日上午9时30分，袁世凯从总统府乘礼车至天安门下车后，在军乐伴奏下，换乘肩舆进天安门，过太和门，入太和殿东侧中左门休息室稍事休息。10时整，就职典礼开始。袁世凯入太和殿，奏国乐，在宣武门城头鸣礼炮101响。之后，袁世凯宣读大总统誓词、大总统宣言书。礼毕，袁世凯接见前来参加就职礼的各国公使和清室代表。在致清室代表的答词中，袁世凯以中华民国大总统的身份祝"大清皇帝健康万福"。显然，此时的"大清皇帝"仅是称谓而已，毫无权威性。最后，袁世凯在陆军总长段祺瑞的邀请下，前往天安门阅兵。各国公使和清室代表亦在外交总长孙宝琦邀请下，同往天安门观看阅兵礼。据《盛京时报》记载：

> "礼成，复开放三殿任人观览，又存飞行机飞绕空中散布五色国旗以志庆祝。就天安门一带之情形观之，似较民国元年尤为繁盛，而回顾先农坛之共和纪念会，则已将孙黄诸元勋之相片一律撤去，而以反对共和抵抗民军如张锡銮、张广建（顺天府尹）等人之相片代之。烈士祠前亦复异常冷落。"[①]

可见，民二之国庆礼中已经包含异样味道。

袁世凯已经坐上了正式大总统之位，他要做的第一件事就是除掉套在自己头上的紧箍咒——《临时约法》，他的第一枪瞄准的就是法律"公布权"。国庆日刚过，《中华民国宪法》（草案）即脱稿，此草案亦称《天坛宪草》。袁世凯的外国顾问美国人古德诺在阅过《天坛宪草》后，大加批判，认为此草案"欲使大总统处于无权之地位"，[②]反对其采用责任内阁制。袁世凯则向宪法会议提出派驻施愚等八名委员赴会，代达自己对宪法的意见并要求八人以后可以随时出席会议，陈述意见。所有铺垫做好之后，袁世凯将枪口首先瞄准法律"公布权"。

什么是法律"公布权"？简单地讲，民国《临时约法》规定临时参议

---

① 《过去四年之国庆》，《盛京时报》1916年10月14日。

② 李新总编：《中华民国大事记》第1册，北京：中国文史出版社，1997年，第296页。

院有"提案"权和"议决"权，其中第22条规定"参议院议决事件咨由临时大总统公布施行"，第30条规定"临时大总统代表临时政府总揽政务公布法律"。①这就是法律"公布权"。而宪法会议公布《大总统选举法》显然是侵犯了大总统的法律"公布权"。那么，袁世凯为什么要争夺是项权力呢？一句话，为修宪做准备。如果宪法会议通过了对其不利的宪法，袁世凯就可以利用手中的"公布权"拒绝公布之。您一定会问，袁世凯有何正当理由要"公布权"呢？

当然有。除了上述提到的《临时约法》第22条和第30条的规定，袁世凯还找到一个正当理由，那就是《临时约法》是由孙中山公布的。前面曾经说过，1912年3月11日，孙中山在南京公布《中华民国临时约法》。本来，孙中山打算用《临时约法》约束袁世凯，但此时却为袁世凯争夺法律"公布权"提供了依据，真是成也萧何败也萧何。令人感叹"因人立法"应为后世之戒。可袁世凯不但不吸取"因人立法"的教训，不久就变本加厉，准备"为己立法"了。

袁世凯向宪法会议发送了争夺法律"公布权"的咨文后，又向众议院提出增修约法的咨文。很快，宪法会议就拒绝了袁世凯向其派驻委员的要求。于是袁世凯通电各省军政长官反对《天坛草案》，称"起草委员会，国民党居多。草拟宪法，妨害国家，比较《临时约法》，弊害尤甚"。②袁世凯发出进攻信号，直隶都督冯国璋、江苏都督张勋、安徽都督倪嗣冲、河南都督张镇芳、四川都督胡景伊等纷纷复电附和。远在武昌的黎元洪自然心领神会。11月1日，黎元洪发表《对于宪法草案意见会上大总统并致京内外各机关电》，针对前述有争议的四个条款，他提出四个自己的观点，即国会仅有弹劾权；平政院行使行政诉讼；取消国会委员会；总统任命审计院长。黎元洪认为《天坛草案》需要推倒重来，呼应了远在北京的袁世凯。得到黎元洪的支持，袁世凯迫不及待地决定解散国民党。

11月5日，袁世凯连续下达三道命令，宣布解散国民党。第一道命令，命

① 岑德彰：《中华民国宪法史料》，新中国建设学会，1933年，第5页。

② 《公布宪法起草委员会第一次提出宪法草案世称〈天坛草案〉》，万仁元、方庆秋主编：《中华民国史史料长编》（民国二年），南京：南京大学出版社，1993年，第241页。

令解散国民党各级机关；第二道命令，区别对待国民党人士；第三道命令，驱逐国民党籍国会议员。三道命令一出，黎元洪立即致电响应。11月19日的《政府公报》刊登了一则黎元洪与湖北民政长饶汉祥致袁世凯和国务院电，电称："大总统令一律解散，凡属省议会国民党议员及各县议会国民党议员，自不能听其把持，特予宽免。"①黎元洪此举是想借机将鄂省境内以及其他各省境内的国民党势力一举消灭。

很快，国民党籍议员被驱逐出议会，被迫上缴党证和徽章，国民党各级机关遭到取缔。而国民党籍议员之被驱逐则造成议会无法达到法定人数，导致议会无法召开。同样，宪法会议也因此而不得不终止。可是，宪法会议无法召开了，而宪法还得继续制定，怎么办呢？

一切都在袁世凯的计划之中。11月26日，袁世凯下发"大总统令"，称"关于根本大计，讨论尤贵精详。前经电令各省举派人员来京，特开政治会议，以免内外隔阂，俾得共济时艰"。②所谓"根本大计"指的就是宪法，袁世凯召开政治会议的目的就是以其取代宪法会议，来行使制定宪法的权力。政治会议人员除各省所派之人外，国务总理派两人，各部总长每部派一人，法官两人，蒙藏事务局派数人。此外，袁世凯本人还以大总统的身份派委员八人，他们是：李经羲、梁敦彦、樊增祥、蔡锷、宝熙、马良、杨度、赵惟熙。不久，袁世凯任命李经羲为政治会议议长、张国淦为副议长、顾鳌为秘书长。

12月15日上午，袁世凯在总统府居仁堂会见所有政治会议委员并致训词。其训词很长，涉及民国成立以来出现的很多新问题，如平等、自由、法律、共和、民主等。关于《临时约法》，他说："夫约法乃南京临时参议院所定，一切根本皆在约法。而约法因人成立，多方束缚，年余以来，常陷于无政府之地，使临时政府不能有所展布。以遂野心家之阴谋，置国家安危存亡于不顾，致人民重受苦痛。"并呼吁委员们"注意于此"。③袁世凯释放的

---

① 《武昌黎副总统等呈大总统暨致国务院等电》，《政府公报》1913年11月19日第555号，第19册，第439页。

② 《命令》，《政府公报》1913年11月27日第563号，第19册，北京：中华书局，1961年，第591页。

③ 《公布宪法起草委员会第一次提出宪法草案世称〈天坛草案〉》，万仁元、方庆秋主编：《中华民国史史料长编》（民国二年），南京：南京大学出版社，第508页。

信号很快就得到了回应。

次日，已经进京的副总统黎元洪领衔22省都督、民政长、护军使通电要求政治会议"操制定宪法之全权"，"请大总统饬下国务院咨询各员以救国大计"。18日，袁世凯即以黎元洪等人的通电为由，令政治会议委员们讨论"救国大计"。由于政治会议是袁世凯一手操办而成，自然对其俯首帖耳。1914年1月10日，袁世凯下令解散国会，遣散参、众两院议员，宪法会议也不复存在了。之后，袁世凯咨询政治会议，准备成立一个自己可以掌控的"造法机关"。政治会议领会袁世凯意图，将"造法机关"命名为约法会议，并于1月24日通过《约法会议组织条例》，并呈报袁世凯公布。26日，袁世凯下发"大总统令"，公布该组织条例。请注意，此时的政治会议已经相当于过去的议会，而袁世凯也第一次郑重地行使了属于他的法律"公布权"。袁世凯的"大总统令"如下：

> 据政治会议议决《约法会议组织条例》，呈经本大总统裁夺，兹公布之。此令。

这份"大总统令"还有国务总理熊希龄等全体国务员副署，显得非常正式。但此时的政治会议只能说是袁世凯的"私属议会"，其公平性和合法性远不及被他刚刚解散的参、众两院。袁世凯只是利用法律的名义来为自己的独裁铺路而已。

3月17日，约法会议开会，选举孙毓筠为议长，施愚为副议长。袁世凯向约法会议提交采用总统制等7项增修约法内容，约法会议一一采纳。5月1日，袁世凯公布《中华民国约法》。新约法采用总统制，袁世凯终于得偿所愿。该部约法史称"袁氏约法"。

由于采用总统制，国务员官制撤销，代之以政事堂。政事堂由国务卿及各部总长负责，首任国务卿是袁世凯盟兄徐世昌。国务卿下设左右丞，由杨士琦、钱能训分别担任。袁世凯还令各省民政长改称巡按使。不久，袁世凯在北京设立将军府，改各省都督为将军，管理地方军务。如段祺瑞为建威上将军，管理将军府事务；张勋为定武上将军兼长江巡阅使；张锡銮为镇安上将军，管理奉天、吉林、黑龙江军务；冯国璋为宣武上将军，管理江苏军务等。后来，袁世凯公布《将军府编制令》，宣布其直隶于大总统，为最高军事顾问机关。

由于"袁氏约法"已经颁布施行，政治会议的使命也走到尽头，参政院取代政治会议成立。5月26日，袁世凯任命黎元洪、汪大燮为参政院正、副院长。6月30日，袁世凯还下令，立法院未成立前，参政院代行立法院职权。

8月18日，参政院开第一次会议，由梁士诒提出修正总统选举法案。这是一件大事，按理应该由参政院详细审查，决定是否通过。可现在的参政院已经是袁世凯手中的牵线木偶，所以决定此案不付审查，即咨政府转交约法会议增修。24日，袁世凯将此案交约法会议审议。自然，又是一路绿灯。12月28日，约法会议通过《修正大总统选举法》，规定"大总统任期十年得连任"，[①]就是说袁世凯有了可以做终身总统的法律依据。次日，袁世凯公布《修正大总统选举法》。

袁世凯成为正式大总统后，他先是取缔国民党，接着解散议会，然后修正临时约法，最后通过《修正大总统选举法》，成就终身总统之梦。仅仅一年左右的时间，中国已经变成了袁世凯的中国。孙中山流亡海外成立中华革命党，改组国民党，但声势已经大不如前。虽然国内偶有小股反袁事件，但对政局尚无法构成威胁。国内可以说相对平静。

而相比国内，国际上则风云突变。1914年6月28日，第一次世界大战爆发。战争对抗双方为同盟国集团的德国、奥匈帝国等和协约国集团的英国、法国、俄国。德国在欧洲陷入战争，其在远东的利益也成为攻击的目标。在中国，德国有山东胶州湾租界，乃日本觊觎良久之地。战争之初，日本并非参战国。但其为夺取胶州湾，甚至不惜与德国宣战。而日本夺取胶州湾后，并未如约撤军，反而向中国政府抛出了《二十一条》。那么什么是《二十一条》？北洋政府又是如何应对的呢？袁世凯为什么不顾千载骂名要接受《二十一条》呢？想要了解这些，还得从"一战"初期说起。

---

① 《修正大总统选举法》，岑德彰：《中华民国宪法史料》，新中国建设学会，1933年，第1页。

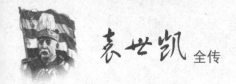

第六节　主权之争　民四条约

　　1914年8月初，德国与英、法、俄宣战。8月6日，袁世凯发布"大总统申令"，称"本大总统欲维持远东之和平与我国人民所享受之安宁幸福，对于此次欧洲各国战事决意严守中立"。[①]同时公布《局外中立条规》24条。

　　袁世凯之所以在"一战"中采取中立态度，除中国自身的财力和军力较弱外，另一个重要原因是日俄战争时清政府曾保持中立并且未受损失。基于日俄战争的经验，袁世凯认为中立是一个有效的办法，决定继续采用。没想到时过境迁，第一次世界大战的性质与日俄战争明显不同，它不再是两个个体国家之间的战争，而是两大国家集团之间的战争，身为一个弱国，过早地采取中立态度无异于作茧自缚。

　　很快中立国比利时被德国入侵的消息传到北京，让以中立自居的袁世凯政府头冒冷汗。这里需要简单介绍一下德比开战的原因。战争初期，比利时宣布中立。德国向其发出最后通牒，要求其允许德国陆军经其境内通过。比利时声明遵守中立，拒绝了德国，并向英国求助。英国于8月4日向德国发出最后通牒，要求其尊重比利时的中立。当天，德国以向比利时和法国宣战回答了英国的要求。可见，中立并不是免战金牌，一个国家要想获得尊严就必须以实力自保。当时的《东方杂志》曾有人提出"武装中立"的看法，意思是说某国想中立，就必须先有足以消灭敌国的军事实力，然后才能主张中立。而不是像比利时那样以弱国的心态保持中立，到头来还是躲不过战争的命运。

　　不过，袁世凯政府宣布中立还有一个重要的外因，即日本的态度。而日本狡诈和贪婪的本性使其在战争之初就为中国设计了一个大陷阱。这个大陷阱就是日本的宣布中立与取消中立。

　　"一战"之初，日本朝野各派均认为这是一次发展在中国利权的良机，

---

　　① 《大总统申令》，《政府公报》1914年8月7日第810号，第36册，北京：中华书局，1961年，第257页。

只有参战才能将德国在胶州湾的利益据为己有。可如何参战才能让利益最大化呢？当时，日本最重要的外交轴心就是日英同盟，日本想动胶州湾的利益就一定要顾及英国的态度。英国是什么态度呢？英国在对德宣战后，它的驻日公使格林先生于8月4日向日本政府表示："如果战斗波及到远东，香港及威海卫遭到袭击，英国政府相信日本政府将予以援助。"[1]也就是说，英国政府此时的态度是希望日本参战的。不过日本没有宣布对德宣战，而是于8月5日通过外务省宣布"确守中立"，但同时还说"将来如因时局之推移，致日英协约之目的濒于危险，仍当为履行协约上之义务起见，执行必要之措置"。[2]显然，日本为自己的日后参战留了个活口。那么，日本为什么不立即对德宣战呢？它在诱导袁世凯政府的表态。为什么这么说呢？因为日本宣布中立，其对中国领土的威胁就会消失，这也是袁世凯政府所乐见的。

　　袁世凯政府果然上当了。"一战"发生后，袁世凯、副总统黎元洪、国务卿徐世昌、外交总长孙宝琦、前总统府秘书长时任税务督办梁士诒等曾"密议应付方略"，及得知日本宣布中立后，乃"预定中立大计"，[3]并于8月6日宣布中立。就在中国宣布中立后，"一战"形势发生微妙变化。8月7日，英国要求日本海军援助，帮助其击沉在中国海域袭击英国商船的德国巡洋舰。这意味着英国政府正式邀请日本参战，当然这也是日本求之不得的。当晚，日本开内阁会议，通宵讨论，决定参战，用武力迫使德国军舰撤出胶州湾和亚洲，日本从德国手中得到胶州湾，将来归还中国。当然，日本的归还是有条件的，一是解决满洲问题；二是扩张在中国的利权。这就是《二十一条》的雏形。9日，英国政府收到日本参战备忘录。读过备忘录，英国政府担心日本参战可能有损英国在华利益，遂通过外相格雷告知日本暂停对德国的军事行动。但日本既然做了决定，当然不会轻易放弃将要到手的利益。经过外交协调，英国无奈接受日本参战。15日，日本政府正式对德宣战，要求德国军舰退出日本中国海面，于9月15日前，"将胶州租借地全行交

---

① ［日］信夫清三郎：《日本外交史》上，北京：商务印书馆，1980年，第393页。
② 《外国大事记》，《东方杂志》第11卷第4号，第25页。
③ 岑学吕：《三水梁燕孙（梁士诒）先生年谱》，沈云龙主编：《近代中国史料丛刊第75辑》，中国台北：文海出版社，1972年，第193页。

予日本，不得附有条件及索取赔款，以便日后交还中国，限于本月二十三日正午以前明白答复"。[1]就这样，日本通过宣布中立及取消中立宣布参战，短短10日之内，通过狡猾的外交手段，使袁世凯政府轻易入瓮。

袁世凯宣布中立后，也曾后悔过。某日夜，袁世凯召梁士诒入总统府商谈青岛胶州湾问题。

> 梁士诒说："英使朱尔典又告我，英日联盟，日必助英，德国所属之青岛，中国不自取，必有人起而代取之者。其意所指，已极明了。在我见，以为我国趁今日日本未动兵之前，密与英约，彼居其名，我居其实。即日与德使磋商，刚柔并施，一面派兵前往围守青岛，强彼交还，迅雷不及掩耳，使日本无所措手。青岛若下，日本又以何说进兵？此不特防日本之侵略，且以杜将来之后患也。"
>
> 袁世凯说："君言良是……至若先行下手，夺回青岛，于情于势，未尝不是。但我国既经宣布中立，忽翻前议出兵，以助联盟，恐外交上益增纠纷，且更恐日本之疑忌，此着似可行而不可行也。"
>
> 梁士诒说："德奥以小敌大，战之结果，必难幸胜在我见，正不妨明白对德绝交宣战，将来于和议中取得地位，于国家前途，深有裨补。"
>
> 袁世凯说："容吾思之。"[2]

可以看出，由于过早地宣布中立，袁世凯政府已无转圜余地。甚至当德国方面主动沟通中国政府，打算归还胶州湾租界时，也被日本阻拦。袁世凯政府就这样一步步地陷入日本布好的局中。

很快，日本就顺利打败德国，并于1914年11月10日正式接收青岛。次日，日本内阁通过《对华交涉案》（即《二十一条》），并召驻华公使日置

---

① 《外国大事记》，《东方杂志》第11卷第4号，第27页。

② 岑学吕：《三水梁燕孙（梁士诒）先生年谱》，沈云龙主编：《近代中国史料丛刊第75辑》，中国台北：文海出版社，1972年，第195页。

益回国。日置益（1861—1926），日本资深外交官，《二十一条》谈判时日方最关键人物之一。他刚刚于是年8月20日抵京，是日本新任驻华公使，其对华政策是"以归还预定要占领的胶州湾和驱逐在日本的中国革命家为交换条件"实现"延长关东州的租借权为九十九年"①等事，可见其本人对中国的领土是有野心的。

12月15日，日置益携带《二十一条备忘录》回到北京。《二十一条备忘录》的内容有五号，每号下条目不等，共计21条，所以俗称《二十一条》。不过，日置益并未急于向袁世凯政府递交此《备忘录》。可是日本方面已经着急了。1月8日，日本外务大臣加藤高明致电日置益要求其尽快向袁世凯政府提出《二十一条》交涉。不久，他还再次致电日置益叮嘱其在谈判时避免逐条讨论，而是按号交涉，争取一次解决问题。

日置益奉命开始行动。他先是照会中国外交部要求会见大总统袁世凯，袁世凯以为是外国公使"回任之仪式访问"，②遂答应会见并要求外交次长曹汝霖陪同。1915年1月18日，袁世凯在总统府会见日置益。

> 日置益说："本国政府为谋两国永久亲善和平起见，拟有觉书（觉书是日语，中文意思是备忘录）一通，希望贵总统重视两国关系之切，速令裁决施行。"
> 袁世凯说："中日两国亲善，为我之夙愿，但关于交涉事宜，应由外交部主管办理，当交曹次长带回外部，由外交总长与贵公使交涉。"③

说完，袁世凯并未打开备忘录阅读，而是将它往桌上一搁。袁世凯的这"一搁"显示出其丰富的外交经验，并暗含送客之意。日置益知道袁世凯并无当场阅读备忘录的打算，遂起身告辞。日置益走后，袁世凯对曹汝霖说："日本觉书，留在我处，容我细阅。"

---

① ［日］信夫清三郎：《日本外交史》上，北京：商务印书馆，1980年，第401页。
② 曹汝霖：《一生之回忆》，香港：春秋杂志社，1966年，第115页。
③ 曹汝霖：《一生之回忆》，香港：春秋杂志社，1966年，第115页。

曹汝霖走后，袁世凯拿起桌上的《二十一条备忘录》，仔细阅读起来，谁知他是越读越害怕，身上直冒冷汗。原来《二十一条备忘录》的五号内容分别是：第一号，中国政府承认日本继承德国在山东的利益，山东省内土地岛屿不得租界他国，允许日本修筑烟台或龙口连接胶济铁路的铁路，开放山东主要城市为商埠；第二号，旅大、南满、安奉两路租期延至99年，日本人在南满和东内蒙古有土地租界或所有权，日本人在南满和东内蒙自由居住、旅行、贸易，日本人在南满和东内蒙享有采矿权，南满或东内蒙准他国人或借他国款造路需经日本同意，南满、东内蒙聘用日本顾问，吉长铁路委日人管理期限99年；第三号，中日合办汉冶萍公司；第四号，中国沿海港湾、岛屿不得租借、割让给他国；第五号，中国政府聘用日人为政治、军事、财政顾问，中国内地的日本医院、学校、寺院有土地所有权，地方警察中日合办或多数聘用日人，承认日本在武昌九江南昌、南昌杭州及南昌潮州间的铁路筑路权，福建修路、整顿海口先向日本借款，日本人在中国拥有布教权。以上即《二十一条》的基本内容。

袁世凯意识到此事非比寻常，于是命人紧急召集国务卿徐世昌、陆军总长段祺瑞、外交总长孙宝琦、外交次长曹汝霖、税务督办梁士诒以及外交部参事顾维钧、国务院参事伍朝枢和金邦平等火速赶赴总统府开紧急会议。是晚，中南海怀仁堂灯火通明，会议持续三小时。审议《二十一条》内容时，袁世凯逐条驳斥，朱笔亲批。当阅至第五号时，袁朱批："各条内多有干涉内政，侵犯主权之处，实难开议。"①就谈判策略，袁世凯提出"逐条商议"的原则，以拖延谈判时间，相机取得英法俄美等列强的支持。

可外交总长孙宝琦却因未严格履行袁世凯"逐条商议"的原则，被临阵调任。事情是这样的：日本驻华公使日置益将《二十一条备忘录》交给袁世凯后，急于开启谈判，遂致电外交次长曹汝霖询问事情进展情况。曹汝霖为拖延计，谎称未交总长孙宝琦。谁知次日日置益亲至外交部，向总长孙宝琦面递一份《二十一条备忘录》。哪知孙宝琦接过备忘录，稍看一眼就开始大发议论，逐号指摘，显然已经对其内容了然于胸。因外交部与各国使节谈

① 岑学吕：《三水梁燕孙（梁士诒）先生年谱》，沈云龙主编：《近代中国史料丛刊第75辑》，中国台北：文海出版社，1972年，第225页。

话均有记录，以资备案。事后，袁世凯审阅双方谈话记录时，直言孙宝琦糊涂，未按既定要求行事，遂有将其调任之意。1月27日，袁世凯任陆徵祥为外交总长，调孙宝琦为审计院院长。不过，塞翁失马，焉知非福。作为袁世凯的儿女亲家，孙宝琦之被调任并非坏事，因为继任者陆徵祥一生的政治污点即是签署《二十一条》。

1915年2月2日，中日双方关于《二十一条》举行第一次会议。会议地点为北京政府外交部大楼会议室，中方与会人员为外交总长陆徵祥、外交次长曹汝霖、外交部秘书施履本；日方为驻华公使日置益、一等书记官小幡酉吉、通译官高尾亨。谈判过程是相当艰苦的。中方坚持"逐条商议"的原则，而日方则抱定"逐号讨论"的宗旨，互不相让。在三个月的谈判过程中，日方态度强硬，耀武扬威，诡计百出；中方委曲求全，抗争不足，忍让有余。

不过，对于最丧权辱国的"第五号"，中方始终以维护主权为由，拒绝谈判。当然，袁世凯也知道一味拒绝并非良策，于是他就请法律顾问日本人有贺长雄秘密返日，期待趁日本国会开会前，与松方正义、山县有朋等日本政界元老沟通，让他们给日本内阁施加压力。此招果然奏效，不久，有贺长雄密告驻日公使陆宗舆：日内阁秘密会议决定作出让步，其中第五号除福建不许他国有军事经营外，其他各条不再要求，只留会议记录。袁世凯得知后，称赞有贺长雄"为中日亲善，惨淡经营，备受劳苦，感佩交深"。[①]

4月26日，日本公使日置益提出最后修正案，其内容与有贺长雄所说几乎一致。但中方并未放弃最后的机会，仍然字斟句酌，据理力争，于5月1日提出自己的最后修正案，表示再无让步的可能。至此，日本方面决定向中国发布"最后通牒"，逼迫中国承认4月26日之修正案。

5月7日，日本公使日置益向外交部递交"最后通牒"，要求中国政府于5月9日午后6时前给予答复。这就是所谓的哀的美敦书。为答复日方，袁世凯决定于8日召开大会讨论"最后通牒"。是日午后，大总统袁世凯、副总统黎元洪、国务卿徐世昌、各部总长等高官齐集总统府开会。奇怪的是，最关键

---

① 王芸生:《六十年来中国与日本》第6卷，北京:生活·读书·新知三联书店，1979年，第220页。

的人物外交总长陆徵祥却姗姗来迟。他步入会场后，立即向袁世凯等人汇报了迟到的原因。

原来8日正午，英国驻华公使朱尔典赴外交部面见陆徵祥，游说中国政府接受日本的"最后通牒"。他说："我与袁总统是三十年老友，不愿见他遭此惨运。目前只能暂时忍辱，只要力图自强，埋头苦干，十年以后，即可与日本一较高下。"朱尔典还称获悉陆军总长段祺瑞三个月来积极备战，极言"不可听陆军总长轻率之行动"。①朱尔典恐陆徵祥应付其事，故又将这番话重说一遍，直到陆徵祥向其保证如实汇报给袁大总统，才放心离去。这就是陆徵祥迟到的原因。

听完陆徵祥的汇报，袁世凯发言：

"此次日人乘欧战方酣，欺我国积弱之时，提出苛酷条款，经外部与日使交涉，历时三月有余，会议至二十余次，始终委曲求全，冀达和平解决之目的。但日本不谅，强词夺理，终以最后通牒，迫我承认。我国虽弱，苟侵及我主权，束缚我内政，如第五号所列者，我必誓死力拒。今日本最后通牒将第五号撤回不议，凡侵及主权及自居优越地位各条，亦经力争修改，并正式声明将来胶州湾交还中国，其在南满内地虽有居住权，但须服从我警察法令及课税，与中国人一律。以上各节，比初案挽回已多，于我之主权、内政及列国成约，虽尚能保全，然旅大、南满、安奉之展期，南满方面之利权损失已巨。我国国力未充，目前尚难以兵戎相见。英使关切中国，情殊可感。为权衡利害，而至不得已接受日本通牒之要求，是何等痛心！何等耻辱！无敌国外患国恒亡，经此大难以后，大家务必认此次接受日本要求为奇耻大辱，本卧薪尝胆之精神，做奋发有为之事业，举凡军事、政治、外交、财政力求刷新，预定计划，定年限，下决心，群策群力，期达目的，则朱使所谓埋头十年与日本抬头相见，或可尚有希望；若事过境迁，因循忘耻，则不特

---

① 曹汝霖：《一生之回忆》，香港：春秋杂志社，1966年，第128页。

今日之屈服奇耻无报复之时，恐十年以后，中国之危险更甚于今日，亡国之痛，即在目前，我负国民托付之重，决不为亡国之民。但国之兴，诸君有责；国之亡，诸君亦有责也。"[1]

显然，袁世凯已经决定接受《二十一条》了。5月9日，外交总长陆徵祥、次长曹汝霖亲赴日本公使馆，向日本公使日置益递交"最后通牒"复文，至此，中国正式接受《二十一条》。5月25日，中日双方在北京签订条约2件，换文13件，史称《民四条约》。从此，袁世凯就背上了卖国的骂名。

公开声讨袁世凯卖国的先锋是孙中山和他的中华革命党。1914年9月1日，流亡海外的孙中山在日本发表《中华革命党宣言》，将国民党改组为中华革命党，同时宣布该党成立。《二十一条》谈判过程中，孙中山通过谢持向中华革命党各支部通告中日交涉黑幕，这也是孙中山所掌握的袁世凯卖国的证据。黑幕的内容是这样的：袁世凯原与大隈重信友善，故大隈组织内阁，袁氏大喜，遂以二事要求日置益公使还国与大隈商议，求其赞助。二事者何？（一）渠欲称帝；（二）代平内乱是也。日置返国，大隈赞成，然日本元老虽亦希望中国仍为帝制，而实存以朝鲜视我之心，而又深恶袁世凯，于是强大隈先提出此条件。故日置公使于开始交涉之初，面见袁世凯，即申言日本国人皆谓足下系排日者，足下今日欲与日本亲近，所求其助，不能不有所表示。足下能将此《二十一条》完全承认，则日本国人皆信足下而即助足下云云。袁世凯本欲承认，而其左右如段祺瑞、汤化龙及外交总长陆徵祥诸人皆大反对。渠不得已，乃有此次抗议。然综观其前后局势，袁终必承认也。[2]

孙中山所掌握的这个黑幕可信吗？当然不可信。查日本内阁是于1914年11月11日通过《对华交涉案》（即《二十一条》）。次日，日置益公使应召回国。回到日本后，日置益曾就《二十一条》专门写了一份名为《关于对中国提出要求之拙见》的秘密报告，上呈日本外相加藤高明。在报告中，日

---

① 岑学吕：《三水梁燕孙（梁士诒）先生年谱》，沈云龙主编：《近代中国史料丛刊第75辑》，中国台北：文海出版社，1972年，第256页。

② 罗刚编著：《中华民国国父实录》第4册，中国台北：财团法人罗刚先生三民主义奖学金基金会，1988年，第2588页。

置益为确保《二十一条》谈判成功，提出五个"引诱条件"和两个"威压手段"。"引诱条件"是：有条件地将胶州湾归还中国；保证袁世凯及其政府的安全；取缔在日本的革命党、宗社党；给袁世凯及其政府各部部长援助；修改税率。"威压手段"是：将在山东的日本军队留驻当地，让中国方面感到军事威胁；煽动革命党、宗社党颠覆政府的气势。日置益甚至在解释"引诱条件"时，直言"仅以一二百万元不足以收买袁世凯本人"。谈到"威压手段"时，日置益称："对于言论上的威压，素对国际关系粗有通晓，对洞察外交虚实颇为敏感之袁世凯，假如已料到此种威压仅系一场恫吓，日本的声明未必能以实现。"他分析袁世凯"虽为一国元首，事实上拥有宣战、讲和及订立条约之大权，然总非专制君主，作为共和民国大总统，甚至连其任期在宪法上尚无规定。现在与将来欲使其向国民负起重大责任，非其力所能及之事"。[1]在这份秘密报告中，日置益公使并未有一语提到孙中山所谓的"二事"。试想，果有其事的话，日置益公使何必提出那些条件和手段？何必提到收买袁世凯？袁世凯果授人以柄的话，别说"二十一条"，就是"四十一条""八十一条"他都得无条件接受，哪里还要谈判25次？

说到谈判，自然便要提到《民四条约》，那么，袁世凯在谈判和签约时有卖国行为吗？所谓卖国，即投靠敌国，出卖国家和民族利益。近代的典型卖国行为都与割地赔款有关，如甲午战争后的《马关条约》以及庚子事变后的《辛丑条约》。而袁世凯的《民四条约》里既无割地也无赔款的内容，妥协最大的当属旅顺、大连租界、南满铁路、安奉铁路展期至99年一事。要说卖国，这个可以算一条。但须注意到，袁世凯政府在谈判过程中更多的是努力维护本国的主权和行政完整，甚至还破天荒地向日本政府提出赔偿的要求，这可以说是弱国外交发出的最大胆的声音。

事情是这样的：1915年5月1日，袁世凯政府在答复日本4月26日的修正案时，要求日本无条件归还胶澳，并提出"此次日本用兵胶澳所生各项损失之赔偿，日本政府概允担任"。[2]并表示这是中国方面最后的答复。敢于向日本

① 日置益：《关于对中国提出要求之拙见》，《近代史资料》总48号，北京：中国社会科学出版社，1982年，第134页。

② 黄纪莲编：《中日"二十一条"交涉史料全编》，合肥：安徽大学出版社，2001年，第35页。

索要赔偿，此举为中国近代外交史所鲜见。日本政府收到此最后答复后，非常愤怒，指责中国政府"明知如胶州湾无条件之交还及日本担负因日、德战争所生不可避之损害赔偿均为日本所不能容忍之要求，而故为要求"，认为"此次中国政府之答复，于全体为空漠无意义"。①日本政府恼羞成怒，遂向袁世凯政府下发最后通牒，逼迫其承认4月26日之修正案。

综观袁世凯政府此次《二十一条》谈判，可以说他们最大限度地维护了国家的主权。对于严重有损中国主权的第五号，袁世凯政府始终坚持不议，最终迫使"日本政府承认将第五号脱离此次交涉"，②这也是袁世凯政府对日外交的胜利。这也是摘下有色眼镜重新审视《二十一条》谈判过程后，所能得出的客观且公正的结论。《民四条约》签订后，袁世凯本人作过反思吗？

当然有。1915年5月26日，袁世凯发布"大总统申令"，认为"甲午庚子，两启兵端，皆因不量己力，不审外情，上下嚣张，轻于发难，卒致赔偿巨款各数万万，丧失国权，尤难枚举"，声言自己"大惧国势之已濒于危，而不忍生民永沦浩劫"，于是"寝兵主和，以固吾圉"。对于此次谈判结果，他表示"虽胶州湾可望规复，主权亦勉得保全，然南满权利损失已多，创巨痛深，引为惭憾"；对于《二十一条》的起因，他认为是"积弱召侮"；对于主战派，他的反驳是"谋国之道，当出万全而不当掷孤注，贵蓄实力而不贵惊虚声"；对于卖国，他反唇相讥，直指"倡乱之徒，早已甘心卖国"，"此辈平日行为，向以倾覆祖国为目的"，并要求"各省文武各官，认真查禁"。最后，他希望国人"惩前毖后，上下交儆，勿再因循，自可转弱为强，权利日臻巩固"，告诫国人"切不可徒逞血气，任意浮嚣，甲午庚子，覆辙不远"。③

不过，《民四条约》此后并未生效。也就是说，所谓的《二十一条》，只有谈判的过程，并无实际之实施。虽然《民四条约》并未实施，但孙中山口中黑幕之"渠要称帝"却真实地发生了。

---

① 黄纪莲编：《中日"二十一条"交涉史料全编》，合肥：安徽大学出版社，2001年，第141页。。
② 黄纪莲编：《中日"二十一条"交涉史料全编》，合肥：安徽大学出版社，2001年，第203页。
③ 《大总统申令》，《政府公报》1915年5月27日第1096号，第57册，北京：中华书局，1961年，第476页。

第十一章　称帝洪宪

　　一个政治人物可以犯错误，但不能犯原则性错误，这是底线。袁世凯之前的一生并未犯大的原则性错误，为何在晚年却走上了帝制自为这条路，值得国人深思。洪宪帝制是他本人之错，这是事实，无法推翻。但当时刚刚走出帝制的中国是否仍有帝制得以生根的土壤和环境呢？也许，洪宪之后的溥仪复辟能够给我们答案。可我们要的不仅仅是答案，而是可以扫除这种土壤和环境的制度。

第一节　帝制不遂　护国运动

　　袁世凯帝制自为之想法始于何时，众说不一。1914年7月15日，黄兴抵达旧金山接受记者访问时，称"袁世凯继孙逸仙为临时总统后，即有帝制自为的野心"。[①]按此说法，袁世凯在1912年即有称帝的想法了。徐世昌则言"国会解散，项城乃放手做去"。[②]此说则言称帝实施于1913年11月以后。当然，帝制的前期工作均带有一定的隐蔽性，直到筹安会成立，帝制行动才公开化。

　　1915年8月20日，筹安会成立。杨度为理事长，孙毓筠任副理事长，严复、刘师培、李燮和、胡瑛为理事。以上六人史称"筹安六君子"。同日，筹安会发布通电，称"本会之立，将筹一国之治安，研究君主、民主国体二

---

① 湖南省社会科学院编：《黄兴集》，北京：中华书局，1981年，第365页。
② 张国淦：《北洋述闻》，上海：上海书店出版社，1998年，第75页。

358

者以何适于中国"。①此情此景与清末杨度和汪精卫成立国事共济会何其相似！只不过杨度此番是要为袁世凯称帝效鞍马之劳了。当然，必须客观地指出，杨度之筹安宗旨，乃君主立宪。正如他所言："欲救中国，非立宪不可；欲立宪政，非君主不可。"四天后，杨度等筹安会诸人再发通电，请各省派代表赴京讨论变更国体问题。

也许有人会问，杨度等人成立筹安会之事，袁世凯事先知情吗？答案是肯定的。据参与帝制的夏寿田回忆：8月10日，（杨度）进谒总统，余陪坐，谈及君宪问题，拟组织一机关鼓吹。项城言："不可，外人知我们关系，以为我（袁自谓）所指使。"杨正色言："度主张君宪十有余年，此时如办君宪，度是最早之一人，且有学术上自由，大总统不必顾虑。"（据言，此当时杨所表示原语，未增减。）又反复推论，词气颇激昂。最后，项城言："你可与少侯（孙毓筠）等谈谈。"②可见，筹安会是在袁世凯的授意下成立起来的。

不过，当袁世凯被问及对筹安会讨论君主民主问题的态度及是否需要干涉时，他却说："近数年来，此项言论虽无开会讨论之举，然耳闻已熟，久已不为措意……君主民主之优劣，予唯答以民主国大总统之职分所存，实难研究及此……此等开会讨论之举，于共和原理初不相背，何从横加干涉乎？予之素志，迭经表示，帝王既非所愿，总统亦非所恋。"最后，他表示筹安会之举"只可视为学人之事，如不扰及秩序，自无干涉之必要也"。③

袁世凯不欲干涉筹安会，但肃政厅的肃政史们却不这么想。8月31日，肃政厅开特别会议，讨论筹安会事件。肃政史们认为杨度、孙毓筠、严修等人身为参政院参政不宜发起筹安会活动，而李燮和身为中将军官更不宜干预政治。经过讨论，众人决定口头纠弹，不诉诸文字。并公推都肃政史庄蕴宽"晋谒徐国务卿陈述意见并询问政府之旨"。④徐世昌随后将此事面陈袁世凯，但未见袁世凯有何动作。9月9日，全体肃政史呈请袁世凯取消筹安会。

①　刘晴波主编：《杨度集》，长沙：湖南人民出版社，1986年，第591页。

②　张国淦：《北洋述闻》，上海：上海书店出版社，1998年，第201页。

③　万仁元、方庆秋主编：《中华民国史史料长编（民国4年5年）》，南京：南京大学出版社，1993年，第389页。

④　万仁元、方庆秋主编：《中华民国史史料长编（民国4年5年）》，南京：南京大学出版社，1993年，第389页。

袁令内务部确切考查，明定范围，示以限制。内务总长朱启钤乃帝制人物，当然明白袁世凯的意图，仅以筹安会"所研究君主制与民主制优劣，不涉政治"为辞，敷衍了事。其实，筹安会只是起个煽风点火的作用，等到全国请愿联合会成立后，它就易名宪政协进会，退居幕后了。

说起全国请愿联合会的成立，令人感叹袁世凯布局之精细，用心之良苦、动机之险恶。筹安会将帝制之火煽起来后，袁世凯的亲信段芝贵、梁士诒、朱启钤等人于8月30日密电各省将军、巡按使"向参政院代行立法院上请愿改革书"，此书由段等代办，各省只需按照密电寄去的底稿，将请愿人姓名填入即可。那么，什么是"参政院代行立法院"呢？简而言之，由于立法院的开会日期临近，立法院尚未组织起来，暂由参政院代行立法院的职权。此说出自"袁氏约法"第67条，对袁世凯来说，也算有法可依。

9月1日，参政院代行立法院开会审议各省请愿团呈递的变更国体请愿书。会议期间，段芝贵等人或密呈袁世凯劝进，或密电各省将军支持变更国体，为帝制制造气氛。6日，袁世凯派政事堂左丞杨士琦出席参政院代行立法院会议。会上，杨代袁发表关于变更国体之意见，提出"如征求多数国民之公意，自必有妥善之上法"。显然，袁世凯准备利用"民意"来实现帝制了。

9月19日，全国请愿联合会成立，会长为沈云霈，副会长为蒙古亲王那彦图、张镇芳之弟张锦芳。全国请愿联合会开门第一件事，就是向参政院代行立法院请愿，要求组织"国民代表大会"，投票解决国体问题。所谓"国民代表大会"，妙就妙在"代表"二字上。有"代表"，就可选择，可操控。不过，参政院代行立法院并未顺其意照办，而是议决年内召集国民会议或另筹征求民意之妥善办法以解决国体问题。全国请愿联合会当然不会接受，他们再次向参政院代行立法院呈递请愿书，反对是项决议。9月24日，参政院代行立法院终于议决以"国民代表大会"解决国体问题，并指定梁士诒等起草办法。10月8日，《国民代表大会组织法》公布，规定"各省及各特别行政区域之国民代表由国民会议各县选举会初选当选之覆选选举人及有覆选被选资格者选举之"，[1]换言之，"代表"以国民会议被选举人为基础进行选举，这样附袁之

---

① 《国民代表大会组织法》，《政府公报》1915年10月9日第1229号，第68册，北京：中华书局，1961年，第419页。

人可以顺利当选。这里需要说说国民会议。《袁氏约法》第61条规定："中华民国宪法案经参政院审定后由大总统提出于国民会议决定之。"可见，国民会议是决定宪法的机构。不过，国民会议脱胎于约法会议，而约法会议乃袁世凯的御用工具，加上《袁氏约法》第62条还有"国民会议由大总统召集并解散之"之规定，可以想见国民会议就是袁世凯的掌中物。而以国民会议为基础选举出来的国民代表大会的"代表"无疑就是百分百的挺袁派了。

公布《国民代表大会组织法》的当天，袁世凯发布"大总统告令"，称"现在全国人民亟望国体解决，有迫不及待之势"。[①]当然，谁都能看出来，迫不及待的就是袁世凯本人。

翌日，即10月9日，内务总长朱启钤就以办理国民会议事务局的名义密电各省巡按使，称"必先于当选之人悉心考究，确信其能受指挥，方可入选"，揭开操纵选举国民代表大会代表之幕。其后，他连续密电各省，指示"将来投票决定，必须使各地代表共同一致主张改为君宪国体，而非以共和君主两种主义听国民选择自由"。同时还警告各省确守选举密件秘密，称"密件若传于道路，尤恐贻政治历史之污点"。[②]

10月25日，选举开始。26日，朱启钤等密电各省将军、巡按使，要求"开票后，当即行推戴，无须再用投票手续……推戴袁世凯为中华帝国大皇帝"。11月20日，各省投票结束，全国共计代表票数1993张，全体赞成君主立宪。至此，民意工作告一段落。下一个帝制程序就是向袁世凯呈递推戴书。

杨度听到投票结果后，忙提笔写就推戴书一份，来到总统府献与袁世凯。袁世凯阅后，大喜，问："受此书后，其对付若何？直任与否，何者为宜？卿盍为我决之。"

杨度尚未开口，坐在一旁的杨士琦对曰："此书上时，当然以辞让不受为是。"袁世凯闻听此言，面露不快。

杨度开口说道："初次申令，谦让未遑，以明天下不与之本心。再由臣等接续上第二次请愿书，书词宜加迫切，然后由第二次申令承受。于是我皇

---

① 《大总统告令》，《政府公报》1915 年 10 月 9 日第 1229 号，第 68 册，北京：中华书局，1961 年，第 408 页。

② 李新总编：《中华民国大事记》第 1 册，北京：中国文史出版社，1997 年，第 395 页。

上因天与人归、其难真慎之至意，庶几晓然共喻矣！"

袁世凯闻言笑曰："手续固应如此，卿等真予之良、平也。"①良、平乃张良和陈平，汉高祖刘邦之谋士也。

推戴过程果如杨度等人商定的一样。12月10日，参政院代行立法院在北京举行国民代表大会国民代表决定国体投票会议。全国各省、特别行政区、内外蒙古西藏青海回部、满蒙汉八旗、全国商会华侨、有勋劳于国家者、硕学通儒共1993票，一致赞成君主立宪国体。次日，在杨度、孙毓筠的提议下，参政院以全国国民代表大会总代表代行立法院的身份向袁世凯上推戴书。推戴书全称为《全国国民代表大会总代表代行立法院奏为国体已定天命攸归全国国民吁登大位以定国基合词仰乞圣鉴折》，其内容更是一口一个皇帝，一口一个圣主，在公文行文格式上率先回到了"君主"时代。

按事先计划，袁世凯并未接受推戴书，他说：

"本大总统曾向参议院宣誓，愿竭能力，发扬共和。今若帝制自为，则是背弃誓词，此于信义无可自解者也。本大总统于正式被举就职时，固尝掬诚宣言，此心但知救国救民，成败利钝不敢知，劳逸毁誉不敢计。是本大总统既以救国救民为重，固不惜牺牲一切以赴之，但自问功业既未足言，而关于道德、信义诸大端又何可付之不顾？在爱我之国民代表亦不忍强我之所难也。尚望国民代表大会总代表等熟筹审虑，另行推戴，以固国基。本大总统处此时期，仍以原有之名义及现行之各职权维持全国之现状。"②

以上是为第一次推戴。当天下午，国民代表大会总代表代行立法院向袁世凯二上推戴书。这一次，袁世凯未再"谦让"。12月12日，袁世凯接受帝位。他说："前次掬诚陈述，本非故为谦让，实因惴惕交萦，有不能自已者

① 许指严：《新华秘记》，《近代稗海》第3辑，成都：四川人民出版社，1988年，第325页。

② 《大总统申令》，《政府公报》1915年12月12日第1292号，第75册，北京：中华书局，1961年，第44页。

也。乃国民责备愈严，期望愈切，竟使予无以自解，并无可诿避。"①旋改国号为"中华帝国"，自为"中华帝国皇帝"。

次日，袁世凯以中华帝国皇帝身份在总统府接受百官朝贺。袁世凯说："余向以舍身救国，今诸君又逼我做皇帝，是舍家救国矣。从古至今，几见有皇帝子孙有好结果者？"当时，小汀、王锡彤亦在场，闻之愕然，不明白袁世凯为何出此不祥之语。

归途，王锡彤问周学熙："新皇帝今日出此不祥语，诸公在前者何无一人进宽慰之词者？"

周学熙说："有何可对语，若必欲置对，只好曰：诚如圣谕而已。"②

其实不祥的迹象早已出现，只是一般帝制人物热衷推戴新皇帝，未曾认真对待罢了。迹象一，内部产生分歧。袁世凯身边重要盟友纷纷离开，先是段祺瑞称病离职、徐世昌称病赴津、蔡锷离京赴日辗转南下，最后连冯国璋都托病请假反对帝制；迹象二，外交遇到阻碍。日本、英国、法国、俄国、意大利等列强反对帝制。迹象三，云南独立反袁。以唐继尧、蔡锷为首的南方反袁之护国运动渐成气候。

迹象一，内部产生分歧。

先说段祺瑞。清末，段祺瑞是袁世凯手下最得力的干将；民初，段祺瑞以武力支持袁世凯就任民国临时总统，两人无论在政治上和军事上都是最好的搭档。1914年《袁氏约法》出炉后，袁世凯一心做独裁总统，以约法的方式确定实行总统制，设政事堂，置国务卿，办将军府，再立陆海军统帅办事处。而陆海军统帅办事处之立，则将军权归于一袁世凯手中，而段祺瑞仅为六位办事员之一。段祺瑞虽然大权旁落，但与其有同样命运的尚有参谋总长黎元洪、海军总长刘冠雄等人在，所以他尚能安慰自己接受此事。不久，袁世凯准备成立模范团，命长子袁克定为团长，实际是想扶植袁克定在军中的势力。袁世凯询问段祺瑞的意见，段大为反对，说："我看他不行吧。"气

---

① 《大总统申令》，《政府公报》1915年12月13日第1293号，第75册，北京：中华书局，1961年，第99页。

② 王锡彤：《抑斋自述》，郑州：河南大学出版社，2001年，第216页。

得袁世凯大声说："你看我行不行呢！"①最后还是袁世凯本人自任模范团团长。筹安会成立10天后，段祺瑞反对帝制，拒不劝进，养病西山，提出辞职。1915年8月29日，袁世凯批准其辞呈，以王士珍继任。

再说徐世昌。徐世昌是袁世凯的盟兄，在近30年的政治生涯中，两人可以说是齐头并进，相互鼓励。在帝制盛行时，徐世昌请机要局局长张一麐出面劝袁世凯放弃。张一麐是袁世凯幕府，素为袁所信任。谁知张劝说不成，还丢了机要局局长的官，被袁世凯委任到无关轻重的教育总长一职。徐世昌见袁世凯醉心帝制，遂以病请辞。袁初不允，后同意其离京养病，但不许其离津，恐其为革命党所用。

三说蔡松坡。筹安会初成立时，蔡锷为打消袁世凯怀疑，与北京军界诸人在云南会馆开将校联欢会，发起军界改行帝制请愿，并率先签名。但蔡锷的种种行为让袁世凯颇为怀疑，故派人搜查蔡锷京宅。蔡锷问其由，则答以搜错。故蔡锷知北京不可久留，乃巧计离京赴津，再由津赴日，辗转从越南回到云南，祭起反袁义旗。

四说冯国璋。《民四条约》签订后，帝制之风渐起，1915年6月22日，冯国璋赴京谒袁，询问帝制是否确有其事。谈话中，袁世凯坚决否认，还说什么"我的大儿身有残疾，二儿想做名士，三儿不达时务，其余则都年幼，岂能付以天下之重"。②袁世凯信誓旦旦，不由得冯国璋不信。然而事实却相反，冯国璋回到南京后，筹安会成立，乃询问机要局局长张一麐，张以"事出有因"复之。这时，府中帝制派人物亦南下游说冯国璋，冯"自是对袁态度骤变，自予帝制以最大阻力"。③但表面上，冯国璋依然对袁世凯虚与委蛇，各种劝进电报中亦能见其大名。

迹象二，外交遇到阻碍。

筹安会起，日本首相大隈重信就表示反对中国实行帝制。但来自日本的压力很快就被英国的赞成所化解。1915年10月2日，英国公使朱尔典谒见袁世

---

① 王楚卿：《段祺瑞公馆见闻》，全国政协文史资料编委会编：《文史资料选辑》第41辑，北京：文史资料出版社，1980年，第246页。

② 张国淦：《北洋述闻》，上海：上海书店出版社，1998年，第82页。

③ 张国淦：《北洋述闻》，上海：上海书店出版社，1998年，第83页。

凯，表示英国欢迎中国实行帝制。朱尔典还建议英国政府不要从外部干涉中国帝制。可是日本的态度更加坚决，日本新任外相石井菊次郎是个强硬派，于是阁议做出干涉中国帝制的决定，并决定邀请英国、法国、俄国、美国共同行动。经过日本政府的沟通，英国的态度幡然改变。只有美国坚持帝制是中国的内政，表示未便干涉。至11月5日，已有日、英、法、俄、意五国公使向外交部提出缓办帝制的劝告。11月18日，五国再次提出劝告。袁世凯接受帝制后，五国又先后两次提出劝告，外交部以"投票虽完，尚未正式实行帝制，盼各国尊重中国主权"[①]为辞婉拒。直到1916年1月1日后，凡写有"洪宪元年"的对外文件均被退回，袁世凯才明白列强不会支持他称帝。

迹象三，云南独立反袁。

1915年12月17日，李烈钧辗转经河内抵达昆明，秘密与云南将军唐继尧会面。袁世凯获悉此事后，非常重视，此时他尚不知唐继尧已经与李烈钧暗中联络，还指示唐密切注意李烈钧、蔡锷等的行踪。19日，蔡锷偕戴戡经河内抵达昆明，当晚即与唐继尧商谈讨袁计划。21日，唐继尧召集云南军政要员开反对帝制会议，蔡锷、李烈钧、戴戡等与会。会议决定先礼后兵，即先电袁取消帝制，惩办祸首，如不允，则武力解决。此时，梁启超到沪，派人赴南京运动冯国璋，并托冯代转致蔡锷电报一份。24日，唐继尧开会讨论独立事，蔡锷宣读南京来电，"大众以为任公已经到宁，冯已同情起义可以响应"，[②]故决定宣布云南独立。次日，唐继尧、蔡锷、李烈钧、戴戡、任可澄等通电全国宣布云南独立，成立都督府，以唐继尧为都督；组织护国三军，以蔡锷、李烈钧、唐继尧分任第一、二、三军总司令。而袁世凯得知云南独立事后，还故作镇定，以"想系他人捏造"为由，指示政事堂致电云南方面，希望借此台阶让唐继尧等收回成命。接着，袁世凯电询云南以外各省军政长官，称"唐继尧等曾迭电劝进，今忽反复，请取消帝制，诸长官有何意见，望速据实陈述，用备采纳"。[③]此电一出，段芝贵、倪嗣冲等纷纷表示支持帝制，讨伐唐继尧。很显然，袁世凯因云南偏隅一方，势力薄弱，想以全国之多数支持对付一省之反对。殊不知星星之火，也可燎

---

① 李新总编：《中华民国大事记》第1册，北京：中国文史出版社，1997年，第405页。

② 丁文江、赵丰田编：《梁启超年谱长编》，上海：上海人民出版社，1983年，第727页。

③ 李新总编：《中华民国大事记》第1册，北京：中国文史出版社，1997年，第408页。

原，云南首义，追随者必继之。袁世凯明显是低估了事态的严重性。

袁世凯置种种不祥之败象于不顾，毅然在1916年1月1日建元，改是年为"洪宪元年"，命所有公牍一律署"洪宪元年某月某日"，易总统府名为"新华宫"，并决定2月初旬登极。当天，唐继尧、蔡锷、李烈钧在云南联名发表讨袁檄文，宣布"更选元首，以代中华民国"。1月4日，陆海军大元帅统率办事处举行军事会议，决定以曹锟为川湘两路总司令，龙觐光为粤桂两军总司令，兵分三路，由贵州、四川、广西分头攻打云南。护国战争爆发。

护国战争爆发后，日本政府对华态度愈发强硬。先是袁世凯在洪宪建元后，命农商总长周自齐为赴日赠勋特使，向日本天皇赠送大勋章。日本如接受，则表示他们默许了袁世凯的帝制自为。驻日公使陆宗舆将此事通知日本政府时，也未遭到其反对。但不久，日本外相石井菊次郎急电驻华公使日置益，命其通知袁世凯政府"日方拒绝日皇加冕特使周自齐赴日"。这时，驻日公使陆宗舆结合日本社会各界的态度，也致电外交部，主张缓办帝制。1月21日，日本驻华公使日置益正式通知外交部，要求袁世凯延期实行帝制。而同一天，日本外相石井菊次郎也通知中国驻日公使陆宗舆，明确表明若中国实行帝制，日本绝不承认。当天，中国外交部通告各国驻华公使，称袁世凯将暂缓登极。身在日本的陆宗舆也接到外交部指示，称"二月初旬登极之期现已作罢"。

日本的态度让袁世凯有所收敛，2月23日，他正式宣布延期实行帝制。但袁世凯的举动并未获得日本的谅解，3月7日，日本内阁开会确定对华方针，决定趁袁世凯失势之际，使袁引退，并在适当时候承认护国军为"交战团体"，同时支持中国国内反袁运动。武昌起义时，列强承认革命军为"交战团体"，让清廷失去凭借。如今，日本欲重演历史，对袁世凯政府定会形成沉重一击。袁世凯不会不晓得其厉害。

与此同时，云南独立的星星之火已经影响至贵州和广西。1月27日，贵州宣布独立，以刘显世为都督。3月15日，广西宣布独立，举陆荣廷为都督，梁启超为总参谋。更让袁世凯难以接受的是，3月21日，冯国璋、李纯、张勋、靳云鹏、朱瑞五位北洋大将联名密电，要求其取消帝制。袁世凯感到大势已去，当天，请徐世昌回京任国务卿。次日，下令撤销"承认帝位案"，仍称大总统。23日，下令取消"洪宪"年号，仍以是年为民国五年。由于从"洪宪"

建元到取消，正好83天，世人也嘲讽袁世凯的称帝梦为"八十三天皇帝梦"。

但袁世凯的让步并没有带来预期的效果。此后，广东、浙江相继宣布独立，南方形势依然严峻。而内阁方面，徐世昌请辞国务卿，袁世凯不得已特任段祺瑞为国务卿兼陆军总长，内阁勉强得以成立。3月30日，袁世凯以政事堂、陆海军大元帅统率办事处的名义，致电唐继尧、蔡锷等人，要求其罢兵停战。不过，此时的局势已非一纸命令所能控制。

此后，南方独立各省组织护国军政府，要求袁世凯退位，以副总统黎元洪继任；北方则由冯国璋组织召开五次南京会议，讨论袁世凯去留问题，但未达成共识。就在各方相持不下之际，袁世凯之身心遭受到一次重重打击——陈宧在四川宣布独立。

陈宧（1870—1943），字二安、二庵，湖北安陆人。时任会办四川军务、四川按察使、一等侯。陈原经黎元洪推举任参谋次长，后极得袁世凯信任，成为其心腹。有一条关于陈宧的逸事颇为有趣：一日章太炎见陈宧，惧然曰："中国第一人物，中国第一人物；他日亡中华民国者，必此人也。"[1]不过，章太炎的谶语并未成真，陈宧亡的是袁世凯，而非中华民国。

1916年5月22日，陈宧在四川宣布独立，自任都督，通电称"自今日始，四川省与袁世凯个人断绝关系"。

袁世凯接到电报后，先召梁士诒入见。袁自嘲道："二庵厚爱我若此，夫复何言！君为我电复决志退位如何？"于是亲笔复电一封，称："我志已决，退位不成问题。所当研究，唯在善后。"[2]

次召黎元洪问策。黎元洪说："兹事不能责二庵也。追原祸始，则仍在杨（度）、孙（毓筠）等人。此际若杀彼等，则各省之围立解，胡必鳃腮然以四川虑哉？"[3]

23日，袁世凯命将陈宧开缺，令其回京筹商善后事宜。29日，袁世凯宣告帝制案始末，称"即今之反对帝制者，当日亦多在赞成之列，尤非本大总

---

① 刘成禺：《世载堂杂忆》，北京：中华书局，1997年，第192页。

② 岑学吕：《三水梁燕孙（士诒）先生年谱》，沈云龙主编：《近代中国史料丛刊第75辑》，中国台北：文海出版社，1972年，第340页。

③ 贡少芹：《黎黄陂逸事》，上海：国华书局，1917年，第81页。

第十一章 称帝洪宪

统之所能料及"。①可见，袁到此时还未醒悟其自身的责任。同日，袁世凯的另一亲信汤芗铭在湖南宣布独立，袁的身心继陈宧独立之后再受打击，遂一病不起。据袁世凯的女儿袁静雪回忆："到最后，连他最信任的四川将军陈宧、湖南将军汤芗铭也先后通电宣布独立，这真是对他的沉重打击。他这时羞愤交加，又恨又怕，就再也支撑不住，以致身死。"②

第二节　重病不治　彰德归葬

袁世凯病了，而且是重病。他到底得了什么病，后世众说纷纭，结合其私人医生和家人等回忆，大概有以下五种说法：

一、尿毒症。

袁世凯的医生萧龙友是中医师，诊断袁患有膀胱结石症，只是小便困难，但不会有生命危险。由于袁不信任西医，所以仅服中药。没想到，病情很快恶化，导致无法进食，且无法排尿，中医此时已经无能为力。袁克定只好请来法国医生贝熙业为袁导尿以缓解病痛，每次昏迷，都请贝熙业打强心针维持。最后，"以尿毒病薨逝"。③

二、糖尿病。

袁世凯女婿薛观澜在《袁世凯黎元洪结合之史实》一文中说："袁氏以糖尿病逝世……当年袁公得病之时，口渴胸闷，小便频频，身体日渐赢瘦，针药罔效。"

三、腰子病。

袁世凯的亲信、参谋总长唐在礼在《辛亥以后的袁世凯》一文中说："除'御医'刘绍业、萧龙友为他用中药滋补营养外，为他诊疗的还有一个

① 中国第二历史档案馆、云南省档案馆编：《护国运动》，南京：江苏古籍出版社，1988年，第698页。

② 袁静雪：《我的父亲袁世凯》，吴长翼编：《八十三天皇帝梦》，北京：文史资料出版社，1983年，第64页。

③ 袁家宾：《我的大伯父袁克定》，全国政协文史资料委员会编：《中国文史资料文库军政人物编》第9卷（20—9），北京：中国文史出版社，1996年，第2013页。

他信任多年的法国医生贝熙业。袁最后患腰子病，就由贝替他局部麻醉，动手术，打针，抽水，抽血。"

四、膀胱结石症。

袁静雪在《我的父亲袁世凯》一文中，称其父致死病症，是膀胱结石症。

五、肾结石症。

袁世凯七子袁克齐在《回忆父亲二三事》中称其父是"因为感冒，又患肾结石，小便不通，医治无效，郁郁死去"。

袁世凯病重期间，曾召黎元洪、徐世昌入新华宫，安排后事。是时袁躺在床榻之上，见黎、徐入，乃执手哽咽曰："予殆将死矣，今邀二公来，余死后，国事宋卿（黎元洪字）主之；家事菊老主之。"余无他语，言已，泪下。[①]

此外，袁世凯还曾让长子袁克定请徐世昌、段祺瑞入见。并说："总统应该是宋卿（黎元洪的字）的了。我就是好了，也准备回彰德啦。"[②]

袁世凯本人是等不到回彰德那天了，1916年6月6日，袁世凯病逝。关于其死亡的具体日期，史学界尚有争论。据台湾历史学家沈云龙先生讲："其（袁世凯）死实在六月五日，袁氏左右以布置未妥，秘未发布。"[③]通过分析当时的史料和回忆文章，可见沈先生所言为实，但此事不是本书重点，就不在此赘言了。

袁世凯死后，段祺瑞力挺黎元洪继任大总统。南方护国军政府本来就持黎元洪继任大总统的主张，此时更无异议，于是黎元洪于6月7日宣布继任大总统。他上任后的第一件大事，就是国葬袁世凯。

6月10日，黎元洪发布大总统令，命外交总长曹汝霖、内务总长王揖唐、财政总长周自齐办理前大总统丧典礼。很快，国务院就出台了《前大总统丧礼议定条目》和《前大总统丧典礼奠祭事项》等规定，确定了丧礼的规模和期限。此次丧礼的主要开支由政府负担，但袁家私人开销亦不是小数目。

据袁静雪回忆，政府为此次丧礼拨款50万元，同时黎元洪、徐世昌、段祺瑞、王士珍以及各部总长、各省督军、护军使、镇守使、师长等亦解囊相

---

① 贡少芹：《黎黄陂轶事》，上海：国华书局，1917年，第82页。

② 袁家宾：《我的大伯父袁克定》，全国政协文史资料委员会编：《中国文史资料文库军政人物编》第9卷（20-9），北京：中国文史出版社，1996年，第2012页。

③ 沈云龙：《黎元洪评传》，中国台北：中央研究院近代史研究所，1963年，第74页。

助，共捐款25万余元。两笔款项共计75万余元，可见丧礼耗费之巨。

袁世凯的灵堂设于怀仁堂正厅，厅中摆放着他的阴沉木棺。很多人不知道，此时木棺里躺着的袁世凯穿的是龙袍。这件龙袍是紫红色，上绣九条平金线金龙，龙眼明亮，栩栩如生，系用珍珠镶嵌而成。龙头各部镶有无数小颗珍珠，龙鳞由珊瑚断片绣成。龙袍是袁洪宪称帝时所自备，尚未使用。袁去世后，因身体浮肿，无法穿其他衣服，家人就想到了这件龙袍，准备给袁穿上。后经袁家人与黎元洪、徐世昌、段祺瑞等商议，得到允许，袁世凯终于身着龙袍入殓，也算为其皇帝梦画上了一个句号。

6月28日，袁世凯前总统追悼仪式在中南海怀仁堂举行，黎元洪总统亲诣灵堂。英、美、俄、日、奥、法等13国公使及使馆官员，亦准时列队参加追悼仪式。黎元洪参加追悼仪式的礼节如下：

> 大总统就行礼位，众皆起立，赞引官恭导大总统至行礼位前。赞：就位，大总统就位。乐作。赞礼官赞：鞠躬、再鞠躬、三鞠躬。大总统三鞠躬，赞：奠帛。司帛官进帛，大总统受帛，拱举，授司帛官奠于案。退。通赞官赞：展祭文。读祭文官一人，展祭文官二人进，立案东北向展祭文，赞：读祭文。读祭文官读文毕，卷讫置于帛□。退。赞引官赞：鞠躬。大总统一鞠躬，赞：祭酒。司爵官进爵。大总统祭酒三爵（每祭皆以空爵授司爵官反奠旋几）毕，司爵官退。赞引官赞：鞠躬、再鞠躬、三鞠躬。大总统三鞠躬，通赞官赞：送燎。读祭文官捧祭文，司帛爵官捧帛酒送燎，由中路出，赞引官引大总统转立东旁西向俟过毕，赞官赞：礼毕。赞引官引大总统先退，乐止，众就坐如前，乐再作。[①]

随后，各国公使依次率随员诣灵前行礼。据美国公使芮恩施回忆："我们站起来，每个人依次在袁的灵柩台前放一个大花圈，并按照中国通常的最高礼仪行三鞠躬，然后回到原来的位置。继外交官之后，前来表示悼念的有

---

① 《通告》，《政府公报》1916年6月27日第172号，第88册，北京：中华书局，1961年，第496页。

国务卿和其他中国高级官员以及外国顾问。"①

追悼仪式后，灵柩出新华门，左行向东，经金水桥，往火车站方向而去，出殡仪式开始。因袁的灵柩要运往彰德墓地安葬，所以从怀仁堂到京汉路车站（前门车站）沿途，观看的队伍人山人海，军警密布维持治安。"路上事前铺上黄土，并泼清水净街"。②据芮恩施回忆：

　　安放袁氏的遗体的大灵柩台由一百名男人用交错在一起的杆子抬着。灵柩台的上面覆盖着有金线刺绣的深红色的绸子；它的帝王的光辉着重说明了这个事件的悲剧性质。沿用了中国送葬的一些旧的习惯做法，如把钱币形状的纸片撒投入空中。有二十个人骑着马在送葬行列前面领路，接着跟在后面的是人数众多的三列倒背着枪弹步兵队。每两个队列之间有一个军乐队。跟在步兵之后的是中国乐师，他们用笛子悠扬地吹奏着悲哀的曲调。接着是送葬行列中最引人注目的好看的部分——一大队骑兵身穿中国古装、扛着大旗、长三角旗和五彩缤纷的飘带，当这些旗子和飘带在空中优美地飘动时，形成了一派迷人的景象。中国人有用旗子产生眼花缭乱效果的天才。接着是护送一辆空的御用马车的手执长矛的骑兵；敲鼓打镲的和尚；总统的乐队；长长的几排人抬着殉葬的器皿和安放袁氏的灵牌的轿子；接着还有几排人抬着食物祭品、袁氏的个人生活的纪念品，以及所有在前两天追悼仪式上送的花圈；接着是步行的高级官员，身穿军服或礼服，看来，这时穿大礼服和戴大礼服确实与整个气氛不大协调。一群身穿白衣的送葬者走在灵柩的前面；袁氏的儿子们在一顶白布篷下面走着。袁克定走在当中，他们全都显得悲伤。③

---

① [美] 保罗·S. 芮恩施：《一个美国外交官使华记》，北京：文化艺术出版社，2010年，第179页。

② 萧景泉：《丧葬琐记》，吴长翼编：《八十三天皇帝梦》，北京：文史资料出版社，1983年，第319页。

③ [美] 保罗·S. 芮恩施：《一个美国外交官使华记》，北京：文化艺术出版社，2010年，第180页。

袁世凯的墓地位于离洹上村东北不远的太平庄，其灵柩抵达彰德时，墓地尚未竣工。袁家人决定让死者入土为安，故于当年9月21日安葬。袁世凯墓地直到1918年6月才告完工。

袁世凯墓地官方名称为"袁公林"，占地面积138亩，以神道为中轴，南门入口为一座巨大的绿琉璃瓦顶牌楼，前行左右为对称摆放的石像生。前有碑亭一座，内有龙头碑，上有徐世昌手书"大总统袁公世凯之墓"九字。过碑亭后，进入飨堂院，正面即景仁堂。景仁堂后有并排三座高大铁门，铁门后有石供桌，供桌后就是墓庐。

袁世凯就安葬在这座墓庐里，这里也成了他一生的终点站。

行文期间，一个问题不断出现——如何评价袁世凯呢？如此一个复杂的历史人物，仅用"窃国大盗"或"乱世权魔"来定义又未免有失偏颇。笔者思来想去，决定从"国""权""己"三方面简单总结袁世凯的一生。

青年时心中有国。袁世凯21岁投笔从戎，23岁随大军赴朝鲜平定壬午政变，凭借自己超常的应变能力和外交天赋，成为清政府派驻朝鲜的最高长官。在12年的使朝岁月中，袁世凯经历的大小事件无数，但他都秉承宗藩制度，很好地维护了中国的上国地位。人在藩地，心系国家，这是青年时期的袁世凯。

中年时心中有权。39岁时，袁世凯意外成为戊戌变法中的关键先生。在帝党和后党之间，他选择了权力更大的后党。41岁时，袁世凯在两宫西狩时，竭尽己力，百般贡献，获得慈禧垂青。此后一路高升，42岁时就任署理直隶总督兼北洋大臣；48岁时入赞军机，成为外务部尚书兼会办大臣。身在官场，谋权为上，这是中年时期的袁世凯。

老年时心中有己。经过三年洹上蛰伏，52岁的袁世凯对权力的理解已经升华。他已经不屑清廷之封赏，开始考虑自己做主。此后，他利用共和，以迫清帝逊位；利用兵变，以定北京为都；利用武力，以平二次革命；利用独裁，以散民党国会。袁世凯做这些的终极目的，就是为了洪宪称帝。利用际遇，自为帝制，这是老年时期的袁世凯。

综观袁世凯的一生，可以用12个字评价：有功有过，功是大功，过是大过。袁世凯去世已近百年，而他对后世的影响至今犹在。了解他，既是了解中国近代史，也是警示未来。

附录一

中国与朝鲜［美］欧文·N.德尼

O.N.德尼　朝鲜国王顾问兼外务署长

朝鲜国王外务顾问和海关监督出缺，国王陛下请求直隶总督——尊敬的李中堂（李鸿章）为其物色良才，故本人于1885年7月受聘顾问一职。本人抵亚洲之前，朝鲜海关监督一职便隶属中国海关管辖。尽管李中堂承诺，只要本人全力维护朝鲜的和平、稳定、繁荣，便会得到他衷心支持，但遗憾的是，承诺从未兑现。相反，从本人踏上朝鲜土地的那一刻起，便遇到了来自中国的可以想象得到的各种反对声音。除非北京政府与李中堂的朝鲜政策相左，否则本人无法理解他违背承诺的原因。有鉴于此，以及中国方面无理、不公，甚至有损中朝最佳利益的举动，本人决定利用此机会公开指出——尽管个体的所有努力终归失败——中国试图染指的危险领域并提出朝鲜辩争的立场，如果可能的话，目的是改正一些这个半岛王国已经接受的关于其现状的谬论及其与清王朝的关系，因为在过去的两三年里，这些谬论有意或无意地误读法律和事实，并在朝鲜、外国和中国的报纸上发表出来。批评越犀利，反倒越能为人铭记。第一，本人关注中国有关朝鲜附属国或附庸国的声明；第二，中国给予其所谓的附属国朝鲜的待遇；第三，对朝鲜国王软弱及无力管理国家的指控。在结束本文之前，本人将竭力证明第一条到第三条均为子虚乌有，凭空捏造。正在争取主权和独立运动的朝鲜，未经中国允许，已与日本达成了邦交、航运和商务协定，不久，它还将依照国际惯例与西方国家签订此类协定。这些权利的取得和责任的认定取决于能使这些协定生效的法律。根据这些完美定义的规则，人们将会弄清楚一个主权国家的权利、权力和责任，附属国关系的建立以及附属国对宗主国的责任和义务，也能因此清晰判断朝鲜政治现状。

通常，几乎所有国际法专家均如此定义主权国家或独立国家，即无论一个国家或民族的宪法形式和特点如何，能够不受他国支配统治本国的国家，就是主权国家或独立国家。但《万国公法》的作者、国际法权威、中国选定的法律标准制定人亨利·惠顿认为："治国之上权，谓之主权。此上权或行于内，或行于外。行于内，则依各国之法度，或寓于民，或归于君，论此者尝名之为内公法，但不如称之为国法也。主权行于外者，即本国自主而不听命于他国也，各国平战、交际皆凭此权，论此者尝名之为外公法，俗称公法即此也。"若一国以自己的方式管理其内政和外交，不受他国干涉和支配，司法独立，即属主权国家。对一个主权国家百试不爽的测试，即看其是否拥有邦交、航运、商务协定的交涉权和签约权，以及与其他主权国家互派公使、宣布战和的权利。这些是与主权共生共荣并贯穿始终的权利，一个国家拥有它们，便会在独立国家的大家庭中占有一席之地。相反，一国如无上述权利，按协定条款则须归入半独立国或附属国之列。

数月前，一位附庸国的鼓吹者在《字林西报》上大放厥词，其言论大意为："十七世纪末到十八世纪初，朝鲜国王的继任者在获得中国皇帝的谕准前，无法正式成为法定继承人；如果北京未授予，该继任者也无法加冕国王称号。"该报道有些言过其实。若该国王以藩国姿态而非迫于压力向北京政府提出请求，他或可获得高于事实的赏赐。但实际上，他无论怎样表述并无实质差别，因为附庸国关系并非建立在宗主国的至高无上和附属国的卑微顺从基础之上。琉球、安南、缅甸等国即是如此。中国历史上多次宣称对它们拥有宗主国的权利，但今天，琉球已是日本帝国主权的一部分；安南归顺了法兰西；缅甸之主权划归大英帝国。与《字林西报》上支持中国的观点相反，惠顿在《万国公法》中写道："一国遇事，若偶然听命于他国，或常请议于他国，均与其主权无碍。但其听命请议，如已载于约而定为章程，则系受他国之节制，而主权自减矣。"1873年，著名国际法学家约翰·奥斯丁在伦敦的一次演讲中，就此事表达了同样清晰的观点："弱国之主权或危险或因不堪强国侵略而听命其意愿，因此，弱国及其大多数臣民将顺从看成他们偶尔表示或暗示的命令。但既然顺从和命令相较而言，十分鲜见，它们无法有效构成强国和弱国臣民之间的主权和附庸关系。尽管有命令，尽管有顺从，但弱国及其臣民仍是一个独立政治团体，而非强国主权的一分子。虽然强国永远高高在上，虽然弱国永远低人一等，虽然弱国无法保卫和保持其独立，但弱国在事实上和实践上是独立于强国的。"《万国公法》中确认的附庸国或附属国均系通过战争、某种国际条约或协定而形成的。因为任意一方的要求十有八九不会通过条约或协定来建立，所以这种关系不会存在于两国之间。未来通过战争或可得以一见附庸国或附属国关系。

可是，朝鲜却是中国的藩国：一种长久以来一直维持的无比信任的关系；一种只要中国之待遇慷慨、友善和公平，朝鲜就愿意真心保持下去的关系。宗藩关系中一国可以是另一国之宗主国，但丝毫不要也不能影响到藩国的主权和独立。因此，朝鲜年年对中国的朝贡不会损害到它的主权和独立。相反，现在大英帝国为缅甸而朝贡中国却损害了它的主权和独立。同样，欧洲航海大国向北非巴巴里诸国的朝贡也损害了欧洲列强的主权和独立。关于巴巴里诸国，惠顿说："巴巴里之于土国，颇为奇异。盖其听命既靡常，其进贡又无定，故欧罗巴与亚美利加奉教之国，即未尝不视其为自主之国也，因与立和好、交战之议，与自主之回回国同例。"这些合理和正当的理由足以解释为什么朝鲜长久以来愿意与中国保持传统睦邻友谊了。两国地缘相邻，友好往来，彼此成为对方的力量源泉。事实上，朝鲜很大程度上利用中国的人口、语言、宗教、法律、教育、艺术、礼仪和习俗，形成了朝鲜自己的文明。所有这些加强了两国间的联系，促使朝鲜在过去总是心无旁骛地转向中国寻求友好建议。在本人看来，两国间的友谊坚不可摧。但这份友谊看似要终止，因为朝鲜正遭到来自中国人的持续非法专横高压对待，他们精心准备，意图毁灭朝鲜主权，吞并朝鲜领土。

朝鲜国王相信中国对朝鲜友好的诚意，当与西方国家签约在即，迫在眉睫之时，陛下亲自与人在天津的伟大的直隶总督协商；据本人所知，李中堂同样相信朝鲜国王此举是为富强国家、造福人民，也是为了维护本国主权。后来，朝鲜与美国签约前，这也是该国与西方国家签订的第一个条约，朝王亲邀经验丰富的李鸿章作为其本人的朋友协助谈判。谈判时，审议了两份草案，一份来自李鸿章；另一份来自负责美方谈判的美国特使罗伯特·薛斐尔

（Robert Shufeldt）。李鸿章在草案第一条便要求确认中国和朝鲜的附庸国或附属国关系。对此，美国特使拒绝考虑，他表示此行目的就是与一个独立国家签订商务和友好条约，其他一概免谈。尽管如此，李鸿章依然敦促该附属国条款能够折中获得批准，否则他将退出谈判。李鸿章的让步使得该条约在与独立国家签约之同样基础上达成共识，并于1882年5月22日在济物浦（仁川）签订，即《朝美修好通商条约》（以下简称《朝美条约》）。即使附属国条款已在《朝美条约》中经谈判方确认，但它并未得到美国政府或朝鲜国王的认可。第二个条约是朝鲜应中国要求，于10月签订的，名为《中朝商民水陆贸易章程》（以下简称《章程》）。该《章程》用一如既往的神秘和隐晦，规定了中国与朝鲜王国交往的方方面面，然而它更接近于一个友好、航运、商务条约，稍后本人会竭力说明。

以《朝美条约》为基本要旨，其他国家与朝鲜很快相继签约，不过它们签约地点是在汉城而非天津，并且未知会李鸿章或中国政府。假如《朝美条约》签订时，中朝两国间的宗藩关系符合国际法，那么，李鸿章竭力争取这种宗藩关系在友邦条约中得到承认，此举会得到公众称颂吗？不会。李鸿章的竭力争取仅仅建立非常劣势的论点上，这个论点除李总督本人外，无人欣赏。《朝美条约》签订后，朝鲜的附属国问题，至少在那一刻，好像已经解决了。总之，《朝美条约》立即得到执行：朝王开放港口，成立海关，派遣监督、专员及全部随员。依照一众条约之规定，外交代表们被派驻到汉城，他们时而呈递国书，时而接受召见。代表中有一位来自中国，他名片上的头衔是"皇帝陛下专使"，他的使命是履行前述《章程》。这位官员一直默默代表中国政府，并与外交同行保持平等关系。两年后，袁世凯因在1884年甲申政变中立有所谓的战功而接任"全权代表"一职。起初，他尚能按部就班，追随前任。如果不是突如其来的荣誉使他膨胀，他也未必会将其鲁莽的热情发泄在附属国问题的重启上，以至于造成恶果。就中国的信誉而言，附属国一事决不应再度提起。因为日本和美国的条约，以及随后与欧洲主要列强的条约，都是建立在朝鲜为独立国家这一基础上而签订的，况且《朝美条约》的每个条款都经过李鸿章亲自批准的，同时，中国已经参与到诸条约的实际操作长达两年半之久。如果这些仍无法平息此事的话，那么《天津条约》签订后，疑问终该息声了吧。因为根据中国公布的条款，没有日本的同意，它将无权向朝鲜派驻军队。当一个独立国家受到攻击或非难时，派兵平乱是其拥有的保卫主权的唯一方式，也是最后一招。

1885年，就在本人已经受聘，但尚未抵达朝鲜之际，北京政府似乎已经决定采取同化、渐进或其他政策（对付朝鲜）。朝王顾问一职与海关监督是风马牛不相关的。在中方的一番巧言令色的保证下，朝鲜将海关划归给中国海关控制和指导，据说这么做可以提高管理效率，减少运营成本；据说这么做与政治无涉。因为一众条约的签订极大地误导了朝鲜民众对中朝真正关系的看法，加之朝鲜海关确实运转良好，目前为止，朝鲜方面还无人跳出来反对此事。但全权代表袁世凯并未闲着。此次，他择取"驻扎"这个不伦不类的措辞冠名其使馆，并且在空洞冗长的备忘录中，以最无礼的方式，宣称他将规诫指点朝王。同时，他用视朝鲜"如家"这个牵强的借口，在公开和官方场合，反客为主。人们确信朝鲜显然已经在上面提到的《中朝商民水陆贸易章程》中确认了它的附属国地位。现在，本人自信地断言，如果到目前为止这个《章程》就此问题有过任何建树的话，它一定是反对附属国地位的。该章程仅有八个偏长条款，它们涵盖了一般修好、航运和商务条款所应包括的所有内容。第一条，中国向汉城派驻外交全权代表，并在朝鲜所有开放口岸设置商务委员保护中国商人权益。第二条，屈服于中国为其臣民争取的额外领土特权，这种特权类似于最惠国公民或臣民所拥有的权利。第三条，允许两国商船驶入对方开放口岸，缴纳额定关税，救济失事商船失事，规范渔船行为等。第四条，允许两国商民，前往彼此已开口岸从事贸易；购买土地和房产；缴纳吨位税和再出口关税；禀请商务专员和地方官获得护照后，方可进入彼此国家内地采购土产，游历旅行。第七条，中国商局提供轮船，每月一次，往返中朝；允许中国兵船以保卫中国商务专员和居民为由，驻泊朝鲜开放口岸。《章程》并无有关附庸国或附属国关系的文字表述，其签约之时亦无存在于这种关系之外的妥协和要求。如果中国坚信附庸国关系的存在，那么又如何解释中国为其臣民在朝鲜争取额外领土优先权和护照等条款？这种关系当然不存在。一个主权国家在自己的领土为自己的臣民争取额外领土优先权，这是多么荒诞的一幕啊！唯一有关附庸国的内容，还是中国人翻译的该《章程》的序言部分。不过《章程》签订时，这部分内容或许有些改动。

兹将这份特别的序言翻译如下："朝鲜久列藩封，典礼所关，一切均有定制，毋庸更议。"高层联席会议能使用这样的措辞吗？不为签约让与主权，而是与邻国交流保护它们？这段话与其说是附庸国存在的证明，不如说是谬论的一面之词。但是该序言的结束语值得一说，它写道："唯此次所订水陆贸易章程，系中国优待属邦之意，不在各与国一体均沾之列。"朝鲜给予中国臣民额外领土优先权，而中国却声称是其宗主国，这是中国优待朝鲜吗？朝鲜允许中国兵船以保卫中国商务专员和居民为由，驻泊其开放口岸，这是中国优待朝鲜吗？最后，汉城到处充斥中国商人，而全中国竟无一个朝鲜商人，这是中国优待朝鲜吗？还有另外一个原因能够证明此序言之谬，它是："实在难以想象，名相李鸿章作为签订该章程的全权代表竟然能够俞允'不在各与国一体均沾之列'这个规定。"因为就在不到五个月前，自诩为朝鲜朋友的他参与讨论并批准了《朝美条约》，其中第十四款规定："现经两国议定，嗣后大朝鲜国君主有何惠政、恩典、利益施及他国或其商民，无论关涉海面行船、通商贸易、交往等事为该国并其商民从来未沾，抑为此条约所无者，亦准美国官民一体均沾。"李鸿章批准的最惠国条款不仅破坏了序言此节的完整，而且在条约国履行此款时，序言此节还成了中国对朝鲜拥有宗主国权利的声明。可不可以这么说，朝鲜签了多少条约，就有多少宗主国，而且每个宗主国的官派海外代表拥有与袁代表一样的权利，即能对前来签约的朝鲜代表指手画脚，为所欲为？

这还不算。无论为两国本身或其臣民，中国和朝鲜之间可能已经规定的或可能规定的约章中，与最惠国待遇相左的；与一般协约之规定或要旨相悖的；与其他列强之豁免、优先等权利相违的，均属无效。但是，清王朝最著名的政治家最近说："与西方国家签约后，朝鲜国王亲书电报，并委托负责谈判的全权代表转交驻在国首脑。在电报中，朝鲜国王承认了朝鲜是中国附属国这一事实。"虽然此乃伟人李鸿章中堂所言，但本人必须再次明确驳斥。事实上，朝鲜与美国签约之前，国王陛下确有致美国总统电报一份。但它承认的，仅仅是朝鲜如今确认的，即朝鲜是中国之藩国。正如本人已经指

378

出的，这一说法不会影响，更不会破坏朝鲜主权，而是用文字明确无误地宣布了朝鲜政府一贯坚持的主权和独立特性，并据此与西方列强签订了所有条约。至少就中国和朝鲜的关系来说，朝鲜国王陛下的第一份电报与其随后的电报效力相等。下面是朝鲜国王致美国总统信函的译文：

> "陛下，朝鲜国王随函通信。朝鲜自古即为中国之藩国，但朝鲜国王在国际事务和外交关系中，始终拥有绝对主权。朝鲜和美国平等协商，双方同意，签订条约。朝鲜国王认真承诺，行使主权，根据国际法，真诚履行条约所有各款。至于朝鲜作为中国之藩国所应负担之责任，美国无须参与。已选特使，前往谈判，预为声明，是吾之责。致美国总统，1882年5月15日。"

无论支持朝鲜为藩国的人们使用何种翻译手段来改变前述信函真诚、直白、无误的语言，亦或百般尝试歪曲和误导其本意，有目共睹的是美国政府已严格按照该信函的措辞与精神给出架构，至少到目前为止对美国政府而言，在《朝美条约》下，与其伴生的朝鲜为中国藩国之问题已经得到解决。弗朗西斯·沃顿在其著作《美国国际法摘要》一书的第一卷第64页中，就政府一词有过如下表述："两国（美国和朝鲜）作为平等缔约国而存在的国际关系，已被公认为事实。"并且"美国认为朝鲜独立于中国一事已经成立"。美国在此事上并不孤立，至少有两个已与中国建交的大国宣布和朝鲜建立同样重要的政治和商务关系，并同美国一样，维护朝鲜主权。而日本和朝鲜于1876年2月签订条约，并在第一条中庄严宣布："朝鲜作为独立国家，与日本一样享有主权，因此两国之交往应在平等和礼仪基础上进行。"与朝鲜签订的诸条约无关，其与中国的历史交往中并无宗主国和附属国之存在表述。朝鲜曾签署过宗藩国协议，但并无附属国之条约。据说，朝鲜曾于1636年签署过一份条约，其中确认了附属国一事。可这是误传，而那亦是一份宗藩国协议，甚至与中国无关。它是一份由公开反抗政府的一名中国满洲人士与帮助末代明朝皇帝反击满洲的朝鲜签署的投降协议，1636年仍是明朝，朝鲜未与中国签订附属国条约。八年后，直到1644年，满族人夺取了北京政权，从那时起，朝鲜从未与中国签署或商定过附属国条约。

国际法律界用唇亡齿寒形容国与国之间的附属国关系，然而据目前所知，外国发动的侵华战争、中国叛乱和内部冲突并未影响到朝鲜，就像一个国家位于北极，而另一个处于热带。然而作为附属国，朝鲜有责任从其在不同文明阶段所拥有的数十万计的军人中向中国提供一支部队和弹药，在中国最需要的时候帮助它，但是并无一兵、一弹、一分钱因此目的穿越国境来到中国。除此之外，如果中朝之间有过此种关系，朝鲜文明便应留下印迹，如在国徽、钱币、法律上。亦可通过其他方式，如平反冤屈和改正错误时，向其他国家公告对中国的责任，或用一纸声明确认朝鲜认可此种关系。对于精通国际事务的人士来说，朝鲜不应被视为附属国，因为法律和事实已经将它列入主权和独立国家之林，除非遭到强国武力胁迫，否则它将永远存在于此。朝鲜有谈判权，附属国没有；朝鲜在未照会中国的情况下，与其他主权和独立国家签订了修好、通商和航运条约，附属国做不到；凭借这些条约，朝鲜派遣公使前往相关国家宫廷，而附属国甚至不能任命总领事，只能派遣领事或商务代办。朝鲜有权决定战争或和平，而附属国只有通过宗主国才能决定这些事项。按照《章程》，中国在朝鲜王国的代表由一名外交官和几位驻在所有开放口岸的商务代办组成，一旦朝鲜利益需要，朝鲜同样可以向中国派驻代表，或终止两国政府的友好往来。本人在此坚定引用现代国际法学家约翰·卡斯帕·布伦奇里说过的一段话，他说："鉴于主权之统一性，附属国主权和主权国主权之区分无法长存。历史证明了这个道理的真实。中世纪时，欧洲和亚洲存在大量的附属国。今天，它们几乎消失殆尽，因为它们或转型为主权国家，或被更强大的国家兼并。国际法应该记录它们的发展，尊重它们的发展，而非力图永久化保留无法持续的陈旧国家形式，以延缓其发展。"为保护弱国的权利，国际法也应记录它们的发展，记录朝鲜维护国家独立的斗争。世界列强已经将朝鲜从封闭隔绝了几个世纪的状态中解救出来，助许其加入文明国家之列，并承诺在其受到镇压或不公平对待时提供帮助，世界列强当然不会自食其言，眼见这个年轻成员之国际生命刚刚开始便被扼杀。

朝鲜愿做中国之盟友，而绝不会甘愿为其奴。最近，奥匈帝国内务大臣卡尔诺基说："附属国与十九世纪格格不入。"可这种格格不入将不幸成真，因为中国异想天开欲与朝鲜建立附属国关系。不仅如此，中国还将为国际法谱写一段连著名国际法专家胡果·格劳秀斯、艾默里奇·瓦特尔、惠顿都绝对无法理解的新篇章。时至今日，中国和朝鲜已经加入主权与独立国家之国际大家庭；中国在签约后已经放弃对朝鲜拥有之主权；中国最近已经默认朝鲜众条约的所有条款；中国宣布对朝鲜的所作所为不负任何责任，即使责任确有所指；中国本身已与朝鲜签约，现在宣称朝鲜是其属国，这不仅亵渎语言，侮辱智商，而且蔑视国际惯例。这还不算，中国的观点还愈发荒诞，据说中国在讨论和最后修改条约时，宣称其超越人类理性和长期经验，虽然这些人类理性和长期经验已被制定和采用国际法法典并使用该法典妥善处理国与国关系的西方文明国家所证明，也被中国自愿签订的指导和管辖与列国交往条约所证明。

但是可能有关此问题的一个最粗心、最不可原谅的断言是朝鲜政府无条件承认附属国地位，虽然事实并非如此。朝鲜国王为打破中国北京政府的顽固反对及东方某周刊的恶意批评等对朝鲜事务指手画脚之行为，经过深思熟虑，先是选派特使（闵泳骏）前往日本，稍后派遣全权代表沈相学和朴定阳分别前往欧洲和美国，陛下利用此举公开对这种谬论说不。显然，附属国鼓吹者的花招层出不穷。《每日新闻》的一名记者似乎坠入其术中，于去年11月17日撰文说："中朝两国之间已就朝鲜向外派遣使节达成协定，该协定共三款。第一款，朝鲜内务大臣向外国派遣使节，须事先知照中国驻朝鲜商务大臣；第二款，朝鲜使节如欲与所在国的第三国使节沟通商务事宜，须与所在国的中国使节协商；第三款，朝鲜驻外使节，遇有公务，无论何项职衔，均不准凌驾于所在国中国使节之上。"唯一勉强能与上文挨上边的一份文件是李鸿章于1887年11月5日[1]致驻扎朝鲜总理通商交涉事宜袁世凯的电报："第一，韩使初至各国，应先赴中国使馆具报，请由中国钦差挈同赴外部以后，即不拘定。第二，遇有朝会公燕酬酢交际，韩使应随中国钦差之后。第三，交涉大事关系紧要者，韩使应先密商中国钦差核示。此皆属邦分内应行

---

① 时代文艺出版社 1998 年版《李鸿章全集》第九卷第 5532 页上的时间是光绪十三年九月二十四日巳刻，即 1887 年 11 月 9 日。译者注。

之体制，与各国无干，各国不能过问，即谕旨未尽事宜等商妥协之意。中国与朝鲜休戚相关，各钦差皆以名卿出使，必能推诚优待韩臣。汝应先照知外署转达国王，务饬使臣遵办。"但尽管如此，朝鲜国王并未"饬使臣遵办"。朝鲜国王陛下对此反馈，大意是虽然他的钦差大臣们可以遵命推诚优待中国钦差，但是他任命全权钦差乃为履行与朝鲜有关的条约，如无法就反对意见和荒唐怀疑给出理由，他不能变更钦差们的头衔。朝鲜全权钦差们于觐见时，应谨遵其他国家使节觐见时之礼节。同样，钦差们最初接到的指令，如未含上述之条件，亦允坚持执行。

在此，本人冒昧引述一位无畏且公正的记者数月前就朝鲜独立所写的一封正能量的信："中国目前的行为乃欲图摧毁朝鲜之自由，这个行为触犯了《朝美条约》第一款之规定，即若他国（当然包括中国）有何不公轻藐之事，一经照知，必须相助，从中善为调处，以示友谊关切。英国遇到类似问题会怎么做呢？如果中国阻止朝鲜国王派遣使节前往圣詹姆士官，英国可以援引《韩英修好通商条约》第二款，即朝鲜作为缔约国（未提及中国是其宗主国或朝鲜为附属国）可派遣外交代表常驻英格兰，并享有他国外交官员所拥有的特权和豁免权。"

"从法律上讲，大英帝国依据条约，不能拒绝来自朝鲜的使节。毫无疑问，法国、德国、意大利和俄国与朝鲜所签订的条约中均有相似条款。如果中国妄行限制朝鲜派遣使节之权，那么诸国会怎样忍受和痛恨中国之无理干预则有待观察。"

"对所有信仰与主流国际民生相匹配的自由和原则的人们来说，驻扎中国和日本的英国媒体在如何看待朝鲜自由这个问题的态度是出人意料的。拥有二百万人口的保加利亚与仅有不到一百万人口的鲁梅利亚①，虽然两国均有未开化民族，但都已欢庆自由，宣布独立。与之相比，朝鲜拥有人口一千二百万，民族单一，社会文明与中国不相上下，而它却将被中国吞噬，不复存在于东方国家之林。那些所谓人道主义大国们能给予朝鲜的只是罪恶般的沉默和冷血，而它们在面对东欧某个角落可能发生的同样问题时，却痛

---

① Rumelia，指奥斯曼土耳其帝国统治时期的巴尔干半岛。译者注。

哭流涕，悲痛欲绝。朝鲜争取自由的努力能获得驻扎中国的英国媒体的欢心吗？东方的公共媒体能否明明白白、坦坦荡荡地宣布自己支持朝鲜与中国对抗呢？"

事实上，朝鲜赴美特使经国务卿大人引见，得以很快觐见美国总统，且未经请示中国驻美大使，得以会见国务卿。尽管如此，朝鲜赴欧特使抵达当地时，还是听到了很多轻率不实的负面消息。如果中国驻欧洲大使们欲破格引见朝鲜特使，此路必不通，因为一个有国格，在乎自身名誉的国家，是不会接待来自一个附属国的特使、代表或钦差，以遗人笑柄。甚至朝鲜国王为回答北京，解释遣使欧美权利和理由的咨文，也被中国及附属国拥趸们认为是朝鲜和清王朝密不可分的又一证据。

麻烦好像是这么来的：中国及其支持者错误地坚持将朝鲜国王用来表达藩国关系的措辞翻译成附属国关系。朝鲜国王在所谓的致中国皇帝的咨文中述说的藩国使节和特使，与国际法完全一致，而这种国际法也是其他国家在国与国交往中翻译并遵循的。中国所谓的附属国实乃用词不当，且与文明国家之法律相抵触。文明国家之法律不会认同附属国特使、代表、钦差，因为附属国仅能开设领馆和派驻商务代办。在此，还须注意一点：中国媒体经常刊登有关此事的、标榜来自朝鲜国王的信函或文件，并据此推论朝鲜的附属国地位。针对此节，本人从最权威渠道获悉，朝鲜国王从未以信函或其他方式承认附属国关系，而且，无论何人何时承认或默认暗示此种关系的存在，均为非法且无效。朝鲜国王对中国之觊觎心知肚明，除此之外，他不会屈于威吓，谬认国体。即使附属国关系可以通过承认而成立，假设在过去的二年半时间里，朝鲜国王卑躬屈膝承认了附属国地位，但这种承认无法约束朝鲜政府，因为威吓下的承认既无事实依据，而且也不能称其为承认。无须保护商业利益和处理主权问题的独立国家，向外国派遣公使时，无人反对。而朝鲜国王依据与列国签订的条约条款办理同样事情时，污言秽语会从某地如泉涌来，不绝于耳；而其他地方则会克制很多，这种行为可视作招惹是非，恶意煽动。当朝鲜国王和顾问们将注意力转向开发国家资源之际，一个本应暗中保密的话题被推到了前台。

这个问题确实是被推到前台的。不是经朝鲜国王及其顾问们之手，而是受到来自中国的暴政和压迫，主要是来自驻扎朝鲜总理通商事宜袁的所作所为，他的奸诡诬蛮在国际交往编年史上无有出其右者。为助中国扼杀朝鲜，袁不仅反对朝鲜为国际化所做的点滴努力，而且还通过他御用的雇佣兵，破坏和嘲弄朝鲜上层人士为政府或自己的商务行为所做的点滴努力，以便使外人认为朝鲜人永远无法从事贸易活动，就像一群毫无希望的儿童需要中国的保护。他利用中国海陆军和李鸿章的复仇，通过一些朝鲜官员，多次恐吓朝鲜国王，以强迫陛下，遵从他的意愿。还有，他为削弱官员和臣民眼中的王权尊严，竟然践踏悠久神圣的皇家礼仪，坐轿入宫，苦力奴仆马夫随行，举止失当，直抵国王御道。1886年7月和8月间，他自作主张强迫政府承认一封信的作者是朝王本人，虽然陛下未曾写过此信。据说，信中要求友邦保护，以抵抗中国侵略。显然，这位中国代表的言行举止已令首席吹牛大王甘拜下风。他的一些行为或多或少得到过一二外国官员的欢呼和鼓励，然而他所有声名狼藉的工作都源自一些中国小吏以及派往朝鲜开放口岸的中国兵舰的帮助。按照《章程》规定，这些兵舰是为"保护中国商民"而来；按照《章程》前言，这些兵舰"系中国优待属邦之意"，谁知这些兵舰却被查出数度走私红参。这些兵舰抵岸后通常会避开检查，为长官带些货物，然而海关方面却要求进行常规检查，以便课税。发生这种争执时，一般中国商务代办会站在兵舰一方，并代表他们向汉城的袁世凯上诉。袁世凯则转身威胁外务署长（the President of Foreign Office），直至署长下令免验通关为止。中国兵舰最近走私红参一事发生在10月份，当时有价值数千美元的货物被查获，其中最大的一个箱子上面的封条上有袁世凯的印章及其签名。朝鲜海关总税务司墨贤理（Henry F.Merrill）已经尽其所能阻止这些违法欺诈行为。他向外务署长、天津总督李鸿章和中国海关总税务司上诉，要求帮助他执行韩国海关的法律和规定，但至今为止，尚属徒劳。外务署长坦白地讲，在这些事情上反对中国，他无能为力。虽然受到走私影响，但海关在去年的总收入仍达25万美元。该数目基于合法和公平，可谓增幅巨大。

去年7月，袁世凯令人发指，冷血犯罪，独自谋划，废黜朝王，扶植傀儡。这次阴谋，经历暴动、纵火、杀戮，或涉暗杀，居心巨测，危及汉城外国人和当地人之人身安全。此次阴谋之内情，俱在朝王掌握中。因其派遣朝鲜最能干最真诚的大臣——正直忠诚的闵泳翊殿下，潜伏其中，随时向朝王陛下和本人报告，终使阴谋挫败。这个声名狼藉的事件还有一个令人意想不到之处，即其须禀报李鸿章，由总督决定是否可行。

禀文大意如下：托词驻守江华岛，操练本土兵士，抵抗"野蛮外族"。袁世凯亲自检阅这些兵士，以使他们在危急时刻，服从其命令，听从其指挥。这些兵士驻扎在宫殿附近。之后，大院君宫殿失火，而朝王无辜获咎。大院君追随者痛恨闵妃及其党羽，其暴乱之心昭然若揭。暴徒袭击宫殿，袁世凯如1884年甲申政变时一样，现身当场，指挥前述本土兵士，借口平息暴乱，强掳朝王，携其出宫。然后宣布朝王长兄之子为王位继承人，大院君为摄政王。王位继承人成年后才能亲政，这样中国可以通过摄政王大院君全面染指朝鲜及其政府。袁世凯深知有钱好办事，他筹资白银三千两（合四千五百美元）用于本土兵士的训练和调动开支。阴谋失败，闵泳翊离开后，这笔钱退还给了中国公使馆。

中国官员在朝鲜之所作所为，中国政府难辞其咎，因为他们从不同渠道，接受中国政府的全面指挥。本人受朝鲜国王委派，两次前往天津，与总督李鸿章深入探讨袁世凯的非常行为以及北京政府对朝政策。第一次会晤是在1886年9月，本人敦促中国与俄国和日本建立友好互信，以此作为稳定朝鲜政治、平息动乱和骚乱的有效手段。返朝前，总督李鸿章向本人保证，中国不仅要与俄日建立友好互信，而且还要更换驻朝代表，因为袁世凯年纪轻，经验少，不适合这个职位。事实上，总督李鸿章说，中方有意将此职位交予天津道台或新任烟台道台，但两人均拒绝赴任。第二次会晤是去年10月，目的是讨论朝鲜国王向外国遣使和开港促进贸易之权利，同时，抗议袁世凯最近反对朝鲜国王之阴谋。本人打算将袁一次搞定，向李鸿章提供了袁世凯最近叛国证据，谁知总督对此竟然充耳不闻。更让本人不可思议的是，总督告诉本人，他知晓废黜阴谋的一切，袁世凯误入其中，乃闵泳翊之责。是闵泳翊策划阴谋，诱袁入瓮。袁已经为自己的愚蠢受到严正申饬。与此同时，不顾其有罪在身，袁世凯仍续任驻扎朝鲜代表一职，此举违反了《中朝商民水陆贸易章程》第一款最后一段之规定，它是："若此等官员执意任性，办事不合，则由北洋大臣与朝鲜国王彼此知会，立即撤回。"

有鉴于此，疑问顿生：为什么要将袁留在汉城？是因为中国欲染指朝鲜，苦于无文明国家可接受的理由，于是借助袁之暴行，制造一个理由？希望不是这样。再者，一个坚持在邻国宫廷上任用一名走私犯、阴谋家和老练罪犯的政府的道德状态又是什么？鉴于如下历史事件对上述疑问有帮助，本人借花献佛，从一位著名的国际法专家处，摘录一段不算强硬的文字："历史上有过几例大使被捕并被驱逐出境的记载。苏格兰玛丽女王的大使罗斯大主教在英格兰被捕入狱并被驱逐出境，罪名是阴谋反对君主，而诺福克公爵和其他密谋者则被审讯并判处死刑。1584年，西班牙大使德·门多萨以阴谋武装废黜伊丽莎白女王罪，被英格兰驱逐出境。1684年，法国公使德·巴斯以阴谋威胁克伦威尔人身安全罪，被勒令在二十四小时内离开英格兰。1717年，瑞典大使盖伦伯格以阴谋废黜乔治一世被捕，他的团伙四散并被通缉追捕，他的文件被检获。作为报复，瑞典在斯德哥尔摩逮捕了英国大使。英国逮捕盖伦伯格是必要的自卫行为，而瑞典逮捕英国大使之举则有违国际法。同样，1718年，西班牙驻法大使卡拉马尔被捕，他的文件被检获，他本人则被军队押解出境。近期的有，1848年，西班牙部分地区发生骚乱。该国政府认为是英国驻西大使亨利·布尔沃爵士的暗中支持才导致乱象，于是，退回亨利·布尔沃爵士的护照，并要求其离境。"如果朝鲜政府把腰杆挺起来，袁世凯作为最新一期的案例将会被列入上述名单中。中国官方极力运动日本政府引渡金玉均，以便对其阴谋罪行进行公正审判。日本政府无疑会自愿交出金玉均，这并不违反引渡政治异见者的国际先例。然而，中国袁代表的阴谋与金玉均相比，有其更严重的一面，前者针对的是朝王——王国的领袖兼政府首脑；后者针对的仅是高级官员而已。

如果中国官方真心欲将金玉均公平公正地绳之以法，那么，他们就不应饶恕他们自己的代表对朝王犯下的更大的罪行。中国对朝鲜的压迫不仅来自驻朝小吏，还有定期乘兵舰来访的官员，因此说，此事涉及天津和北京。

本人从朝鲜北部考察自然资源归来后，竭力推荐将平壤建成国家物产中心，因其农业旱涝保收，矿产资源丰富。一旦合法贸易受到鼓励，大同江两岸的走私得到控制，贸易额将随之增加，海关收入也会水涨船高。同时，政府已经决定在平壤或其附近先行建设一个开放口岸，以便为开发该地煤矿和其他矿藏提供配套设施。这个建议得到海关总税务司的支持，朝鲜国王也指派得力官员，着手实施。为在平壤附近寻找合适地点建设口岸，海关官员乘坐汽船巡视大同江。正在此项工作如火如荼地进行之时，袁代表照会海关总税务司，宣称李鸿章总督反对在平壤开设口岸。总税务司受此非法无理干涉之羞辱，被迫命令汽船及海关官员返回。起初，朝鲜国王尚不相信总督会下达这样的命令，但经过其本人与李中堂亲自沟通，他才知道这并非袁代表信口雌黄。在讨论此事时，总督大人立论错误、逻辑不清地提出了他的反对意见。他认为平壤靠近中国牛庄口岸，开放口岸后将严重影响中国贸易。首先，牛庄距离平壤有数百英里之遥；其次，两个口岸之间的年贸易额不足一千美元。但是，如果贸易额可达百万或千万美元，中国还会对朝鲜政府的收入不屑一顾吗？北京政府是想通过控制朝鲜海关而使朝鲜的自然资源和财富施惠于中国而非朝鲜本身吗？一国通过开放口岸、增长贸易、扩大航运、提高收入来积累财富、增添人口、提升国力的权利，是被天下所有文明国家承认的，且不容置疑的。中国越早接受这个现实，就越对它欲图分享团结和友谊的国际大家庭有利，也对它自身利益有好处。总督大人的命令并未止步于开放口岸。他宣称朝鲜无资格以开发国家资源之名义对外借款，而且未经先期询问并得到中国允许，朝鲜政府不能以过去几个世纪以来自己惯用的方式进行交易。一桩桩一件件残暴、无理、专横的事实摆在面前，罄竹难书。中国以宗主国之名，宣称对朝友好，实乃佛口蛇心，笑里藏刀。

中国指手画脚造成的恶果并未止步于此。如果总督大人的命令能够击垮朝鲜与其他国家所签条约的商务部分，他同样可以废止这些条约的所有条款，无论这些条款是为派遣公使、开放口岸、方便贸易和税收而设，还是为保护条约国公民和臣民的人身和财物安全而设。其他国家的条约权利和他们的公民权利还要遭受多久的危害，中国在这条路上还要走多远才能停下来，完全取决于包括美国在内的其他与朝鲜缔约国对条约各款的信仰和价值的认可。本人说包括美国在内的其他与朝鲜缔约国，是因为美国政府在朝鲜半岛并无需要保护的政治利益，它还通过尊敬的美国国务卿，本着《朝美条约》第一款规定之精神，知会中国：本国以主权独立国家为基础，与朝鲜签订修好通商条约，并希望此条约规定之权益和特权得到尊重。如果朝鲜坚持独立危害到中国之自治权或其臣民之权益，中国则会因此公开吞并它，而非假设与朝鲜有着本不存在的关系，并竭力用欺诈手段维持这种假设。事情并非如此。因为一国之自卫权与单独个体一样，都是与生俱来的。一国之庄严且负责任之义务，乃通过稳定且管理有效之政府，保护其人民所有权益。

朝王已经任命和派遣了所有与朝鲜缔约国的公使——此举对附属国之要求具有致命打击——中国是时候放弃朝鲜问题之误区，清晰无误地坦诚宣布自己对半岛的政策。无论如何，这个问题不解决，不仅东亚政治永无宁日，而且朝鲜内部的发展和长期弊端之改革都会受到拖延，甚至停滞。但是，随着国家持续独立问题得到解决，政府已经通过国际条约承担起全部责任和义务；随着皇家法令宣布劳动光荣，懒惰如其在西方国家一样受到谴责，人们认为国家真正强大、长久繁荣和国力强盛的唯一出路在于对这条真理的认识，即参与劳动和商务不仅值得尊敬，而且更值得受到最高赞美和鼓励。然后，懒惰的两班阶层①（所谓的士大夫），这个靠劳动阶层喂养并消耗劳动阶层的阶层，这个视劳动为耻的阶层，将被强迫自食其力；因剩余产品受到保护，不再被两班阶层挤占或巧取豪夺，常民阶层因此得到鼓舞和激励——政治问题解决后，此乃迟早之事——朝鲜将因此步入繁荣，步入一个可以公正获取国家自然财富的时代。

有人说朝鲜国王软弱摇摆，要求本人找到更有能力的人保护朝鲜主权，处理朝鲜受到的不公待遇。有关这个老生常谈的问题，本人要说几句。到目前为止，本人已经在朝王外务顾问和内务署（枢密院）协办岗位上任职达两年半之久，有资格就此阐述一二。朝鲜经历最动荡的那些岁月，朝王俨然一个大国之君，他意志坚定、心态乐观、处事耐心，寻找解决问题的办法。他的言谈举止时常会显得不安，但绝不是软弱或愤怒。诚然，自从朝鲜与西方交流后，朝鲜政府面对新奇闪耀的变化显得手足无措，目瞪口呆，加之投机分子和骗子的甜言蜜语，该政府遂入歧途，崇尚奢华浮躁，导致改革失败。要由奢入俭，朝鲜大概还需过几年苦日子。不过，每个亚洲国家都经历过同样问题，朝鲜有了，也不值得大惊小怪。朝鲜不顾中国皇室的抗议，向欧美派遣使节，在此之后，朝鲜国王不应再被责以胆怯或被要求性格刚毅。朝王

---

① 近代朝鲜王朝，宗室之外，有良民和贱民之分。其中，良民有四个阶层，即两班、中人、常民和白丁。译者注。

陛下接受抗议时，态度冷静，举止高贵，一如他在其他重要事件中的表现。在仔细倾听和认真衡量过中国反对意见之后——依靠条约和国际公法赋予的权利——朝王命令众使节离开各自岗位，以应对北京政府的最后通牒和总督李鸿章开具的积极条件。同时，一些懦弱的朝鲜官员也站了出来，他们本着爱国精神和对朝王的忠诚，坚持不懈，打破常规，往来于王宫和中国公使馆之间，对抗袁世凯的恐吓之举和外交丑行。不，据本人所知，本人宁愿说，朝王陛下性格非常坚毅，与他打过交道的人都深有体会。还须牢记一点，朝王陛下展示傲慢和力量并不能得到一个王国，但表现懦弱和恐惧则会失去自己的王国。人们可能会将朝王的至纯善良解读为懦弱。甚至一些朝鲜臣民也认为朝王陛下对政府益表现得过于菩萨心肠。他性情持重勤奋，天性开明。他不断搜求信息，以便能够领导他的臣民走上通往更高文明沃土之路，走上西方世界人道主义化和基督教化之路。令人遗憾的是，除个别情况外，朝王在这份伟大的事业中一直孤立无援，独自战斗。一般来说，对西方进步抱有同情之臣民值得享有西方文明，尽管他们无法影响也不会去追随那些东西兼收、坚持传统、忠诚过去的臣民。在这种情况下，朝鲜国王当然需要来自全世界善良人民的同情和支持。

汉城，朝鲜O.N.德尼
1888年2月3日

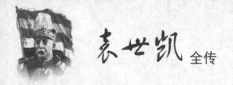
附录二

袁世凯年谱

1859年9月16日，即咸丰九年八月二十日，诞生于河南省项城县张营。

1866年6月4日，嗣父袁保庆获"以知府发往山东补用"，于是偕妻带子前往山东济南。这是袁世凯第一次出远门。

1869年，10岁。随嗣父一家再迁居至南京。

1873年，嗣父袁保庆去世。在嗣父的丧礼上，首次与庆军首领吴长庆见面。袁世凯称吴长庆为"大叔"，吴大叔对其印象颇佳。

1874年，堂叔袁保恒回项城省亲，见到袁世凯，非常喜爱，命其入京，师从堂叔袁保龄继续学业。

1876年，回到家乡项城应乡试，考得"项城县之府案首"。但河南学政瞿鸿禨因私人恩怨报复陈州知府吴重熹，取消了陈州各府属的府首，袁世凯不幸成为牺牲品。

1877年12月，袁保恒奉命赴河南帮办赈务。袁保恒考虑到世凯年已18，应该在读书之余，参与公务，以便学以致用，遂命世凯同往河南。这是袁世凯第一次参与公务，却能很快上手，应付自如。

1878年12月，长子袁克定出生。

1879年，赴己卯科乡试，再次落第。

1880年，来到山东登州投靠吴长庆，后在庆军营务处任帮办。

1882年8月8日，随同吴长庆赴天津商讨出兵朝鲜事宜。8月15日，吴长庆偕袁世凯等返回登州，筹备出征。8月17日，袁世凯与朝鲜领选使金允植领一营"庆军"作为先头部队，乘坐"日新"号军舰率先奔赴朝鲜。这是袁世凯第一次赴朝。

1882年10月19日，参与平息朝鲜壬午政变有功，被光绪帝赏以"同知分发省分，前先补用，并赏戴花翎"。

1883年夏，为朝鲜训练新军两营，镇抚军一营。

1884年4月，吴长庆率部分庆军回国。李鸿章委袁世凯以"总理营务处，会办朝鲜防务"之职，命其留守朝鲜。袁世凯的职务全称是"钦差北洋大臣奏派总理亲庆等营营务处会办朝鲜防务"。袁世凯从这时起，开始追随李鸿章。

1884年7月13日，吴长庆在金州病故。袁世凯因差在身，无法回国，故派手下副营帮带副将郭春华驰赴金州，送吴大叔灵柩回归故里，并且送上1000两纹银的奠仪，以报知遇之恩。

1884年12月4日，朝鲜发生"甲申政变"，与吴兆有等人合力平息。不过由于日本驻朝鲜公使竹添进一郎的诬告以及吴兆有控告其挪用军饷，清政府派吴大澂等人前来朝鲜调查。经过调查，证明袁世凯无罪。

1885年1月31日，乘"超勇"号军舰与丁汝昌等同船回到旅顺，结束了第一次朝鲜之旅。

1885年年后，抵达天津，面见李鸿章。

1885年4月初，获李鸿章准假两个月，回到陈州，与生母、嗣母等亲人团聚。

1885年9月5日，回到天津。27日，从天津出发，护送大院君李昰应回国。10月3日，抵达仁川。5日，到达汉城。20日回国，结束第二次朝鲜之行。

1885年10月30日，清政府任命袁世凯为"驻扎朝鲜总理交涉通商事宜"的全权代表，并以知府分发，尽先补用，俟补缺后以道员升用，加三品衔。11月15日，袁世凯自天津抵达仁川，这是他第三次来到朝鲜。

1894年，在朝鲜。升职为"驻扎朝鲜总理交涉通商事宜正任浙江温处道"，成了"袁道台"。

1894年7月18日，甲午战争一触即发，光绪皇帝下旨，同意将袁世凯调回天津。至此，袁世凯结束了为期9年的朝鲜外交生涯。

1894年8月1日，中日甲午战争爆发。李鸿章命袁世凯为前敌营务处周馥的副手，办理粮食、武器补给等后勤工作。12月13日起，他以"肺病加剧"

开始休假，直到第二年5月4日才重新开始工作。

1895年6月25日，光绪帝圣旨下，命袁世凯入京交吏部引见，随后令其在督办军务处做事。

1895年12月8日，光绪帝谕准袁世凯"督率创办"天津新建陆军，自此，袁世凯开始"小站练兵"。袁世凯此时的官职是：督练新建陆军二品衔正任浙江温处道。

1896年6月24日，光绪帝下旨命袁世凯被参各款"毋庸置议"。先是御史胡景桂参劾袁世凯，光绪帝派荣禄前往小站阅兵。荣禄对袁所练新军颇为赞赏，评价袁世凯是"血性耐劳，勇于任事，督练洋操，选拔精锐，尚能不遗余力，于将领中洵为不可多得之员"。

1897年7月24日，谕令补授袁世凯为直隶按察使。

1898年9月16日，光绪帝谕令开去袁世凯直隶按察使之缺，以侍郎候补，仍专办练兵事务。

1898年9月17日，再获光绪帝召见。袁事后在《戊戌日记》中回忆，光绪帝对他说："人人都说你练的兵、办的学堂甚好，此后可与荣禄各办各事。"

1898年9月20日，向光绪帝请训时，上奏说："古今各国变法非易，非有内忧，即有外患，请忍耐待时，步步经理，如操之太急，必生流弊。且变法尤在得人，必须有真正明达时务老成持重如张之洞者，赞襄主持，方可仰答圣意。至新进诸臣，固不乏明达猛勇之士，但阅历太浅，办事不能缜密，倘有疏误，累及皇上，关系极重，总求十分留意，天下幸甚。臣受恩深重，不敢不冒死直陈。"不久，百日维新失败。

1898年9月23日，慈禧太后训政，光绪帝被幽禁于瀛台。两天后，慈禧召荣禄进京，命袁世凯护理直隶总督兼北洋大臣事务。10月5日，裕禄获任直隶总督兼北洋大臣，袁世凯卸任，继续回小站练兵。

1899年1月1日，奉召由小站起程赴京。此后数日，慈禧召见袁世凯三次，谈话内容不详。6日，慈禧更赏袁世凯在西苑门骑马和乘坐船只拖床。

1899年3月31日，慈禧正式批准袁世凯的新建陆军易名为"武卫右军"，并于4月21日启用"钦命总统武卫右军关防"。至此，袁世凯正式总统武卫右军。

1899年6月16日，实授为工部右侍郎，兼管钱法堂事务。

1899年12月6日，慈禧太后命袁世凯署山东巡抚。随后，袁世凯入京谢恩，获慈禧两次召见。25日，袁世凯回到济南。

1900年3月14日，慈禧太后命袁世凯正式补授其山东巡抚一职。是年参与张之洞、刘坤一等之"东南互保"，并主张剿办义和团。

1901年6月16日，生母刘氏去世，慈禧太后给假百日准其在抚署内穿孝服丁忧。

1901年11月7日，李鸿章病逝，享年79岁。当天，慈禧太后命袁世凯署理直隶总督兼北洋大臣，袁世凯正式位列疆臣之首。

1901年末，慈禧太后嘉奖平定庚子事变有功人员，获太子少保衔。从此人称"袁宫保"。

1902年5月，在直隶省城保定创设保定警务总局

1902年5月25日，在袁世凯的筹办下，直隶省城学堂在保定开学。袁世凯也称此学堂为"直隶大学堂"。

1902年8月15日，负责接收天津。

1902年9月9日，在保定设立学校司，管理直隶全省学务。

1903年12月初，北京设立练兵处，以庆亲王奕劻总理练兵事务，袁世凯为会办练兵大臣，铁良为襄办。

1904年6月，收到20年未联络的老师张謇的信。张謇此信的目的是与袁商《请立宪奏稿》。

1905年7月2日，与张之洞、周馥等人"奏请于十二年后实行立宪政体"。

1906年8月26日，抵达北京，与醇亲王载沣、军机大臣、政务处大臣、大学士等一起，会议考察政治大臣条陈奏折。

1906年9月1日，清廷宣布预备立宪。次日，派载泽、世续、那桐、荣庆、载振、奎俊、铁良、张百熙、戴鸿慈、葛宝华、徐世昌、陆润庠、寿耆、袁世凯14人为编纂官制大臣；庆亲王奕劻、文渊阁大学士孙家鼐、协办大学士外务部尚书瞿鸿禨为总司核定大臣。

1907年8月30日，奉命抵京。9月4日，慈禧太后任袁世凯为外务部尚书兼会办大臣，并授其为军机大臣。

1908年11月14日、15日，光绪皇帝和慈禧太后相继薨逝，是为"二次国恤"。太后懿旨，命载沣之子溥仪为嗣皇帝，国号"宣统"。还命载沣为监国摄政王，嗣后所有军政大事，均由其裁定。五天后，监国摄政王载沣以"养疴"为名将袁世凯开缺回籍，袁世凯沦为平民。从1909年1月2日奉旨"开缺回籍养疴"起，至1911年10月14日授任湖广总督止，袁世凯体验了长达1016天的下野生活。

1911年10月27日，清廷谕旨，授袁世凯为钦差大臣，所有赴武昌前线的水陆各军均归其调遣节制，并令军谘府和陆军部不得遥为牵制。

1911年11月1日，清廷任命袁世凯为内阁总理大臣。

1912年2月3日，隆裕太后授袁世凯全权，与南京临时政府研究清帝退位条件。

1912年2月15日，南京临时参议院还选举袁世凯为中华民国第二任临时大总统。

1912年3月10日，在北京就任中华民国临时大总统。

1912年8月24日，孙中山一行抵京，受到梁士诒、周学熙、段祺瑞、赵秉钧、许世英、刘冠雄、陈振先等内阁成员迎接。孙中山此次北京之行，停留约一个月时间，与袁世凯会晤13次。

1913年10月10日，就任中华民国正式大总统。

1913年11月5日，连续下达三道命令，宣布解散国民党。

1914年1月10日，下令解散国会，遣散参、众两院议员。

1915年5月25日，中日双方在北京签订条约2件，换文13件，史称《民四条约》。从此，袁世凯就背上了卖国的骂名。

1915年12月11日，在杨度、孙毓筠的提议下，参政院以全国国民代表大会总代表代行立法院的身份向袁世凯上推戴书，恳请袁世凯登极。12月12日，袁世凯接受帝位。旋改国号为"中华帝国"，自称为"中华帝国皇帝"。

1916年1月1日，建元，改是年为"洪宪元年"。

1916年2月23日，正式宣布延期实行帝制。

1916年3月23日，下令取消"洪宪"年号，仍以是年为民国五年。由于从"洪宪"建元到取消，正好83天，世人也嘲讽袁世凯的称帝梦为"八十三天皇帝梦"。

1916年6月6日，病逝。

附录三

参考文献

1.贺涛：《贺涛文集》，上海：华东师范大学出版社，2011年。

2.袁晓林主编：《项城袁氏历代谱系志》，中国·项城袁氏宗祠藏版，2013年。

3.丁振铎编辑：《项城袁氏家集》，沈云龙主编：《袁世凯史料汇刊》2，中国台北：文海出版社，1966年。

4.沈祖宪、吴闿生编纂：《容庵弟子记》，中国台北：文海出版社，1966年。

5.刘禺生：《世载堂杂忆》，北京：中华书局，1997年。

6.陈瑞芳、王会娟编辑：《袁世凯》卷1，天津市历史博物馆馆藏：《北洋军阀史料》，天津：天津古籍出版社，1992年。

7.《近代史资料》总69号，北京：中国社会科学出版社，1988年。

8.张謇研究中心等编：《张謇全集》第6卷《日记》，南京：江苏古籍出版社，1994年。

9.廖一中：《一代枭雄袁世凯》，北京：北京图书馆出版社，2004年。

10.王尔敏：《淮军志》，台湾《"中央研究院"近代史研究所专刊（22）》，中国台北："中央研究院"近代史研究所，1967年。

11.刘厚生：《张謇传记》，上海：上海书店，1985年。

12.张孝若：《南通张季直（謇）先生传记》，沈云龙主编：《近代中国史料丛刊续编第80辑》，中国台北：文海出版社，1981年。

13.曹中屏：《朝鲜近代史（1863—1919）》，北京：东方出版社，1993年。

14.《清光绪朝中日交涉史料》，北京：北平故宫博物院，1932年。

15.金允植：《天津谈草》，林基中编：《燕行录全集》93，首尔：（韩国）东国大学校，2001年。

16.刘顺利：《王朝间的对话：朝鲜领选使天津来往日记导读（1881年10月—1883年9月）》，银川：宁夏人民出版社，2006年。

17.（清）马建忠：《东行三录》，上海：上海书店，1982年。

18.《申报影印本》，上海：上海书店，1983年影印。

19.吴晗辑：《朝鲜李朝实录中的中国史料》，北京：中华书局，1980年。

20.薛培榕：《东藩纪要》，沈云龙主编：《近代中国史料丛刊第20辑》，中国台北：文海出版社，1968年。

21.胡焕庸：《朝鲜地理》，北京：京华印书馆，1945年。

22.（清）钱泳：《履园丛话》，北京：中华书局，1997年。

23.张季直撰：《柳西草堂日记》，沈云龙主编：《近代中国史料丛刊三编第19辑》，中国台北：文海出版社，1969年。

24.张怡祖：《张季子九录》，沈云龙主编：《近代中国史料丛刊续编第97辑》，中国台北：文海出版社，1965年。

25.《德宗实录》，《清实录》，北京：中华书局，1987年。

26.李鸿章：《李鸿章全集》，长春：时代文艺出版社，1998年。

27.吴汝纶：《李文忠公（鸿章）朋僚函稿》，沈云龙主编：《近代中国史料丛刊第4辑》，中国台北：文海出版社，1966年。

28.林明德：《袁世凯与朝鲜》，《"中央研究院"近代史研究所专刊（26）》，中国台北："中央研究院"近代史研究所，1984年。

29.王锡彤：《抑斋自述》，郑州：河南大学出版社，2001年。

30.郭廷以、李毓澍主编：《清季中日韩关系史料》，《中国近代史资料汇编》，中国台北："中央研究院"近代史研究所，1972年。

31.《中国天津时报》英文版。

32.Robert R.Swartout，Jr.：An American Adviserin Late Yi Korea：The Letters of Owen Nickerson Denny，The University of Alabama Press，1984.

33.中国科学院、朝鲜科学院编：《李朝实录·高宗实录》，北京：科学出版社，1959年。

34.Samuel Hawley，America'Smaninkorea，The Private Letters of George C.Foulk，1884—1887，Lexingtonbooks，2008.

35.王芸生：《六十年来中国与日本》，北京：生活·读书·新知三联书店，1979年。

36.沈祖宪辑录：《养寿园电稿》，《袁世凯史料丛刊》3，中国台北：文海出版社，1966年。

37.袁世凯：《袁世凯家书》，《史料丛刊（10）》，中国台湾："中央研究院"近代史研究所，1990年。

38.《日本外交文书》，无出版信息。

39.陆奥宗光：《蹇蹇录》，北京：商务印书馆，1962年。

40.张佩纶：《涧于日记》，吴相湘主编：《中国史学丛书》，中国台北：台湾学生书局，1966年。

41.陈义杰整理：《翁同龢日记》，北京：中华书局，1997年。

42.李宗侗、刘凤翰著：《清李文正公鸿藻年谱》，中国台北：台湾商务印书馆，1981年。

43.夏东元：《盛宣怀年谱长编》，上海：上海交通大学出版社，2004年。

44.《刘坤一遗集》，中国科学院历史研究所第三所主编：《中国近代史资料丛书》，北京：中华书局，1959年。

45.吴长翼编：《八十三天皇帝梦》，北京：文史资料出版社，1983年。

46.袁英光、胡逢祥整理：《王文韶日记》，北京：中华书局，1989年。

47.陈夔龙：《梦蕉亭杂记》，北京：中华书局，2007年。

48.中国社会科学院近代史研究所中华民国史组编：《清末新军编练沿革》，《中华民国史资料丛稿专题资料选辑》第2辑，北京：中华书局，1978年。

49.《袁世凯家书》，中国台北："中央研究院"近代史研究所，1990年。

50.来新夏：《中国近代史资料丛刊——北洋军阀》，上海：上海人民出版社，1988年。

51.许姬传：《许姬传七十年见闻录》，北京：中华书局，1985年。

52.康有为：《康南海自编年谱》，蒋贵麟主编：《康南海先生遗著汇刊》22，中国台北：宏业书局，1987年。

53.徐定茂：《戊戌年间的徐世昌》，《北京观察》2011年第3期。

54.王照：《方家园杂咏纪事》，沈云龙主编：《近代中国史料丛刊第27辑》，中国台北：文海出版社，1966年。

55.梁启超：《戊戌政变记》，北京：中华书局，1954年。

56.中国史学会主编：《戊戌变法》，上海：神州国光社，1953年。

57.（清）朱寿朋编：《光绪朝东华录》，北京：中华书局，1984年。

58.《袁世凯奏折专辑》，中国台北："国立故宫"博物院，1970年。

59.廖一中、罗真容整理：《袁世凯奏议》，天津：天津古籍出版社，1987年。

60.故宫博物院明清档案部编：《义和团档案史料》，北京：中华书局，1979年。

61.陆景琪、程啸编：《义和团源流史料》，北京：中国人民大学校内用书，1979年。

62.《义和团运动史论丛》，北京：生活·读书·新知三联出版社，1956年。

63.翦伯赞等编：《义和团》，《中国近代史资料丛刊》第9种，上海：神州国光社，1951年。

64.北京大学历史系中国近代史教研室编：《义和团运动史料丛编》，北京：中华书局，1964年。

65.李超琼：《庚子传信录》，《近代史专刊：义和团史料》上册，北京：中国社会科学出版社，1982年。

66.康立之、王守中编：《义和团资料丛编——山东教案史料》，济南：齐鲁书社，1980年。

67.胡滨译：《英国蓝皮书有关义和团运动资料选译》，北京：中华书局，1980年。

68.王铁崖编：《中外旧约章汇编》，北京：生活·读书·新知三联书店，1957年。

69.宓汝成编：《近代中国铁路史料》，沈云龙主编：《近代中国史料丛刊续编第40辑》，中国台北：文海出版社，1977年。

70.鲁子石编：《中国近代史上的不平等条约选编》，济南：山东人民出版社，1986年。

71.中国第一历史档案馆编辑部编：《义和团档案史料续编》，北京：中华书局，1990年。

72.郭廷以：《近代中国史事日志》，北京：中华书局，1987年。

73.苑书义等主编：《张之洞全集》，石家庄：河北人民出版社，1998年。

74.《周悫慎公全集·年谱》第36集，1922年秋浦周氏刻本。

75.纪丽君、亢宾编著：《图说晚清铁路》，北京：中国铁道出版社，2011年。

76.伊桑阿等纂修：《大清会典（康熙朝）》，沈云龙主编：《近代中国史料丛刊三编第72辑》，中国台北：文海出版社，1992年。

77.赵尔巽等撰：《清史稿》，北京：中华书局，1977年。

78.王云五主编、门人胡钧重编：《清张文襄公之洞年谱》，中国台北：台湾商务印书馆，1978年。

79.《晚清珍稀期刊汇编》，北京：全国图书馆文献缩微复制中心，2009年。

80.刘海岩等编：《八国联军占领实录：天津临时政府会议纪要》，天津：天津社会科学院出版社，2004年。

81.罗澍伟主编：《近代天津城市史》，北京：中国社会科学出版社，1993年。

82.《北洋公牍类纂》，甘厚慈：《项城袁世凯有关资料汇刊》，中国台北：文海出版社，1967年。

83.北京市档案馆编：《那桐日记》，北京：新华出版社，2006年。

84.（清）福格撰：《听雨丛谈》，北京：中华书局，1984年。

85.张侠等合编：《清末海军史料》，北京：海洋出版社，1982年。

86.陈振江：《简论清末景廷宾起义的历史定位》，《历史教学》2003年第2期，总第471期。

87.金文涛：《景廷宾起义100周年学术讨论会综述》，《东岳论丛》2003年第2期。

88.贾熟村：《袁世凯与景廷宾起义》，《殷都学刊》2007年第1期。

89.廖一中：《袁世凯与日俄战争》，《历史教学》1985年第2期。

90.王彦威纂辑：《清季外交史料》，北京：书目文献出版社，1987年。

91.惠顿：《万国公法》，丁韪良译，同治三年（1864）岁在甲子孟冬月镌，京都崇实馆存版。

92.谢兴尧整理：《荣庆日记》，西安：西北大学出版社，1986年。

93.朱光磊：《政治学概要》，天津：天津人民出版社，2008年。

94.张玉法：《清季的立宪团体》，中国台北："中央近代史研究所"，1971年。

95.端方：《端敏忠公奏稿》，中国台北：文海出版社，1980年。

96.《东方杂志》。

97.《文史资料选辑》第20辑总第120辑，北京：中国文史出版社，1990年。

98.李金旺主编：《袁世凯家书》，北京：外文出版社，2012年。

99.陈旭麓等主编：《辛亥革命前后——盛宣怀档案资料选辑之一》，上海：上海人民出版社，1979年。

100.孙瑞芹译：《德国外交文件有关中国交涉史料选译》，北京：商务印书馆，1960年。

101.金梁：《光宣小记》，上海：上海书店出版社，1998年。

102.《宣统纪政》，《清实录》第60册，北京：中华书局，1987年。

103.中国人民政治协商会议全国委员会文史资料研究委员会编：《晚清宫廷生活见闻》，北京：文史资料出版社，1982年。

104.［英］濮兰德、贝克豪斯：《慈禧统治下的大清帝国》，天津：天津人民出版社，2008年。

　　105.《辛亥革命回忆录》第6集，北京：中华书局，1963年。

　　106.［美］李约翰：《清帝逊位与列强》，孙瑞芹、陈泽宪译，北京：中华书局，1982年。

　　107.马勇：《袁世凯罢官归隐说》，《史学集刊》2011年第4期。

　　108.全国公共图书馆古籍文献编委会编著：《袁世凯未刊书信稿》，北京：中华全国图书馆文献缩微复制中心，1998年。

　　109.《清代人物传稿》下编第8卷，沈阳：辽宁人民出版社，1992年。

　　110.卞孝萱等：《民国人物碑传集》卷5，北京：团结出版社，1995年。

　　111.张国淦：《辛亥革命史料》，北京：龙门联合书局，1958年。

　　112.许恪儒整理：《许宝蘅日记》第1册，北京：中华书局，2010年。

　　113.胡滨译：《英国蓝皮书有关辛亥革命资料选译》上，北京：中华书局，1984年。

　　114.渤海寿臣：《实行立宪汇编》，沈云龙主编：《近代中国史料丛刊第42辑》，中国台北：文海出版社，1969年。

　　115.中国科学院历史研究所第三所：《近代史资料》第1期，北京：科学出版社，1954年。

　　116.李丹阳译注：《英国外交档案摘译：武昌起义后袁世凯父子与英国公使的密谈》，《档案与史学》2004年第3期。

　　117.沈云龙：《民国史事与人物论丛》，中国台北：台湾传记文学出版社，1981年。

　　118.刘晴波编：《杨度集》，长沙：湖南人民出版社，1986年。

　　119.《近代史资料》总第25号，北京：中华书局，1961年。

　　120.胡适：《胡适留学日记》，上海：上海书店，1947年。

　　121.李新总编：《中华民国大事记》第1册，北京：中国文史出版社，1997年。

　　122.中国社会科学院近代史研究所近代史资料编辑组编：《近代史资料专刊——辛亥革命资料类编》，北京：中国社会科学出版社，1981年。

　　123.广东省社会科学院历史研究室、中国社会科学院近代史研究所中华民国史研究室、中山大学历史系孙中山研究室合编：《孙中山全集》，北京：中华书局，1982年。

124.辛亥革命武昌起义纪念馆、政协湖北省委员会文史资料研究委员会合编：《湖北军政府文献资料汇编》，武汉：武汉大学出版社，1986年。

125.陆纯编：《袁大总统书牍汇编》，沈云龙主编：《袁世凯史料汇刊续集》11，中国台北：文海出版社，1971年。

126.罗刚编著：《中华民国国父实录》，中国台北：财团法人罗刚先生三民主义奖学金基金会，1988年。

127.沃丘仲子：《段祺瑞》，中国台北：广文书局，1952年。

128.岑学吕：《三水梁燕孙（士诒）先生年谱》，沈云龙主编：《近代中国史料丛刊第75辑》，中国台北：文海出版社，1972年。

129.《政府公报》。

130.潘东藩：《中华民国宪法史》，北京：商务印书馆，1935年。

131.万仁元、方庆秋主编：《中华民国史史料长编》，南京：南京大学出版社，1993年。

132.黄远庸：《黄远生遗著》，王有立主编：《中华文史丛书之38》，中国台北：华文书局，1968年。

133.湖北革命实录馆：《武昌起义档案资料选编》，武汉：湖北人民出版社，1981年。

134.朱宗震、杨光辉主编：《民初政争与二次革命》，上海：上海人民出版社，1980年。

135.武汉大学历史系中国近代史教研室：《辛亥革命在湖北史料选辑》，武汉：湖北人民出版社，1981年。

136.李烈钧：《李烈钧将军自传》，三户图书社，1944年。

137.岑德彰：《中华民国宪法史料》，新中国建设学会，1933年。

138.［日］信夫清三郎：《日本外交史》，北京：商务印书馆，1980年。

139.曹汝霖：《一生之回忆》，香港：春秋杂志社，1966年。

140.《近代史资料》总48号，北京：中国社会科学出版社，1982年。

141.黄纪莲编：《中日"二十一条"交涉史料全编》，合肥：安徽大学出版社，2001年。

142.湖南省社会科学院编：《黄兴集》，北京：中华书局，1981年。

143.张国淦：《北洋述闻》，上海：上海书店出版社，1998年。

144.《近代稗海》，成都：四川人民出版社，1988年。

145.全国政协文史资料编委会编：《文史资料选辑》第41辑，北京：文史资料出版社，1980年。

146.丁文江、赵丰田编：《梁启超年谱长编》，上海：上海人民出版社，1983年。

147.贡少芹：《黎黄陂逸事》，上海：国华书局，1917年。

148.中国第二历史档案馆、云南省档案馆编：《护国运动》，南京：江苏古籍出版社，1988年。

149.全国政协文史资料委员会编：《中国文史资料文库军政人物编》第9卷（20—9），北京：中国文史出版社，1996年。

150.沈云龙：《黎元洪评传》，中国台北："中央研究院"近代史研究所，1963年。

151.［美］保罗·S.芮恩施：《一个美国外交官使华记》，北京：文化艺术出版社，2010年。

图书在版编目(CIP)数据

袁世凯全传 / 徐忱著. — 北京 : 中国文史出版社,
2017.1

ISBN 978 – 7 – 5034 – 8384 – 4

Ⅰ. ①袁… Ⅱ. ①徐… Ⅲ. ①袁世凯 (1859 – 1916)
– 传记 Ⅳ. ①K827 = 52

中国版本图书馆 CIP 数据核字 (2016) 第 256746 号

责任编辑：蔡晓欧

出版发行：中国文史出版社

社　　址：北京市海淀区西八里庄路 69 号院　　邮编：100142

电　　话：010 – 81136606　81136602　81136603（发行部）

传　　真：010 – 81136655

印　　装：廊坊市海涛印刷有限公司

经　　销：全国新华书店

开　　本：720 × 1020　1/16

印　　张：26.75　　　字数：416 千字

版　　次：2017 年 2 月北京第 1 版

印　　次：2020 年 8 月第 3 次印刷

定　　价：55.00 元